Pelham Grenville Wodehouse

15.10.1881 in Guilford, Surrey, geboren, humoristischer Schriftsteller, Autor von Kurzgeschichten, Dichter, Dramatiker, weltbekannt durch Jeeves,»Gentleman's Gentleman«, Verfasser von mehr als 90 Büchern, Mitautor bei mehr als 30 Bühnenwerken, Musikkomödien und 20 Filmscenarios.

Studien auf dem Londoner Dulwich College, verdiente sein Brot zunächst als Bankangestellter, fand darin aber wenig Genugtuung und wechselte zum Journalismus; wurde humoristischer Kolumnist in der Londoner GLOBE (1902). Schrieb freischaffend für mehrere Zeitschriften. Seit 1909 lebte und arbeitete er in den Vereinigten Staaten und in Frankreich. Für den letzten Zeitabschnitt seines langen und fruchtbaren Lebens übersiedelte P. G. Wodehouse auf Dauer in die USA und wurde hier 1955 eingebürgert. Größten Ruhms unter seinen Romanen und Novellen erfreuen sich (abgesehen vom Sonderfall Golf) die respektlosen Humoresken aus dem Leben des niedrigeren englischen Adels in Mayfair-Wohnungen, in Klubs und auf den Schlössern - vor allem die Jeeves-Reihe (»The inimitable Jeeves«, »Very Good, Jeeves«, »Rihgt ho, Jeeves« u.s.w.). Die Geschichten werden zwar von Bertie Wooster erzählt, der eigentliche Held und Beleuchter der Szene ist aber Jeeves. Mit dieser legendären Figur des englischen Kammerdieners hat Wodehouse ein literarisches Denkmal gesetzt. Jeeves ist ein Muster an Takt, Verschwiegenheit, Selbstbeherrschung und praktischer Vernunft. Unnachahmlich souverän laviert er seinen Herrn und Schützling, einen reichen jungen Hohlkopf ... durch die Untiefen des Lebens (Jerôme von Gebsattel).

Von den anderen beliebten Charakteren kehrt oft Berties grausame Aunt Agantha zurück; weiter Lord Emsworth, Besitzer von Blanding Castle, Mr. Mulliner Erzähler von bombastischen Stories; Stanley Featherstonehaugh Ukridge, unverbesserlicher Taugenichts, und Lord Ickenham (Onkel Fred), Held eines Romans mit amüsanten Intrigen und Darstellungen. Wodehouse wurde zum Neujahr 1975 in den Adelsstand erhoben und starb ein paar Wochen danach, am 14.2.1975 in Southampton, L.I., N.Y., im Alter von 93 Jahren.

P. G. Wodehouse

Heitere Golfgeschichten

Deutsch von Birte Fauteck-Gramlich
und Michael Fuchs

Verlag C. & D. Vejdelek

Herausgeben 1993 im Verlag C. D. Vejdelek in Köln

Die Originalausgabe THE GOLF OMNIBUS erschien im Hutchinson Verlag

© Copyright 1992 by The Trustees of the Wodehouse Estate

Die Übersetzung der Geschichten BENEFIZMATCH FÜR ARCHIBALD, CUTHBERTS DURCHBRUCH, EINE FRAU IST NUR EINE FRAU, ENTZWEITE HERZEN, ERRETTUNG DES GEORGE MACKINTOSH, GOLFPROBE und DAS LANGE LOCH von Birte Fauteck – Gramlich, DIE ACHILLESFERSE, HART IM NEHMEN, DER GROSSE GOWF, DAS HERZ DES TROTTELS, HOHER EINSATZ, UNSER FREUND VOSPER, CHESTER VERGISST SICH und DIE MAGISCHEN PLUS-FOURS von Michael Fuchs Pope's »Essay on Man« (S. 337) hat im Jahre 1740 B. H. Brocker übersetzt.

Glossar von Michael Fuchs

Redaktion Klaus Uwira

Alle Rechte für den deutschsprachigen Raum vorbehalten

ISBN 3-930196-00-X

Druck und Binden: Ebner Ulm

Inhalt

VORWORT

Während ich beginne, dieses Vorwort zu schreiben, gerate ich ein wenig ins Grübeln. Meine Stirn liegt in Falten, und ich kann ein tiefes Seufzen nicht unterdrücken.

Das Schlimme daran, das Alter von zweiundneunzig Jahren zu erreichen, was ich letzten Oktober getan habe, ist, daß sich Reuegefühle für ein vergeudetes Leben einschleichen; und wann immer Sie mich mit gerunzelter Stirn sehen, können Sie sicher sein, daß mir ein ganz bestimmter Gedanke auf der Seele lastet. Hätte ich nur früher damit angefangen, Golf zu spielen, und meine ganze Zeit darauf verwendet, anstatt mich mit Geschichtenschreiben und Ähnlichem abzugeben, dann hätte ich mein Handicap vielleicht unter achtzehn bekommen. Wenn man mir bloß einen Putter in die Hand gedrückt hätte, als ich vier war, und mich den Gebrauch der verschiedenen Schläger gelehrt hätte, wer weiß, zu welchen Höhen ich mich hätte aufschwingen können. Es ist diese Erkenntnis, die meinem Schreiben immer eine melancholische Note verliehen hat, ein Aroma wie das von schmutzigen Schuhen in einem russischen Umkleideraum.

Und doch ist es mir vielleicht gelungen, einige Sonnenstrahlen in die folgenden Erzählungen einfließen zu lassen. Wenn dem so ist, dann liegt es daran, daß ich während meiner Arbeit an diesen Geschichten meine erste und einzige Trophäe gewann, einen gestreiften Regenschirm bei einem Hotelturnier in Aiken, South Carolina, wo ich einmal ausnahmsweise alle Bälle traf und durch ein Feld von einigen der fettesten, zur Ruhe gesetzten Geschäftsmänner Amerikas rauschte wie eine alles verschlingende Flamme.

Ich war nie ein großer Golfer. Mit Ausnahme jenes glorreichen Tages in Aiken gehörte ich immer zum gemeinen Fußvolk, zu der Sorte Mann, dessen in Richtung Norden bestimmte Abschläge stets Kurs Nord-Nord-Ost aufnahmen oder gar in westlicher Richtung verschwanden. Aber wie habe ich dieses Spiel geliebt. Ich habe mich manchmal gefragt, ob wir vom Pöbel nicht mehr Spaß daran haben als die Spitzenspieler. Für einen Unberührbaren wie mich können zwei perfekte Drives in einer Runde jede Erinnerung an geslicete Annäherungsschläge und vermasselte Putts auslöschen; wohingegen Jack Nicklaus, wenn er eine Vierundsechzig spielt, nach Hause geht und grießgrämig darüber nachdenkt, daß er eine Dreiundsechzig hätte haben können, wenn er diesen Eagle am Siebten nicht knapp verfehlt hätte.

Ich habe nicht den Versuch unternommen, dieses Buch zu aktualisieren, und vieles hat sich verändert, seit ich »Cuthberts Durchbruch« schrieb. Die Zeit trägt ihre Söhne fort wie ein ewig dahinfließender Strom, und mit ihnen sind die Namen der meisten Golfschläger von uns gegangen, die mir so sehr am Herzen lagen. Ich nehme an, daß man heutzutage immer noch mit einem Driver abschlägt, obwohl es jeden Moment sein könnte, daß wir anfangen müssen, ihn Holz Nummer Eins zu nennen; aber wo ist jetzt der Mashie, wo der Cleek, der Spoon und der Baffy?

Alles schottische Namen, aus jenen Tagen (1593 A.D.), aus denen uns berichtet wird, daß John Henrie und Pat Rogie in den Kerker geworfen wurden wegen »Golfspielens auf den Links von Leith jeden Sabbat zur Zeit der Predigten«. Es ist sehr traurig zu sehen, wie die schottische Atmosphäre aus dem Spiel gewichen ist. In meiner Jugend, als das erste Buch über Badminton eine vergleichsweise neue Veröffentlichung war, galt es als selbstverständlich, daß man Schotte sein mußte, um ein guter Golfer zu werden, vorzugsweise mit einem Namen wie Sandy McHoots oder Jock Auchtermuchty. Und wie wir sie verehrten. »Dies«, sagten wir, »sind Männer, deren Drives so weit wie Kugeln fliegen, denen es nichts bedeutet, ein Loch bloß par zu spielen.« [...] Wo sind sie nur hin? Wie lange ist es her, daß ein gebürtiger Schotte die Open gewann? Alles Amerikaner heutzutage, mit Ausnahme eines gelegentlichen Mexikaners.

Nicht daß ich den Fortschritt verneine, aber ich denke schon, daß es schade ist, entzückende Namen wie Mashie und Baffy zugunsten von

Zahlen aufzugeben. Mir gefällt der Gedanke, daß ich aus einem Bunker (nennt man das jetzt nicht Hindernis?) mit Hilfe eines Niblicks wieder herauskam und nicht mit einem »Wedge« (falls ich überhaupt herauskam). Ich frage mich, was Tommy Morris, Gewinner der British Open in vier aufeinanderfolgenden Jahren, zu all diesem Eisen Nummer Sechs, Eisen Nummer Zwölf, Eisen Nummer Achtundzwanzig Zeug gesagt hätte. Wahrscheinlich hätte er gar nichts gesagt, sondern nur einen jener seltsamen schottischen Laute von sich gegeben, die in etwa so klingen, als würde jemand gurgeln.

EINE FUSSNOTE. In einem dieser kleinen Werke spiele ich darauf an, wie Stout Cortez auf den Pazifik starrt. Kurz nach Erscheinen dieser Erzählung in der Saturday Evening Post erhielt ich einen Brief von einer für gewöhnlich gut informierten Quelle, der folgendermaßen begann:
   Sehr geehrter Herr, Sie Volltrottel.
   Wo haben Sie diesen Cortez-Kram her? Es war Balboa.
   Dies entspricht, glaube ich, den historischen Tatsachen. Andererseits, wenn Cortez gut genug für Keats war, ist er auch gut genug für mich. Davon abgesehen, selbst wenn es Balboa war, stand es jedem frei, den Pazifik anzustarren, und ich sehe keinen Grund, warum Cortez nicht auch einen Blick hätte riskiert haben sollen.

P. G. WODEHOUSE

WIDMUNG

DEM UNSTERBLICHEN ANDENKEN
AN JOHN HENRIE UND PAT ROGIE
DIE IN EDINBURGH IM JAHRE 1593 A.D.
IN DEN KERKER GEWORFEN WURDEN
WEGEN »GOLFSPIELENS AUF DEN LINKS
VON LEITH
JEDEN SABBAT ZUR ZEIT DER
PREDIGTEN«,
UND AN ROBERT ROBERTSON
DER 1604 A.D.
AUS DEM GLEICHEN GRUND
GROSSEN ÄRGER BEKAM.

Golfer (DESSEN GEGNER EINEN SCHNURGERADEN ABSCHLAG VON ZWEIHUNDERT-
FÜNFZIG YARDS HINGELEGT HAT): »SAGEN SIE, MACHT ER DAS ÖFTER?«
CADDIE: »ABER NEIN, SIR - ER WIRD MIT DEM FUSS ABGERUTSCHT SEIN.«

BENEFIZMATCH FÜR ARCHIBALD

Archibald Mealing gehörte zu jenen Golfern, bei denen der Wunsch über das Können hinausgeht. Niemand vermochte mehr guten Willen zu zeigen als Archibald. Jeden Morgen, bevor er ein Bad nahm, stand er vor seinem Spiegel und übte Schwünge. Jeden Abend, bevor er zu Bett ging, las er die goldenen Worte eines Meisters zum Thema des Putts, des Drives oder des Annäherungsschlags. Auf dem Golfplatz jedoch verbrachte er die meiste Zeit damit, verlorene Bälle wiederzufinden oder den amerikanischen Boden wieder an Ort und Stelle zu setzen. Hatte Archibald nun die Handgelenke zu stark oder zu schwach eingesetzt, oder war sein Schläger von der punktierten Linie abgewichen, die die beiden Punkte A und B verband, wie die Abbildung in dem Buch »Golftips« zeigte, auf der ein Mann den Schlag mit einem Brassie ausführte, oder verfolgte ihn einfach ein widriges Geschick – ich weiß es nicht. Archibald gab eher der letzten Theorie den Vorzug.

Wesentlich ist, daß Archibald in seinem einunddreißigsten Lebensjahr, nach sechs Jahren unermüdlicher Bemühungen, an einer Meisterschaft teilnahm und sie gewann.

Archibald, wohlgemerkt, dessen Golf eine Art Mischung aus Hockey, schwedischer Gymnastik und Steptanz war.

Ich weiß, welch strengem Gericht ich mich unterziehen muß, wenn ich eine solche Behauptung aufstelle. Ich sehe die geschlossene Phalanx von Männern aus Missouri deutlich vor mir, von denen die einen mich auffordern, mein Märchen dem König von Dänemark zu erzählen, die anderen verlangen, daß ich meine Münchhausengeschichte zum besten gebe. Dennoch wanke und weiche ich nicht. Ich erkläre noch einmal, daß Archibald

Mealing in seinem einunddreißigsten Lebensjahr an einer Golfmeisterschaft teilnahm und sie gewann.

Archibald gehörte einem erlesenen, kleinen Golfclub an, dessen Mitglieder in New York lebten und arbeiteten, aber in Jersey spielten. Als Männer von Substanz, sowohl finanziell als auch physisch, hatten sie ihr überschüssiges Geld zusammengetragen und einen Streifen Land nah am Meer gekauft. Dieses Land hatte man trockengelegt – zum großen Verdruß einer Mückenkolonie, die das Gelände im Laufe der Zeit zu ihrem Privateigentum erklärt hatte – und in einen Golfplatz umgewandelt, der eine Art Zuflucht für ungeschickte Golfer geworden war. Die Mitglieder des Cape-Pleasant-Clubs waren unbekümmerte Flüchtlinge aus anderen und anspruchsvolleren Clubs, Männer, die eher über den Platz trabten als rasten, kurz Männer, die es müde waren, ihr Spiel unterbrechen und beiseite treten zu müssen, um schwitzende Experten vorbeisausen zu lassen.

Die Golfer von Cape Pleasant machten sich nicht zu Sklaven des Spiels. Wenn sie einen Schlag verpatzten, war ihre Ausdrucksweise eher leicht betrübt als unbeherrscht. Vom Spiel eines Tages genossen sie den Augenblick am meisten, da sie im Clubhaus sagten: »Auf unser trautes Beisammensein!«

Es ist deshalb ohne weiteres zu verstehen, daß die Unfähigkeit, in weniger als zehn Schlägen einzulochen, für Archibald in Cape Pleasant kein solcher Nachteil war, wie es in St. Andrews der Fall hätte sein können. Seine freundlichen Clubkameraden drückten ihn allesamt ans Herz und betrachteten ihn als Bruder. Archibald besaß jene bewundernswerte Figenschaft, die den, der über sie verfügt, häufig zu der Äußerung verleitet: »Das geht auf meine Rechnung!« und seine Mitgolfer lernten das bald zu schätzen. Sie alle liebten Archibald.

Archibald befand sich eines Nachmittags auf dem Boden seines Schlafzimmers, um die Scherben seines Spiegels aufzulesen – ein Freund hatte ihm geraten, den steilen Schlag nach Walter J. Travis zu üben – als das Telefon läutete. Er nahm den Hörer ab und wurde von der angenehmen Stimme McCays, des Clubsekretärs, begrüßt.

»Ist dort Mealing?« fragte McCay. »Sag mal, Archie, ich trage gerade
deinen Namen für unseren Meisterschaftswettbewerb ein. Das ist doch
richtig, nicht wahr?«

»Sicher«, sagte Archibald. »Wann geht es los?«

»Nächsten Samstag.«

»Das paßt mir gut.«

»Schön für dich. Oh, Archie.«

»Hallo?«

»Ich habe heute jemanden getroffen, der mit gesagt hat, du seist verlobt. Ist das wahr?«

»Sicher«, murmelte Archibald errötend.

McCays Glückwünsche summten über den Draht.

»Danke«, sagte Archibald. »Danke, alter Kumpel. Wie? Oh, ja. Sie
heißt Milsom. Übrigens, ihre Familie hat für den Sommer ein Ferienhaus
in Cape Pleasant gemietet. Nicht weit vom Golfplatz. Ja, sehr günstig,
nicht wahr? Auf Wiedersehen.«

Er legte den Hörer auf und machte sich wieder an die Arbeit, die
Scherben aufzusammeln.

Nun war McCay zufällig von romantischer und sentimentaler Natur.
Von Beruf war er konzessionierter Buchprüfer, und er neigte zu Korpu-
lenz; und ziemlich korpulente konzessionierte Buchprüfer sind immer
sentimental. McCay gehörte zu der Kategorie Männer, die alte Tanzkar-
ten und Briefbündel, mit lilafarbenem Band zusammengeschnürt, aufbe-
wahren. In Landhäusern, wo man nach dem Abendessen auf der Veranda
verweilte, um zuzusehen, wie das Mondlicht den stillen Garten überflu-
tete, waren es McCay und seine Partnerin, die am längsten verweilten.
McCay kannte Ella Wheeler Wilcox auswendig und konnte Browning
ohne Betäubungsmittel verkraften. Es ist deshalb nicht verwunderlich,
daß Archibalds Bemerkung über seine Verlobte, die nach Cape Pleasant
kommen wollte, ihm reichlich Stoff zum Denken gab. Das war ganz
nach seinem Herzen.

Während des Tages dachte er viel darüber nach, und als er abends im
Sybaritenclub nach dem Essen zufällig auf Sigsbee, einen Mitgolfer von
Cape Pleasant, stieß, sprach er mit ihm darüber. Es traf sich, daß beide

ausgezeichnet gegessen hatten und die Welt mit einem gewissen behaglichen Wohlwollen betrachteten. Sie waren in einer Stimmung, in der ein Mann kleinen Jungen gern den Kopf tätschelt und sie fragt, ob sie Präsident werden wollen, wenn sie einmal groß sind.

»Ich habe heute Archie Mealing angerufen«, sagte McCay. »Wußten Sie schon, daß er verlobt ist?«

»Ich habe so etwas gehört. Ein Mädchen namens Wilson oder– «

»Milsom. Sie verbringt den Sommer in Cape Pleasant, wie Archie mir sagte.«

»Dann hat sie Gelegenheit, ihn beim Meisterschaftswettbewerb spielen zu sehen.«

Eine Weile zog McCay schweigend an seiner Zigarre und beobachtete mit verträumtem Blick, wie sich der blaue Rauch zur Decke kräuselte. Als er sprach, war seine Stimme ungewöhnlich sanft.

»Wissen Sie, Sigsbee«, sagte er und nippte an seinem Maraschino, von zarter Wehmut erfaßt, »wissen Sie, diese Geschichte hat für mich etwas wundervoll Pathetisches. Ich sehe die ganze Situation deutlich vor mir. Die Stimme des armen, alten Knaben hat gewissermaßen gebebt, als er sagte: ›Sie kommt nach Cape Pleasant‹, das hat mir mehr gesagt, als Worte sagen könnten. In gewisser Weise ist es eine Tragödie, Sigsbee. Wir mögen darüber schmunzeln, das Ganze für trivial halten; aber es ist nichtsdestoweniger eine Tragödie. Dieses warmherzige, enthusiastische Mädchen, nur darauf aus, den Mann, den sie liebt, gut abschneiden zu sehen. Archie, der arme, alte Archie, der darauf brennt, ihr zu beweisen, daß das Vertrauen, das sie in ihn gesetzt hat, nicht unberechtigt ist, und am Ende – Desillusionierung – Enttäuschung – Trauer.«

»Er sollte die Augen auf den Ball richten«, sagte der eher praktisch veranlagte Sigsbee.

»Durchaus möglich«, fuhr McCay fort, »daß er ihr erzählt hat, er werde die Meisterschaft gewinnen.«

»Wenn Archie töricht genug ist, ihr so etwas zu erzählen«, sagte Sigsbee entschieden, »hat er es nicht besser verdient. Herr Ober, zwei Scotch Highball.«

McCay war nicht dazu aufgelegt, diesem harten Urteil beizupflichten.

»Ich versichere Ihnen«, sagte er, »Archie tut mir *leid*. Der arme, alte Knabe tut mir *leid*. Und mehr als leid tut mir das Mädchen.«

»Also, ich weiß nicht, was wir machen können«, sagte Sigsbee. »Man wird von uns kaum erwarten, daß wir absichtlich Patzer machen, bloß damit Archie vor seinem Mädchen glänzen kann.«

McCay hielt beim Anzünden seiner Zigarre inne wie einer, in dem ein glänzender Gedanke aufblitzt.

»Warum nicht?« sagte er. »Warum nicht, Sigsbee? Sigsbee, Sie haben es getroffen!«

»Wie?«

»Wirklich! Ich sage Ihnen, Sigsbee, Sie haben das ganze Problem gelöst. Archie ist so ein prima Kerl, warum sollte man ihm keinen Gefallen erweisen? Warum sollte man ihn diese Meisterschaft nicht gewinnen lassen? Sie werden mir doch nicht erzählen wollen, daß es Ihnen etwas bedeutet, ob Sie eine Blechmedaille gewinnen oder nicht?«

Sigsbees Wohlwollen begann sich unter dem Einfluß des Scotch Highballs und seiner Zigarre zu entfalten. Kleine Gefälligkeiten von Archies Seite, bald eine Zigarre, bald eine Einladung zum Mittagessen, ein andermal Plätze fürs Theater, stiegen nach und nach wie regenbogenfarbige Seifenblasen zur Oberfläche seines Gedächtnisses auf. Seine Einstellung geriet ins Wanken.

»Ja, aber was ist mit den anderen?« sagte er. »Mindestens ein Dutzend Männer kommt für die Medaille in Frage.«

»Wir können sie bestechen«, sagte McCay vertraulich. »Wir laden sie gemeinsam zu einer Reihe von Essen ein und schneiden dann das Thema an. Es sind alles ordentliche Leute, die entzückt sein werden, einem anständigen Kerl wie Archie so eine kleine Gefälligkeit zu erweisen.«

»Was ist mit Gossett?« fragte Sigsbee.

McCays Gesicht umwölkte sich. Gossett war ein unbeliebtes Thema bei den Mitgliedern des Cape-Pleasant-Golfclubs. Er war die Schlange in ihrem Garten Eden. Niemand schien recht zu wissen, wie er hineingeraten war, aber unglücklicherweise war er da. Gossett hatte in das Golf von Cape Pleasant die freudlose Atmosphäre des unerbittlichen Spiels eingebracht. Gerade um Golfer wie Gossett vermeiden zu können, hatten die Cape Pleasanter ihren Club gegründet. Bevor er auftauchte, war ihr Spiel eher von einer herzlichen Liebenswürdigkeit als von der strengen Beachtung der Regeln geprägt gewesen. Bis zu jener Zeit hatte es als äußerst taktlos gegolten, auf der Anrechnung eines Strafschlags zu bestehen. Ein munteres System beiderseitigen Entgegenkommens hatte vorgeherrscht. Dann war Gossett erschienen, voll fremdartiger Regeln, und hatte etwa denselben Aufruhr in der Gemeinschaft ausgelöst, den ein Falke in einer Versammlung von Tauben mittleren Alters ausgelöst hätte.

»Gossett können Sie nicht bestechen«, sagte Sigsbee.

McCay sah unglücklich aus.

»Ich habe ihn vergessen«, sagte er. »Natürlich, nichts wird ihn daran hindern, den Versuch zu machen, zu gewinnen. Ich wollte, uns fiele etwas ein. Ich würde ihn fast ebenso gern verlieren wie Archie gewinnen sehen. Aber schließlich hat er manchmal auch einen schlechten Tag.«

»Man muß einen sehr schlechten Tag haben, um so miserabel wie Archie zu spielen.«

Sie saßen und rauchten schweigend.

»Ich hab's«, sagte Sigsbee plötzlich. »Gossett ist ein hervorragender Golfer, aber nervös. Wenn wir ihn nur richtig durcheinanderbringen, kommt er sofort aus dem Schlagrhythmus. Könnten wir uns nicht etwas einfallen lassen?«

McCay griff nach seinem Glas.

»Sie sind von edlem Charakter, Sigsbee«, sagte er.

»Oh, nein«, sagte der Musterknabe bescheiden. »Noch eine Zigarre?«

Damit der Leser jenen geistigen Halbnelson, auf dem diese Erzählung gründet, begreift, was ungemein wichtig ist, wenn eine Kurzgeschichte erfreuen, erbauen und belehren soll, ist es nun notwendig geworden, zu diesem Zweck (und nur zu diesem Zweck) Archibalds vergangenes Leben genau zu betrachten.

Archibald war, wie er McCay gegenüber erklärt hatte, mit einer Miss Milsom verlobt – Miss Margaret Milsom. Nur wenige Männer, lieber Leser, sind mit Mädchen verlobt, die eine grazile Figur, braunes Haar und große, blaue Augen haben, die bald funkelnd und lebhaft, bald verträumt und seelenvoll, immer aber groß und blau sind! Nur wenige, sage ich. Sie sind es, lieber Leser, und ich bin es ebenso, aber wer sonst? Archibald gehörte zu den wenigen, für die es zutraf. Er war glücklich. Es ist richtig, daß Margarets Mutter, so wie die Dinge lagen, nicht gerade von ihm angetan war. Sie zeigte bei seinem Erscheinen keineswegs jene überschäumende Freude, die wir so gern bei unserer zukünftigen Schwiegermutter sehen. Im Gegenteil, sie weinte im allgemeinen bitterlich, sooft sie ihn sah, und verspürte nach Ablauf von zehn Minuten die Neigung, sich in ihr Zimmer zurückzuziehen, wo sie im Zustand eines halben Komas bis zu vorgerückter Stunde verweilte. Eine chronische Krankheit bahnte sich bei ihr an, und Archibald schien etwas an sich zu haben, was unmittelbar auf ihre Nervenzentren einwirkte und sie vorübergehend in ein heilloses Chaos verwandelte. Sie mochte Archibald nicht. Sie sagte, sie liebe große, männliche Männer. Hinter seinem Rücken bezeichnete sie ihn nicht selten als »Einfaltspinsel«, manchmal sogar als »dieser Quatschkopf«.

Sie tat das nicht Margaret gegenüber, denn Margaret war nicht nur blauäugig, sondern auch ein wenig aufbrausend. Sooft sie über Archibald redete, war ihr Sohn Stuyvesant ihr Gesprächspartner. Stuyvesant Milsom, der Archibald für einen ausgemachten Esel hielt, war immer bereit, bei seiner Mutter zu sitzen und von ihr zu hören, was sie über dieses Thema zu sagen hatte, wobei es jedoch eine abgemachte Sache war, daß sie ihm am Ende der Sitzung ein oder zwei safrangelbe Geldscheine für seine Rennschulden überließ. Denn Stuyvesant, der die Gewohnheit entwickelt hatte, auf Pferde zu setzen, die entweder überhaupt nicht starteten oder sich mitten im Rennen setzten und nachdachten, konnte immer zehn Dollar oder so gebrauchen. Sein Preis für diese Interviews belief sich in der Regel auf etwa drei Cents pro Wort.

Unter diesen Umständen war es nur natürlich, daß Archibald und Margaret es vorzogen, sich, wenn sie sich denn trafen, anderswo, und nicht gerade im Haus der Milsoms zu treffen. Sie gingen dazu über, bei diesen Gelegenheiten ein geheimes Stelldichein zu arrangieren. Archibald war es so lieber, weil er sich, wenn er mit Mrs. Milsom in einem Raum zusammen war, immer wie ein Mörder mit besonders großen Füßen vor-

kam; und Margaret war es so lieber, weil ihre geheimen Treffen, wie sie
Archibald erklärte, ihrer ansonsten eher alltäglich nüchternen Verlobung
einen Hauch von Poesie verliehen.

Archibald fand das bezaubernd; aber gleichzeitig konnte ihm nicht
verborgen bleiben, daß Margarets Leidenschaft für das Poetische sozusagen ein zweischneidiges Schwert war. Er liebte und bewunderte die
Erhabenheit ihrer Seele, aber andererseits war es harte Arbeit, den An-
forderungen gerecht werden zu müssen. Denn Archibald war ein ganz
gewöhnlicher junger Mann. In der Schule hatte man versucht, ihm die
Liebe zur Dichtung einzuimpfen, aber es hatte nicht angeschlagen. Bis
zum Alter von dreißig Jahren hatte er sich damit begnügt, die gesamte
Dichtung (außer der von Mr. George Cohan) unter der generellen Rubrik
»Schwachsinn« einzuordnen. Dann traf er Margaret, und der Ärger begann. An dem Tag, als er ihr zum erstenmal begegnete, bei einem Picknick, wirkte sie so seelenvoll, so fernab von dieser Welt, daß er instinktiv
gefühlt hatte, hier war ein Mädchen, das mehr von einem Mann erwartete als die bloße Feststellung, das Wetter sei wunderbar. Zufällig kannte
er genau ein Zitat aus den Klassikern, nämlich Tennysons kritische Darstellung des Inseltals von Avilion. Er kannte es, weil er den Abschnitt in
der Schule einhundertundfünfzigmal hatte abschreiben müssen, als er
von einem Mitglied des Lehrkörpers, das zufällig ein leidenschaftlicher
Bewunderer der »Königsidyllen« war, beim Rauchen ertappt wurde.

Margarets Bemerkung, daß es ein wunderschöner Tag für ein Picknick
sei und die Landschaft hübsch aussähe, gab ihm seine Gelegenheit.

»Das erinnert mich«, sagte er, »das erinnert mich stark an das Inseltal
von Avilion, wo weder Hagel fällt, noch Regen, noch selbst Schnee, noch
je der Wind laut blast; es aber liegt tief eingebettet in den Wiesen, glück
lich, schön, mit Obstgärten ringsum...«

Hier brach er ab, um eine Hornisse zu zerquetschen; aber Margaret
hatte genug gehört.

»Lieben Sie die Dichter, Mr. Mealing?« sagte sie mit verträumtem
Blick.

»Ich?« sagte Archibald leidenschaftlich. »Ich? Natürlich, ich ver-
schlinge sie bei lebendigem Leibe!«

Und so hatte der ganze Ärger begonnen. Es hatte für Archibald unablässige Plackerei bedeutet. Er merkte, daß er sich auf ein Niveau begeben hatte, von dem er nicht absinken durfte. Er kaufte jeden neuen Gedichtband, der in der Presse gelobt wurde, und er lernte die Rezensionen auswendig. Jeden Abend las er mühsam ein Stück aus den Klassikern. Er quälte sich durch den Lyrikteil von Bartletts »Geflügelten Worten«. Margarets Verehrung für die verschiedenen Barden war so enthusiastisch und ihre Belesenheit so umfassend, daß es Zeiten gab, da Archibald sich fragte, ob er die Belastung aushalten könnte. Aber er hielt heroisch stand, und bisher war auf ihn immer Verlaß gewesen. Aber die Belastung war schrecklich.

Die frühen Stadien des Cape-Pleasant-Golfturniers erfordern keine detaillierte Beschreibung. Die Regeln des Lochspiels beherrschten die Wettkämpfe, und Archibald erledigte seine ersten drei Gegner noch vor dem zwölften Loch. Ohne Selbstvertrauen hatte er in der ersten Runde mit McCay abgeschlagen, aber als er merkte, daß er den Sekretär mühelos besiegen konnte, traf er auf einen gewissen Butler in der zweiten Runde mit mehr Zuversicht. Butler brachte er ebenfalls eine vernichtende Niederlage bei; und folglich war er, als er schließlich in der dritten Runde Sigsbee gegenüberstand, praktisch der siegreiche Held. Mit nahezu unerträglicher Süße schien das Glück auf ihn herabzustrahlen. Als er in den Bunker beim siebten Loch geriet, passierte Sigsbee dasselbe. Als er am sechsten Abschlag einen Slice schlug, schlug Sigsbee einen Pull. Und Archibald, der eine Glückssträhne hatte, spielte die nächsten drei Löcher in elf, neun und zwölf Schlägen; und qualifizierte sich nach einem mühelosen Sieg für das Finale.

Gossett, diese Schlange, hatte inzwischen jeden seiner drei Gegner ohne größere Probleme besiegt.

Das Finale war für den kommenden Donnerstag morgen angesetzt. Gossett, der Börsenmakler war, hatte ein paar nicht ernstzunehmende Einwände erhoben, die darauf basierten, daß er der Wall Street nicht ohne weiteres fernbleiben könne, aber er war überstimmt worden. Als Sigsbee darauf hinwies, daß er Archibald spielend schlagen und bis zum Mittag wieder in der Stadt sein könne, wenn er wolle, und daß sich ja in jedem Fall sein Partner um die Geschäfte kümmere, ließ er sich schließlich überreden, wenn auch widerstrebend. Es war allgemein bekannt, daß Gossett sich damals mitten in ziemlich bedeutenden geschäftlichen Verhandlungen befand.

Donnerstag morgen paßte Archibald wunderbar. Ihm war eingefallen, daß er so zwei Dinge miteinander vereinbaren konnte. Margaret war am Vorabend in Cape Pleasant eingetroffen, und sie hatten am Telefon ausgemacht, sich am Ende der Strandpromenade, die etwa eine Meile vom Golfplatz entfernt war, um ein Uhr zu treffen, gemeinsam zu Mittag zu essen, und den Nachmittag zusammen auf dem Wasser zu verbringen. Wenn er sein Match mit Gossett um elf Uhr dreißig begann, hätte er reichlich Zeit, das Spiel zu beenden und zur festgesetzten Stunde am Ende der Strandpromenade zu sein. Er machte sich keine Illusionen über die jeweiligen Verdienste, die Gossett und ihn selbst als Golfer auszeichneten. Er wußte, daß Gossett die erforderlichen zehn Löcher in einem Zug gewinnen würde. Das war traurig, aber nicht zu ändern. Es ließ sich nicht vermeiden. Man mußte es einfach hinnehmen.

Nachdem er diese Pläne gemacht hatte, stieg er am Donnerstag morgen in den Zug mit dem tröstlichen Gefühl, daß der Tag, wie traurig auch immer er beginnen möge, zwangsläufig ein gutes Ende nehmen mußte.

Der Tag war schön, die Sonne warm, aber durch eine leichte Brise gemildert. Ein paar Männer vom Club waren gekommen, um das Match zu sehen, unter ihnen Sigsbee.

Sigsbee nahm Gossett beiseite.

»Ich möchte unbedingt Ihr Caddie sein, alter Junge«, sagte er.»Ich kenne Ihr Temperament sehr genau. Ich weiß, wie wenig dazugehört, Sie aus dem Schlagrhythmus zu bringen. In einem gewöhnlichen Spiel könnten Sie einen dieser Jungen nehmen, ich weiß, aber bei einer so wichtigen Gelegenheit wie dieser dürfen Sie das nicht riskieren. Ein schmuddeliger Junge, der vielleicht auch noch schielt, würde Ihnen mit Sicherheit auf die Nerven gehen. Er könnte sogar Bemerkungen zum Spiel machen, oder pfeifen. Ich aber verstehe Sie. Sie müssen mich Ihre Schläger tragen lassen.«

»Das ist sehr freundlich von Ihnen«, sagte Gossett.

»Gern geschehen«, sagte Sigsbee.

Archibald bereitete sich nun darauf vor, vom ersten Tee abzuschlagen. Er tat das mit großer Sorgfalt. Jeder, der Archibald Mealing Golf hat spielen sehen, weiß, daß er mit seinem Abschlag einen der eindrucksvollsten Anblicke bietet, die man je auf dem Golfplatz gesehen hat. Er zog seine Kappe über die Augen, ließ seinen Schläger ein wenig vor- und zurückwippen, wechselte die Stellung der Füße, ließ seinen Schläger ein wenig stärker wippen, starrte für einen Augenblick dem Horizont entgegen, ließ seinen Schläger erneut wippen, und hob ihn schließlich mit der Miene des »stärksten Mannes«, der eine Eisenstange stemmt, langsam über den Kopf. Dann führte er ihn mit Schwung nach unten und schlug den Ball mit einem hohen Slice etwa fünfzig Yards weit. Kaum jemals versäumte er es, den Ball zu slicen oder zu pullen. Von einem Loch zum anderen rückte er im allgemeinen in einem majestätischen Zickzackkurs vor.

Gossetts Abschlag brachte ihn genau auf den Weg zum Grün. Er lochte in fünf Schlägen ein. Archibald, traurig, aber nicht überrascht, machte sich auf den Weg zum zweiten Abschlag.

Das zweite Loch war kürzer. Gossett gewann es in drei Schlägen. Für das dritte notierte er eine Sechs, für das vierte eine Vier. Archibald beschlich das Gefühl, er könne ebensogut nicht zugegen sein. Er war praktisch Zuschauer.

In diesem Augenblick griff er in seine Tasche nach seinem Tabaksbeutel, um sich mit einer Zigarette zu trösten. Zu seinem Entsetzen stellte er fest, daß er nicht da war. Er hatte ihn im Zug noch gehabt, aber jetzt war er verschwunden. Das bedrückte ihn noch mehr, denn den Beutel hatte er von Margaret bekommen, und er hatte es immer als zusätzlichen Beweis für ihren herausragenden Charakter betrachtet, der die Charaktere anderer Mädchen weit übertraf, daß sie kein Monogramm aus Vergißmeinnicht eingewebt hatte. Dieser vielsagende Beutel fehlte, und Archibald war traurig über den Verlust. Seine Sorgen wurden nicht gerade geringer, als Gossett das fünfte und sechste Loch gewann.

Es war ein Viertel nach zwölf, und Archibald dachte mit trübsinniger Genugtuung daran, daß das Massaker bald vorbei wäre, und er es in Margarets Gesellschaft würde vergessen können. Als Gossett sich anschickte, vom siebten Tee abzuschlagen, kam ein Telegrammbote auf die kleine Gruppe zu.

»Mr. Gossett«, sagte er.

Gossett ließ seinen Driver sinken und drehte sich um, aber Sigsbee hatte dem Jungen den Umschlag schon aus der Hand gerissen.

»Alles in Ordnung, alter Junge«, sagte er. »Machen Sie nur weiter. Ich bewahre es für Sie auf.«

»Geben Sie es her«, sagte Gossett besorgt. »Es könnte von meinem Büro kommen. An der Börse kann etwas passiert sein. Vielleicht werde ich gebraucht.«

»Nein, nein«, sagte Sigsbee besänftigend. »Machen Sie sich keine Sorgen. Öffnen Sie es besser nicht. Es könnte etwas enthalten, das Sie aus dem Rhythmus bringt. Warten Sie bis zum Ende des Spiels.«

»Geben Sie es her. Ich will es sehen.«

Sigsbee blieb fest.

»Nein«, sagte er, »ich bin hier, um zu sehen, wie Sie die Meisterschaft gewinnen, und ich lasse nicht zu, daß Sie ein Risiko eingehen. Übrigens, selbst wenn es etwas Wichtiges ist, kommt es nicht auf ein paar Minuten an.«

»Dann öffnen Sie es wenigstens und lesen es.«

»Es ist sicher chiffriert«, sagte Sigsbee. »Ich würde es nicht verstehen. Spielen Sie nur weiter, alter Junge. Sie müssen nur noch ein paar Löcher gewinnen.«

Gossett wandte sich um und sprach den Ball erneut an. Dann führte er den Schwung aus. Der Schläger tippte den Ball an, und der rollte träge ein paar Fuß weit. Archibald ging auf den Abschlag zu. Nun gab es Momente, in denen Archibald ganz passabel abschlagen konnte. Er verwandte immer ein beträchtliches Maß an Muskelkraft auf seine Versuche. Es war die Richtung, bei der er sich in der Regel verrechnete. Dieses Mal, war er nun durch das Versagen seines Rivalen beflügelt oder einfach vom Schicksal begünstigt, traf er den Ball genau im richtigen Augenblick. Er flog vom Tee ab, gerade, hart und flach, schlug in der Nähe des Grüns auf dem Boden auf und trudelte schließlich ein Fuß vom Loch entfernt aus.

Niemals zuvor seit der Gründung des Cape-Pleasant-Golfplatzes war ein so langer Ball geschlagen worden.

Daß er aus dieser vielversprechenden Lage drei Schläge brauchte, um einzulochen, war bedauerlich, aber nicht tragisch, denn Gossett, dessen Spiel plötzlich nachzulassen schien, erreichte das Grün erst in sieben Schlägen. Einen Augenblick später deutete beifälliges Gemurmel an, daß Archibald sein erstes Loch gewonnen hatte.

»Mr. Gossett«, sagte eine Stimme.

All die beifällig murmelnden Zuschauer konnten beobachten, daß der Telegrammbote erneut unter ihnen weilte. Diesmal brachte er zwei Sendschreiben. Sigsbee riß beide geschickt an sich.

»Nein«, sagte er entschieden, »ich lehne es strikt ab, daß Sie sie ansehen, bevor das Spiel zu Ende ist. Ich kenne Ihr Temperament.«

Gossett gestikulierte.

»Aber sie sind bestimmt wichtig. Sie kommen bestimmt von meinem Büro. Woher sonst sollte ich eine Flut von Telegrammen erhalten? Es ist etwas schiefgegangen. Ich werde dringend gebraucht.«

Sigsbee nickte ernst.

»Genau das befürchte ich«, sagte er. »Gerade deshalb kann ich nicht riskieren, daß Sie die Nerven verlieren. Für schlechte Nachrichten, Gossett, ist es noch früh genug nach dem Spiel. Machen Sie nur weiter, Mann, und denken Sie nicht mehr daran. Übrigens könnten Sie sowieso nicht jetzt gleich nach New York zurückkehren. Es fahren im Augenblick keine Züge. Denken Sie nicht mehr an die ganze Angelegenheit und spielen Sie einfach so wie immer, und Sie werden bestimmt gewinnen.«

Archibald hatte während dieser Unterhaltung abgeschlagen, aber ohne seinen vorherigen Erfolg. Diesmal hatte er seinen Ball mit einem Pull ins hohe Gras geschlagen. Gossetts Abschlag war sogar noch schlechter; und die nachfolgende Annäherung des Paars an das Loch ähnelte mehr als alles andere dem Manöver zweier Männer, die als Ergebnis einer Wette Erdnüsse mit Zahnstochern vorwärtsrollen. Archibald gewann das

Loch schließlich in zwölf Schlägen, nachdem Gossett bereits seinen vierzehnten Schlag gemacht hatte.

Als Archibald das nächste Loch in elf und das zehnte in neun Schlägen gewann, keimte schwache Hoffnung in seiner Brust auf. Als er dann aber zwei weitere Löcher gewinnen konnte und das Spiel ausglich, loderte sie in ihm auf wie ein Leuchtfeuer.

Der gewöhnliche Golfer, dessen Schlagzahl pro Loch selten die von Colonel Bogey übersteigt, wird kaum den Wirbel gemischter Gefühle verstehen, den der wirklich ungeschickte Spieler in den seltenen Fällen durchlebt, wenn er eine Glückssträhne hat. Während ein Schlag dem anderen folgt, und er sich weiterhin gegen den Gegner erfolgreich behauptet, wallt unbändige Heiterkeit in ihm auf, gefolgt von einer gewissen Ehrfurcht, so als ob er etwas Verbotenes, ja, Gottloses täte. Dann klingen all diese überschwenglichen Gefühle ab und wandeln sich zu der herrlichen Empfindung von Größe und Majestät – ein Gigant unter Pygmäen.

Als Archibald, der mit der Vorsicht eines Mannes puttete, der Fliegen von einer schlafenden Venus verscheucht, eingelocht und das dreizehnte Loch gewonnen hatte, beherrschte ihn dieses Gefühl vollkommen. Und als er auf den fünfzehnten Abschlag zuging, nachdem er das vierzehnte Loch gewonnen hatte, spürte er, das war das Leben, bisher war er nichts weiter als eine Molluske gewesen.

Genau in diesem Moment schaute er zufällig auf die Uhr, und was er da sah, war wie eine kalte Dusche. Die Zeiger standen auf fünf Minuten vor eins.

Wir wollen innehalten und einen Augenblick über diesen kritischen Punkt nachdenken. Wir wollen ihn nicht abtun, als sei er nichts weiter als ein triviales, alltägliches Problem. Sie, lieber Leser, spielen ein akkurates, routiniertes Golf und schlagen Ihren Gegner mit Leichtigkeit, sooft Sie auf den Platz kommen, ebenso wie ich; aber Archibald war nicht so wie wir. Zum erstenmal überhaupt hatte er das Gefühl, sein Spiel sei so gut, daß er die Chance hatte, einen wirklich ausgezeichneten Mann zu besiegen. Zwar hatte er in den früheren Runden McCay, Sigsbee und Butler geschlagen; aber verglichen mit Gossett waren sie als Rivalen ohne Belang. Gossett zu besiegen, bedeutete jedoch die Meisterschaft. Andererseits war er Margaret Milsom, die er um Punkt ein Uhr am Ende der Strandpromenade treffen sollte, leidenschaftlich ergeben. Jetzt war es fünf Minuten vor eins, und das Ende der Strandpromenade noch eine Meile entfernt. Sein innerer Kampf war kurz, aber heftig. Ein stechender Schmerz, und er hatte seinen Entschluß gefaßt. Koste es, was es wolle, er mußte auf dem Platz bleiben. Wenn Margaret die Verlobung löste – nun, vielleicht würde die Zeit die Wunden heilen, und nach vielen Jahren würde er möglicherweise ein anderes Mädchen finden, das er auf zerrüttete und gebrochene Art und Weise liebgewinnen könnte. Aber eine solche Chance im Golf kam vielleicht nie wieder. Was ist Liebe verglichen mit dem Ereignis, vor dem Gegner einzulochen?

Die Erregung wurde nun so stark, daß ein kleiner Junge, der den Spielern mit der Menge folgte, sein Kaugummi verschluckte; denn Gossetts Spiel ließ eine leichte Verbesserung erkennen, und eine leichte Verbesserung im Spiel nahezu jedes beliebigen Golfers bedeutete, daß es dem Archibalds weit überlegen war. Am nächsten Loch war die Verbesserung nicht ausgeprägt genug, und Archibald erreichte, daß das Loch halbiert wurde. Nun lag er zwei auf bei drei noch zu spielenden Löchern – was ein durchschnittlicher Golfer als einen beruhigenden Vorspruch betrachten würde. Aber Archibald war kein durchschnittlicher Golfer. Ein beruhigender Vorsprung wäre es für ihn gewesen, wenn er zwei auf bei einem noch zu spielenden Loch gelegen hätte.

Um vor dem Publikum sein Bestes geben zu können, sollte der vielgerühmte Golfer einen kühlen Kopf haben und auf das Spiel konzentriert sein. In Anbetracht der Tatsache, daß Gossett sich wegen der Telegramme Sorgen machte, während Archibald, wie sehr er die Gedanken auch zu verdrängen suchte, von der Vision einer Margaret gequält wurde, die allein und verlassen auf der Strandpromenade stand, wurde das Spiel gewissermaßen zerrissen. Gossett puttete gut und konnte so das sechzehnte Loch in zwölf Schlägen spielen, und als er das siebzehnte in neun Schlägen gewann und damit das Spiel ausglich, schien das Match entschieden zu sein. Aber genau in diesem Moment –

»Mr. Gossett!« sagte eine vertraute Stimme.

Noch einmal war der überaus geduldige Telegrammbote unter den Anwesenden.

»Drei diesmal!« bemerkte er.

Gossett stürmte los, aber wieder war Sigsbee zu schnell.

»Seien Sie tapfer, Gossett – seien Sie tapfer«, sagte er. »Das Spiel befindet sich in einer Krise. Behalten Sie die Nerven. Spielen Sie einfach so, als ob es nichts gäbe als den Golfplatz. Es wäre verhängnisvoll, jetzt einen Blick auf diese Telegramme zu werfen.«

Augenzeugen dieser großen Begegnung werden von der Geschichte des letzten Loches bis an ihr Lebensende berichten. Es war einer jener Titanenkämpfe, die die Zeit nicht aus dem Gedächtnis löschen kann. Archibald hatte das Glück, einen guten Start zu erwischen. Er schlug nur zweimal vorbei, bevor er den Ball auf dem Tee traf. Gossett brauchte vier Schläge, ehe er diese Glanzleistung vollbrachte. Auch auf dem Weg zum Grün verließ Archibald das Glück nicht. In elf Schlägen kam er aus dem Bunker. Gossett hatte den Ball erst nach sechzehn Schlägen hinausgespielt. Als schließlich Archibalds einundzwanzigster Schlag den Ball ins Loch trudeln ließ, hatte Gossett bereits seinen dreißigsten gemacht.

Der Ball ruhte noch nicht auf dem Grund des Loches, als Gossett schon begonnen hatte, die Telegramme aus den Umschlägen zu reißen. Während er las, traten ihm die Augen aus den Höhlen.

»Keine schlechte Nachricht, hoffe ich«, sagte ein Zuschauer.

Sigsbee nahm das Telegrammbündel an sich.

Das erste Telegramm lautete: »Viel Glück. Hoffe, Sie gewinnen. McCay.« Das zweite lautete ebenfalls: »Viel Glück. Hoffe, Sie gewinnen. McCay.« Und ebenso lautete, seltsam genug, das dritte, vierte, fünfte, sechste und siebte.

»Du lieber Scott!« sagte Sigsbee. »Ihm muß sehr daran gelegen haben, Sie auf keinen Fall zu verfehlen, Gossett.«

Während er sprach, schaute Archibald, der dicht hinter ihm stand, auf die Uhr. Die Zeiger standen auf ein Viertel vor zwei.

Margaret und ihre Mutter saßen im Wohnzimmer, als Archibald eintraf. Mrs. Milsom, die herausbekommen hatte, daß Archibald nicht zu der Verabredung erschienen war, hatte gerade eine Zeitlang wiederholt geäußert,»ich habe es dir ja gesagt«, und das hatte Margarets Laune nicht eben verbessert. Als folglich Archibald, feucht und zerzaust, hereingeführt wurde, bekam er von der Kälte in der Luft nahezu Erfrierungen. Mrs. Milsom bot ihre berüchtigte Imitation der Gorgo, während Margaret leichthin eine Melodie summte, eine Wochenschrift aufnahm und sich darin vertiefte.

»Margaret, laß mich dir erklären«, keuchte Archibald. Mrs. Milsom ließ die Bemerkung fallen, sie müsse schon sagen. Margarets Aufmerksamkeit war von einem Modebild gefesselt.

»Als ich heute morgen mit dem Taxi zur Fähre fuhr«, setzte Archibald wieder an,»hatte ich einen Unfall.«

Das war das Endresultat fieberhafter Geistesarbeit auf dem Weg vom Golfplatz zum Ferienhaus.

Die Zeitschrift flatterte auf den Boden.

»Oh, Archie, bist du verletzt?«

»Ein paar Kratzer, das ist alles; aber ich habe den Zug verpaßt.«

»Welchen Zug haben Sie genommen?« fragte Mrs. Milsom mit Grabesstimme.

»Den Einuhrzug. Ich bin direkt vom Bahnhof hierher gekommen.«

»Hör mal«, sagte Margaret,»Stuyvesant ist mit dem Einuhrzug nach Hause gekommen. Hast du ihn gesehen?«

Archibalds Unterkiefer klappte leicht herunter.

»Also, nein«, sagte er.

»Wie merkwürdig«, sagte Margaret.

»Sehr merkwürdig«, sagte Archibald.

»Äußerst merkwürdig«, sagte Mrs. Milsom.

Sie dachten noch immer über die Eigentümlichkeit dieses Umstands nach, als sich die Tür öffnete, und der Sohn des Hauses persönlich eintrat.

»Habe mir schon gedacht, Sie hier zu finden, Mealing«, sagte er.»Man hat mir das am Bahnhof für Sie gegeben; Sie haben es heute morgen fallen lassen, als Sie aus dem Zug gestiegen sind.«

Er überreichte Archibald den verlorenen Beutel.

»Danke«, sagte letzterer heiser. »Wenn Sie heute morgen sagen, meinen Sie natürlich heute nachmittag, aber trotzdem vielen Dank.«

»Nein, Archibald Mealing, er meint *nicht* heute nachmittag«, sagte Mrs. Milsom. »Stuyvesant, rede! Aus welchem Zug ist dieser Quatsch – ist Mr. Mealing ausgestiegen und hat den Tabaksbeutel verloren?«

»Aus dem Zehnuhrzug, hat mit der Mann am Bahnhof gesagt. Sagte, er hätte ihn Mr. Mealing gleich zurückgegeben, wenn der nicht in Windeseile losgespurtet wäre.«

Sechs Augen richteten sich auf Archibald.

»Margaret«, sagte er, »ich will nicht versuchen, dich zu täuschen – «

»Sie können es ruhig versuchen«, bemerkte Mrs. Milsom, »aber es wird Ihnen nicht gelingen.«

»Also, Archibald?«

»Es hat keinen Taxiunfall gegeben.«

»Ah!« sagte Mrs. Milsom.

»In Wirklichkeit habe ich bei einem Golfturnier gespielt.«

Margaret schrie verblüfft auf.

»Du hast Golf gespielt!«

Archibald senkte den Kopf in mannhafter Entsagung.

»Warum hast du mir das nicht gesagt? Warum hast du dich nicht mit mir auf dem Golfplatz verabredet? Das hätte ich herrlich gefunden.«

Archibald war verblüfft.

»Du interessierst dich für Golf, Margaret? Du! Ich habe gedacht, du lehnst so etwas ab, hältst es für ein anspruchsloses Spiel. Ich habe gedacht, du hältst alle Spiele für zu anspruchslos.«

»Wieso, ich spiele selbst Golf. Nicht sehr gut allerdings.«

»Margaret! Warum hast du mir das nicht gesagt?«

»Ich habe gedacht, es würde dir nicht gefallen. Du warst so durchgeistigt, so poetisch. Ich hatte Angst, du würdest mich verachten.«

Archibald kam einen Schritt nach vorn. Seine Stimme war verkrampft und bebte.

»Margaret«, sagte er, »jetzt ist nicht die Zeit für Mißverständnisse. Wir müssen offen miteinander reden. Unser Glück steht auf dem Spiel. Sag mir ehrlich, ist es wahr, daß du die Dichtung liebst?«

Margaret zögerte, dann antwortete sie tapfer:

»Nein, Archibald«, sagte sie, »es ist, wie du vermutest. Ich bin deiner nicht wert. Ich liebe die Dichtung *nicht*. Ach, du schauderst! Du wendest dich ab! Dein Gesicht wird hart und verächtlich!«

»Nein!« schrie Archibald. »Nein! Nichts dergleichen! Du hast mich zu einem neuen Menschen gemacht!«

Sie starrte mit unruhigem Blick erstaunt vor sich hin.

»Was! Willst du damit sagen, daß du auch – «

»Ich würde sagen, du hast recht. Ich muß dir gestehen, ich hasse dieses fürchterliche Zeug. Ich habe nur so getan, als ob ich es liebte, weil ich dachte, du liebst es auch. All die Stunden, die ich damit verbracht habe, es auswendig zu lernen! Ein Wunder, daß ich keine Gehirnentzündung bekommen habe.«

»Archie! Hast du auch immer alles nachgelesen? Oh, wenn ich das bloß gewußt hätte!«

»Und du verzeihst mir – die Sache mit heute morgen, meine ich?«

»Natürlich. Du konntest doch ein Golfturnier nicht verlassen. Übrigens, wie hast du abgeschnitten?«

Archibald hustete.

»Ziemlich gut«, sagte er bescheiden. »Recht ordentlich. Genaugenommen nicht schlecht. Um die Wahrheit zu sagen, ich habe die Meisterschaft gewonnen.«

»Die Meisterschaft!« flüsterte Margaret. »Von Amerika?«

»Nun, nicht *ganz* von Amerika«, sagte Archibald. »Aber immerhin eine Meisterschaft.«

»Mein Held.«

»Ihr braucht mich im Augenblick nicht, nehme ich an?« sagte Stuyvesant lässig. »Ich glaube, ich werde auf der Veranda eine Zigarette rauchen.«

Und ein Schluchzen von der Treppe zeigte an, daß Mrs. Milsom schon auf dem Weg in ihr Zimmer war.

ZUKUNFTVISION: GOLF WÄHREND DER MITTAGSPAUSE IN EINER VON LONDONS RU-
HIGEREN DURCHFAHRTSSTRASSEN: EINKOHLEN AM ZWÖLFTEN.

CUTHBERTS DURCHBRUCH

Der junge Mann kam ins Herrenzimmer des Clubhauses und schleuderte seine Tasche auf den Boden, daß es krachte. Er sank mißvergnügt in einen Sessel und drückte auf die Klingel.

»Herr Ober!«

»Bitte?«

Der junge Mann zeigte sichtlich widerwillig auf die Tasche.

»Sie können diese Schläger haben«, sagte er. »Nehmen Sie sie mit. Wenn Sie sie nicht selbst gebrauchen können, geben Sie sie einem der Caddies.«

Über den Raum hinweg musterte ihn der Club-Älteste tief betrübt durch den Rauch seiner Pfeife. Sein Blick war unergründlich und träumerisch – der Blick eines Mannes, der, wie der Dichter sagt, stets das Golfspiel hat geschaut und ganz erkannt.

»Geben Sie das Golfspielen auf?« sagte er.

Ein solches Verhalten von seiten des jungen Mannes traf ihn nicht gänzlich unvorbereitet: denn von seinem Adlerhorst auf der Terrasse oberhalb des neunten Grüns hatte er gesehen, wie dieser seine Nachmittagsrunde begann, und er hatte beobachtet, daß er einige Bälle im See beim zweiten Loch verlor, nachdem er sieben Schläge für das erste gebraucht hatte.

»Ja!« schrie der junge Mann heftig. »Für immer, verdammt noch mal! Blödes Spiel! Verfluchtes, teuflisches, dämliches, albernes Mistspiel! Nichts als Zeitverschwendung!«

Der Weise zuckte zusammen.

»Sagen Sie das nicht, mein Junge.«

»Und ich sage es doch. Hat Golf auch nur den geringsten Wert? Das Leben ist hart, und das Leben ist ernst. Wir leben in einem Zeitalter des praktischen Nutzwerts. Überall um uns herum können wir beobachten, wie ausländische Konkurrenz sich unbeliebt macht. Und wir verbringen unsere Zeit damit, Golf zu spielen! Was haben wir davon? Ist Golf zu irgendetwas *nutze*? Das frage ich Sie. Können Sie mir auch nur einen einzigen Fall nennen, der zeigt, daß es für einen Menschen je von praktischem Nutzen gewesen ist, sich diesem abscheulichen Zeitvertreib zu widmen?«

Der Weise lächelte freundlich.

»Ich könnte Tausende nennen.«

»Einer reicht schon aus.«

»Von den unzähligen Erinnerungen, die mir in den Sinn kommen«, sagte der Weise, »will ich die Geschichte von Cuthbert Banks wählen.«

»Nie von ihm gehört.«

»Seien Sie guten Mutes«, sagte der Club-Älteste, »Sie werden gleich von ihm hören.«

Es war in dem malerischen Ort Wood Hills (sagte der Club-Älteste) wo sich die Ereignisse, die ich erzählen möchte, zutrugen. Selbst wenn Sie nie in Wood Hills gewesen sind, wird Ihnen dieses Vorstadtparadies wahrscheinlich dem Namen nach bekannt sein. In günstiger Entfernung zur Stadt gelegen, verbindet es hervorragend die Vorteile städtischen Lebens mit der angenehmen Umgebung und gesunden Luft ländlicher Gegenden. Seine Einwohner leben in geräumigen Häusern, von Anlagen umgeben, und genießen einen solchen Luxus – wie etwa Kieswege, Hauptkanalisation, elektrisches Licht, Telefon, Bäder (mit warmem und kaltem Wasser) und eigenes Leitungswasser –, daß es verzeihlich wäre, ihr Leben als so ideal anzusehen, daß es keiner Verbesserung bedürfte, um ihr Glück vollkommen zu machen. Mrs. Willoughby Smethurst war nicht in einem solchen Wahn befangen. Was Wood Hills zu seiner Vollendung brauchte, so hatte sie erkannt, war Kultur. Materielles Wohlergehen ist schön und gut, wenn man aber das *Summum bonum* erreichen will, muß man auch der Seele eine Chance geben, und es war Mrs. Smethursts fester Entschluß, daß niemals, solange ihre Kräfte reichten, die Seele auf der Strecke bleiben sollte. Es war ihre Absicht, Wood Hills zu einem Zentrum aller überaus kultivierten und gebildeten Menschen zu machen, und, Donnerwetter! wie war ihr das gelungen. Unter ihrer Präsidentschaft hatte sich die Mitgliederzahl des Literatur- und Debattierclubs von Wood Hills verdreifacht. Aber da ist immer ein Haar in der Suppe, eine Raupe im Salat. Der örtliche Golfclub, eine Einrichtung, die Mrs. Smethurst entschieden ablehnte, hatte seine Mitgliederzahl ebenfalls verdreifacht; und die Spaltung der Gemeinde in zwei gegnerische Lager, die Golfer und die Kulturfreunde, war ausgeprägter denn je zuvor. Diese Spaltung, an sich schon eine bedenkliche Erscheinung, hatte inzwischen die Dimensionen eines Schismas angenommen. Die rivalisierenden Sekten behandelten einander mit erbitterter Feindseligkeit.

Bedauerliche Zwischenfälle vertieften die Kluft. Mrs. Smethursts Haus grenzte an den Golfplatz, es stand rechts vom vierten Abschlag; und da der Literaturclub die Gewohnheit hatte, Gastlesungen zu veranstalten, hatte schon manch ein Golfer seinen Abschlag verpatzt, wenn laut aufbrandender Beifall mit seinem Abschwung zusammenfiel. Und nicht lange vor der Zeit, da diese Geschichte beginnt, hätte ein gesliceter Ball, der durch das geöffnete Fenster rauschte, um ein Haar Raymond Parsloe Devine, den emporstrebenden jungen Romancier (der in diesem Augenblick um ganze eineinhalb Fuß emporstrebte) der Möglichkeit beraubt, seine Kunst weiterhin auszuüben. Nur zwei Inches weiter nach rechts, und Raymond hätte zwangsläufig den Löffel abgeben müssen.

Um die Sache noch schlimmer zu machen, klingelte es fast unmittelbar danach an der Haustür, und das Dienstmädchen führte einen jungen Mann von angenehmem Äußeren herein, mit Pullover und ausgebeulten Knickerbockern bekleidet. Verlegen aber entschieden bestand er darauf, den Ball zu spielen, wie er lag, und so mußte die Nachmittagssitzung, teils durch die Erschütterung über die Gefahr, der der Vortragende so knapp entronnen war, teils durch das Schauspiel, das der Eindringling bot, der auf dem Tisch stand und mit einem Niblick hantierte, als völlige Pleite angesehen werden. Mr. Devines Entschluß, von dem ihn keinerlei

Argument abzubringen vermochte, den Rest seiner Lesung im Kohlen-
keller abzuhalten, versetzte der Versammlung einen Schock, von dem sie
sich nie erholte.

Ich habe bei diesem Vorfall so lange verweilt, weil er die Voraussetzung bot, daß Cuthbert Banks mit Mrs. Smethursts Nichte, Adeline, Bekanntschaft schloß. Als Cuthbert, denn er war es, der um ein Haar die
Musterrolle der aufstrebenden Romanciers um einen Namen verringert
hätte, nach seinem Schlag vom Tisch hüpfte, wurde er plötzlich gewahr,
daß ihn ein schönes Mädchen gebannt ansah. Eigentlich sah ihn jeder im
Raum gebannt an, vor allem natürlich Raymond Parsloe Devine, aber
keiner der übrigen Anwesenden war ein schönes Mädchen. So viel die
Mitglieder des Literaturclubs von Wood Hills an Verstand zu bieten hatten, so wenig hatten sie an äußeren Reizen vorzuweisen, und für Cuthberts erregtes Auge stach Adeline Smethurst hervor wie ein Juwel.

Er hatte sie nie zuvor gesehen, denn sie war erst am vorhergehenden
Tag im Haus ihrer Tante angekommen, aber er war vollkommen sicher,
daß sich das Leben, selbst wenn es inmitten von Kieswegen, Hauptkanalisation und eigenem Leitungswasser verbracht wurde, als eine ziemlich
armselige Angelegenheit erweisen würde, wenn er sie nicht wiedersähe.

Ja, Cuthbert war verliebt: und um zu zeigen, welche Wirkung diese zarte
Regung auf das Spiel eines Mannes hat, mag es interessant sein festzuhalten, daß er zwanzig Minuten nach der Begegnung mit Adeline das
kurze elfte Loch in einem Schlag spielte und für das zwölfte von vier-
hundertundfünfzig Yards nach einem nahezu meisterhaften Schlag eine
Drei notieren konnte.

Ich will rasch das Zwischenstadium übergehen, die Zeit, da Cuthbert
Adeline den Hof machte, und zu dem Augenblick kommen, als er – auf
dem Jahresball zugunsten des örtlichen Cottage-Hospitals, dem einzigen
Anlaß im Jahr, zu dem der Löwe sich sozusagen dem Lamm zur Seite
legte, und Golfer und Kulturfreunde sich auf der Basis natürlicher Kameradschaft begegneten und ihre Streitigkeiten vorübergehend vergaßen
– Adeline einen Heiratsantrag machte und eine gehörige Abfuhr bekam.

Dieses hübsche, gefühlvolle Mädchen hätte ihn nicht einmal mit dem
Fernglas gesehen.

»Mr. Banks«, sagte sie,»ich will offen sprechen.«

»Schießen Sie los«, stimmte Cuthbert zu.

»Auch wenn ich mir zutiefst bewußt bin, welch – «

»Ich weiß schon. Welch große Ehre und Schmeichelei und so weiter. Aber lassen wir diesen ganzen Blödsinn schnell beiseite, wo liegt denn das Problem? Ich liebe Sie bis zum Wahnsinn – «

»Liebe ist nicht alles.«

»Sie haben unrecht«, sagte Cuthbert ernst.»Sie irren sich gewaltig. Liebe – « Und er hob an, sich über dieses Thema zu verbreiten, als sie ihn unterbrach.

»Ich bin ein Mädchen mit Ambitionen.«

»Und sehr hübsch dazu«, sagte Cuthbert.

»Ich bin ein Mädchen mit Ambitionen«, wiederholte Adeline,»und ich bin mir bewußt, daß sich diese Ambitionen nur mit Hilfe meines Mannes erfüllen lassen. Ich selbst bin nicht gerade außergewöhnlich – «

»Was!« schrie Cuthbert.»Sie und nicht außergewöhnlich? Aber Sie sind doch eine Perle unter den Frauen, die Königin Ihres Geschlechts. Sie haben wohl in letzter Zeit nicht in den Spiegel gesehen. Sie sind einzigartig. Einfach einzigartig. Neben Ihnen wirken die anderen wie lädierte und überpinselte Golfbälle.«

»Also«, sagte Adeline ein wenig sanfter,»ich glaube, daß ich ganz gut aussehe – «

»Alle, die sich damit begnügen, von Ihnen zu sagen, Sie sähen – gut aus, würden den Tadsch Mahal als recht nettes Grabmal beschreiben.«

»Aber darum geht es nicht. Ich will sagen, wenn ich einen unbedeutenden Mann heirate, werde ich für alle Zeiten selbst unbedeutend sein. Und ich würde lieber sterben, als ein unbedeutender Mensch zu sein.«

»Und wenn ich Ihren Argumenten folgen kann, bin *ich* damit aus dem Spiel?«

»Also, wirklich, Mr. Banks, *haben* Sie je etwas getan, oder besteht die Wahrscheinlichkeit, daß Sie je etwas tun werden, was der Mühe wert ist?«

Cuthbert zögerte.

»Es ist wahr«, sagte er, »ich war nicht unter den ersten zehn bei den Offenen Meisterschaften, und ich bin bei den Amateuren im Halbfinale ausgeschieden, aber ich habe letztes Jahr die French Open gewonnen.«

»Die – was?«

»Die Offenen Französischen Meisterschaften. Golf, wissen Sie.«

»Golf! Sie verschwenden Ihre ganze Zeit mit Golf. Ich habe nur Achtung vor einem Mann, wenn er geistig rege, intellektuell ist.«

Der Schmerz der Eifersucht zerriß Cuthberts Brust.

»Wie dieser Dingsda, dieser Devine?« sagte er gereizt.

»Mr. Devine«, antwortete Adeline, wobei sie ein wenig errötete, »wird ein großer Mann werden. Er hat schon viel erreicht. Die Kritiker sagen, er sei russischer als jeder andere junge englische Schriftsteller.«

»Und ist das gut?«

»Natürlich ist das gut.«

»Ich hätte gedacht, der Witz wäre, englischer als jeder andere junge englische Schriftsteller zu sein.«

»Unsinn! Wer will schon, daß ein englischer Schriftsteller englisch ist? Man muß russisch oder spanisch oder etwas in der Art sein, um wirklich anzukommen. Der Mantel der großen Russen ist auf Mr. Devine übergegangen.«

»Nach allem, was ich über die Russen gehört habe, würde ich nicht wollen, daß *mir* so etwas passierte.«

»Da besteht keine Gefahr«, sagte Adeline verächtlich.

»Oh! Also, ich muß sagen, daß viel mehr in mir steckt, als Sie glauben.«

»Das könnte ohne weiteres stimmen.«

»Sie glauben, ich bin nicht geistig rege und intellektuell«, sagte Cuthbert höchst erregt. »Also gut. Morgen trete ich dem Literaturclub bei.«

Noch während er diese Worte aussprach, juckte es ihn im Bein, und er hätte sich am liebsten einen Tritt versetzt, weil er ein solcher Trottel war, aber die unverhoffte Freude, die Adelines Gesicht widerspiegelte, beschwichtigte ihn; und er ging an diesem Abend mit dem Gefühl nach Hause, daß er sich auf etwas durchaus Reizvolles eingelassen hatte. Erst im kalten, grauen Morgenlicht wurde ihm dann klar, was er sich eingebrockt hatte.

Ich weiß nicht, ob Sie Erfahrungen mit den literarischen Zirkeln der Vorstädte haben, aber derjenige, der unter der Aufsicht von Mrs. Willoughby Smethurst in Wood Hills gedieh, war eher in höherem Maße so als der Durchschnitt. Mein schwaches Erzählertalent reicht nicht aus, Ihnen zu vermitteln, was Cuthbert Banks in den nächsten Wochen erdulden mußte. Und selbst wenn ich es könnte, habe ich meine Zweifel, ob es richtig wäre. Es ist schön und gut, Furcht und Mitleid hervorzurufen, wie Aristoteles empfiehlt, aber alles hat seine Grenzen. In den alten griechischen Tragödien war es eine eiserne Regel, das ganze wirklich grausame Geschehen hinter der Bühne stattfinden zu lassen, und ich werde diesem hervorragenden Prinzip folgen. Es soll genügen, wenn ich einfach sage, daß es J. Cuthbert Banks schlecht erging. Nachdem er an elf Debatten und vierzehn Vorträgen über die Lyrik des *Vers libre*, die Essayisten des siebzehnten Jahrhunderts, die neoskandinavische Bewegung in der portugiesischen Literatur und andere ähnlich geartete Themen teilgenommen hatte, war er so geschwächt, daß er bei den seltenen Gelegenheiten, zu denen er Zeit für einen Besuch auf dem Golfplatz fand, ein langes Eisen für seine Schläge mittlerer Weite nehmen mußte.

Es war nicht nur der bedrückende Charakter der Debatten und Vorträge, der an seiner Lebenskraft zehrte. Was ihm wirklich zu schaffen machte, war die Qual, Adelines Verehrung für Raymond Parsloe Devine mitansehen zu müssen. Der Mann schien den tiefstmöglichen Eindruck auf ihr empfängliches Gemüt gemacht zu haben. Wenn er sprach, beugte sie sich mit leicht geöffneten Lippen vor und sah ihn an. Wenn er nicht sprach – was selten vorkam – lehnte sie sich zurück und sah ihn an. Und wenn er sich zufällig neben sie setzte, lehnte sie sich zur Seite und sah ihn an. Für Cuthbert wäre ein einziger Blick auf Mr. Devine mehr als genug gewesen; aber Adeline sah in ihm ein Schauspiel, das nie seinen Reiz verlor. Sie hätte ihn nicht mit größerer Verzückung anstarren können, wenn sie ein kleines Kind und er ein Eisbecher gewesen wäre. All dies mußte Cuthbert über sich ergehen lassen, während er noch dazu seine Geistesgegenwart so weit zu erhalten suchte, daß er in der Lage war,

sich zu ducken und auszuweichen, wenn er plötzlich gefragt wurde, was
er von dem düsteren Realismus Wladimir Brusilows hielt. Es ist kein
Wunder, daß er sich in schlaflosen Nächten im Bett hin- und herwälzte
und an der Decke zupfte, und daß all seine Westen enger gemacht werden mußten, damit sie nicht schlotterten.

Dieser Wladimir Brusilow, den ich erwähnt habe, war der bekannte
russische Romancier, und da er sich augenblicklich zu einer Lesereise im
Land aufhielt, hatten seine Werke gewissermaßen Hochkonjunktur. Der
Literaturclub von Wood Hills hatte sich wochenlang mit dem Studium
seiner Romane beschäftigt und niemals seit seiner ersten Begegnung mit
den intellektuellen Kreisen war Cuthbert Banks näher daran gewesen,
das Handtuch zu werfen. Wladimir war auf graue Studien hoffnungslosen Elends spezialisiert, in denen nichts geschah bis zur Seite dreihun-
dertundachtzig, wo der Muschik beschloß, Selbstmord zu begehen. Es
war eine Schinderei für einen Mann, der sich bislang nur in Vardons
Buch über den Push-Schlag vertieft hatte, und es kann keinen größeren
Beweis für den Zauber der Liebe geben als den, daß Cuthbert ohne zu
stöhnen durchhielt. Aber es war eine schreckliche Belastung, und ich
neige zu der Ansicht, daß er zusammengebrochen wäre, hätte es nicht in
den Zeitungen die täglichen Berichte über die gegenseitigen Vernich-
tungskämpfe gegeben, die in Rußland so munter vor sich gingen. Cuthbert war im Grunde seines Herzens ein Optimist und ihm schien, daß der
Bestand an russischen Romanciers bei dem Tempo, in dem die Einwohner dieses interessanten Landes einander umbrachten, doch einmal erschöpft sein müsse.

Eines Morgens, als Cuthbert bei einem kurzen Spaziergang, der einzigen sportlichen Übung, zu der er augenblicklich imstande war, die Straße
entlangschlenderte, traf er Adeline. Ein quälender Schmerz durchzuckte
ihn, als er sah, daß sie sich in Begleitung von Raymond Parsloe Devine
befand.

»Guten Morgen, Mr. Banks«, sagte Adeline.

»Guten Morgen«, sagte Cuthbert dumpf.

»Gute Nachrichten von Wladimir Brusilow.«

»Tot?« sagte Cuthbert mit einem Anflug von Hoffnung.

»Tot? Natürlich nicht. Warum sollte er tot sein? Nein, Tante Emily hat seinen Manager gestern nach der Lesung in Queen's Hall getroffen, und er hat versprochen, daß Mr. Brusilow zu ihrem nächsten Mittwochs-Empfang kommt.«

»Oh, ah!« sagte Cuthbert ungerührt.

»Ich weiß nicht, wie sie das geschafft hat. Sie muß ihm wohl gesagt haben, daß Mr. Devine anwesend sein wird, um seine Bekanntschaft zu machen.«

»Aber Sie haben doch eben gesagt, er kommt«, sagte Cuthbert.

»Ich bin sehr erfreut«, sagte Raymond Devine, »daß ich die Möglichkeit habe, Brusilow kennenzulernen.«

»Ganz sicher«, sagte Adeline, »ist er sehr erfreut, daß er die Möglichkeit hat, Sie kennenzulernen.«

»Kann schon sein«, sagte Mr. Devine. »Kompetente Kritiker haben gesagt, daß mein Werk dem der russischen Meister sehr nahesteht.«

»Ihre Psychologie ist so tiefgründig.«

»Ja, ja.«

»Und Ihre Atmosphäre.«

»Genau.«

Unter Seelenqualen schickte dann Cuthbert sich an, dieses Fest der Liebe zu verlassen. Die Sonne strahlte herab, aber die Welt schien ihm schwarz. Vögel sangen in den Baumwipfeln, aber er hörte sie nicht. Er hätte ein Muschik sein können, gemessen an der Freude, die er am Leben fand.

»Sie werden kommen, Mr. Banks?« sagte Adeline, als er sich zum Gehen wandte.

»Oh, sicher«, sagte Cuthbert.

Als Cuthbert am nächsten Mittwoch den Salon betreten und seinen gewohnten Platz in einer entfernten Ecke eingenommen hatte, von wo aus er zwar seine Augen an Adeline weiden konnte, aber dennoch eine faire Chance besaß, übersehen oder fälschlicherweise für ein Möbelstück gehalten zu werden, bemerkte er den großen russischen Denker, der sich in einem Kreis weiblicher Bewunderer niedergelassen hatte. Raymond Parsloe Devine war noch nicht erschienen.

Sein erster Blick auf den Romancier versetzte Cuthbert in Erstaunen. Zweifellos aus den besten Motiven heraus, hatte Brusilow zugelassen, daß sein Gesicht hinter einer dichten Hecke aus Haar fast ganz verborgen blieb, seine Augen jedoch waren durch das Gestrüpp zu sehen, und Cuthbert entdeckte in ihnen einen Ausdruck, der an den einer Katze erinnerte, wenn sie in einem fremden Hinterhof von kleinen Jungen umzingelt ist. Der Mann wirkte verzweifelt und hoffnungslos, und Cuthbert fragte sich, ob er schlechte Nachrichten von zu Hause bekommen hatte.

Das war nicht der Fall. Die letzten Nachrichten, die Wladimir Brusilow aus Rußland erhalten hatte, waren ungewöhnlich ermutigend gewesen. Drei seiner Hauptgläubiger waren bei dem letzten Massaker an der *Bourgeoisie* umgekommen, und ein Mann, dem er seit fünf Jahren Geld für einen Samowar und ein Paar Überschuhe schuldete, war außer Landes geflohen, und man hatte seitdem nichts mehr von ihm gehört. Es waren also keine schlechten Nachrichten aus der Heimat, die Wladimir bedrückten. Er war verstimmt, weil dies der zweiundachtzigste literarische Empfang in einem Vorort war, dem er, seit er zu seiner Lesereise im Land eingetroffen war, hatte beiwohnen müssen, und er hatte es gründlich satt. Als sein Agent ihm die Tour zunächst vorschlug, hatte er ohne zu zögern auf der punktierten Linie unterschrieben. In Rubel umgerechnet, schienen ihm die angebotenen Honorare in etwa angemessen. Aber jetzt, als er durch das Dickicht die Gesichter ringsum genau betrachtete und feststellte, daß acht von zehn der Anwesenden irgendwelche Manuskripte bei sich verbargen und nur auf eine Gelegenheit warteten, sie zücken und sofort verlesen zu können, wünschte er, er wäre in seinem ruhigen Haus in Nischnij Nowgorod geblieben, wo das Schlimmste, was einem passieren konnte, in einem Paar von Bomben bestand, das durch das Fenster hereinkam und sich mit dem Frühstücksei vermischte.

Als er mit seinen Überlegungen an diesem Punkt angekommen war, merkte er, daß sich seine Gastgeberin, einen blassen jungen Mann mit Hornbrille zur Seite, bedrohlich vor ihm aufgebaut hatte. Mrs. Smethursts Auftreten hatte etwas von dem Pathos des Zeremonienmeisters eines großen Kampfes, der den aufrechten jungen Mann vorstellt, der den Gewinner herausfordern will.

»Oh, Mr. Brusilow«, sagte Mrs. Smethurst, »ich möchte Sie gern mit Mr. Raymond Parsloe Devine bekannt machen, dessen Werk Sie wahrscheinlich kennen. Er ist einer unserer jüngeren Romanciers.« Der berühmte Gast lugte argwöhnisch und abweisend durch das Gesträuch, sagte aber kein Wort. Bei sich dachte er, wie genau Mr. Devine doch den anderen einundachtzig jüngeren Romanciers glich, denen er in verschiedenen Dörfchen im ganzen Land vorgestellt worden war. Raymond Parsloe Devine verbeugte sich höflich, während Cuthbert, in seine Ecke gezwängt, ihn finster anblickte.

»Die Kritiker«, sagte Mr. Devine, »sind so freundlich gewesen zu behaupten, daß meine armseligen Versuche viel vom russischen Geist enthalten. Ich verdanke den großen Russen viel. Vor allem Sowietski hat mich stark beeinflußt.«

Unten im Wald bewegte sich etwas. Es war Wladimir Brusilows Mund, der sich öffnete, als er sich zum Sprechen vorbereitete. Er gehörte nicht zu denen, die prompt drauflosplappern, noch dazu in einer fremden Sprache. Es wirkte, als ob jedes seiner Worte durch ein modernes Bergbauverfahren aus seinem Inneren zu Tage gefördert werden müsse. Er starrte Mr. Devine düster an und ließ drei Worte aus sich heraussickern.

»Sowietski nicht gut!«

Er hielt einen Augenblick inne, setzte die Maschinerie wieder in Gang und lieferte noch einmal fünf vom Füllort.

»Ich spucke mich auf Sowietski!«

Das erregte peinliches Aufsehen. Das Los eines beliebten Idols ist in vielfacher Hinsicht beneidenswert, aber es hat den Nachteil des Ungewissen. Flüchtig und vergänglich. Bis zu diesem Zeitpunkt hatten Raymond Parsloe Devines Aktien bei den intellektuellen Kreisen von Wood Hills weit über dem Nennwert gelegen, aber jetzt gab es einen rapiden Sturz. Bislang hatte man ihn zutiefst bewundert, weil er von Sowietski beeinflußt war, aber nun zeigte sich, daß ihm das keine Ehre machte. Es war offensichtlich eine Schande. Man konnte nicht gerichtlich belangt werden, weil man von Sowietski beeinflußt war, aber neben dem gesetzlichen Kodex gibt es auch einen sittlichen, und diesen hatte Raymond Parsloe Devine ohne Frage verletzt. Frauen rafften ihre Röcke und rückten ein wenig von ihm ab. Männer sahen ihn mißbilligend an. Adeline Smethurst zuckte heftig zusammen und ließ eine Teetasse fallen. Und Cuthbert Banks, der in seiner Ecke seine beliebte Imitation einer Sardine zum besten gab, hatte zum erstenmal das Gefühl, daß das Leben auch ein wenig Sonnenschein bereithielt.

Raymond Parsloe Devine war sichtlich erschüttert, aber er machte einen geschickten Versuch, sein verlorenes Ansehen wiederzugewinnen.

»Wenn ich sage, ich bin von Sowietski beeinflußt, meine ich natürlich, daß ich früher einmal von ihm fasziniert war. Ein junger Schriftsteller begeht viele Dummheiten. Ich habe diese Phase seit langem überwunden. Sowietskis falscher Zauber blendet mich nicht mehr. Jetzt gehöre ich rückhaltlos der Schule von Nastikow an.«

Das tat seine Wirkung. Man nickte einander verständnisvoll zu. Schließlich kann man nicht erwarten, daß alte Köpfe auf jungen Schultern sitzen, und ein Fehltritt zu Beginn einer Karriere sollte niemandem vorgeworfen werden, der gerade erst das Licht der Welt erblickt hatte.

»Nastikow nicht gut«, sagte Wladimir Brusilow kühl. Er hielt inne und lauschte der Maschinerie.

»Nastikow schlechter als Sowietski.«

Er hielt wieder inne.

»Ich spucke mich auf Nastikow!« sagte er.

Jetzt gab es keinen Zweifel mehr. Der Markt hatte einen Tiefstand erreicht, und Raymond Parsloe Devine, der Auserwählte, war im Keller ohne Abnehmer. Der ganzen versammelten Gesellschaft war klar, daß sie sich in Raymond Parsloe Devine gründlich getäuscht hatte. Man hatte zugelassen, daß er ihre Arglosigkeit ausnutzte und ihnen etwas andrehte. Sie hatten ihn nach seinem eigenen Maßstab beurteilt und sich dazu verleiten lassen, ihn als einen Mann von einiger Bedeutung zu verehren, und die ganze Zeit über hatte er der Schule von Nastikow angehört. Man kann nie sicher sein. Mrs. Smethursts Gäste waren wohlerzogen, und folglich gab es keine lautstarken Bekundungen, aber man konnte an ihren Gesichtern ablesen, was in ihnen vorging. Die, die am nächsten bei Raymond Parsloe standen, drängten von ihm fort. Mrs. Smethurst musterte ihn eisig durch eine erhobene Lorgnette. Ein- oder zweimal wurde leise gezischt, und am anderen Ende des Raumes wurde ostentativ ein Fenster geöffnet.

Einen Augenblick zögerte Devine, und als er sich dann seiner Lage bewußt wurde, drehte er sich um und schlich zur Tür. Ein Seufzer der Erleichterung war zu hören, als sie hinter ihm ins Schloß fiel.

Wladimir Brusilow faßte weiter zusammen.

»Kein Romancier gut außer mir. Sowietski – pfui! Nastikow – bah! Ich spucke mich auf die alle. Kein Romancier irgendwo gut außer mir. P. G. Wodehouse und Tolstoi nicht schlecht. Nicht gut, aber auch nicht schlecht. Kein Romancier gut außer mir.«

Und nachdem er dieses Diktum von sich gegeben hatte, nahm er ein dickes Stück Kuchen von einem in der Nähe stehenden Teller, steuerte es durch den Dschungel und fing an zu kauen.

Es wäre zuviel gesagt, wollte man behaupten, daß Totenstille herrschte. Das könnte niemals der Fall sein in einem Raum, in dem Wladimir Brusilow Kuchen aß. Aber natürlich war das, was man das allgemeine Geplauder nennen könnte, so ziemlich verebbt. Niemand wollte als erster sprechen. Die Mitglieder des Literaturclubs von Wood Hills sahen einander furchtsam an. Was Cuthbert betraf, so starrte er Adeline an; und Adeline starrte ins Leere. Sie war offensichtlich zutiefst erregt. Ihre Augen waren weit geöffnet, leichte Röte überzog ihre Wangen, und ihr Atem ging schnell.

In Adelines Kopf wirbelte alles durcheinander. Es kam ihr vor, als wäre sie fröhlich einen hübschen Weg entlanggegangen und plötzlich am Rand eines Abgrunds stehengeblieben. Es wäre müßig zu bestreiten, daß Raymond Parsloe Devine sie ungewöhnlich bezaubert hatte. Sie hatte ihn nach seinem eigenen Maßstab bewertet und für einen besonders heißen Tip gehalten, und ihre Heldenverehrung hatte sich allmählich in Liebe verwandelt. Und nun hatte sich gezeigt, daß ihr Held auf tönernen Füßen stand. Es traf Raymond Parsloe Devine schwer, nehme ich an, aber so geht es auf der Welt nun einmal zu. Als Berühmtheit hat man eine Anhängerschaft, und dann trifft man auf eine andere, noch größere Berühmtheit und wird von seinen Bewunderern verlassen. Man könnte darüber lang und breit moralisieren, aber vielleicht sollte man das doch besser lassen. Es mag genügen, wenn ich sage, daß Raymond Devines Zauber in diesem Augenblick für Adeline jäh endete, und ihr vernünftigster Gedanke zu diesem Zeitpunkt war der Entschluß, die drei signierten Fotografien, die er ihr geschickt hatte, zu verbrennen, sobald sie in ihrem Zimmer war, und die signierte Geschenkausgabe seiner Bücher dem Jungen aus dem Lebensmittelladen zu schenken.

Unterdessen war Mrs. Smethurst, die sich ein wenig erholt hatte, bemüht, Geistesfest und Seelenerguß wieder in Gang zu bringen.

»Und wie gefällt Ihnen England, Mr. Brusilow?« fragte sie.

Die Berühmtheit unterbrach die Aktion, ein weiteres Stück Kuchen zu versenken.

»Verdammt gut«, antwortete er herzlich.

»Ich nehme an, Sie sind inzwischen im ganzen Land herumgekommen?«

»Sie sagen es«, stimmte der Denker zu.

»Haben Sie viele unserer bedeutenden Prominenten kennengelernt?«

»Ja – ja. Ziemlich viel von den großen Tieren – Lloyid Gorge, ich lerne ihn kennen. Aber – « Unter der Matte nahm sein Gesicht einen unzufriedenen Ausdruck an, und seine Stimme bekam einen gereizten Ton. »Aber ich lerne nicht kennen eure *wirklich* großen Männer – euren Arbmishel, euren Arreevadon – ich lerne sie nicht kennen. Das geht mir auf Nervowitsch. Hast du kennengelernt Arbmishel und Arreevadon?«

Mrs. Smethursts Gesicht nahm einen angespannten, gequälten Ausdruck an, der sich in den Gesichtern der anderen Clubmitglieder widerspiegelte. Der berühmte Russe war plötzlich mit zwei ihnen gänzlich neuen Namen herausgeplatzt, und sie spürten, daß ihre Unkenntnis jeden Augenblick entlarvt werden könnte. Was mochte Wladimir Brusilow vom Literaturclub von Wood Hills halten? Der Ruf des Literaturclubs von Wood Hills stand auf dem Spiel, es stand auf des Messers Schneide, als er zum drittenmal herausgefordert wurde. In stummer Qual ließ Mrs. Smethurst ihre Augen durch den Raum wandern, auf der Suche nach einem Menschen, der ihr zur Hilfe kommen könnte. Sie hatte kein Glück.

Und dann war aus einer entfernten Ecke ein verlegenes Hüsteln zu hören, und die, die Cuthbert Banks am nächsten saßen, konnten beobachten, daß er nicht länger den rechten Fuß um den linken Knöchel und den linken Fuß um den rechten Knöchel schlang, sondern sich, den Widerschein nahezu menschlicher Intelligenz in den Augen, aufsetzte.

»Äh – «, sagte Cuthbert und wurde rot, da aller Augen im Raum auf ihn gerichtet waren, »ich glaube, er meint Abe Mitchell und Harry Vardon.«

»Abe Mitchell und Harry Vardon?« wiederholte Mrs. Smethurst verständnislos. »Ich habe nie etwas gehört von – «

»Ja! Ja! Äußerst! Serr!« rief Wladimir Brusilow enthusiastisch. »Arbmishel und Arreevadon. Du kennst sie, ja, wie, nein, vielleicht?«

»Ich habe oft mit Abe Mitchell gespielt, und Harry Vardon war mein Partner letztes Jahr bei den Offenen Meisterschaften.«

Der Russe stieß einen Schrei aus, der den Kronleuchter erzittern ließ. »Du spielst bei den Offenen Meisterschaften? Warum«, fragte er Mrs. Smethurst vorwurfsvoll, »ich bin nicht vorgestellt diesem jungen Mann, der spielt bei Offener Meisterschaft?«

»Nun, also«, stammelte Mrs. Smethurst. »Es ist so, Mr. Brusilow – «

Sie brach ab. Sie sah sich der Aufgabe nicht gewachsen, den Anwesenden zu erläutern – ohne dabei die Gefühle einzelner zu verletzen –, daß sie Cuthbert immer als einen Blindgänger und einen Schandfleck in der Landschaft betrachtet hatte.

»Stell mich vor!« wetterte die Berühmtheit.

»Na schön, gewiß, gewiß, natürlich. Das ist Mr. – « Sie sah Cuthbert flehentlich an.

»Banks«, half Cuthbert aus.

»Banks!« schrie Wladimir Brusilow. »Doch nicht Cootaboot Banks?«

»*Heißen* Sie Cootaboot?« fragte Mrs. Smethurst zaghaft.

»Also, ich heiße Cuthbert.«

»Ja! Ja! Cootaboot!« Es entstand ein Brausen und Wirbeln, als der überschäumende Moskowiter sich seinen Weg durch die Menge bahnte und auf Cuthberts Platz zustürmte. Er blieb einen Augenblick stehen und musterte ihn erregt, dann bückte er sich rasch und küßte ihn auf beide Wangen, bevor Cuthbert sich zur Wehr setzen konnte. »Mein lieber junger Mann, ich habe dich die French Open gewinnen sehen. Großartig!

Großartig! Grandios! Prächtig! Große Klasse, und du kannst sagen, ich
habe gesagt! Gestattest du mir, der ich nur Nummer achtzehn bin in
Nischnij Nowgorod, dich noch einmal zu küssen?«

Und wieder küßte er Cuthbert. Dann schob er ein paar Intellektuelle,
die im Weg standen, beiseite, zog einen Stuhl heran und setzte sich.

»Du bist ein großer Mann!« sagte er.

»Oh, nein«, sagte Cuthbert bescheiden.

»Ja! Groß. Äußerst! Serr! Wie du deine Annäherungs-Putts totgelegt
hast von überall!«

»Oh, ich weiß nicht.«

Mr. Brusilow zog seinen Stuhl näher heran.

»Ich will dir erzählen serr lustige Geschichte über Putten. Ich spiele
einmal in Nischnij Nowgorod mit dem Pro gegen Lenin und Trotzki, und
Trotzki hatte einen Putt von zwei Inches bis zum Loch. Aber gerade als
er den Ball anspricht, jemand in der Menge, er versucht zu ermorden Lenin mit einem Revolver – du weißt, es ist unser großer Nationalsport, Lenin zu ermorden versuchen mit Revolvern – und der Knall bringt Trotzki
aus dem Schlagrhythmus, und er geht fünf Yards am Loch vorbei, und
dann Lenin, der serr mitgenommen ist, verstehst du, er trifft selbst auch
nicht, und wir gewinnen das Loch und Match, und ich kassiere ab drei-
hundertundsechsundneunzigtausend Rubel, oder fünfzehn Shillings in
eurem Geld. Das war vielleicht Spielowitsch! Und nun will ich dir noch
eine serr lustige Geschichte erzählen – «

Das Gemurmel oberflächlicher Konversation hatte unterdessen im
übrigen Zimmer angehoben, da die Intellektuellen von Wood Hills höflich zu verbergen suchten, daß ihnen bewußt war, bei dieser Zusammenkunft zweier verwandter Seelen fast ebenso abseits stehen zu müssen
wie Katzen bei einer Hundeschau. Von Zeit zu Zeit zuckten sie zusammen, wenn Wladimir Brusilow schallend lachte. Vielleicht war es ihnen
ein Trost zu wissen, daß er sich amüsierte.

Was Adeline angeht, wie soll ich ihre Gefühle beschreiben? Sie war
wie gelähmt. Unmittelbar vor ihren Augen war der Stein, den die Bauar-
beiter verworfen hatten, zum Eckstein geworden, der hundertprozentige
Außenseiter hatte das Rennen spielend gemacht. Ein plötzliches Gefühl

zärtlicher Bewunderung für Cuthbert Banks kam in ihr auf und über-
schwemmte ihr Herz. Sie erkannte, daß sie sich gründlich geirrt hatte.
Cuthbert, den sie immer von oben herab behandelt hatte, war in Wahrheit
ein Mann, zu dem man aufsehen, den man verehren mußte. Ein tiefer,
träumerischer Seufzer schüttelte Adelines zerbrechliche Gestalt.

Eine halbe Stunde später standen Wladimir und Cuthbert Banks auf.
»Wiederr-sehen, Mrs. Smet-thirst«, sagte die Berühmtheit. »Danke
serr für einen ganz bezaubernden Besuch. Mein Freund Cootaboot und
ich, wir gehen jetzt ein paar Löcher schlagen. Du leihst mir Schläger,
Freund Cootaboot?«

»Soviel Sie wollen.«

»Den Niblickski benutze ich oft. Wiederr-sehen, Mrs. Smet-thirst.«

Sie waren auf dem Weg zur Tür, als Cuthbert eine leichte Berührung
am Arm spürte. Adeline sah zärtlich zu ihm auf.

»Kann ich mitkommen und mit Ihnen umhergehen?«

Cuthberts Brust hob und senkte sich.

»Oh«, sagte er mit bebender Stimme, »daß Sie ein Leben lang mit mir
umhergehen möchten!«

Ihre Augen begegneten sich.

»Vielleicht«, flüsterte sie sanft, »läßt sich das einrichten.«

»Und so« (schloß der Club-Älteste) können Sie sehen, daß Golf einem Mann im Lebenskampf eine überaus große, praktische Hilfe sein
kann. Raymond Parsloe Devine, der kein Spieler war, mußte unverzüg-
lich die nähere Umgebung verlassen, und er schreibt jetzt, wie ich glaube, Drehbücher für die Flicker Filmgesellschaft drüben in Kalifornien.
Adeline ist mit Cuthbert verheiratet, und es ist nur seiner dringenden Bitte zu verdanken, daß sie ihren ältesten Sohn nicht auf den Namen Abe
Mitchell Rillenköpfiger Mashie Banks hat taufen lassen, denn sie ist jetzt
eine ebenso glühende Verehrerin des Spiels wie ihr Mann. Alle, die die
beiden kennen, sagen, ihre Ehe ist so hingebungsvoll, so – «

Der Weise brach plötzlich ab, denn der junge Mann war zur Tür und
hinaus auf den Gang gestürmt. Durch die geöffnete Tür konnte er hören,
wie er dem Kellner aufgeregt zurief, er solle ihm seine Schläger zurück-
bringen.

Das Allerletzte; oder, Charleston auf dem Grün.

EINE FRAU IST NUR EINE FRAU

An einem schönen Tag im Frühling, Sommer oder frühen Herbst gibt es wenig Plätze, die reizvoller sind als die Terrasse vor unserem Golfclub. Hier ist ein Aussichtspunkt, besonders geeignet für einen Mann von philosophischem Geist: denn von dort kann man die bunte, nicht enden wollende Parade, die man Golf nennt, in einer Vielzahl ihrer Erscheinungen beobachten. Rechts von dir, am ersten Abschlag, stehen die fröhlichen Optimisten, sie sind im Begriff, ihren Eröffnungs-Drive zu schlagen und glücklich in dem Bewußtsein, daß selbst ein getoppter Ball ein beträchtliches Stück den steilen Hang hinunterkullern wird. Hinten im Tal, unmittelbar vor dir, ist das Seeloch, wo eben diese Optimisten durch das nasse Aufplatschen eines neuen Balls zum Pessimismus bekehrt werden. Neben dir befindet sich das neunte Grün mit seinen gewundenen Bodenwellen, die so oft den zurückkehrenden Reisenden, die Heimat schon vor Augen, bezwungen haben. Und an verschiedenen Punkten innerhalb deines Gesichtskreises befinden sich der dritte Abschlag, der sechste Abschlag und die verhängnisvollen Bunker am achten Grün – keiner von allen läßt es an Nahrung für den reflektierenden Geist fehlen.

Auf eben dieser Terrasse sitzt der Club-Älteste und beobachtet die jüngere Generation, die in den Rasen schlägt. Sein Blick wandert von Jimmy Fothergill, der den Ball über zweihundertundzwanzig Yards den Hang hinabtreibt, zu den silbrigen Tropfen, die in der Sonne aufblitzen, als Freddie Wooslays Schlag mit einem Mashie träge ins Wasser des Sees einsinkt. Er kehrt zurück und ruht auf Peter Willard, lang und schmal, und James Todd, klein und schmächtig, die sich das Fairway des neunten Lochs heraufkämpfen.

Liebe (sagt der Club-Älteste) ist ein Gefühl, dem der vielgerühmte,
wahre Golfer mit Mißtrauen begegnen sollte. Verstehen Sie mich nicht
falsch. Ich will nicht sagen, daß die Liebe etwas Schlechtes ist, nur daß
sie eine unbekannte Größe darstellt. Ich kenne Fälle, in denen die Ehe
das Spiel eines Mannes verbessert, und andere, in denen sie ihn ganz aus
dem Rhythmus gebracht hat. Es scheint keine feste Regel zu geben. Aber
ich muß sagen, daß ein Golfer vorsichtig sein sollte. Er sollte sich nicht
von dem ersten hübschen Gesicht betören lassen. Ich will Ihnen eine Geschichte erzählen, die diesen Standpunkt beleuchtet. Es ist die Geschichte der beiden Männer, die gerade das neunte Loch erreicht haben – Peter
Willard und James Todd.

Große Freundschaften zwischen zwei Männern (sagte der Club-Älteste) haben gewissermaßen etwas Zwangsläufiges an sich, das nur mit der
uralten Verbindung von Ham and Eggs verglichen werden kann. Niemand vermag zu sagen, wann diese beiden bekömmlichen und wohl-
schmeckenden Nahrungsmittel zum erstenmal zusammenkamen, noch
worin ihre gegenseitige Anziehungskraft bestand, die ihre unsterbliche
Partnerschaft herbeiführte. Man spürt einfach, das ist so eine Sache, die
nicht anders sein kann. Ähnlich ist es bei den Menschen. Wer kann die
Liebe von Damon zu Phintias, von David zu Jonathan, von Swan zu Edgar bis zu ihren ersten Anfängen zurückverfolgen? Wer kann erklären,
was Crosse Besonderes an sich hatte, das Blackwell auf den ersten Blick
in seinen Bann zog? Wir sagen einfach,»diese Männer sind Freunde«,
und belassen es dabei.

Im Falle von Peter Willard und James Todd kann man die Vermutung
wagen, daß das erste Glied der Kette, die die beiden miteinander verband, darin zu sehen ist, daß sie nur wenige Tage nacheinander das Golfspiel aufnahmen und es im Laufe der Zeit verstanden, eine so gleichwer-
tige Spielstärke zu entwickeln, daß die meisten fachkundigen Kritiker
noch immer in Verlegenheit sind, wenn sie entscheiden sollen, welcher
von beiden der schlechtere Spieler ist. Ich habe der Debatte über dieses
Thema unzählige Male zugehört, ohne daß eine Entscheidung gefällt
wurde. Peters Anhänger machen geltend, daß ihm seine Abschläge vom
Tee das Anrecht auf die unbestrittene Vorrangstellung unter allen Spie-

lern der Welt verleihen, die ihre Drives am hoffnungslosesten verpatzen –
nur um dann in Verwirrung zu geraten, wenn die Anwälte von James an-
hand von Diagrammen nachweisen, daß niemand ihren Mann in der ab-
soluten Unfähigkeit beim Umgang mit dem Schläger je übertroffen hat.
Es ist eins dieser Probleme, bei denen Diskussionen zu nichts führen.

Nur Weniges bindet zwei Männer so sicher aneinander wie die beider-
seitige Unfähigkeit, das Golfspiel zu beherrschen, wenn diese mit einer
heftigen und stetig wachsenden Liebe zum Spiel einhergeht. Am Ende
der ersten Monate, als eine Reihe kostspieliger Versuche sowohl James
als auch Peter davon überzeugt hatte, daß sie im ganzen Umkreis keinen
einzigen taprigen Graubart und auch kein Kleinkind auf wackeligen Beinen hätten zu Fall bringen können, wurden die beiden unzertrennlich.
Sie fanden es angenehmer, zusammen zu spielen und Kopf an Kopf auf
die Runde der achtzehn Löcher zu gehen, als es mit einem flinken Burschen aufzunehmen, der sie mit einem alten Ball und einem von seinem
Vater entwendeten, abgeschnittenen Cleek über den ganzen Platz jagen
konnte; oder mit einem lahmen Senior, der es ihnen nicht nur zeigte, sondern sie zwischen den Schlägen wahrscheinlich mit persönlichen Erinnerungen an den Krimkrieg langweilen würde. So begannen sie, von
morgens bis abends zusammen zu spielen. In den frühen Morgenstunden
vor dem Frühstück, lang bevor das schwache Pfeifen das wachhabenden
Caddies aus dem Caddieschuppen zu hören war, hatten sie ihre Eröff-
nungsrunde schon zur Hälfte hinter sich.

Und am Ende des Tages, wenn Fledermäuse gegen den stählernen
Himmel kreisten, und die »Pros« sich nach Hause davongemacht hatten,
um sich auszuruhen, konnte man sie bei zunehmender Dämmerung die
abschließenden Übungen ihrer letzten Schicht durchführen sehen. Nach
Einbruch der Dunkelheit besuchten sie einander zu Hause und lasen
Golfbücher.

Wenn Sie meinen Worten entnommen haben, daß Peter Willard und
James Todd das Golfspiel liebten, bin ich zufrieden. Das ist der Eindruck, den ich erwecken wollte. Sie waren echte Golfer, denn echtes Golf
ist eine Sache des Geistes, nicht der rein mechanischen Beherrschung des
Schlages.

Man darf jedoch nicht glauben, daß sie zuviel ihrer Zeit und ihrer Gedanken dem Golf widmeten – wenn man tatsächlich annimmt, daß so etwas möglich ist. Beide waren beruflich in London tätig; und Peter scheu-
te oft weder Kosten noch Mühen und rief, bevor er zum Golfplatz auf-
brach, in seinem Büro an, um zu sagen, daß er an diesem Tag nicht kommen würde; während ich selbst James beim Mittagessen im Clubhaus habe sagen hören – und das nicht nur einmal, sondern wiederholt – daß er
nicht übel Lust hätte, Gracechurch Street anzuläuten und zu fragen, wie
die Dinge stünden. Sie gehörten in der Tat zu der Kategorie Männer, auf
die England besonders stolz ist – sie sind das Rückgrat eines großen Landes, Schwerstarbeiter am Markt, unermüdliche Geschäftsleute, eifrige,
aktive Männer des öffentlichen Lebens. Wenn sie nebenbei ein wenig
Golf spielten, wer sollte es ihnen verübeln?

So lebten sie dahin, Tag für Tag, glücklich und zufrieden. Und dann
kam die Frau in ihr Leben, wie die Schlange ins Golfparadies, und vielleicht wurde ihnen da zum erstenmal bewußt, daß sie keine Einheit waren – nicht ein einziges, untrennbares Ganzes, das auf getoppte Drives
und kurze Putts zusteuerte – sondern zwei Individuen, in deren Brust die
Natur noch ein anderes Verlangen eingepflanzt hatte als den einfachen
Ehrgeiz, das Dogleg-Loch bei den zweiten Neun in weniger als zehn Schlägen zu spielen. Meine Freunde sagen immer, daß meine Sprache, wenn
ich eine Geschichte erzähle, bisweilen dazu neigt, das, was ich sagen
will, ein wenig zu verschleiern; aber wenn Sie meinen Worten entneh-
men, daß James und Peter sich beide in dieselbe Frau verliebten – in
Ordnung, dann können wir fortfahren. Genau darauf wollte ich hinaus.

Ich habe nicht das Vergnügen, mit Grace Forrester näher bekannt zu
sein. Ich habe sie von fern gesehen, wenn sie die Blumen in ihrem Garten
goß, und bei diesen Gelegenheiten fiel mir ihre Haltung als anmutig auf.
Und bei einem Picknick habe ich einmal gesehen, wie sie Wespen mit
einem Teelöffel erschlug, und die lockere Drehung ihres Handgelenks
beim Rückschwung hat mich beeindruckt. Darüber hinaus kann ich wenig sagen. Aber sie muß attraktiv gewesen sein, denn es kann keinen
Zweifel an der Ernsthaftigkeit geben, mit der sowohl Peter als auch James
sich in sie verliebten. Ich bezweifle, daß die beiden in der Nacht nach

dem Ball, bei dem sie die Ehre hatten, sie kennenzulernen, auch nur ein
Auge zugetan haben.

Am folgenden Nachmittag, als er im Bunker nahe beim elften Grün
zufällig auf Peter stieß, sagte James:
»Das war ein nettes Mädchen, diese Miss Dingsbums.«
Und Peter antwortete, wobei er für einen Augenblick beim Umgraben
der Senke innehielt:
»Ja.«
Das versetzte James einen Stich, und er wußte, daß er einen Rivalen
hatte, denn ohne daß er Miss Forresters Namen erwähnt hatte, schien Peter sofor begriffen zu haben, daß sie es war, auf die er anspielte.
Liebe ist ein Fieber, das sozusagen ausbricht, ohne Zeit mit dem Ansprechen zu vergeuden. Direkt am Morgen nach der Unterhaltung, von
der ich berichtet habe, rief James Todd Peter Willard an und sagte für
diesen Tag die Verabredung zum Golf ab, wobei er ein verstauchtes
Handgelenk vorschob. Peter nahm die Absage dankbar an und erklärte,
daß er selbst gerade im Begriff gewesen wäre, James anzurufen, um ihm
zu sagen, daß er wegen leichter Kopfschmerzen nicht spielen könne. Sie
trafen sich zur Teestunde bei Miss Forrester. James fragte, was Peters
Kopfschmerzen machten, und Peter sagte, daß sie etwas nachgelassen
hätten. Peter erkundigte sich nach James' verstauchtem Handgelenk und
erfuhr, daß es auf dem Wege der Besserung sei. Miss Forrester verteilte
Tee und Gespräch unparteiisch auf beide.
Sie gingen zusammen nach Hause. Nach einem verlegenen Schwei-
gen von zwanzig Minuten sagte James:
»Die Atmosphäre – oder sollte ich sagen, die Aura? – die eine schöne
Frau umgibt, hat etwas an sich, das einem Mann das Gefühl verleiht, das
Leben habe eine neue, eine andere Bedeutung.«
Peter antwortete:
»Ja.«
Als sie bei James' Haustür ankamen, sagte James:
»Ich bitte dich heute abend nicht herein, alter Junge. Du willst sicher
nach Hause gehen und dich ausruhen und deine Kopfschmerzen auskur-
rieren.«

»Ja«, sagte Peter.

Dann schwiegen sie wieder. Peter dachte daran, daß James ihm erst vor ein paar Tagen erzählt hatte, er habe mit der Paketpost aus der Stadt ein Exemplar von Sandy MacBeans »Wie werde ich Scratch-Spieler in der ersten Saison durch das Studium von Fotos« bekommen, und sie hatten vereinbart, es miteinander zu lesen. Es mußte jetzt, dachte Peter, bei seinem Freund auf dem Tisch liegen. Der Gedanke stimmte ihn traurig. Und James, der ahnte, was Peter durch den Kopf ging, wurde auch traurig. Aber sein Entschluß geriet nicht ins Wanken. Er war an diesem Abend nicht dazu aufgelegt, MacBeans Meisterwerk zu lesen. In den zwanzig Minuten des Schweigens, nachdem sie bei Miss Forrester aufgebrochen waren, war ihm bewußt geworden, wie gut der Vorname zu dem Mädchen paßte, besaß sie doch Anmut im Übermaß. Und daraufhin war ihm eingefallen, daß sich »Anmut« auf »Herzblut« reimte, und nun wollte er allein in seinem Arbeitszimmer sitzen und ein Gedicht schreiben. Die beiden Männer trennten sich mit einer kühlen Verneigung. Wie bitte? Ja, Sie haben recht. Mit zwei kühlen Verneigungen. Es ist schon immer mein Fehler gewesen, das Zählergebnis falsch anzugeben.

Es ist nicht meine Absicht, Sie mit der minuziösen Schilderung der Ereignisse eines jeden Tages, der vorüberging, zu langweilen. Oberflächlich betrachtet schien das Leben dieser beiden Männer unverändert. Sie spielten immer noch zusammen Golf, und die Art, wie sie während der Runde miteinander umgingen, schien äußerlich die alte Fröhlichkeit und Zuneigung bewahrt zu haben. Falls – ich sollte sagen, wenn James seinen Drive toppte, versäumte Peter nie zu sagen »Pech gehabt!« Und wenn – oder besser gesagt, falls es Peter gelang, seinen Ball nicht zu toppen, sagte James ausnahmslos »Phantastisch!« Aber es war nicht mehr dasselbe, und sie wußten es.

Es traf sich, wie es manchmal in diesen Fällen vorkommt, denn das Schicksal ist ein Dramatiker, der seine besten Effekte mit kleiner Besetzung erzielt, daß Peter Willard und James Todd weit und breit die einzigen Anwärter auf Miss Forresters Hand waren. Ganz zu Anfang schien der junge Freddie Woosley Interesse für das Mädchen zu zeigen, und er war ein paarmal mit Blumen und Konfekt bei ihr vorbeigegangen, aber

Freddies Zuneigung konzentrierte sich nie länger als ein paar Tage auf
ein einziges Objekt, und nach der ersten Woche hatte er sich zurückgezogen. Seit dieser Zeit war uns allen klar, daß Grace Forrester, wenn sie
überhaupt vorhatte, jemanden aus dem Ort zu heiraten, entweder James
oder Peter nehmen müsse; und die Sportsleute am Ort zeigten großes Interesse für diese Angelegenheit. Man wußte so wenig von der Verfassung
der zwei Männer, die beide noch nie zuvor als Hauptdarsteller in einer
Liebesaffäre aufgetreten waren, daß man im besten Falle ohne Gewinn
oder Verlust wetten konnte, und der Markt war flau. Ich glaube, meine
eigene kleine Wette um zwölf Golfbälle, die Percival Brown annahm,
war die bedeutendste. Ich tippte auf James als Gewinner. Ich kann kaum
sagen warum, es sei denn, daß er eine Tante hatte, die Gelegenheitsge-
schichten in der »Welt der Frau« veröffentlichte. So etwas fällt manchmal bei einem Mädchen ins Gewicht. Auf der anderen Seite stützte George Lucas, der ein halbes Dutzend Flaschen Ginger-ale auf Peter setzte,
seine Kalkulationen darauf, daß James auf dem Platz Knickerbocker
trug, und daß ein Mädchen unter keinen Umständen einen Mann mit solchen Waden lieben könne. Kurz gesagt, es gab, wie Sie sehen, nichts,
woran wir uns halten konnten.

Dasselbe galt für James und Peter. Das Mädchen schien sie beide in
gleicher Weise zu mögen. Sie trafen sie nur gemeinsam. Und erst mit
dem Tag, da Grace Forrester einen Pullover zu stricken begann, schien
es möglich, einen Hinweis auf ihre verborgenen Gefühle zu bekommen.

Die Nachricht, die sich allmählich überall im Ort verbreitete, daß
Grace diesen Pullover strickte, erregte großes Aufsehen. Dieses Ereignis
schien uns praktisch eine Enthüllung zu versprechen.

Das war auch die Ansicht, die James Todd und Peter Willard vertraten,
und sie besuchten sie wie üblich, beobachteten sie beim Stricken und
gingen wieder, den Kopf voll verworrener Überlegungen. Es hing alles
an einer entscheidenden Frage – nähmlich welche Größe der Pullover
haben würde. War er groß, mußte er für Peter bestimmt sein; war er
klein, dann war James der Glückliche. Sie wagten beide nicht, offen Er-
kundigungen einzuziehen, aber es schien allmählich nahezu ausgeschlossen, die Wahrheit auch so herauszufinden. Kein männliches Auge kann

linke und rechte Maschen zählen und den Brustumfang abschätzen, den das Kleidungsstück einmal bedecken soll. Außerdem muß man bei Amateurstrickern immer Spielraum für unfreiwillige Fehler lassen. Während des Krieges kam es oft vor, daß unsere Mädchen ihren Liebsten Pullover schickten, die selbst ihre kleinen Brüder erwürgt hätten. Der Amateurpullover jener Tage kam in der Tat praktisch der deutschen Propaganda gleich.

Peter und James standen folglich vor einem Rätsel. Den einen Abend wirkte der Pullover klein, und James machte sich überglücklich auf den Heimweg; den nächsten war er ein bedeutendes Stück gewachsen, und Peter ging singend nach Hause. Man kann sich leicht vorstellen, in welcher Spannung die beiden Männer lebten. Einerseits wollten sie über ihr Schicksal Bescheid wissen; andererseits war ihnen vollauf bewußt, daß derjenige, für den der Pullover nun einmal bestimmt war, ihn auch würde tragen müssen. Und da er in kräftigem Rosa gehalten und wahrscheinlich einen Meter zu groß war, bebte ihr Herz allein schon bei dem Gedanken.

In allen Fällen menschlicher Belastungsproben gibt es eine äußerste Grenze. Sie wurde eines Abends erreicht, als die beiden Männer auf dem Heimweg waren.

»Peter«, sagte James und hielt mitten im Gehen inne. Er wischte sich die Stirn. Den ganzen Abend war er erregt gewesen.

»Ja?« sagte Peter.

»Ich kann das nicht länger aushalten. Ich habe seit Wochen nicht mehr richtig geschlafen. Wir müssen endgültig herausfinden, wer von uns den Pullover bekommen soll.«

»Dann gehen wir doch zurück und fragen sie«, sagte Peter.

Also kehrten sie um und klingelten und gingen ins Haus und erschienen vor Miss Forrester.

»Schöner Abend«, sagte James, um das Eis zu brechen.

»Prächtig«, sagte Peter.

»Wunderbar«, sagte Miss Forrester, wobei sie leicht erstaunt schien, die Truppe ohne Vorbestellung eine Neuauflage des Treffens aufführen zu sehen.

»Um eine Wette einzulösen«, sagte James, »würden Sie uns bitte mitteilen, wer – ich sollte sagen wem – Sie diesen Pullover stricken?«
»Das ist kein Pullover«, antwortete Miss Forrester mit weiblicher Offenheit, die ihr gut stand. »Es ist eine Socke. Und sie ist für Willie, den jüngsten Sohn meines Cousins Juliet.«
»Gute Nacht«, sagte James.
»Gute Nacht«, sagte Peter.
»Gute Nacht«, sagte Grace Forrester.

Und während der langen Nachtstunden, da den Menschen, die wach liegen, so oft gute Einfälle kommen, fand James eine großartige Lösung für das Problem, das Peter und ihn selbst belastete. Es schien ihm, daß einer von beiden Woodhaven verlassen müsse, so daß der Zurückbleibende in der Lage wäre, so um das Mädchen zu werben, wie man um ein Mädchen werben sollte. Bisher hatte, wie ich bereits angedeutet habe, keiner der beiden den anderen mehr als ein paar Minuten mit dem Mädchen allein gelassen. Sie beobachteten einander wie Habichte. Wenn James bei ihr hereinschaute, schaute auch Peter bei ihr herein. Wenn Peter auf einen Sprung vorbeikam, platzte unweigerlich auch James herein. Die ganze Geschichte war in eine Sackgasse geraten.

Nun war James die Idee gekommen, die Rivalität zwischen ihm und Peter auf dem Golfplatz durch ein Match über achtzehn Löcher zu beenden. Er hielt diesen Einfall für recht vielversprechend, bis er endlich einschlief, und am Morgen fand er den Plan noch genauso gut wie in der Nacht.

James saß am nächsten Morgen gerade beim Frühstück, womit er sich auf seinen Besuch bei Peter einstimmte, bei dem er ihm seinen Plan enthüllen wollte, als Peter hereinkam, der glücklicher wirkte als an den Tagen zuvor.
»Morgen«, sagte James.
»Morgen«, sagte Peter.
Peter setzte sich und spielte geistesabwesend mit einer Scheibe Speck.
»Ich habe eine Idee«, sagte er.
»Eine, das ist nicht viel«, sagte James und ließ sein Messer ruckartig auf ein Spiegelei herabsausen. »Was für eine Idee hast du denn?«

»Ist mir letzte Nacht eingefallen, als ich nicht einschlafen konnte. Ich habe gedacht, wenn einer von uns diesen Ort verließe, dann hätte der andere eine reelle Chance. Du weißt, was ich meine – bei *ihr*. Gegenwärtig behindern wir uns gegenseitig. Also, wie wäre es«, sagte Peter und strich ganz in Gedanken Marmelade auf seinen Speck, »wenn wir ein Match über achtzehn Löcher spielten, der Verlierer müßte dann aus der näheren Umgebung verschwinden und lang genug fortbleiben, damit der Gewinner die Chance hat, genau herauszufinden, wie die Dinge liegen?«

James fuhr so heftig zusammen, daß er sich mit der Gabel ins linke Auge stieß.

»Genau das ist mir auch letzte Nacht eingefallen.«

»Also, abgemacht?«

»Es ist das beste, was wir tun können.«

Einen Augenblick herrschte Schweigen. Die beiden Männer waren in Gedanken versunken. Sie dürfen nicht vergessen, daß sie Freunde waren. Jahrelang hatten sie ihre Sorgen, ihre Freuden und ihre Golfbälle geteilt und mit einem Slice in dieselben Bunker geschlagen.

Gleich darauf sagte Peter:

»Ich werde dich vermissen.«

»Wie meinst du das, du wirst mich vermissen?«

»Wenn du nicht mehr da bist, wird Woodhaven nicht mehr dasselbe für mich sein. Aber du kannst natürlich bald zurückkommen. Ich werde keine Zeit verlieren und einen Heiratsantrag machen.«

»Hinterlaß mir deine Adresse«, sagte James, »und ich schicke dir ein Telegramm, wenn du zurückkehren kannst. Du bist doch nicht gekränkt, wenn ich dich nicht bitte, Brautführer bei der Hochzeit zu sein? Unter diesen Umständen wäre es für dich vielleicht schmerzlich.«

Peter seufzte verträumt.

»Wir werden das Wohnzimmer blau herrichten lassen. Ihre Augen sind blau.«

»Vergiß nicht«, sagte James, »für dich werden in unserem kleinen Heim immer Messer und Gabel bereitliegen. Grace ist nicht die Frau, die darauf besteht, daß ich die Freunde aus meiner Junggesellenzeit aufgebe.«

»Was dieses Match betrifft«, sagte Peter. »Es gelten natürlich die strengen Regeln des Royal and Ancient Golf Clubs.«

»Aber sicher.«

»Ich will sagen – nichts für ungut, alter Junge – den Niblick im Bunker nicht hinter dem Ball aufsetzen.«

»Genau. Und, ohne persönlich zu werden, der Ball ist nur dann als eingeloch zu betrachten, wenn er im Loch ist, nicht wenn er am Rand liegenbleibt.«

»Zweifellos. Und – du weißt, ich will deine Gefühle nicht verletzen – den Ball zu verfehlen, zählt als Schlag, nicht als Probeschlag.«

»Richtig. Und – verzeih mir, wenn ich es erwähne – ein Spieler, dessen Ball ins Rough fällt, darf nicht alle Sträucher innerhalb eines Radius von drei Fuß ausreißen.«

»Die strengen Regeln also.«

»Die strengen Regeln.«

Sie gaben sich ohne weitere Worte die Hand. Und gleich darauf ging Peter, und James nahm, mit einem schuldbewußten Blick über die Schulter, Sandy MacBeans großes Werk aus dem Bücherregal und begann, die Fotos vom kurzen Annäherungsschlag zu studieren, die Mr. MacBean zeigten, wie er den Schwung von Punkt A, über die punktierte Linie B-C, zu Punkt D führte, wobei der Kopf ohne sich zu bewegen an der mit einem Kreuz gekennzeichneten Stelle blieb. Er hatte ein schlechtes Gewissen, weil er seinem Freund ein Schnippchen geschlagen hatte, und der Wettkampf schon so gut wie entschieden war.

Ich kann mich an keinen schöneren Tag erinnern als den, an dem das große Match über achtzehn Löcher zwischen Todd und Willard stattfand. Nachts hatte es geregnet, und jetzt schien die Sonne von einem klaren, blauen Himmel auf einen Rasen, der grüner glänzte als das junge Gras im frühen Frühling. Schmetterlinge flatterten hin und her, Vögel sangen fröhlich. Kurz, die Natur lächelte. Und es ist zu bezweifeln, daß die Natur je einen besseren Grund hatte zu lächeln – oder sogar lauthals zu lachen; denn ein Match wie das zwischen James Todd und Peter Willard gibt es nicht jeden Tag.

Ob nun die Liebe sie anspornte, oder ob all die Stunden, da sie Braids »Golf für Fortgeschrittene« und das Badmintonbuch studiert hatten, verspätete Wirkung zeigten, kann ich nicht sagen; aber beide hatten einen recht ordentlichen Start.

Unser erstes Loch ist, wie Sie sehen können, ein Par-Vier-Loch, und James war in sieben Schlägen direkt an der Fahne, und Peter, der zweimal anstelle des Balles das Vereinigte Königreich getroffen hatte, mußte einen schwierigen Putt schlagen, wenn das Loch geteilt werden sollte. Es gab nur eins, wenn man Peter einem schwierigen Putt überließ; James lag also eins auf, als er zum Seeloch weiterging, und Peter versuchte, als er ihm folgte, Trost in dem Gedanken zu finden, daß viele der besten Golfer es vorzogen, das erste Loch zu verlieren und ihre Kräfte für ein starkes Finish zu schonen.

Peter und James hatten das Seeloch so oft gespielt, daß sie sich damit angefreundet hatten, und hatten sich angewöhnt, ein oder zwei Bälle gleichsam als vorbereitende Übung zu versenken, und sie taten das mit demselben Gleichmut, den jene Könige in den alten und abergläubischen Zeiten an den Tag legten, die Juwelen ins Meer warfen, um es günstig zu stimmen, bevor sie eine Reise unternahmen. Aber heute geschah eines dieser Wunder, ohne die Golf nicht Golf wäre, und sie kamen beide mit ihrem ersten Schlag hinüber – und nicht nur hinüber, sondern direkt an die Fahne. Selbst unser »Pro« hätte es nicht besser machen können.

Ich glaube, von diesem Augenblick an ging es allmählich mit den beiden Männern bergab. Sie waren zutiefst erregt, und dieses Ereignis brachte sie aus der Fassung. Sie werden sich zweifellos an Keats Gedicht über den beherzten Cortez erinnern, der mit Adleraugen den Pazifik betrachtete, während all seine Matrosen einander mit wildem Argwohn anstarrten, schweigend auf einem Gipfel in Darien.

Genau so betrachteten Peter Willard und James Todd mit Adleraugen das zweite Seeloch und starrten einander mit wildem Argwohn an, schweigend auf einem Tee in Woodhaven. Sie hatten von einem solchen Ereignis so lange geträumt, nur um beim Erwachen festzustellen, daß die Vision getrogen hatte, daß sie im ersten Moment nicht glauben konnten, was tatsächlich geschehen war.

»Ich bin hinübergekommen!« flüsterte James ehrfürchtig.

»Ich auch!« murmelte Peter.

»In einem Schlag!«

»Mit meinem allerersten!«

Schweigend umrundeten sie das Seeufer und lochten ein. Ein Putt reichte beiden, und sie teilten das Loch nach zwei Schlägen. Peters ehemaliger Rekord waren acht Schläge gewesen, und James hatte einmal eine Sieben notieren können. Es gibt Augenblicke, in denen starke Männer die Selbstbeherrschung verlieren, und dies war so einer. Benommen erreichten sie den dritten Abschlag, und hier setzte der Ärger ein.

Das dritte Loch ist auch ein Par-Vier-Loch, es führt den Hügel hinauf und an dem Baum vorbei, der als Richtungspfosten dient, da das Loch selbst außer Sicht ist. An einem seiner guten Tage hatte James es oft in zehn und Peter in neun Schlägen gespielt; aber jetzt waren sie entnervt. James, der die Ehre hatte, zitterte merklich, als er den Ball ansprach. Er machte drei Schwünge und traf nur die Luft; beim vierten Mal toppte er den Ball sehr. Er hatte jedoch die Markierungen am Abschlag ein wenig überschritten, und damit fiel James die traurige Ehre zu, den Platzrekord zu brechen, als er den fünften Schlag vom Tee ausführte. Es war ein flacher, den Boden aufwühlender Schlag mit einem Brassie, der einen Haufen Steine zwanzig Fuß weit nach rechts beförderte und in einer Senke endete. Peter hatte inzwischen einen hohen Ball abgeschlagen, der hinter einem Stein liegenblieb.

Jetzt begannen die strengen Regeln, die diesen Wettkampf beherrschten, ihren Tribut zu fordern. Hätten sie ihre gewohnte, freundschaftliche Runde gespielt, dann hätten sie den Ball auf einem günstigen kleinen Hügel aufgeteet und wären wahrscheinlich mit ihrem zweiten Schlag an dem Baum vorbeigekommen, denn unter gewöhnlichen Umständen hätte James seinen Drive rückgängig gemacht und seine Schläge als Aufwärmübung betrachtet, die ihn in Höchstform bringen sollte. Aber heute war es ein Kampf bis auf den Niblick, und keiner der beiden Männer erbat, noch erwartete er Schonung. Mit dem siebten Schlag entfernte Peter den Stein, was ihm freie Bahn verschaffte, und James kam mit dem elften Schlag aus der Senke heraus. Fünfzig Fuß vom Baum entfernt, hatte James achtzehn, Peter zwölf Schläge ausgeführt; aber dann geriet letzterer, wie es bei jedem Golfer bisweilen vorkommt, aus der Form. Viermal traf er den Baum, dann schlug er den Ball mit einem Hook in die Sandbunker links vom Loch. James, dessen Spiel beständig, wenn auch nicht brilliant war, erreichte das Grün in sechsundzwanzig Schlägen, während Peter siebenundzwanzig brauchte. Schlechtes Putten kostete James das Loch. Peter lochte in dreiunddreißig Schlägen ein, aber die Gangart war für James zu schnell. Er verschlug einen Putt von zwei Fuß, so daß das Loch nicht geteilt wurde, und als sie zum vierten Abschlag gingen, war das Spiel wieder ausgeglichen.

Das Loch folgt der Kurve an der Straße, auf deren gegenüberliegender Seite ein malerischer Wald steht. Es bietet dem Experten keinerlei Schwierigkeiten, enthält aber Fallstricke für den Neuling. Der verwegene Spieler entscheidet sich für einen Slice, während die vorsichtigeren sich damit begnügen, den Bunker zu umspielen, der sich über das Fairway erstreckt, und ihren Ball mehr nach links zu legen, von wo aus ein Schlag mit einem Eisen sie zum Grün bringt. Peter und James verbanden beide Taktiken. Peter zielte nach links und brachte einen Slice zustande, und James, der auch nach links zielte, toppte den Ball in den Bunker. Peter, der aus Erfahrung wußte, daß es sinnlos war, im Wald nach seinem Ball zu suchen, schlug einen zweiten ab, der auch im Dschungel verschwand, ebenso wie der dritte. Als er sich James im Bunker anschloß, hatte er seinen sechsten Ball geschlagen.

Es ist die herrliche Ungewißheit, die Golf zu dem Spiel macht, das es ist. Die Tatsache, daß James und Peter, die Seite an Seite in demselben Bunker lagen, einen und sechs Schläge, und zwar in dieser Reihenfolge, gemacht hatten, könnte einen unvoreingenommenen Beobachter dazu verleiten, die Chancen des erstgenannten höher einzuschätzen. Und ohne Zweifel, hätte er nicht sieben Schläge gebraucht, um aus der Grube herauszukommen, während sein Gegner es durch Gottes Gnaden fertigbrachte, den Ball in zwei Schlägen herauszuspielen, so hätten James' Chancen äußerst rosig ausgesehen. Wie die Dinge lagen, stolperten die beiden Männer hinaus auf das Fairway, wieder mit einer Schlagzahl von acht für jeden. Ist man einmal über den Bunker hinaus und um die Straßenbiegung herum, wird das Loch einfach. Ein umsichtiger Gebrauch des Cleeks brachte Peter in vierzehn Schlägen auf das Grün, während James mit einem Braid Iron in zwölf Schlägen dorthin gelangte. Peter lochte in siebzehn Schlägen ein, und James spielte so, daß das Loch geteilt wurde. Erst als er das Loch verließ, entdeckte letzterer, daß er den Putt mit seinem Niblick geschlagen hatte, was einen nachteiligen Einfluß auf sein Spiel gehabt haben muß. Diese kleinen Zwischenfälle kommen nun einmal vor, wenn man nervös und gereizt ist. Das fünfte und sechste Loch wiesen keine ungewöhnlichen Merkmale auf. Peter gewann das fünfte in elf, und James das sechste in zehn Schlägen. Das kurze siebente teilten sie nach neun Schlägen. Am achten, immer ein tückisches Loch, erlaubten sie sich keine Freiheiten, James, der einen langen Putt mit seinem dreiundzwanzigsten Schlag versenkte, schaffte es soeben, daß das Loch geteilt wurde. Beim hin- und herwogenden Rennen um das neunte Loch den Hügel hinauf war James als erster an der Fahne, und nach den ersten Neun lag James eins auf.

Als sie das Grün verließen, sah James seinen Kameraden leicht verstohlen an.

»Du kannst schon zum zehnten Loch hinübergehen«, sagte er. »Ich möchte mir im Laden ein paar neue Bälle holen. Und mein Mashie muß repariert werden. Ich bin gleich zurück.«

»Ich komme mit«, sagte Peter.

»Bemüh dich nicht«, sagte James. »Geh schon mal vor und halte uns den Platz am Abschlag frei.«

Ich muß leider sagen, daß James log. Sein Mashie war in ausgezeichnetem Zustand, und er hatte noch ein Dutzend Bälle in der Tasche, da er so umsichtig war, immer mit achtzehn auf die Runde zu gehen. Nein! Was er gesagt hatte, war ein bloßer Vorwand. Er wollte zu seinem Fach gehen und einige Minuten mit Sandy MacBeans »Wie werde ich Scratch-Spieler« verbringen. Er war sicher, daß ihm ein weiterer kurzer Blick auf das Foto von dem abschlagenden Mr. MacBean die Beherrschung des Schlags vermitteln und ihn so in die Lage versetzen würde, das Match zu gewinnen. Darin war er, glaube ich, ein wenig zu optimistisch. Die Schwierigkeit an Sandy MacBeans Lehrmethode bestand darin, daß er großen Wert darauf legte, daß sich der Ball unmittelbar in einer

Linie mit einem Punkt in der Mitte des Nackens eines Spielers befand, und bisher hatten James' Bemühungen, den Blick auf den Ball und gleichzeitig auf seinen Nacken zu richten, keine befriedigenden Ergebnisse gezeigt.

Als James sich am zehnten Abschlag wieder zu Peter gesellte, kam es ihm so vor, als ob letzterer sich merkwürdig aufführte. Er war blaß. Ein seltsamer Ausdruck lag in seinen Augen.

»James, alter Junge«, sagte er.

»Ja?« sagte James.

»Während du weg warst, habe ich mir Gedanken gemacht. James, alter Junge, liebst du dieses Mädchen wirklich?«

James machte große Augen. Peters Gesicht war schmerzlich verzerrt.

»Angenommen«, sagte er leise, »sie wäre nicht ganz so, wie du – wir denken!«

»Was meinst du?«

»Nichts, nichts.«

»Miss Forrester ist ein Engel.«

»Ja, ja. Ganz recht.«

»Ich weiß, was los ist«, sagte James heftig. »Du versuchst, mich aus dem Schlagrhythmus zu bringen. Du weißt, daß mich schon die geringste Kleinigkeit aus der Form bringt.«

»Nein, nein!«

»Du hoffst, mich vom Spiel ablenken zu können, damit ich abbaue, und dann kannst du das Match gewinnen.«

»Im Gegenteil«, sagte Peter. »Ich habe vor, das Spiel zu verlieren.«

James fuhr herum.

»Was!«

»Ich gebe auf.«

»Aber – aber – « James bebte vor Erregung Seine Stimme zitterte. »Ach!« schrie er. »Jetzt verstehe ich! Ich begreife! Du willst das für mich tun, weil ich dein Freund bin. Peter, das ist nobel! Davon liest man in Büchern. Ich habe so etwas im Film gesehen. Aber ich kann das Opfer nicht annehmen.«

»Du mußt!«

»Nein, nein!«

»Ich bestehe darauf!«

»Meinst du das ernst?«

»Ich gebe sie auf, James, alter Junge. Ich – ich hoffe, du wirst glücklich.«

»Aber ich weiß nicht, was ich sagen soll. Wie kann ich dir danken?«

»Du mußt mir nicht danken.«

»Aber, Peter, ist dir auch wirklich klar, was du da tust? Es ist wahr, ich liege eins auf, aber es sind noch neun Löcher zu spielen, und ich bin heute nicht richtig in Form. Du könntest mich leicht schlagen. Hast du vergessen, daß ich einmal siebenundvierzig Schläge für das Dogleg-Loch gebraucht habe? Ich könnte heute einen meiner schlechten Tage haben. Begreifst du, daß ich, wenn du unbedingt aufgeben willst, heute abend noch zu Miss Forrester gehe und ihr einen Heiratsantrag mache?«

»Ja.«

»Und trotzdem bleibst du dabei, daß die Angelegenheit für dich erledigt ist?«

»Ja. Und, übrigens, du brauchst nicht bis heute abend zu warten. Ich habe Miss Forrester eben gerade beim Tennisplatz gesehen. Sie ist allein.«

James wurde puterrot.

»Dann glaube ich, ich sollte vielleicht – «

»Du solltest besser sofort zu ihr gehen.«

»Das mache ich.« James streckte die Hand aus. »Peter, alter Junge, das werde ich dir nie vergessen.«

»Schon in Ordnung.«

»Was hast du vor?«

»Jetzt, meinst du? Oh, ich werde mir ein wenig bei den zweiten Neun zu schaffen machen. Wenn du mich brauchst, ich bin irgendwo in der Nähe zu finden.«

»Du kommst doch zur Hochzeit, Peter?« sagte James versonnen.

»Natürlich«, sagte Peter. »Viel Glück.«

Er sprach fröhlich, aber als der andere sich zum Gehen wandte, sah er ihm nachdenklich hinterher. Dann seufzte er schwer.

James ging mit klopfendem Herzen auf Miss Forrester zu. Sie gab ein bezauberndes Bild ab, wie sie so in der Sonne stand, eine Hand auf der Hüfte, die andere schwang einen Tennisschläger.

»Guten Tag«, sagte James.

»Wie geht es Ihnen, Mr. Todd? Haben Sie Golf gespielt?«

»Ja.«

»Mit Mr. Willard?«

»Ja. Wir haben ein Match ausgetragen.«

»Golf«, sagte Grace Forrester, »macht die Männer offenbar ausgesprochen unhöflich. Mr. Willard hat mich mitten in der Unterhaltung ohne ein Wort verlassen.«

James war erstaunt.

»Sie haben mit Peter gesprochen?«

»Ja. Gerade eben. Ich weiß nicht, was mit ihm los war. Er hat sich einfach auf dem Absatz umgedreht und ist abmarschiert.«

»Man sollte sich beim Schwung nicht auf dem Absatz drehen«, sagte James, »nur auf dem Fußballen.«

»Wie bitte?«

»Nichts, nichts. Ich habe nur laut gedacht. Die Sache ist die, ich habe etwas auf dem Herzen. Und Peter auch. Sie dürfen nicht zu schlecht von ihm denken. Wir haben ein wichtiges Match gespielt, und es muß ihm an die Nerven gegangen sein. Sie haben uns nicht zufällig spielen sehen?«

»Nein.«

»Ach! Ich wollte, Sie hätten mich am Seeloch gesehen. Ich habe es in einem Schlag unter Par gespielt.«

»Ihr Vater hat auch gespielt?«

»Sie verstehen mich nicht. Ich meine, ich habe einen Schlag weniger gebraucht, als selbst vom besten Spieler erwartet wird. Wissen Sie, es ist ein Schlag mit einem Mashie. Man darf nicht zu schwach schlagen, sonst fällt man in den See; und man darf nicht zu hart schlagen, sonst geht man am Loch vorbei in den Wald. Es erfordert feinstes Zartgefühl und Ur-

teilsvermögen, und das habe ich auch gezeigt. Es könnte leicht ein Jahr
vergehen, bis jemand kommt, der es noch einmal in zwei Schlägen schafft.
Ich bezweifle, daß der »Pro« es des öfteren in zwei Schlägen spielt. Nun,
als wir zu diesem Loch kamen, war ich entschlossen, daß mir kein Fehler
unterlaufen sollte. Das große Geheimnis bei jedem Golfschlag besteht in
Ausgeglichenheit, Eleganz und der Fähigkeit, sich zu entspannen. Die
meisten Männer, die man antrifft, halten das Ansprechen für das wichtigste. Das muß korrekt sein.«

»Wie förmlich! Man kann doch auch ganz ungezwungen ins Gespräch
kommen.«

»Sie können mir überhaupt nicht folgen. Ich spreche vom Waggeln
und von der Haltung vor dem Schlag. Die meisten Spieler scheinen auf
die äußere Form der Winkel fixiert zu sein, die durch die Position der
Arme, Beine und des Schlägerschaftes gebildet werden, und vor allem
der Wunsch, diese Winkel beizubehalten, führt dazu, daß sie den Kopf
bewegen und die Muskeln verkrampfen, so daß ihr Schwung nicht locker
ist. Es gibt nur einen Punkt, der sich entscheidend auf den Schlag aus-
wirkt, und der einzige Grund, warum er konstant bleiben sollte, besteht
darin, daß man in die Lage versetzt wird, seinen Ball deutlich zu sehen.
Das ist der Angelpunkt, der am unteren Teil des Nackens markiert ist,
und eine Linie, die von diesem Punkt zum Ball gezogen werden kann,
sollte im rechten Winkel zur Fluglinie liegen.«

James hielt einen Augenblick inne, um Luft zu holen, und als er innehielt, sprach Miss Forrester.

»Das ist für mich alles dummes Geschwätz«, sagte sie.

»Dummes Geschwätz!« keuchte James. »Ich zitiere wörtlich eine der
größten Autoritäten des Golfs.«

Miss Forrester schwang gereizt ihren Tennisschläger.

»Golf«, sagte sie, »langweilt mich zu Tode. Ich glaube, es ist das dämlichste Spiel, das je erfunden wurde!«

Das Problem, eine Geschichte zu erzählen, besteht darin, daß Worte
ein zu schwaches Mittel sind, die entscheidenden Momente im Leben zu
veranschaulichen. Hier ist der Maler gegenüber dem Historiker im Vorteil. Wenn ich ein Maler wäre, würde ich James zeigen, wie er in diesem

Augenblick nach hinten fällt, die Füße eng beieinander und die Augen geschlossen, dazu eine halbkreisförmige, punktierte Linie, die den Verlauf seines Flugs kennzeichnet und ein paar Sterne über dem Kopf, um moralischen Zusammenbruch anzudeuten. Es gibt keine Worte, um das blanke, schwarze Entsetzen zu beschreiben, das das Blut in seinen Adern erstarren ließ, als diese schrecklichen Worte an sein Ohr drangen. Er hatte Miss Forresters religiöse Ansichten bisher nie erforscht, aber er hatte immer angenommen, daß sie gesund waren. Und nun stand sie da und besudelte die goldene Sommerluft mit der abscheulichsten Blasphemie. Es wäre unrichtig zu behaupten, James' Liebe habe sich in Haß verkehrt. Er haßte Grace nicht. Der Abscheu, den er empfand, war tiefer als bloßer Haß. Was er empfand, war weder ganz Ekel, noch ganz Mitleid. Es war eine Mischung aus beidem.

Es herrschte angespanntes Schweigen. Die lauschende Welt stand still. Dann, ohne ein Wort zu sagen, wandte sich James Todd um und schlich davon.

Peter machte sich schlechtgelaunt im zwölften Bunker zu schaffen, als sein Freund auftauchte. Er blickte erschrocken auf. Dann, als er sah, daß der andere allein war, trat er zögernd vor.

»Kann ich dir gratulieren?«

James holte tief Luft.

»Das kannst du!« sagte er. »Zu meinem Entkommen!«

»Hat sie dich zurückgewiesen?«

»Dazu hatte sie keine Gelegenheit. Alter Junge, hast du jemals einen Ball direkt an den Rand dieses Bunkers vor dem siebten Loch geschlagen und hast es nur ganz knapp geschafft, nicht hineinzugeraten?«

»Äußerst selten.«

»Ich einmal. Es war mein zweiter Schlag aus einer guten Lage mit dem kurzen Eisen, und ich habe gut durchgeschwungen und gedacht, ich hätte zu weit geschlagen, und als ich näher heranging, lag da mein Ball am Rand des Bunkers, gut aufgeteet auf einem Grasbüschel, so daß ich ihn mit meinem Mashie-Niblick totlegen und in sechs Schlägen einlochen konnte. Also, was ich sagen will, ich habe jetzt dasselbe Gefühl wie damals – als ob eine unsichtbare Macht mich rechtzeitig vor einer schrecklichen Katastrophe bewahrt hätte.«

»Ich weiß genau, was in dir vorgeht«, sagte Peter feierlich.

»Peter, alter Junge, dieses Mädchen hat gesagt, Golf langweile sie zu Tode. Sie hat gesagt, sie halte es für das dämlichste Spiel, das je erfunden wurde.« Er hielt inne, um die Wirkung seiner Worte zu unterstreichen. Peter lächelte nur schwach und matt. »Du scheinst nicht gerade empört zu sein«, sagte James.

»Ich bin empört, aber nicht überrascht. Weißt du, vor ein paar Minuten hat sie dasselbe zu mir gesagt.«

»Wirklich?«

»Es lief auf dasselbe hinaus. Ich hatte ihr gerade erzählt, wie ich das Seeloch heute in zwei Schlägen gespielt habe, und sie sagte, daß Golf ihrer Meinung nach ein Spiel für Kinder mit Wasserköpfen sei, die nicht sportlich genug sind, um Jägerball zu spielen.«

Die beiden Männer erschauderten in gegenseitigem Mitgefühl.

»In der Familie müssen Fälle von Geisteskrankheit vorkommen«, sagte James schließlich.

»Das«, sagte Peter, »ist die nachsichtige Erklärung.«

»Wir haben Glück gehabt, es rechtzeitig herauszufinden.«

»Unbedingt!«

»Wir dürfen nicht wieder so ein Risiko eingehen.«

»Nie wieder!«

»Ich glaube, wir sollten uns lieber wirklich ernsthaft aufs Golfspiel verlegen. Es wird uns vor Unheil bewahren.«

»Du hast ganz recht. Wir sollten regelmäßig unsere vier Runden pro Tag spielen.«

»Im Frühling, Sommer und Herbst. Und es wäre unklug, im Winter nicht die meiste Zeit des Tages in den Innenanlagen zu üben.«

»Auf diese Weise sollten wir außer Gefahr sein.«

»Peter, alter Junge«, sagte James, »ich wollte schon lange mit dir darüber sprechen. Ich habe Sandy MacBeans neues Buch, und ich glaube, du solltest es lesen. Es enthält viele nützliche Hinweise.«

»James!«

»Peter!«

Schweigend drückten sie sich die Hände. James Todd und Peter Willard waren wieder sie selbst.

Und so (sagte der Club-Älteste) kehren wir zu unserem ursprünglichen Ausgangspunkt zurück – nämlich daß der vielgerühmte Golfer, auch wenn nichts definitiv gegen die Liebe gesagt werden kann, äußerst vorsichtig mit ihr umgehen sollte. Vielleicht verbessert sie sein Spiel, vielleicht aber auch nicht. Wenn er jedoch erkennt, daß die Gefahr besteht, sie könne es nicht verbessern – wenn das Objekt seiner Zuneigung nicht zu den Mädchen gehört, die ihm bereitwillig zuhören während der langen Abende, an denen er von jeder Einzelheit der Tagesrunde berichtet, wobei er Haltung und Griff und Schwung mit dem Schürhaken veranschaulicht – dann sollte er die Finger davon lassen. Für die Liebe wird seit altersher viel Reklame gemacht; aber es gibt höhere, edlere Dinge als Liebe. Eine Frau ist nur eine Frau, ein kräftiger Drive aber ist ein mächtiger Schlag.

MR. UND MRS. TOPHAM FASSEN DEN VORSATZ, IM JAHR 1930 NIEMALS »DEN KOPF ZU HEBEN.«

ENTZWEITE HERZEN

Im Herrenzimmer des Clubhauses brannte ein behagliches Feuer, und der Club-Älteste sah bisweilen aus dem Fenster in die aufkommende Dämmerung. Schnee fiel sacht auf den Platz. Von dort, wo er saß, konnte der Club-Älteste das neunte Grün gut sehen; und schon bald, aus dem Grau des Dezemberabends, tauchte über dem Rand des Hügels ein Golfball auf. Er kullerte über das Grün und blieb ein Yard vom Loch entfernt liegen. Der Club-Älteste nickte beifällig. Ein guter Annäherungsschlag.

Ein junger Mann im Tweedanzug stieg zum Grün hinauf, lochte mit natürlichem Selbstverständnis ein, schulterte seine Tasche und machte sich auf den Weg zum Clubhaus. Ein wenig später betrat er das Herrenzimmer und stieß beim Anblick des Feuers einen Freudenschrei aus.

»Ich bin halb erfroren!«

Er läutete nach dem Kellner und bestellte ein heißes Getränk. Der Club-Älteste nahm die Einladung, ihm Gesellschaft zu leisten, wohlwollend an.

»Ich spiele gern im Winter«, sagte der junge Mann. »Man hat den Platz für sich allein, denn die Welt ist voller Tagediebe, die nur auftauchen, wenn das Wetter ihnen zusagt. Ich kann nicht begreifen, woher sie die Unverfrorenheit nehmen, sich Golfer zu nennen.«

»Nicht alle sind so engagiert wie Sie, mein Junge«, sagte der Weise und nippte dankbar an seinem heißen Getränk. »Wären sie es, so hätten wir eine bessere Welt und würden weniger von all diesen modernen Unruhen hören.«

»Ich bin in der Tat recht engagiert«, bestätigte der junge Mann.

»Ich bin nur einmal einem Mann begegnet, der ihr Engagement noch übertroffen hat. Ich meine Mortimer Sturgis.«

»Der Bursche, der mit achtunddreißig Jahren begann, Golf zu spielen und es hinnahm, daß das Mädchen, mit dem er verlobt war, mit einem anderen fortging, weil er nicht die Zeit hatte, um Golf und Liebe in Einklang zu bringen? Ich erinnere mich. Sie haben mir neulich von ihm erzählt.«

»Diese Geschichte hat eine Fortsetzung, wenn Sie sie gern hören möchten«, sagte der Club-Älteste.

»Sie haben die Ehre«, sagte der junge Mann. »Fangen Sie an!«

Einige Leute (begann der Club-Älteste) meinten, daß Mortimer Sturgis zu sehr vom Golfspiel in Anspruch genommen wurde und warfen ihm das vor. Ich konnte ihnen nie ganz beipflichten. Zu Zeiten von König Arthur dachte niemand schlecht von einem jungen Ritter, der all seine gesellschaftlichen und geschäftlichen Verpflichtungen zugunsten der Suche nach dem Heiligen Gral vernachlässigte. Im Mittelalter konnte ein Mann sein ganzes Leben den Kreuzzügen widmen, und das Volk umschmeichelte ihn. Warum sollte man dann dem Mann von heute vorwerfen, daß er sich dem modernen Äquivalent, dem Streben nach einem Handicap von null, bedingungslos zuwendet! Mortimer Sturgis wurde nie ein Scratch-Spieler, aber sein Handicap wurde schließlich auf neun herabgesetzt und dafür achte ich ihn hoch.

Die Geschichte, die ich erzählen will, beginnt zu einer Zeit, die man die mittlere Phase in Sturgis' Karriere nennen könnte. Er hatte das Stadium erreicht, da sein Handicap bei einer wackeligen Zwölf lag; und wie Ihnen sicher bekannt ist, beginnt man erst zu diesem Zeitpunkt, wirklich Golf im wahren Sinne des Wortes zu spielen. Mortimers Liebe zu dem Spiel war bis dahin mäßig gewesen, gemessen an dem, was nun kam. Er hatte vorher ein wenig gespielt, aber jetzt klemmte er sich wirklich dahinter und legte sich ins Zeug. Zu dieser Zeit fing er auch an, sich wieder mit dem Gedanken an Heirat zu tragen. Als profunder Statistiker auf dem einen Gebiet hatte er herausgefunden, daß praktisch alle herausragenden Repräsentanten dieser Kunst verheiratet waren; und der Gedanke, daß dem heiligen Stand etwas innewohnen könnte, das zur Verbesserung des Spiels beitrug, und daß ihm etwas Entscheidendes entging, beunruhigte

ihn sehr. Außerdem war der Vaterinstinkt in ihm erwacht. Wie er zu
Recht erklärte, konnte, ganz gleich ob die Ehe das Spiel nun verbesserte
oder nicht, die Existenz von Tommy Morris junior, der die Britischen Offenen Meisterschaften viermal hintereinander gewann, unmittelbar aus
der Ehe von Tom Morris senior abgeleitet werden.

In der Tat war Morti-
mer Sturgis im Alter von zweiundvierzig Jahren durchaus geneigt, ein
hübsches Mädchen beiseite zu nehmen und sie zu bitten, die Stiefmutter
seiner elf Driver, seines Baffy, seiner achtundzwanzig Putter und der
übrigen vierundneunzig Schläger zu werden, die er im Verlauf seiner
Golfkarriere angesammelt hatte. Die einzige Bedingung natürlich, die er
in seinen Tagträumen stellte, war, daß die zukünftige Mrs. Sturgis Golferin sein müsse. Ich kann mich noch an sein entsetztes Gesicht erinnern,
als ein Mädchen, das in anderer Hinsicht durchaus bewundernswert war,
sagte, sie habe nie von Harry Vardon gehört, und ob er nicht Dolly Vardon meine? Sie ist inzwischen eine vorbildliche Ehefrau und Mutter geworden, aber Mortimer Sturgis hat nie wieder mit ihr gesprochen.

Mit Beginn des Januar hatte Mortimer es sich zur Gewohnheit gemacht, England zu verlassen und nach Südfrankreich zu gehen, wo die
Sonne schien und der Rasen fest und trocken war. Er folgte seiner Ge-
pflogenheit auch in diesem Jahr. Mit seinem Koffer und seinen vierundneunzig Schlägern fuhr er nach Saint Brule und stieg wie üblich im Hôtel
Superbe ab, wo man ihn kannte und seine Angewohnheit, in seinem
Schlafzimmer das Chippen zu üben, freundlich tolerierte. Am ersten
Abend, nachdem er eine Statuette, die den kleinen Samuel im Gebet dar-
stellte, zerbrochen hatte, kleidete er sich an und ging hinunter zum Essen. Und als erstes sah er *sie*.

Mortimer Sturgis war, wie Sie wissen, schon früher verlobt gewesen,
aber Betty Weston hatte nie einen so heftigen Sturm der Gefühle ausgelöst, wie ihn der bloße Anblick dieses Mädchens in ihm entfesselte. Er
hat mir später erzählt, sie nur ihre Suppe einlochen zu sehen, habe bei
ihm bereits ein Gefühl hervorgerufen, wie man es empfindet, wenn man
abschlägt, und der Ball im undurchdringlichen Rough gegen einen Stein
stößt und in die Mitte des Fairways zurückspringt. Wenn schon Golf spät
in Mortimer Sturgis' Leben getreten war, so kam die Liebe noch später,

und war das Golf, das ihn in der Lebensmitte befiel, ein beachtliches Golf gewesen, so war die Liebe jetzt eine unvergleichliche Liebe. Mortimer beendete seine Mahlzeit in Trance, was in einigen Hotels das beste ist, was man tun kann, und suchte dann im Lokal nach jemandem, der ihn vorstellen könnte. Er entdeckte schließlich eine solche Person, und die Begegnung fand statt.

Sie war ein kleines, recht zerbrechlich wirkendes Mädchen mit großen, blauen Augen und einer Wolke goldenen Haars. Sie hatte ein liebes Gesicht, und ihr linkes Handgelenk war verbunden. Sie sah zu Mortimer auf, als habe sie endlich etwas von einiger Bedeutung gefunden. Ich neige zu der Ansicht, daß es auf beiden Seiten ein Fall von Liebe auf den ersten Blick war.

»Schönes Wetter haben wir heute«, sagte Mortimer, der es hervorragend verstand, Konversation zu machen.

»Ja«, sagte das Mädchen.

»Ich mag schönes Wetter.«

»Ich auch.«

»Schönes Wetter hat so etwas Besonderes!«

»Ja.«

»Es ist – es ist – also, schönes Wetter ist so viel schöner als Wetter, das nicht schön ist«, sagte Mortimer.

Er sah das Mädchen ein wenig besorgt an, da er fürchtete, er könne sie verwirren, aber sie schien seinem Gedankengang ausgezeichnet folgen zu können.

»Ja, nicht wahr?«, sagte sie. »Es ist so – so schön.«

»Genau das habe ich gemeint«, sagte Mortimer. »So schön. Sie haben es genau getroffen.«

Er war entzückt. Die Verbindung von Schönheit mit Intelligenz ist so selten.

»Wie ich sehe, haben Sie sich das Handgelenk verletzt«, fuhr er fort und zeigte auf den Verband.

»Ja. Ich habe es mir im Spiel bei der Meisterschaft leicht verstaucht.«

»Der Meisterschaft?« Mortimer war interessiert. »Es ist schrecklich unhöflich von mir«, sagte er entschuldigend, »aber ich habe Ihren Namen gerade eben nicht verstanden.«

»Mein Name ist Somerset.«

Mortimer hatte sich begierig nach vorn gebeugt. Er verlor das Gleichgewicht und wäre beinahe vom Stuhl gefallen. Der Schock lähmte ihn. Noch bevor er ihre Bekanntschaft gemacht und mit ihr gesprochen hatte, hatte er sich gesagt, daß er dieses Mädchen liebte, mit all der Liebe, die er ein Leben lang aufgespeichert hatte. Und es war Mary Somerset! Die Hotelhalle tanzte vor Mortimers Augen.

Der Name wird Ihnen natürlich vertraut sein. Bei den frühen Runden der Offenen Golfmeisterschaft der Damen in jenem Jahr hatte niemand Mary Somerset besondere Aufmerksamkeit geschenkt. Sie hatte ihre ersten beiden Spiele überstanden, aber ihre Gegnerinnen waren ebenso unbedeutend wie sie selbst. Und dann, in der dritten Runde, war sie auf die Meisterin getroffen und hatte sie geschlagen. Seither war ihr Name in aller Munde. Sie wurde die Favoritin. Und sie rechtfertigte das allgemeine Vertrauen, indem sie ins Finale einzog und gewann. Und da saß sie nun, unterhielt sich mit ihm wie ein normaler Mensch und war, wenn er die Botschaft in ihren Augen richtig zu deuten verstand, seinen Reizen gegenüber – wenn man sie denn so nennen konnte – nicht ganz gleichgültig.

»Donnerwetter!« sagte Mortimer ehrfürchtig.

Ihre Freundschaft reifte schnell heran, wie das bei Freundschaften in Südfrankreich nun einmal der Fall ist. In diesem günstigen Klima braucht man nur das Mädchen zu finden, und die Natur tut das übrige. Am zweiten Morgen ihrer Bekanntschaft lud Mortimer sie ein, mit ihm die Runde über den Golfplatz zu machen, um ihn spielen zu sehen. Er tat das ein wenig zögernd, denn sein Golf war nicht so erstklassig, daß es einer Meisterin ohne weiteres Bewunderung hätte abringen können. Andererseits sollte man nie die Gelegenheit versäumen, sich Empfehlungen für das Spiel geben zu lassen.

Er dachte, wenn Miss Somerset ein paar seiner Schläge beobachtet hätte, könne sie ihm genau sagen, was er tun solle. Und tatsächlich eröffnete sich eine solche Möglichkeit beim vierten Loch, als Mortimer nach einem Abschlag, der sogar ihn selbst in Erstaunen versetzte, seinen Ball in einer üblen Kuhlenlage fand.

Er wandte sich zu dem Mädchen um.

»Was soll ich hier machen?« fragte er.

Miss Somerset betrachtete den Ball. Sie schien das Problem bei sich abzuwägen.

»Versetzen Sie ihm einen ordentlichen, harten Schlag«, sagte sie.

Mortimer wußte, was sie meinte. Sie empfahl ein langes Eisen. Das einzig Dumme dabei war, daß er den Ball, wenn er etwas Anspruchsvolleres als einen halben Schwung versuchte – es sei denn vom Tee – fast ausnahmslos toppte.

Er konnte jedoch dieses wunderbare Mädchen nicht enttäuschen, so schwang er gut zurück und ließ es darauf ankommen. Sein Wagemut wurde belohnt. Der Ball flog so mustergültig aus der Kuhle auf den Rasen, als ob John Henry Taylor hinter ihm hergewesen wäre und rollte ohne nach rechts oder links zu schauen direkt an die Fahne. Und ein wenig später hatte Mortimer Sturgis in einem Schlag unter Par eingelocht, und nur die Sorge, sie könne, da sie ihn erst seit so kurzer Zeit kannte, erschrecken und ihn abweisen, hielt ihn davon ab, ihr auf der Stelle einen Heiratsantrag zu machen.

Diese Demonstration einer Golftaktik ihrerseits hatte seine letzten Zweifel ausgeräumt. Er wußte, selbst wenn er ewig lebte, könnte es für ihn kein anderes Mädchen auf der Welt geben. Wenn sie bei ihm war, was könnte er dann nicht alles erreichen! Es könnte gelingen, daß sein Handicap auf sechs herabgesetzt würde – auf drei   auf null – auf plus soundsoviel! Du lieber Himmel, ja, selbst die Amateurmeisterschaften waren im Bereich des Möglichen. Mortimer Sturgis schwang seinen Putter feierlich in der Luft und legte das stille Gelübde ab, diese Perle unter den Frauen zu gewinnen.Wenn nun ein Mann derart empfindet, ist es unmöglich, ihn lange zu zügeln. Eine Woche lang brodelte es in Mortimer Sturgis' Seele, dann konnte er nicht länger an sich halten. Eines Abends, bei einer der zwanglosen Tanzveranstaltungen im Hotel, zog er das Mädchen auf die mondbeschienene Terrasse.

»Miss Somerset – « setzte er an, wobei er vor Erregung stotterte wie eine schlecht verkorkte Flasche Ingwerbier. »Miss Somerset – darf ich Sie Mary nennen?«

Das Mädchen sah ihn an, und ihre Augen strahlten sanft im schwachen Licht.

»Mary?« wiederholte sie. »Nun ja, natürlich, wenn Sie wollen – «

»Wenn ich will!« schrie Mortimer. »Weißt du nicht, daß das mein sehnlichster Wunsch ist? Weißt du nicht, daß mir mehr daran liegt, dich Mary nennen zu dürfen, als das erste Loch in Muirfield in zwei Schlägen zu spielen? Oh, Mary, wie habe ich diesen Augenblick herbeigesehnt! Ich liebe dich! Ich liebe dich! Seit ich dir begegnet bin, weiß ich, daß du das einzige Mädchen auf der ganzen, weiten Welt bist, das ich um jeden Preis gewinnen will! Mary, willst du die Meine sein? Sollen wir zusammen auf die Runde gehen? Willst du eine Partie mit mir auf dem Platz des Lebens anberaumen, die erst enden soll, wenn der Sensenmann uns beide matt setzt?«

Sie neigte sich zu ihm hin.

»Mortimer«, flüsterte sie.

Er streckte die Arme aus, dann wich er zurück. Sein Gesicht war plötzlich verkrampft und um seinen Mund zuckte es schmerzhaft.

»Warte!« sagte er gequält. »Mary, ich liebe dich innig, und weil ich dich so innig liebe, kann ich nicht zulassen, daß du mir dein junges Leben blind anvertraust. Ich muß dir ein Geständnis machen. Ich bin kein – ich war nicht immer ein« – er hielt inne – »redlicher Mann«, sagte er leise.

Sie fuhr empört auf.

»Wie kannst du so etwas sagen? Du bist der beste, freundlichste, tapferste Mann, dem ich je begegnet bin. Wer hätte denn sein Leben aufs Spiel gesetzt, um mich vor dem Ertrinken zu retten, wenn nicht ein redlicher Mann?«

»Vor dem Ertrinken?« Mortimers Stimme klang verblüfft. »Dich? Was meinst du damit?«

»Hast du vergessen, daß ich letzte Woche in den See gefallen bin, und du bist in all deinen Kleidern hinterhergesprungen – «

»Natürlich, ja«, sagte Mortimer. »Jetzt erinnere ich mich. Das war an
dem Tag, als ich das lange siebte Loch in fünf Schlägen gespielt habe.
Mein guter Abschlag vom Tee trieb das Fairway in gerader Linie hinunter, dann habe ich für meinen zweiten Schlag einen Baffy genommen,
und–. Aber das tut jetzt nichts zur Sache. Es ist lieb und großzügig von
dir, daß du so hoch von einer Tat denkst, die nichts weiter als ein ganz
normaler Akt konventioneller Höflichkeit war, aber ich muß noch einmal
wiederholen, daß ich, an deiner schneeweißen Reinheit gemessen, kein
redlicher Mann bin. Ich komme nicht rein und unbefleckt zu dir, wie es
ein junges Mädchen von ihrem Mann erwarten sollte. Einmal, als ich in
einem Vierer spielte, fiel mein Ball in ziemlich hohes Gras. Niemand war
in meiner Nähe. Wir hatten keine Caddies, und die anderen waren auf
dem Fairway. Gott weiß – « seine Stimme bebte, »Gott weiß, ich habe
gegen diese Versuchung angekämpft. Aber ich bin gestrauchelt. Ich habe
den Ball mit dem Fuß auf einen kleinen, kahlen Hügel gestoßen, von wo
aus es ein leichtes war, das Grün mit einem guten Schlag mit einem Half-
Mashie zu erreichen und so eine zünftige Sieben zu notieren. Mary, es
hat Zeiten gegeben, da habe ich mir, wenn ich allein auf der Runde war,
erlaubt, bei drei Löchern in Folge Putts von zehn Fuß zu schlagen, nur
um sagen zu können, ich hätte den Platz in weniger als hundert Schlägen
bewältigt. Ach, du weichst vor mir zurück! Du bist entrüstet!«

»Ich bin nicht entrüstet! Und ich weiche nicht zurück! Ich habe nur
gefröstelt, weil es recht kühl ist.«

»Dann kannst du mich lieben, trotz meiner Vergangenheit?«

»Mortimer!«

Sie sank in seine Arme.

»Meine Liebste«, sagte er gleich darauf, »was für ein glückliches Leben werden wir führen. Das heißt, wenn du nicht glaubst, daß du einen
Fehler machst.«

»Einen Fehler!« rief sie verächtlich.

»Also, mein Handicap liegt bei zwölf, wie du weißt, und es ist zudem
keine ganz sichere zwölf. Es gibt Tage, an denen ich meinen zweiten
Schlag vom Fairway des übernächsten Loches mache, und Tage, an denen ich nicht in eine Kohlengrube putten könnte, über der ›Herzlich will-

kommen!‹ steht. Und doch, wenn du meinst, es ist so in Ordnung – Oh, Mary, du ahnst nicht, wie sehnlich ich davon geträumt habe, eines Tages eine wirklich erstklassige Golferin zu heiraten! Ja, das war meine Vision – zum Altar zu gehen mit so einem süßen Plus-Zwei-Mädchen am Arm. Du hast wieder gefröstelt. Du wirst dich erkälten.«

»Es ist ein wenig kühl«, sagte das Mädchen. Ihre Stimme war gedämpft.

»Ich bringe dich wieder hinein, mein Schatz«, sagte Mortimer. »Ich setze dich in einen bequemen Sessel mit einer schönen Tasse Kaffee, und dann muß ich aber unbedingt wieder hier herauskommen und umherwandern und denken, wie wunderbar doch alles ist.«

Einige Wochen später ließen sie sich in aller Stille in der kleinen Dorfkirche von Saint Brule trauen. Der Sekretär des örtlichen Golfclubs fungierte als Brautführer für Mortimer, und ein Mädchen aus dem Hotel war die einzige Brautjungfer. Die ganze Angelegenheit war für Mortimer eher eine Enttäuschung. Er hatte an eine aufwendige Zeremonie in der Saint-George-Kirche am Hanover Square gedacht, der Vikar von Tooting (ein Scratch-Spieler, hervorragend bei den kurzen Annäherungsschlägen) nahm die Trauung vor, und »Eine Stimme raunte über St. Andrews« dröhnte von der Orgel herab. Ihm hatte sogar vorgeschwebt, eine Soldatenhochzeit zu imitieren und seine Braut durch einen Bogengang gekreuzter Cleeks aus der Kirche zu geleiten. Aber sie wollte von diesem ganzen Prunk nichts wissen. Sie bestand auf einer stillen Trauung, und für die Flitterwochen wünschte sie sich eine Rundreise durch Italien. Mortimer, der gern nach Schottland gefahren wäre, um den Geburtsort von James Braid zu besuchen, fügte sich großmütig, denn er liebte sie innig. Aber er hielt nicht viel von Italien. In Rom ließen ihn die großen Monumente der Vergangenheit kalt. Bei den Tempeln des Vespasian dachte er nur daran, daß es teuflisch wäre, dahinter im Bunker zu liegen. Das Kolosseum weckte in ihm einen kleinen Funken von Interesse, da es ihn zu der Vermutung anregte, ob Abe Mitchell wohl einen Brassie nehmen würde, um hinüberzukommen. In Florenz schien ihm der Blick über die Toskanischen Berge vom Torre Rosa in Fiesole, über den seine Braut

in Verzückung geriet, nur als ein scheußliches Stück Rough, aus dem
man nur schwer würde herauskommen können. Und so kehrten sie zu gegebener Zeit zurück in Mortimers behagliches, kleines Haus, das an den
Golfplatz grenzte.

Am Abend ihrer Ankunft war Mortimer so damit beschäftigt, seine
vierundneunzig Schläger zu polieren, daß ihm nicht auffiel, daß seine
Frau geistesabwesend war. Ein weniger stark beschäftigter Mann hätte
mit einem Blick festgestellt, daß sie ausgesprochen nervös war. Bei
plötzlichen Geräuschen fuhr sie hoch, und einmal, als er seinen neuesten
Mashie-Niblick ausprobierte und eins der Wohnzimmerfenster zerbrach,
schrie sie schrill auf. Kurz gesagt, ihr Verhalten war merkwürdig, und
wenn Edgar Allan Poe sie in den »Untergang des Hauses Usher« einge-
fügt hätte, so hätte sie dort hineingepaßt wie die Tapete an die Wand. Sie
wirkte wie jemand, der angespannt darauf wartet, daß ein drohendes Unheil eintritt. Mortimer, der fröhlich vor sich hinsummte, während er die
Schlagfläche seines zweiundzwanzigsten Putters abschmirgelte, bemerkte nichts davon. Er dachte an das morgige Spiel.

»Dein Handgelenk ist jetzt wieder ganz in Ordnung, Liebling, nicht
wahr?« sagte er.

»Ja. Ja, völlig in Ordnung.«

»Schön«, sagte Mortimer. »Wir werden in aller Frühe frühstücken –
sagen wir um halb acht – und dann können wir bis zum Mittag ein paar
Runden schaffen. Und mit ein paar weiteren Runden am Nachmittag
werden wir dann wohl abschließen. Man möchte sich nicht gleich am ersten Tag übergolfen.« Er schwang vergnügt seinen Putter. »Wie, meinst
du, sollen wir am besten spielen? Für den Anfang könntest du mir eine
Hälfte von meinem Handicap vorgeben.«

Sie sagte nichts. Sie war sehr blaß. Sie umklammerte fest die Lehne
ihres Sessels, bis die Knöchel sich weiß unter der Haut abzeichneten.

Für jeden, mit Ausnahme von Mortimer, wäre ihre Nervosität am nächsten Morgen, als sie am ersten Abschlag ankamen, noch offensichtlicher
gewesen. Sie sah trüb und bedrückt vor sich hin und fuhr auf, als ein
Grashüpfer zirpte. Aber Mortimer war zu sehr von dem Gedanken in An-

spruch genommen, wie angenehm es war, den Platz für sich allein zu haben, um irgendetwas zu bemerken. Er schaufelte etwas Sand aus dem Kasten und nahm einen Ball aus ihrer Tasche. Zur Hochzeit hatte er ihr eine nagelneue Golftasche, sechs Dutzend Bälle und einen ganzen Satz der teuersten Schläger, die alle aus Schottland stammten, geschenkt.

»Möchtest du einen hohen Abschlag?« fragte er.

»Oh, nein«, antwortete sie und schreckte aus ihren Gedanken auf. »Der bringt doch nichts ein. Die Finanzberater sagen, er wird nur von der Steuer gefressen.«

Mortimer lachte vergnügt.

»Verdammt gut!« kicherte er. »Ist der Spruch von dir, oder hast du ihn in einem Witzblatt gelesen? Bitte, du bist dran!« Er legte den Ball auf einen kleinen Sandhügel und erhob sich. »Nun zeig mal deine Meisterschaftsform!«

Sie brach in Tränen aus.

»Mein Liebling!«

Mortimer lief zu ihr und legte die Arme um sie. Sie machte einen schwachen Versuch, ihn wegzuschieben.

»Mein Engel! Was ist los?«

Sie schluchzte stoßweise. Dann begann sie mühsam zu sprechen.

»Mortimer, ich habe dich getäuscht.«

»Mich getäuscht?«

»Ich habe in meinem ganzen Leben noch niemals Golf gespielt! Ich weiß nicht einmal, wie man den Caddie hält!«

Mortimer blieb das Herz stehen. Das klang wie das Geschwätz einer geistig Verwirrten, und niemand hat es gern, wenn seine Frau unmittelbar nach den Flitterwochen dummes Zeug zu schwätzen beginnt.

»Mein Schatz! Du bist nicht bei Sinnen!«

»Doch! Das ist ja das Schlimme! Ich bin bei Sinnen und bin nicht das Mädchen, für das du mich gehalten hast!«

Mortimer starrte sie verwirrt an. Er hatte das Gefühl, das alles sei ein wenig kompliziert, und er brauche, um es richtig zu durchdenken, einen Bleistift und ein Blatt Papier.

»Ich heiße nicht Mary!«

»Aber das hast du doch gesagt!«

»Nein. Du hast gefragt, ob du mich Mary nennen kannst, und ich habe gesagt, das wäre mir recht, weil ich dich zu sehr liebte, um nicht auf die kleinste deiner Launen einzugehen. Ich wollte gerade sagen, daß ich aber nicht so heiße, doch du hast mich unterbrochen.«

»Nicht Mary!« Die entsetzliche Wahrheit kam Mortimer zu Bewußtsein. »Du bist nicht Mary Somerset?«

»Mary ist meine Cousine. Ich heiße Mabel.«

»Aber du hast gesagt, du hast dir das Handgelenk im Spiel bei der Meisterschaft verstaucht.«

»Das ist auch richtig. Der Krocketschläger ist mir in der Hand ausgeglitten.«

»Der Krocketschläger!« Mortimer griff sich an die Stirn. »Du hast doch nicht etwa ›der Krocketschläger‹ gesagt?«

»Ja, Mortimer! Der Krocketschläger!«

Ein leichtes Schamrot überzog ihre Wangen und ihre Augen hatten einen schmerzlichen Blick, aber sie sah ihm tapfer ins Gesicht.

»Ich bin die Gewinnerin der Offenen Krocketmeisterschaft der Damen!« flüsterte sie.

Mortimer Sturgis schrie laut auf, es war ein Schrei wie das Aufheulen eines verwundeten Tieres.

»Krocket!« Er schluckte und starrte sie mit leerem Blick an. Er war nicht zimperlich, aber er hatte jene ehrbaren Vorurteile, von denen kein Mann mit Selbstachtung sich ganz frei machen kann, wie tolerant er auch immer sein möchte. »Krocket!«

Lange Zeit herrschte Schweigen. Eine leichte Brise sang in den Föhren über ihnen. Die Grashüpfer zirpten zu ihren Füßen.

Leise und monoton hob sie wieder zu sprechen an.

»Ich bin selbst schuld! Ich hätte es dir früher sagen sollen, als dir noch die Zeit blieb, dich abzuwenden. An jenem Abend auf der Terrasse im Mondschein hätte ich es dir gestehen sollen. Aber du hast mein Herz im Sturm erobert, und ich lag in deinen Armen, bevor mir klar war, was du von mir dachtest. Erst danach habe ich begriffen, was meine vermeintlichen Leistungen im Golf für dich bedeuteten, und da war es zu spät. Ich

habe dich zu sehr geliebt, als daß ich dich hätte verlieren wollen! Ich
konnte den Gedanken nicht ertragen, daß du dich von mir abwendest.
Oh, ich war verrückt – vollkommen verrückt! Ich wußte, daß ich die
Täuschung nicht für alle Zeit aufrechterhalten konnte, daß du mich eines Tages durchschauen würdest. Aber ich hatte die verzweifelte Hoffnung, daß wir einander bis dahin so vertraut sein würden, daß du deinem Herzen einen Stoß geben könntest, mir zu verzeihen. Aber ich
habe mich geirrt. Das ist mir jetzt klar. Es gibt Dinge, die kein Mann
vergeben kann. Dinge«, wiederholte sie dumpf,»die kein Mann vergeben kann.«

Sie wandte sich zum Gehen. Mortimer erwachte aus seiner Trance.

»Halt!« schrie er.»Geh nicht!«

»Ich muß gehen.«

»Ich möchte das alles mit dir besprechen.«

Sie schüttelte traurig den Kopf und begann langsam durch das son-
nenbeschienene Gras davonzugehen. Mortimer sah ihr nach, in seinem
Kopf wirbelten wirre Gedanken durcheinander. Sie verschwand zwischen den Bäumen.

Mortimer setzte sich auf den sandgefüllten Kasten am Abschlag und
vergrub das Gesicht in den Händen. Eine Zeitlang konnte er an nichts anderes denken als an den grausamen Schlag, den er hatte hinnehmen müssen. Das war das Ende jener trügerischen Visionen von ihr und ihm, wie
sie Seite an Seite durchs Leben gingen, sie kritisierte liebevoll seine Haltung und seinen Rückschwung, während er durch sie neue Einsichten gewann. Eine Krocketspielerin! Er war mit einer Frau verheiratet, die far-
bige Bälle durch Tore schlug. Mortimer Sturgis krümmte sich vor Schmerz.
Die Qualen eines starken Mannes.

Die Stimmung verflog. Wie lange sie angedauert hatte, wußte er nicht.
Aber plötzlich, während er dort saß, nahm er von neuem den strahlenden
Sonnenschein und das Singen der Vögel wahr. Es schien, als hätte sich
ein Schatten gehoben. Hoffnung und Optimismus erfüllten sein Herz.

Er liebte sie. Er liebte sie noch immer. Sie gehörte zu ihm, und was
immer sie auch tat, konnte daran nichts ändern. Sie hatte ihn getäuscht,
ja. Aber warum hatte sie ihn getäuscht? Weil sie ihn so sehr liebte, daß

sie es nicht hätte ertragen können, ihn zu verlieren. Verdammt noch mal, das war eine Art Kompliment!

Und überhaupt, armes Mädchen, war es ihre Schuld? War nicht vielmehr ihre Erziehung schuld? Wahrscheinlich hatte man ihr das Krocketspielen beigebracht, als sie noch ein Kind war, kaum in der Lage, Recht und Unrecht auseinanderzuhalten. Man hatte keine Schritte unternommen, den Virus aus ihrem Organismus zu entfernen, und das Ganze war chronisch geworden. Konnte man ihr die Schuld dafür geben? War sie nicht eher zu bemitleiden als zu tadeln?

Mortimer stand auf, sein Herz wollte schier bersten vor großmütiger Vergebung. Das schwarze Entsetzen war von ihm gewichen. Die Zukunft schien ihm wieder strahlend. Es war noch nicht zu spät. Sie war noch jung, um viele Jahre jünger als er es gewesen war, damals, als er mit Golfspielen anfing, und sicherlich, wenn sie sich einem guten Fachmann anvertraute und jeden Tag übte, konnte sie noch darauf hoffen, eine ganz anständige Spielerin zu werden. Er langte zu Hause an, lief hinein und rief ihren Namen.

Es kam keine Antwort. Er eilte von Raum zu Raum, aber alle Zimmer waren leer.

Sie war fort. Das Haus war da. Die Möbel waren da. Der Kanarienvogel sang in seinem Käfig, die Köchin in der Küche. Die Bilder hingen noch an den Wänden. Aber sie war fort. Alles war da, nur seine Frau nicht.

Schließlich sah er einen Brief, an den Pokal gelehnt, den er einmal bei einem Handicapturnier gewonnen hatte. Beklommen riß er den Umschlag auf.

Es war ein pathetischer, ein tragischer Brief, der Brief einer Frau, die alle Kraft zusammengenommen hatte, um den ganzen Schmerz eines gebrochenen Herzens mit einem jener Füllhalter auszudrücken, die den Zufluß der Tinte etwa zweimal bei jedem dritten Wort unterbrechen. Die entscheidenden Punkte in ihrem Schreiben waren, daß sie spüre, ihm Unrecht getan zu haben; daß er, auch wenn er ihr vielleicht vergab, niemals vergessen könne; und daß sie fortginge, hinaus in die Welt, ganz allein.

Mortimer sank in einen Sessel und starrte mit leerem Blick vor sich hin. Sie hatte die Partie gestrichen.

Ich bin selbst nicht verheiratet, und so habe ich keine Erfahrung mit den Gefühlen, die einen Mann überkommen, dessen Frau sich stillschweigend ins Unbekannte davonmacht; aber ich könnte mir vorstellen, daß es so ähnlich sein muß, als führe man einen vollen Schwung mit einem Brassie aus und verfehle den Ball. Ich nehme an, etwas wie jene Mischung aus Schock, Ärger und dem Gefühl, von niemandem geliebt zu werden, die man unter diesen Umständen empfindet, muß sich auch des verwaisten Ehemanns bemächtigen. Und man kann sich ohne weiteres vorstellen, daß dieses Ereignis Mortimer zutiefst erschüttert haben muß. Ich war damals verreist, aber ich weiß von denen, die ihn gesehen haben, daß sich sein Spiel außerordentlich verschlechterte.

Es hatte nie Anzeichen dafür gegeben, daß er so etwas wie ein erstklassiger Golfer werden würde, aber es war ihm gelungen, sich ein paar anständige Schläge anzueignen. Mit dem kurzen Eisen ging er keineswegs schlecht um, und er konnte ganz ordentlich putten. Aber jetzt, im Schatten dieser Tragödie, fiel er geradewegs zurück in die Form seiner frühesten Phase. Es zerriß einem das Herz, mitansehen zu müssen, wie dieser hagere, abgezehrte Mann, mit dem Ausdruck dumpfen Schmerzes hinter seinen Brillengläsern, manchmal nicht weniger als drei Schläge benötigte, um über den Damenabschlag hinauszukommen. Sein Slice, den er sich schon fast abgewöhnt hatte, kam mit solcher Virulenz zurück, daß er nun auch den sandgefüllten Kasten am Abschlag in die Liste der natürlichen Hindernisse aufnehmen mußte. Und wenn er keinen Slice schlug, schlug er einen Pull. Es soll sogar vorgekommen sein, daß sein eigener Caddie, der sich unmittelbar hinter ihm aufgestellt hatte, beim Abschlag am sechsten Loch für ihn zum Hindernis wurde. Was die tiefe Sandgrube am siebten Grün angeht, so verbrachte er soviel Zeit darin, daß die Mitglieder des Spielausschusses unter der Hand davon sprachen, ihm eine kleine wöchentliche Miete in Rechnung zu stellen.

Als ein Mann, der über ausreichende finanzielle Mittel verfügte, verbrauchte er in dieser Zeit so gut wie nichts für seinen Lebensunterhalt. Für Golfbälle gab er eine gewisse Summe aus, aber den größten Teil seines Einkommens verwandte er auf die Bemühungen, den Verbleib seiner Frau ausfindig zu machen. Er inserierte in allen Zeitungen. Er beschäftigte Privatdetektive. Er verlegte sich sogar darauf, wie sehr seine subtileren Gefühle dagegen auch rebellierten, über Land zu reisen und Krokketspiele zu besuchen. Aber sie war nie unter den Spielern. Ich bin nicht sicher, ob er darin nicht sogar einen schmerzlichen Trost fand, denn es schien zu beweisen, daß seine Frau, wie auch immer sie sein und was auch immer sie tun mochte, nicht ganz und gar verloren war.

Der Sommer ging vorüber. Der Herbst kam und ging. Der Winter brach an. Die Tage wurden rauh und kalt, und frühe Schneefälle, stärker als sie seit langem zu dieser Zeit des Jahres zu beobachten gewesen waren, setzten dem Golfspiel ein Ende. Mortimer verbrachte seine Tage im Haus und starrte trübsinnig aus dem Fenster auf die weiße Schneedecke, die die Erde verhüllte.

Es war Heilig Abend.

Der junge Mann rutschte unbehaglich auf seinem Stuhl hin und her. Sein Gesicht war betrübt und düster.

»Das ist alles sehr deprimierend«, sagte er.

»Diese Tragödien der Seele«, stimmte der Club-Älteste zu, »sind nie besonders vergnüglich.«

»Hören Sie mal«, sagte der junge Mann fest, »sagen Sie mir eins frei heraus, von Mann zu Mann. Hat Mortimer sie tot im Schnee gefunden, ganz eingehüllt bis auf das Gesicht, das noch das schwache, süße Lächeln bewahrt hatte, an das er sich so gut erinnern konnte? Denn wenn das so ist, gehe ich nach Hause.«

»Nein, nein«, beteuerte der Club-Älteste. »Nichts dergleichen.«

»Sind Sie sicher? Sie wollen doch wohl nicht plötzlich damit herausrücken?«

»Nein, nein!«

Der junge Mann seufzte erleichtert auf.

»Es hat mich mißtrauisch gemacht, daß sie von einer weißen Decke gesprochen haben, die die Erde verhüllte.«

Der Weise nahm seine Erzählung wieder auf.

Es war Heilig Abend. Den ganzen Tag über hatte es geschneit, und nun lag der Schnee dick und tief über der Landschaft. Mortimer Sturgis, der sein bescheidenes Abendessen beendet hatte – da seine Frau verschwunden war, und er sich nicht mit Golf beschäftigen konnte, hatte er in diesen Tagen wenig Appetit – saß in seinem Wohnzimmer und polierte traurig die Schlagfläche seines Jiggers. Bereits nach kurzer Zeit dieser ehemals so angenehmen Aufgabe überdrüssig, legte er den Schläger weg und ging zur Haustür, um zu prüfen, ob vielleicht Tauwetter bevorstehen könne. Aber nein! Es herrschte Frost. Der Schnee knirschte trocken, als er ihn mit seinem Schuh untersuchte. Der Himmel über ihm war schwarz und übersät mit kalten Sternen. Mortimer hatte das Gefühl, je eher er seine Sachen packte und nach Südfrankreich führe, desto besser. Er wollte gerade die Tür schließen, als ihm plötzlich schien, jemand habe seinen Namen gerufen.

»Mortimer!«

Hatte er sich getäuscht? Die Stimme hatte schwach und weit entfernt geklungen.

»Mortimer!«

Er begann, von Kopf bis Fuß zu zittern. Diesmal konnte er sich nicht getäuscht haben.

Es war die Stimme, die er so gut kannte, die Stimme seiner Frau, und sie kam von dort unten aus der Richtung der Gartenpforte. Es ist schwierig, die Entfernung eines Geräuschs richtig zu beurteilen, aber Mortimer schätzte, daß die Stimme von einer Stelle gekommen war, die etwa einen kurzen Schlag mit einem Mashie-Niblick und einen einfachen Putt von seinem Standort entfernt lag.

Im nächsten Augenblick rannte er den schneebedeckten Pfad hinunter. Und dann blieb ihm das Herz stehen. Was war dieses dunkle Etwas auf dem Boden unmittelbar vor der Pforte? Er sprang darauf zu. Er ließ die Hände darüber gleiten. Es war ein menschlicher Körper. Zitternd zündete er ein Streichholz an. Es ging aus. Er zündete noch eins an. Es ging auch aus. Er zündete ein drittes an, und es brannte mit ruhiger Flamme; und als er sich bückte, sah er, daß es seine Frau war, die dort lag, kalt und starr. Ihre Augen waren geschlossen, und ihr Gesicht hatte noch das schwache, süße Lächeln bewahrt, an das er sich so gut erinnern konnte.

Der junge Mann stand entschlossen auf. Er griff nach seiner Golftasche.

»Das nenne ich eine Gemeinheit«, sagte er, »nachdem Sie versprochen haben – « Der Weise bedeutete ihm, sich wieder auf seinen Stuhl zu setzen.

»Keine Sorge! Sie war nur ohnmächtig!«

»Sie haben gesagt, sie war kalt.«

»Wären Sie nicht auch kalt, wenn Sie im Schnee lägen?«

»Und starr.«

»Mrs. Sturgis war starr, weil die Zugverbindungen wegen der Weihnachtszeit schlecht waren, und sie den ganzen Weg von der Anschlußstation nach Hause, eine Strecke von acht Meilen, hatte laufen müssen. Setzen Sie sich und gestatten mir fortzufahren.«

Sanft, behutsam hob Mortimer Sturgis sie auf und wollte sie ins Haus tragen. Auf halbem Weg glitt sein Fuß auf einem Stück Eis aus, und er stürzte schwer, schürfte sich das Schienbein auf und schleuderte seine süße Last hinaus in den Schnee.

Der Sturz ließ sie wieder zu sich kommen. Sie öffnete die Augen.

»Mortimer, mein Liebling!« sagte sie.

Mortimer war gerade im Begriff, ein ganz anderes Wort zu sagen, aber er beherrschte sich.

»Du lebst?« fragte er.

»Ja«, antwortete sie.

»Gott sei Dank!« sagte Mortimer und klaubte etwas Schnee hinten aus seinem Kragen.

Zusammen gingen sie ins Haus und ins Wohnzimmer. Die Frau sah den Mann an und der Mann die Frau. Es herrschte Schweigen.

»Scheußliches Wetter!« sagte Mortimer.

»Ja, nicht wahr?«

Der Bann war gebrochen. Sie fielen einander in die Arme. Und bald darauf saßen sie nebeneinander auf dem Sofa, hielten sich bei der Hand, gerade so, als wäre die schreckliche Trennung nur ein böser Traum gewesen.

Es war Mortimer, der zuerst davon sprach.

»Hör mal, weißt du«, sagte er, »du hättest dich nicht so einfach davonmachen dürfen!«

»Ich habe geglaubt, daß du mich haßt!«

»*Dich* hassen! Ich liebe dich mehr als das Leben! Ich würde eher meinen Lieblingsschläger in Stücke brechen, als daß ich dich verlieren möchte!«

Sie zuckte bei diesen Worten zusammen.

»Liebling!«

Mortimer streichelte ihre Hand.

»Ich bin nach Hause gegangen, um dir zu sagen, daß ich dich noch immer liebe. Ich wollte dir vorschlagen, Unterricht bei einem guten Berufsspieler zu nehmen. Und ich mußte feststellen, daß du nicht mehr da warst!«

»Ich war deiner nicht wert, Mortimer!«

»Mein Engel!« Er preßte seine Lippen in ihr Haar und sprach feierlich. »All das hat mir eine Lektion erteilt, meine Liebste. Ich habe schon immer gewußt und weiß es jetzt mehr denn je, daß du es bist – du, die ich will. Nur du! Es macht mir nichts aus, daß du nicht Golf spielst. Es macht mir nichts aus – « Er zögerte, dann fuhr er mannhaft fort. »Es macht mir nicht einmal etwas aus, daß du Krocket spielst, solange du nur bei mir bist!«

Für einen Augenblick bekam ihr Gesicht einen verzückten Ausdruck, so daß es beinahe wie das eines Engels wirkte. Sie stöhnte leise und entrückt auf. Sie küßte ihn. Dann erhob sie sich.

»Mortimer, sieh mal her!«

»Wohin?«

»Auf mich. Sieh einfach her!«

Der Jigger, den er poliert hatte, lag in der Nähe auf einem Stuhl. Sie nahm ihn auf. Aus der Schale mit Golfbällen auf dem Kaminsims wählte sie einen nagelneuen. Sie legte ihn auf den Teppich. Sie sprach ihn an.

Dann, mit dem fröhlichen Ruf »Fore!« schlug sie ihn hart und gerade durch die Glasscheibe des Geschirrschranks.

»Lieber Himmel!« rief Mortimer verblüfft. Es war ein Mordsschlag gewesen.

Sie wandte sich zu ihm um, und ihr Gesicht strahlte mit diesem wunderbaren Lächeln.

»Als ich dich verlassen habe, Mortie«, sagte sie, »hatte ich nur das eine Ziel vor Augen, mich deiner wert zu erweisen. Ich habe deine Inserate in den Zeitungen gesehen, und es verlangte mich danach, darauf zu antworten, aber ich war noch nicht so weit. Die ganze lange, harte Zeit über war ich in dem Dorf Auchtermuchtie in Schottland und habe bei Tamms McMickle Unterricht genommen.«

»Doch nicht etwa der Tamms McMickle, der 1911 bei den Offenen Meisterschaften Vierter wurde, und 1912 im Vierer, zusammen mit Jock McHaggis, Andy McHeather und Sandy McHoots den besten Ball schlug?«

»Ja, Mortimer, genau der. Oh, zu Anfang war es schwierig. Ich habe meinen Krocketschläger vermißt und war versucht, den Ball mit dem Fuß zu stoppen und die Spitze des Schlägerkopfs zu benutzen. Wo nur eben ein Richtungspfosten stand, habe ich automatisch darauf gezielt. Aber ich habe meine Schwäche überwunden. Ich habe regelmäßig geübt. Und jetzt sagt Mr. McMickle, mein Handicap läge bei einer guten vierundzwanzig auf jedem beliebigen Golfplatz.« Sie lächelte bedauernd.

»Das hört sich für dich natürlich nicht besonders gut an. Deins lag bei zwölf, als ich dich verließ, und ich nehme an, daß es jetzt auf acht oder etwas Ähnliches herabgesetzt ist.«

Mortimer schüttelte den Kopf.

»Leider nein!« antwortete er ernst. »Mein Spiel hat sich aus dem einen oder anderen Grund enorm verschlechtert, ich liege jetzt auch bei vierundzwanzig.«

»Aus dem einen oder anderen Grund!« Sie stieß einen Schrei aus. »Oh, ich kenne den Grund! Wie kann ich mir das je verzeihen! Ich habe dein Spiel verdorben!«

Mortimers Augen begannen wieder zu strahlen. Er umarmte sie liebevoll.

»Mach dir keine Vorwürfe, Liebste«, flüsterte er. »Es ist das Beste, was geschehen konnte. Von nun an beginnen wir mit gleicher Vorgabe, zwei Herzen, die wie eins schlagen, zwei Schläger, die wie einer schlagen. Ich könnte es mir nicht besser wünschen. Donnerwetter! Es ist genau wie in diesem Ding von Tennyson.«

Er trug die Verse sanft vor:

Du meine Braut,
Mein Weib, mein Leben. Oh, begehen werden wir den Platz,
Verbunden sein im edlen Ziel all uns'res Trachtens,
Und so die dunklen Bunker aus dem Wege räumen,
Den kein Mensch kennt. Ich liebe dich führwahr: so komm,
Lief're dich aus: denn uns're Handicaps sind eins;
Vollende du mein Menschsein und dich selbst;
Leg deine süße Hand in meine und vertrau auf mich.

Sie legte ihre Hand in seine.

»Und jetzt, Mortie, Liebling«, sagte sie, »will ich dir genau erzählen, wie ich das lange zwölfte Loch in Auchtermuchtie in einem Schlag unter Par gespielt habe.«

DÉSIRÉES ABSCHLAG TRAF DEN BARONET INS ZWERCHFELL, SO DAß ER STARB.

DIE ERRETTUNG
DES GEORGE MACKINTOSH

Der junge Mann kam ins Clubhaus. Sein normalerweise fröhliches Gesicht sah finster aus, und er bestellte ein Ginger-ale in einem Ton, in dem ein alter Grieche den Henker gebeten hätte, den Schierlingsbecher zu bringen.

In die Tiefen seines Lieblingssofas versunken, hatte ihn der Club-Älteste mit stiller Sympathie beobachtet.

»Wie sind Sie zurechtgekommen?« fragte er.

»Er hat mich geschlagen.«

Der Club-Älteste neigte sein ehrwürdiges Haupt.

»Es war nervenaufreibend für Sie, wenn ich mich nicht irre. Ich habe so etwas befürchtet, als ich Sie mit Pobsley hinausgehen sah. Schon viele junge Männer habe ich mit Herbert Pobsley auf den Platz gehen sehen, die sich ihrer Jugend freuten und zur Abendzeit wie begossene Pudel zurückgeschlichen kamen! Hat er geredet?«

»Die ganze Zeit, zum Henker! Hat mich ganz aus dem Schlagrhythmus gebracht.«

Der Club-Älteste seufzte.

»Der geschwätzige Golfer ist unbestreitbar die auffälligste Plage unserer vielschichtigen, modernen Zivilisation«, sagte er, »mit der besonders schwer umzugehen ist. Es ist traurig, daß das edelste aller Spiele eine solche Geißel hervorgebracht hat. Ich habe Herbert Pobsley häufig in Aktion gesehen. Wie das Prasseln von Dornenzweigen in einem Bullerofen. Es ist mit ihm fast so schlimm wie mit George Mackintosh zu seinen schlimmsten Zeiten. Habe ich Ihnen schon von George Mackintosh erzählt?«

»Ich glaube nicht.«

»Sein Fall«, sagte der Weise, »ist der einzige Fall von Golfgeschwät-
zigkeit, der mit bekannt ist, bei dem eine dauerhafte Heilung eintrat.
Wenn Sie Lust haben, davon zu hören – ?«

George Mackintosh war (sagte der Club-Älteste) als ich ihn kennenlernte, einer der großartigsten jungen Männer, denen ich je begegnet bin.
Ein attraktiver, gutgebauter Mann ohne jeden Makel, mit Ausnahme einer Tendenz, den Mashie für Schläge zu gebrauchen, die man mit dem
kurzen Eisen hätte ausführen sollen. Und was seine positiven Eigenschaften angeht, so waren sie zu zahlreich, als daß ich sie hier aufführen
könnte. Er schwang den Körper nie zur Seite, bewegte nie den Kopf und
setzte die Hände nie zu stark ein. Er war immer bereit, ein taktvolles
Grunzen von sich zu geben, wenn sein Gegner einen Patzer machte. Und
wenn er selbst einen eklatanten Zufallstreffer landete, war sein selbstkri-
tisches Zungenschnalzen Musik für die geschundene Seele seines Gegners. Aber eine von all seinen guten Eigenschaften nahm mich und alle
denkenden Wesen besonders für ihn ein, nämlich daß er vom Beginn bis
zum Ende einer Runde nie ein Wort sagte, es sei denn, er war durch die
Not des Spiels unbedingt dazu gezwungen. Und eben dieser Mann war
später während einer schwarzen Periode, die all seinen Zeitgenossen in
lebhafter Erinnerung geblieben ist, als George der Schwätzer bekannt
und wurde sogar noch eine Spur weniger populär als der Bazillus der
spanischen Grippe. In der Tat, *corruptio optimi pessima!*

Was einen Mann, wenn er älter wird und auf sein Leben zurückblickt,
betrübt, ist die Erwägung, daß seine verheerendsten Taten im allgemeinen jene waren, die er aus den besten Motiven heraus ausführte. Der Gedanke ist entmutigend. Ich kann aufrichtig sagen, als George Mackintosh
zu mir kam und mir von seinen Problemen erzählte, war mein einziger
Wunsch, sein Los zu bessern. Daß ich einen Mann, den ich mochte und
respektierte, auf Abwege brachte, ist mir nicht ein einziges Mal in den
Sinn gekommen.

Eines Abends nach dem Essen kam George Mackintosh zu mir, und
ich erkannte sofort, daß er etwas auf dem Herzen hatte, aber was es war,
konnte ich mir einfach nicht vorstellen, denn ich hatte selbst den ganzen

Nachmittag über mit ihm gespielt, und er hatte einmal einundachtzig und einmal neunundsiebzig Schläge für die Runde notieren können. Und da ich den Platz nicht vor Einbruch der Dunkelheit verlassen hatte, war es praktisch unmöglich, daß er noch einmal hinausgegangen war und schlecht gespielt hatte. Der Gedanke an finanzielle Sorgen kam gleichfalls nicht in Frage. George hatte eine gute Stellung bei der alteingesessenen Anwaltskanzlei Peabody, Peabody, Peabody, Peabody, Cootes, Toots und Peabody. Die dritte Möglichkeit, daß er verliebt sein könnte, verwarf ich sofort. Seit ich ihn kannte, hatte ich nie das geringste Anzeichen dafür gesehen, daß George Mackintosh auch nur einen einzigen Gedanken an das andere Geschlecht verschwendete.

Doch dies war, wie seltsam es auch schien, die richtige Lösung. Kaum hatte er sich gesetzt und sich eine Zigarre angezündet, als er auch schon mit seinem Geständnis herausplatzte.

»Was würden Sie in einem solchen Fall tun?« sagte er.

»In was für einem Fall?«

»Nun – « Er schluckte, und eine tiefe Röte überzog sein Gesicht. »Nun, es scheint ziemlich albern, so etwas zu sagen und so, aber ich liebe Miss Tennant, wissen Sie!«

»Sie lieben Miss Celia Tennant?«

»Natürlich. Ich habe Augen im Kopf, nicht wahr? Wen sonst könnte ein vernünftiger Mann schon lieben? Das«, fuhr er trübsinnig fort, »ist das ganze Problem. Es gibt etwa neunundzwanzig Bewerber, und ich möchte annehmen, daß mein Wettrang etwa bei dreiunddreißig zu eins liegt.«

»Da bin ich nicht Ihrer Meinung«, sagte ich. »Sie haben jeden Vorzug, wie mir scheint. Sie sind jung, liebenswürdig, sehen gut aus, sind recht gut gestellt, haben ein Handicap von null – «

»Aber ich kann nicht reden, zum Henker!« platzte er heraus. »Und wie soll ein Mann bei dieser Art Spiel Erfolg haben, ohne zu reden?«

»Sie reden jetzt durchaus fließend.«

»Ja, mit Ihnen. Aber Sie brauchen mich bloß vor Celia Tennant hinzustellen, und ich gebe nur noch eine Art gurgelndes Geräusch von mir, wie ein Schaf, das von Schaffliegen befallen ist. Dadurch sind meine Chancen gleich Null. Sie kennen diese anderen Männer. Ich kann Claude

Mainwaring ein Drittel von seinem Handicap vorgeben und ihn schlagen. Ich kann Eustace Brinkley einen Schlag oder ein Loch vorgeben und mache mit ihm, was ich will. Aber wenn es darum geht, mit einem Mädchen zu sprechen, bin ich ihnen nicht ebenbürtig.«

»Sie dürfen nicht so schüchtern sein.«

»Aber ich *bin* schüchtern. Was nützt es zu sagen, ich dürfe nicht schüchtern sein, wenn ich die Schüchternheit in höchsteigener Person bin, wenn ich der Mann bin, der sie überhaupt erst erfunden hat! Ich bin nun einmal schüchtern.«

»Das könnten Sie doch wohl überwinden?«

»Aber wie? Heute abend bin ich in der Hoffnung vorbeigekommen, daß Sie mir einen Rat geben können.«

Und nun tat ich etwas Verhängnisvolles. Zufällig hatte ich gerade, unmittelbar bevor ich das Buch von Braid über den Push-Schlag in die Hand nahm, das aktuelle Heft einer Zeitschrift durchgeblättert, und eine der Anzeigen, an die ich mich erstaunlicherweise noch erinnerte, hätte in besonderem Hinblick auf Georges unglückseligen Fall abgefaßt sein können.Sie haben sie zweifellos auch schon einmal gesehen, sie lautet: »Wie lerne ich, überzeugend zu reden.« Ich nahm diese Zeitschrift nun auf und drückte sie George in die Hand.

Er studierte sie einige Minuten in nachdenklichem Schweigen. Er betrachtete das Bild des Mannes, der den Kurs absolviert hatte und an den sich schöne Frauen schmiegten; der andere Mann jedoch, der sich die Gelegenheit hatte entgehen lassen, stand mit wehmütigem und neidischem Blick außerhalb der Gruppe.

»Mit mir machen sie so etwas nie«, sagte George.

»Machen sie was nie, mein Junge?«

»Sich um mich scharen und sich an mich schmiegen und gurren.«

»Aus dem Text schließe ich, daß sie es tun werden, wenn Sie die Broschüre anfordern.«

»Glauben Sie, daß da wirklich etwas dran ist?«

»Ich sehe keinen Grund, daß Beredtsamkeit nicht durch Postsendungen vermittelt werden sollte. Man kann doch jede andere wünschenswerte Eigenschaft heutzutage auf diese Weise erwerben.«

»Ich könnte es versuchen. Schließlich ist es nicht teuer. Es besteht kein Zweifel«, murmelte er, als er die Anzeige noch einmal durchlas, »dieser Typ scheint wirklich beliebt zu sein. Natürlich könnte der Frack etwas damit zu tun haben.«

»Durchaus nicht. Der andere Mann, wie Sie wohl bemerkt haben, trägt auch einen Frack, und dennoch gehört er bloß zu denen, die am Rande stehen. Es dreht sich nur darum, die Broschüre anzufordern.«

»Gebührenfrei zugesandt.«

»Zugesandt, wie Sie sagen, gebührenfrei.«

»Ich hätte nicht übel Lust, es zu versuchen.«

»Ich kenne keinen Grund, warum Sie das nicht tun sollten.«

»Das mache ich, beim großen Duncan!« Er riß die Seite aus der Zeitschrift heraus und steckte sie in die Tasche. »Ich will Ihnen sagen, was ich tun werde. Ich werde diese Sache ein oder zwei Wochen ausprobieren, und nach Ablauf dieser Zeit werde ich zu meinem Chef gehen und sehen, wie er reagiert, wenn ich um eine Gehaltserhöhung bitte. Wenn er klein beigibt, so zeigt das, daß an der ganzen Sache etwas dran ist. Wenn er mich hinauswirft, so beweist das, daß die Sache nichts taugt.«

Wir beließen es dabei, und ich muß gestehen – was zweifellos darauf zurückzuführen ist, daß ich die Broschüre für den Kurs »Gedächtnistraining«, die auf der nächsten Seite annonciert war, nicht bestellt habe – die Angelegenheit entfiel mir. Als ich daher einige Wochen später vom jungen Mackintosh ein Telegramm bekam, das lautete:

Ging wie geschmiert

war ich, wie ich zugeben muß, äußerst verwirrt. Erst eine Viertel Stunde bevor George persönlich eintraf, hatte ich seine Bedeutung entschlüsselt.

»Dann hat Ihr Chef also klein beigegeben?« sagte ich, als er hereinkam.

Er lachte unbekümmert und selbstbewußt auf. Ich hatte ihn, wie gesagt, einige Zeit nicht gesehen, und ich war von seinem veränderten Auftreten beeindruckt. Worin diese Veränderung eigentlich bestand, hätte ich nicht gleich sagen können; aber allmählich drängte sich mir der Eindruck auf, daß seine Augen strahlender, sein Kinn eckiger, seine Haltung ein klein wenig aufrechter waren als vorher. Am stärksten aber beeindruckten mich seine Augen. Der George Mackintosh, den ich gekannt hatte, hatte einen freundlichen Blick, aber, wenn auch offen und sympatisch, war er nie dynamischer gewesen als ein Spiegelei. Dieser neue George hatte einen Blick, bei dem ein Bohrer und ein Scheinwerfer eine Verbindung eingegangen waren. Coleridges alter Seemann muß wohl ähnlich ausgestattet gewesen sein. Der alte Seemann hielt einen Hochzeitsgast auf dem Weg zur Hochzeit auf; George Mackintosh vermittelte den Eindruck, daß er den Cornwall-Riviera-Expreß auf seinem Weg nach Penzance hätte aufhalten können. Selbstbewußtsein – ja, mehr als Selbstbewußtsein –, eine Art sündhafte, anmaßende Wichtigtuerei schien aus all seinen Poren auszuströmen.

»Klein beigegeben?« sagte er. »Also, er hat mir nicht gerade die Füße geleckt, weil ich sah, wie er auf mich zukam und ihm ausgewichen bin; aber abgesehen davon hat er alles nur Erdenkliche getan. Ich hatte noch keine Stunde geredet, als – «

»Eine Stunde!« Ich keuchte. »Haben Sie eine Stunde lang geredet?«

»Natürlich. Es würde Ihnen doch wohl kaum gefallen, wenn ich kurz angebunden wäre, nicht wahr? Ich ging in sein Privatbüro und traf ihn allein an. Ich glaube, es wäre ihm zunächst ebenso recht gewesen, wenn ich wieder gegangen wäre. Tatsächlich hat er etwas in diesem Sinne geäußert. Aber bald konnte ich diese Einstellung zurechtrücken. Ich nahm Platz und eine Zigarette, und daraufhin fing ich an, ihm die Geschichte meiner Verbindung zur Kanzlei darzustellen. Die ersten zehn Minuten waren noch nicht vergangen, da begann er schon schlappzumachen. Und nach einer Viertel Stunde, wohlgemerkt, sah er mich an wie ein entlaufener Hund, der gerade seinen Herrn wiedergefunden hat. Nach einer halben Stunde gab er schwache, meckernde Töne von sich und massierte die Ärmel meines Jacketts. Und als ich, nach etwa einundeinhalb Stunden, zum Schluß meiner Rede kam und eine Gehaltserhöhung vorschlug, unterdrückte er ein Schluchzen, gab mir doppelt so viel, wie ich verlangt hatte, und lud mich für den nächsten Dienstag zum Essen in seinen Club ein.

Es tut mir jetzt ein wenig leid, daß ich das Ganze so kurz gemacht habe. Noch ein paar Minuten länger, und ich glaube, er hätte mir seine

Sockenhalter geschenkt und seine Lebensversicherung zu meinen Gunsten geändert.«

»Nun«, sagte ich, sobald ich in der Lage war zu sprechen, denn ich fand meinen jungen Freund ein wenig überwältigend, »das ist ein äußerst befriedigendes Ergebnis.«

»So la-la«, sagte George. »Nicht so un-la-la. Man braucht einen Einkommenszuwachs, wenn man heiraten will.«

»Ach!« sagte ich. »Das wird natürlich der eigentliche Test sein.«

»Was meinen Sie damit?«

»Nun, wenn Sie Celia Tennant einen Heiratsantrag machen. Sie erinnern sich doch, als wir vor einiger Zeit davon sprachen, haben Sie gesagt – «

»Ach, das!« sagte George unbekümmert. »Das habe ich schon alles geregelt.«

»Wie!«

»Oh, ja. Als ich vom Bahnhof kam. Vor etwa einer Stunde habe ich bei Celia hereingeschaut, und es ist alles erledigt.«

»Erstaunlich!«

»Nun, ich weiß nicht. Ich habe ihr die Angelegenheit vorgetragen, und sie schien mit mir einer Meinung zu sein.«

»Ich gratuliere Ihnen. Dann haben Sie also jetzt, wie Alexander, keine Welten mehr zu erobern.«

»Also, da bin ich nicht so sicher«, sagte George. »So wie es aussieht, stehe ich gerade erst am Anfang. Die Beredtsamkeit ist so eine Sache, an die man sich gewöhnen kann. Sie haben wohl nicht von meiner Tischrede beim Jubiläumsbankett der Kanzlei gehört? Mein lieber Freund, eine Orgie! Eine absolute Massenhysterie! Ich brachte sie zum Lachen und dann zum Weinen, und dann wieder zum Lachen und dann noch einmal zum Weinen, bis sechs von ihnen hinausgebracht werden mußten und die übrigen mit Schluckauf am Boden lagen. Servietten wurden geschwenkt... drei Tische zerbrochen... Kellner wurden hysterisch. Ich kann Ihnen sagen, ich habe sie gespielt wie ein Streichinstrument...«

»Können Sie ein Streichinstrument spielen?«

»Zufällig nicht. Aber wie ich ein Streichinstrument gespielt hätte, wenn ich ein Streichinstrument spielen könnte. Verleiht einem ein herrliches Machtgefühl. Ich habe vor, mich in Zukunft mit derlei Dingen in hohem Maße zu befassen.«

»Aber das darf Ihr Golfspiel nicht beeinträchtigen.«

Er lachte auf, daß mir das Blut in den Adern erstarrte.

»Golf!« sagte er. »Was ist schon Golf? Einfach einen kleinen Ball in ein Loch stoßen. Das kann doch jedes Kind. Und Kinder haben es wirklich mit großem Erfolg getan. Ich habe gehört, daß ein Kind von vierzehn Jahren gerade irgendeine Meisterschaft gewonnen hat. Könnte dieses Bürschchen einen ganzen Saal voller Bankettteilnehmer zu Lachkrämpfen animieren? Ich glaube nicht! Deine Mitmenschen durch ein Wort mitreißen, sie durch eine Geste beschwichtigen... das ist das wahre Salz des Lebens. Ich glaube nicht, daß ich jetzt noch viel Golf spielen werde. Ich treffe Vorbereitungen für eine Vortragsreise, und ich bin schon für fünfzehn Essen ausgebucht.«

Das waren seine Worte. Ein Mann, der das Seeloch einmal in einem Schlag gespielt hatte. Ein Mann, den der Spielausschuß bei der Amateurmeisterschaft groß herausbringen wollte. Ich bin nicht besonders empfindlich, aber ich muß gestehen, daß mir ein kalter Schauer den Rücken hinunterlief.

Es freut mich, sagen zu können, daß George Mackintosh seinen verrückten Plan nicht peinlich genau durchführte. Er trennte sich nicht ganz vom Golf. Man konnte ihn gelegentlich noch auf dem Platz antreffen. Aber jetzt – und es kann einem Mann wohl nichts Tragischeres widerfahren – sah er sich nach und nach gemieden, er, der zu Zeiten seines gesunden Verstandes mit mehr Spielangeboten bedrängt wurde, als er annehmen konnte.

Die anderen waren einfach nicht bereit, seinen unaufhörlichen Redefluß zu ertragen. Einer nach dem anderen kehrte ihm den Rücken, bis ihm als einziger, den er für eine Runde gewinnen konnte, der alte Major Moseby blieb, der schon seit '98 nahezu taub war. Auch Celia Tennant spielte natürlich gelegentlich mit ihm; aber es schien mir, daß sie, wie innig sie ihn auch ohne Zweifel liebte, allmählich unter der Belastung zusammenbrach.

So klar hatte ich die Blässe ihres Gesichts und den verstörten Ausdruck stiller Qual in ihren Augen durchschaut, daß ich nicht überrascht war, als mein Diener eines Morgens, während ich im Garten saß und Rays Buch über die Faszination des Golfs las, ihren Namen ankündigte. Ich hatte nahezu erwartet, daß sie bei mir Rat und Trost suchen würde, denn ich kannte sie von klein auf. Ich hatte ihr den ersten Driver geschenkt und ihren Kindermund gelehrt, das Wort »Fore!« zu lispeln. Es ist nicht leicht, das Wort »Fore!« zu lispeln, aber ich hatte es ihr beigebracht, und das hatte zwischen uns Bande geschaffen, die im Verlauf der Zeit eher stärker als schwächer geworden waren.

Sie setzte sich neben meinem Stuhl ins Gras und sah mir in stiller Qual ins Gesicht. Wir kannten einander schon so lange, daß ich wußte, es war nicht mein Gesicht, das sie quälte, sondern vielmehr eine unausgesprochene *Malaise* der Seele. Ich wartete darauf, daß sie zu reden anfinge, und plötzlich brach es so ungestüm aus ihr hervor, als könne sie ihr Leid nicht länger zurückhalten.

»Oh, ich kann es nicht ertragen! Ich kann es nicht ertragen!«

»Du meinst – ?« sagte ich, obwohl ich nur zu gut Bescheid wußte.

»Diese schreckliche Besessenheit des armen George«, schrie sie leidenschaftlich. »Ich glaube, er hat nicht ein einziges Mal zu reden aufgehört, seit wir verlobt sind.«

»Er *ist* geschwätzig«, stimmte ich zu. »Hat er dir die Geschichte von dem Iren erzählt?«

»Unzählige Male. Und die von dem Schweden noch öfter. Aber eine gelegentliche Anekdote würde mir nichts ausmachen. Frauen müssen lernen, Anekdoten von den Männern, die sie lieben, zu ertragen. Das ist Evas Fluch. Es ist sein unentwegtes, gleichmäßiges Geplapper über alle erdenklichen Themen, was sogar meine Zuneigung allmählich erlöschen läßt.«

»Als er um deine Hand angehalten hat, muß er dir doch eine ungefähre Vorstellung von der Realität gegeben haben. Er hat nur Andeutungen gemacht, als er mit mir sprach, aber ich konnte daraus schließen, daß er sehr beredt war.«

»Als er mir einen Heiratsantrag machte«, sagte Celia verträumt,»war er wunderbar. Er hat zwanzig Minuten lang ohne Pause geredet. Er sagte, ich sei der Inbegriff all seiner Hoffnungen, der Baum, an dem die Früchte seines Lebens wüchsen; seine Gegenwart, seine Zukunft, seine Vergangenheit... oh, all diese Dinge. Wenn er jetzt sein Gerede nur auf Bemerkungen ähnlicher Art beschränken würde, könnte ich ihm tagelang zuhören. Aber das tut er nicht. Er spricht über Politik und Statistik und Philosophie... oh, einfach über alles. Er bringt es dazu, daß mir der Kopf weh tut.«

»Und das Herz auch, fürchte ich«, sagte ich ernst.

»Ich liebe ihn!« antwortete sie einfach.»Trotz alledem liebe ich ihn innig. Aber was soll ich tun? Was soll ich tun? Ich habe schreckliche Angst, daß er bei unserer Trauung nicht»Ja« antwortet, sondern stattdessen auf die Kanzel steigt und einen Vortrag über die Trauungszeremonien im Verlauf der Jahrhunderte hält. Die Welt ist für ihn eine riesige Rednertribüne. Er betrachtet das Leben als eine lange Tischrede, wobei er selbst der Hauptredner des Abends ist. Es bricht mir das Herz. Ich sehe, wie er von seinen ehemaligen Freunden gemieden wird. Gemieden! Sie machen einen großen Bogen, wenn sie ihn kommen sehen. Allein der Klang seiner Stimme draußen vor dem Clubhaus reicht aus, daß sich unerschrockene Männer unter den Sofas in Sicherheit bringen. Ist es da ein Wunder, daß ich verzweifelt bin? Wofür lebe ich?«

»Da ist immer noch das Golf.«

»Ja, da ist immer noch das Golf«, flüsterte sie tapfer.

»Laß uns heute nachmittag eine Runde spielen.«

»Ich hatte versprochen, einen Spaziergang zu machen...« Sie schauderte, dann riß sie sich zusammen,»...einen Spaziergang mit George.«

Ich zögerte einen Augenblick.

»Bring ihn mit«, sagte ich und tätschelte ihre Hand.»Vielleicht finden wir zusammen eine Möglichkeit, vernünftig mit ihm zu reden.«

Sie schüttelte den Kopf.

»Man kann mit George nicht vernünftig reden. Er hört nie lange genug zu sprechen auf, um einem die Zeit dazu zu lassen.«

»Trotzdem kann ein Versuch nicht schaden. Ich habe so ein Gefühl, als ob seine Krankheit nicht chronisch und unheilbar sei. Schon allein die

Heftigkeit, mit der ihn der Bazillus der Geschwätzigkeit befallen hat, läßt mich hoffen. Du darfst nicht vergessen, daß er vor dieser Attacke ein auffallend stiller Mensch war. Manchmal glaube ich, daß die Natur einfach auf diese Weise den Mittelwert herstellt, und daß das Fieber bald ausgebrannt sein könnte. Oder vielleicht könnte ein plötzlicher Schock... Auf jeden Fall, nicht den Mut verlieren.«

»Ich will versuchen, tapfer zu sein.«

»Großartig! Dann also um halb drei am ersten Abschlag.«

»Sie müssen mir am dritten, neunten, zwölften, fünfzehnten, sechzehnten und achtzehnten Loch einen Schlag vorgeben«, sagte sie, wobei ihre Stimme vibrierte. »Mein Golfspiel hat in letzter Zeit ziemlich gelitten.«

Ich tätschelte wieder ihre Hand.

»Das kann ich verstehen«, sagte ich freundlich. »Das kann ich verstehen.«

Das gleichmäßige Gebrumm einer Baritonstimme sagte mir, als ich aus dem Auto stieg und auf den ersten Abschlag zuging, daß George die Verabredung nicht vergessen hatte. Er saß auf der Steinbank unter der Kastanie und sprach ein paar treffende Worte über die Labour-Bewegung.

»Zu welchem Schluß kommen wir also? sagte er. »Wir kommen zu dem erwartungsgemäßen und unausweichlichen Schluß, daß... «

»Guten Tag, George«, sagte ich.

Er nickte kurz, begrüßte mich aber mit keinem Wort. Er schien meine Äußerung aufzunehmen, wie er einen ungebührlichen Zwischenruf von den hinteren Bänken des Versammlungssaals aufgenommen hätte. Er fuhr unbeirrt in seiner Rede fort und redete noch immer, als Celia den Ball ansprach und abschlug. Ihr Drive, der mit einer scharfsinnigen, rhetorischen Frage von George zusammenfiel, flog taumelnd durch die Luft, trudelte in das Rough und blieb auf halber Höhe am Hang liegen. Ich sehe noch jetzt das gequälte Gesicht des armen Mädchens vor mir. Aber sie hauchte kein Wort des Vorwurfs. Dergestalt ist das Wunder weiblicher Liebe.

»Du hast den Fehler gemacht«, sagte George und unterbrach seine Bemerkungen über die Labour-Bewegung, »die Dynamik des Golfs nicht genügend zu studieren. Deine Körperdrehung war schlecht. Am Ende des Rückschwungs hast du die linke Ferse in Schlagrichtung gedreht. Das führt zu Instabilität und Verlust an Weite. Es ist ein fundamentales Gesetz der Dynamik beim Golf, daß der linke Fuß im Treffmoment fest auf dem Boden steht. Wenn du deine Ferse in Schlagrichtung drehst, ist es fast unmöglich, sie rechtzeitig zurückzuführen, damit der Fuß zu einer stabilen Stütze wird.«

Ich schlug ab, und es gelang mir, das Rough zu überspielen und das Fairway zu erreichen. Aber es war nicht gerade einer meiner besten Drives. Ich muß gestehen, daß George Mackintosh mich entnervt hatte. Das Gefühl, das er bei mir auslöste, glich der beklemmenden Panik, die mich in meiner Kindheit ergriff, nachdem ich fahren hatte, daß es das *eine* Ehrfurcht gebietende Auge gab, das jede meiner Bewegungen beobachtete und all mein Tun sah. Nur die Tatsache, daß die arme Celia von seiner Spionage weit mehr betroffen war, ließ mich das erste Loch in sieben Schlägen gewinnen.

Auf dem Weg zum zweiten Abschlag verbreitete sich George über die Schönheiten der Natur, indem er eingehend darauf hinwies, wie ausgezeichnet das silberne Glitzern des Sees mit dem intensiven Smaragdgrün des Rasens um das Loch und dem matteren Grün des dahinter liegenden Roughs harmonierte. Als Celia ihren Ball aufteete, lenkte er ihre Aufmerksamkeit auf den goldenen Glanz der Sandgrube links von der Fahne. Das war nicht die Stimmung, um das Seeloch anzugehen, und ich war nicht überrascht, als es scheußlich platschte und der Ball des unglücklichen Mädchens auf halbem Weg ins Wasser fiel.

»Du hast den Fehler gemacht«, sagte George, »den Abschwung ruckartig auszuführen, anstatt mit einer gleichmäßigen, flinken Drehung des Handgelenks zu schlagen. Dreschen ist immer schlecht, aber mit dem Mashie – «

»Ich glaube, ich überlasse Ihnen das Loch«, sagte Celia zu mir, denn ich hatte mit meinem Schlag das Wasser überspielt, und der Ball lag am Rande des Grüns. »Ich wollte, ich hätte keinen neuen Ball genommen.«

»Der Preis von Golfbällen«, sagte George, als wir uns anschickten, um den See herumzugehen, »ist ein Thema, das gute Volkswirte beachten sollten. Ich habe glaubwürdige Informationen, daß Gummi zur Zeit außerordentlich billig ist. Dennoch ist kein Preisrückgang bei Golfbällen zu erkennen, die, wie ich euch wohl kaum erklären muß, einen Gummikern haben. Woran mag das liegen? Ihr werdet sagen, daß die Löhne für Facharbeiter gestiegen sind. Richtig. Aber – «

»Einen Augenblick, George, bis ich abgeschlagen habe«, sagte ich. Denn wir hatten jetzt das dritte Tee erreicht.

»Eine seltsame Sache, die Konzentration«, sagte George, »und weshalb sollten gewisse Phänomene uns davon abhalten, unsere Aufmerksamkeit zu sammeln – Das bringt mich auf die umstrittene Frage des Schlafes. Woher kommt es, daß wir bei einer großen Erschütterung in der Natur schlafen können, während ein tropfender Wasserhahn ausreicht, uns wachzuhalten? Beim Erdbeben von San Francisco soll es Menschen gegeben haben, die friedlich schliefen und lediglich von Zeit zu Zeit schlaftrunken auffuhren, um einer imaginären Person zu sagen, sie solle alles vor der Tür abstellen. Doch eben diese Menschen – «

Celias Drive sprang in die tiefe Schlucht, die sich etwa fünfzig Yards vom Tee entfernt auftat. Ein leises Stöhnen entfuhr ihr.

»Du hast den Fehler gemacht – « sagte George.

»Ich weiß«, sagte Celia. »Ich habe den Kopf gehoben.«

Ich hatte sie nie zuvor so schroff sprechen hören. Ihr Verhalten hätte man, wäre sie nicht ein so auffallend hübsches Mädchen gewesen, nahezu schnippisch nennen können. George hingegen schien nicht bemerkt zu haben, daß etwas nicht stimmte. Er stopfte seine Pfeife und folgte ihr in die Schlucht.

»Es ist bemerkenswert«, sagte er, »welch fundamentales Prinzip des Golfspiels es ist, den Kopf ruhig zu halten. Man kann Berufsspieler ihren Schülern sagen hören, sie sollen ihren Blick auf den Ball richten. Den Blick auf den Ball zu richten, ist sekundär. Sie meinen in Wahrheit, daß der Kopf starr gehalten werden muß, da es sonst unmöglich ist zu – «

Seine Stimme wurde schwächer. Ich hatte meinen Drive mit einem Slice in den Wald rechterhand geschlagen, und nachdem ich noch einen ausgeführt hatte, war ich losgegangen, um meinen Ball zu suchen und hatte Celia und George in der Schlucht zurückgelassen. Der letzte flüchtige Blick, den ich auf sie warf, zeigte mir, daß Celias Ball in eine steinige Höhle am Hang des Hügels gefallen war, und sie zog gerade ihren Niblick aus der Golftasche, als ich außer Sicht geriet. Georges Stimme, durch die Entfernung zu einem monotonen Gemurmel verblaßt, verfolgte mich, bis ich außer Hörweite war.

Ich wollte gerade die Jagd nach meinem Ball resigniert aufgeben, als ich Celias Stimme hörte, die mir vom Rand des Gestrüpps aus zurief. Sie klang schrill, was mich erschreckte.

Ich kam heraus, wobei ich ein Stück irgendeines Busches hinter mir herzog, das sich um mein Fußgelenk geschlungen hatte.

»Ja?« sagte ich und zupfte Zweige aus meinem Haar.

»Ich brauche Ihren Rat«, sagte Celia.

»Sicher. Was ist los? Übrigens«, sagte ich und sah mich um, »wo ist dein Verlobter?«

»Ich habe keinen Verlobten«, sagte sie mit dumpfer, fester Stimme.

»Du hast die Verlobung gelöst?«

»Nicht ganz. Und doch – ja, ich glaube, es läuft darauf hinaus.«

»Ich verstehe nicht ganz.«

»Also, es ist so«, sagte Celia mit einem Anflug mädchenhafter Offenheit, »ich glaube, ich habe George getötet.«

»Getötet, ja?«

Das war eine Lösung, auf die ich nicht gekommen wäre, aber nun, da sie mir unterbreitet wurde, konnte ich ihre Vorzüge erkennen. Es war erstaunlich, daß in diesen Tagen der nationalen Bemühungen, in denen wir alle zusammen daran arbeiten, unser geliebtes Land für Helden bewohnbar zu machen, niemand zuvor auf eine so einfache, offensichtliche Idee gekommen war wie die, George Mackintosh zu töten. George Mackintosh war zweifellos besser tot, aber es hatte der Intuition einer Frau bedurft, das zu erkennen.

»Ich habe ihn mit meinem Niblick getötet«, sagte Celia.

Ich nickte. Wenn es überhaupt zu machen war, dann unzweifelhaft mit einem Niblick-Schlag.

»Ich hatte gerade meinen elften Versuch gemacht, den Ball aus dieser Schlucht herauszuspielen«, fuhr das Mädchen fort, »wobei George un unterbrochen über die jüngsten Ausgrabungen in Ägypten sprach, als plötzlich – Sie wissen, wie es ist, wenn etwas zu zerreißen scheint – «

»Ich habe die Erfahrung erst heute morgen mit meinem Schnürsenkel gemacht.«

»Ja, so war es. Abrupt – plötzlich – im Handumdrehen geschehen. Ich muß wohl etwas gesagt haben, denn George hörte auf, von Ägypten zu sprechen und sagte, eine Bemerkung seiner Vorrednerin erinnere ihn an einen gewissen Iren – «

Ich drückte ihre Hand.

»Hör auf, wenn es dich schmerzt«, sagte ich freundlich.

»Es gibt nicht mehr viel zu erzählen. Er neigte den Kopf, um seine Pfeife anzuzünden, und dann – die Versuchung war zu groß für mich. Das ist alles.«

»Du hattest ganz recht.«

»Meinen Sie wirklich?«

»Natürlich. Eine ähnliche Aktion, wobei die Provokation bedeutend kleiner war, machte Jael, die Frau Hebers, einst zur populärsten Frau Israels.«

»Ich wollte, ich könnte auch so denken«, murmelte sie. »Wissen Sie, in dem Augenblick empfand ich nur eine erschreckende Hochstimmung. Aber – aber – oh, er war so ein Schatz, bevor er diese schrecklichen Beschwerden bekam. Ich muß immer an G-George denken, wie er vorher war.«

Sie brach in einen Schwall von Tränen aus.

»Möchtest du, daß ich einen Blick auf die sterblichen Überreste werfe?« sagte ich.

»Vielleicht wäre das ganz gut.«

Sie führte mich schweigend in die Schlucht. George Mackintosh lag da auf dem Rücken, wo er hingefallen war.

»Dort!« sagte Celia.

Und als sie sprach, schnaufte George Mackintosh, stöhnte und setzte sich auf. Celia stieß einen gellenden Schrei aus und sank vor ihm auf die Knie. George blinzelte ein- oder zweimal und sah sich benommen um.

»Rettet die Frauen und Kinder!« schrie er. »Ich kann schwimmen.«

»Oh, George«, sagte Celia.

»Fühlen Sie sich etwas besser?« fragte ich.

»Ein bißchen. Wieviel Personen sind verletzt worden?«

»Verletzt?«

»Als der Schnellzug mit uns zusammenstieß.« Er blickte noch einmal um sich. »Nanu, wie bin ich hierher gekommen?«

»Sie sind die ganze Zeit hier gewesen«, sagte ich.

»Meinen Sie, nachdem das Dach eingestürzt ist oder vorher?« Celias Tränen liefen leise an seinem Nacken hinunter.

»Oh, George«, sagte sie wieder.

Er tastete schwach nach ihrer Hand und tätschelte sie.

»Tapfere, kleine Frau!« sagte er. »Tapfere, kleine Frau! Sie hat die ganze Zeit zu mir gehalten. Sagt mir – ich bin stark genug, es zu ertragen – was hat die Explosion ausgelöst?«

Dies schien mir ein Fall, in dem manch unerfreuliche Erklärung vermieden werden könnte, wenn man ein wenig Zartgefühl einsetzte.

»Also, manche sagen so, manche so«, sagte ich. »Ob es die Glut einer Zigarette war – «

Celia unterbrach mich. Die Frau in ihr begehrte gegen diesen wohlgemeinten Schachzug auf.

»Ich habe dich niedergeschlagen, George!«

»Mich niedergeschlagen?« wiederholte er interessiert. »Womit? Mit dem Eiffelturm?«

»Mit meinem Niblick.«

»Du hast mich mit deinem Niblick niedergeschlagen? Aber warum?«

Sie zögerte. Dann sah sie ihm tapfer ins Gesicht.

»Weil du unentwegt geredet hast.«

Er riß den Mund erstaunt auf.

»Ich!« sagte er. »*Ich* habe unentwegt geredet! Aber ich sage doch kaum ein Wort. Dafür bin ich bekannt.«

Celias Augen begegneten meinen mit einer qualvollen Frage. Aber ich erkannte, was geschehen war. Der Schlag, der plötzliche Schock hatten auf Georges Gehirnzellen so eingewirkt, daß er vollkommen geheilt war.

Ich habe nicht das Fachwissen, es erklären zu können, aber die Tatsachen waren unmißverständlich.

»In letzter Zeit, mein lieber Freund«, versicherte ich ihm, »haben Sie die Gewohnheit angenommen, ziemlich viel zu reden. Seit wir heute nachmittag zu spielen begonnen haben, haben Sie einen unablässigen Redefluß in Gang gehalten!«

»Ich! Auf dem Platz! Das ist nicht möglich.«

»Ich fürchte, es ist nur zu wahr. Und deshalb hat dieses unerschrockene Mädchen Sie mit ihrem Niblick niedergeschlagen. Sie wollten ihr gerade eine lustige Geschichte erzählen, als sie zu ihrem elften Schlag ansetzte, um ihren Ball aus dieser Schlucht herauszuspielen, und sie hat ergriffen, was sie für die notwendigen Maßnahmen hielt.«

»Kannst du mir je verzeihen, George?« rief Celia.

George Mackintosh blickte zu mir hinüber. Dann lief sein Gesicht puterrot an.

»So etwas habe ich getan! Allmählich fällt mir alles wieder ein. Oh, Gott!«

»*Kannst* du mir verzeihen, George?« rief Celia wieder.

Er nahm ihre Hand in seine.

»Dir verzeihen?« murmelte er. »Kannst *du mir* verzeihen? Mir – einem Redner am Abschlag, einem Grün-Brabbeler, einem Plappermaul auf dem Golfplatz, der niedrigsten Lebensform, die der Fachwelt bekannt ist! Ich bin unrein, unrein!«

»Es ist nur etwas Schlamm, mein Schatz«, sagte Celia mit einem Blick auf den Ärmel seines Mantels. »Der läßt sich abbürsten, wenn er trokken ist.«

»Wie kannst du dich an einen Mann binden, der redet, wenn andere ihre Schläge machen?«

»Du wirst es nie wieder tun.«

»Aber ich habe es getan. Und du hast die ganze Zeit zu mir gehalten! Oh, Celia!«

»Ich habe dich geliebt, George!«

Eine plötzliche Regung wallte in dem Mann auf. Seine Augen begannen zu leuchten, er schob eine Hand in den Brustteil seines Mantels,

während er die andere in einer schwungvollen Geste hob. Einen Augenblick schien er nahe daran, in einen Wortschwall auszubrechen. Und dann,
als sei ihm jäh bewußt geworden, was er da vorhatte, sackte er plötzlich
zusammen. Der Glanz in seinen Augen erlosch. Er ließ die Hand sinken.
»Also, ich muß sagen, das war ziemlich anständig von dir«, sagte er.
Eine lahme Rede, aber sie löste bei seinen beiden Zuhörern unendliche Freude aus. Denn das war der Beweis, daß George Mackintosh geheilt war, ohne die Gefahr eines möglichen Rückfalls.
»Ja, ich muß sagen, du bist schon ein Pfundsmädchen«, fügte er hinzu.
»George!« rief Celia.
Ich sagte nichts, aber ich drückte ihm die Hand; und dann nahm ich
meine Schläger und zog mich zurück. Als ich mich umsah, lag sie noch
immer in seinen Armen. Ich ließ die beiden dort allein, ließ sie allein zurück in der großen Stille.

Und so (schloß der Club-Älteste) können Sie sehen, daß Heilung möglich ist, obwohl es der sanften Hand einer Frau bedarf, sie herbeizufüh-
ren. Und nur wenige Frauen sind imstande, das zu tun, was Celia Tennant
getan hat. Abgesehen von der Schwierigkeit, die nötige Entschlossenheit
aufzubringen, erfordert eine Tat wie die ihre einen offenen Blick und ein
Paar starker und geschmeidiger Handgelenke. Mir scheint, daß es für den
normalen geschwätzigen Golfer keine Hoffnung gibt. Und die Vertreter
dieser Gattung scheinen mit jedem Tag zahlreicher zu werden. Die besten Golfer sind aber immer die, die am wenigsten reden. Von dem berühmten Sandy McHoots wird folgendes berichtet: Als er anläßlich seines Gewinns der Britischen Offenen Meisterschaften von Reportern der
führenden Tageszeitungen befragt wurde, was er zu der Tarifreform, dem
Bimetallismus, dem System des Schwurgerichtsverfahrens und der modernen Tanzmanie zu sagen habe, war alles, was sie ihm entlocken konnten, nur das eine Wort »Hmm!« Und nachdem er sich dergestalt geäußert
hatte, schulterte er seine Tasche und ging nach Hause zum Tee. Ein
großer Mann. Ich wollte, es gäbe mehr Männer wie ihn.

»SCHON VON MEINER ZWEI AM DREIZEHNTEN GEHÖRT?«
»NEIN, DANKE.«

GOLFPROBE

Ein angenehmes Lüftchen spielte in den Bäumen auf der Terrasse vor dem Golf- und Country Club von Marvis Bay. Es zerzauste die Blätter und kühlte dem Club-Ältesten die Stirn, der, wie es am Samstag abend seine Gewohnheit war, im Schatten in einem Schaukelstuhl saß und die jüngere Generation beobachtete, wie sie im unten gelegenen Tal Hooks und Slices schlug. Der Blick des Club-Ältesten war versonnen und nachdenklich. Wenn er einen ansah, so konnte man in seinen Augen jenen vollkommenen Frieden erkennen, jenen Frieden jenseits allen Verstehens, der in seiner höchsten Form nur demjenigen zuteil wird, der das Golfspiel aufgegeben hat.

Der Club-Älteste hat nicht mehr Golf gespielt, seit der Ball mit dem Gummikern den altehrwürdigen Gutty verdrängte. Aber als Zuschauer und Philosoph macht ihm dieser Zeitvertreib immer noch Freude. Er beobachtet ihn nun mit lebhaftem Interesse. Er hebt den Blick von seiner Limonade, die er durch einen Strohhalm saugt, und läßt ihn auf dem samstäglichen Vierer ruhen, der sich unbeholfen zum neunten Grün den Hügel hinaufkämpft. Wie alle samstäglichen Vierer ist er in Schwierigkeiten. Eins der Opfer bewegt sich im Zickzack über das Fairway wie ein Liniendampfer, der von U-Booten verfolgt wird. Zwei andere scheinen nach einem verborgenen Schatz zu graben, es sei denn – die Entfernung ist zu groß, als daß man es sicher sagen könnte – sie sind dabei, Schlangen zu töten. Der verbleibende Held, der gerade einen Schlag mit einem Mashie verpatzt hat, macht seinen Caddie dafür verantwortlich. Als er einem unschuldigen Kind vorwirft, während seines Rückschwungs Luft geholt zu haben, dringt seine Stimme deutlich den Hügel herauf.

Der Club-Älteste seufzt. Die Limonade gluckert mitfühlend. Er stellt sie auf dem Tisch ab.

Es gibt nur wenige Menschen, sagt der Club-Älteste, die das wahre Golftemperament besitzen! In der Tat, nach dem Anblick zu urteilen, der sich mir hier an den Samstagabenden bietet, gibt es überhaupt wenige, die auch nur die geringste Voraussetzung für das Golfspiel mitbringen, außer einem Paar ausgebeulter Knickerbocker und genügend Geld, die Getränke am Ende der Runde bezahlen zu können. Der ideale Golfer verliert nie die Fassung. Als ich noch spielte, habe ich nie die Fassung verloren. Manchmal, das ist wohl wahr, habe ich vielleicht, wenn mir ein Schlag mißglückte, meinen Schläger über dem Knie zerbrochen; aber ich habe es in einem ruhigen und kritischen Bewußtsein getan, denn der Schläger taugte ganz offensichtlich nichts, und ich mußte mir ohnedies einen neuen besorgen. Es ist albern, beim Golfspiel die Fassung zu verlieren. Man hat nichts davon, nicht einmal Erleichterung. Man sollte den Geist von Mark Aurel nachahmen. »Was immer dir begegnet«, sagt dieser große Mann in seinen »Selbstbetrachtungen«, »wurde für dich von Ewigkeit an vorbereitet. Nichts wird einem Menschen geschehen, was er von Natur nicht zu ertragen vermag.« Ich denke gern, daß ihm dieser edle Gedanke kam, nachdem er ein paar neue Bälle mit einem Slice in den Wald geschlagen hatte, und daß er ihn auf der Rückseite seiner Ergebniskarte notierte. Denn es unterliegt keinem Zweifel, daß der Mann ein Golfer war, und ein schlechter Golfer dazu. Niemand, dessen kurzer Putt nicht am Rand des Loches liegengeblieben wäre, hätte wohl die Worte schreiben können: »Was den Menschen nicht schlechter macht, als er ist, das macht auch sein Leben nicht schlechter. Es liegt nicht in seiner Macht, es zu schädigen, weder äußerlich, noch innerlich.« Ja, Mark Aurel hat zweifellos Golf gespielt, und alle Anzeichen deuten darauf hin, daß er selten eine Runde in weniger als einhundertundzwanzig Schlägen abschloß. Der Niblick war sein Schläger.

Wenn ich von Mark Aurel und dem Golftemperament spreche, muß ich an den Fall des jungen Mitchell Holmes denken. Mitchell war, als ich ihn kennenlernte, ein vielversprechender junger Mann, der eine Zukunft in der Paterson Färberei- und Veredelungsgesellschaft, deren Präsident

mein alter Freund Alexander Paterson war, vor sich hatte. Er besaß viele
gewinnende Eigenschaften – darunter die unbestrittene Fähigkeit, eine
Bulldogge zu imitieren, die sich mit einem Pekinesen stritt, und er tat das
auf eine Weise, daß man es gehört haben muß, um es zu glauben. Wegen
dieser Gabe war er bei geselligen Veranstaltungen im näheren Umkreis
sehr gefragt, denn sie unterschied ihn von den anderen jungen Männern,
die meist nur Mandoline spielen und Passagen aus Gunga Din vortragen
konnten; und zweifellos war es dieses Talent, das zuerst den Keim der
Liebe in Millicent Boyds Herz legte. Frauen neigen in hohem Maße zur
Heldenverehrung, und wenn ein warmherziges Mädchen wie Millicent
einen sympathischen jungen Mann hört, der unter dem Beifall eines
überfüllten Salons eine Bulldogge und einen Pekinesen nachahmt, und
wenn sie in der Lage ist, den genauen Zeitpunkt herauszufinden, an dem
der Pekinese aufhört und die Bulldogge beginnt, kann sie in Zukunft anderen Männern nie mehr dieselben Gefühle entgegenbringen. Kurz gesagt, Mitchell und Millicent waren verlobt, und um heiraten zu können,
warteten sie nur darauf, daß ersterer der Färberei- und Veredelungsgesellschaft eine kleine Gehaltszulage abluchsen konnte.

   Mitchell Holmes hatte nur einen Fehler. Er verlor beim Golf die Fassung. Er spielte selten eine Runde, ohne daß er pikiert, verärgert oder,
in vielen Fällen, erzürnt war. Die Caddies auf unserem Platz waren anderen kleinen Jungen immer im Streit mit Worten überlegen, sie brauch-
ten ihnen nur einige der Grobheiten an den Kopf zu werfen, die Mitchell
seinem Ball gegenüber gebrauchte, wenn er ihn in einer Kuhlenlage entdeckte. Er hatte eine große Sprachbegabung, und er machte verschwen-
derisch davon Gebrauch. Ich gebe zu, daß es eine Entschuldigung für ihn
gab. Er hatte das Zeug zu einem hervorragenden Golfer, aber eine Kombination aus Pech und unbeständigem Spiel beraubte ihn immer wieder
der Früchte seines Könnens. Er gehörte zu den Golfern, die die ersten
beiden Löcher in einem Schlag unter Par spielen, um sich dann am dritten Loch eine Elf anschreiben zu müssen. Die geringste Kleinigkeit
bringt einen solchen Spieler durcheinander. Ihm mißlangen kurze Putts
wegen des Tumults, den die Schmetterlinge in den angrenzenden Wiesen
veranstalteten.

Es schien kaum wahrscheinlich, daß dieser eine schwache Punkt bei
einem ansonsten bewundernswerten Charakter sein Arbeits- oder Be-
rufsleben jemals ernsthaft beeinflussen sollte, aber so kam es. Eines
Abends, als ich im Garten saß, wurde Alexander Paterson angekündigt.
Ein Blick in sein Gesicht machte mir klar, daß er gekommen war, um
mich um Rat zu bitten. Ob zu Recht oder zu Unrecht, er hielt mich für
einen Mann, der Ratschläge erteilen konnte. Denn niemand anders als
ich hatte den Verlauf seines Lebens grundlegend verändert, als ich ihm
riet, den Holzschläger in der Tasche zu lassen und am Abschlag ein Driving-Iron zu nehmen; und auch bei einigen anderen Fragen, etwa was die
Wahl eines Putters angeht (eine Frage, um vieles wichtiger als die Wahl
der Ehefrau), hatte ich ihm helfen können.

Alexander setzte sich und fächelte sich mit seinem Hut Luft zu, denn
es war ein warmer Abend. Ratlosigkeit stand ihm in seinem feinen Gesicht geschrieben.

»Ich weiß nicht, was ich tun soll«, sagte er.

»Halte den Kopf ruhig – verzögere den Rückschwung – setze die Handgelenke nicht zu stark ein«, sagte ich ernst. Es gibt keine bessere Regel
für ein glückliches und erfolgreiches Leben.

»Diesmal hat es nichts mit Golf zu tun«, sagte er. »Es geht um das
Schatzmeisteramt meiner Gesellschaft. Der alte Smithers tritt nächste
Woche in den Ruhestand, und ich muß einen Mann finden, der ihn erset-
zen kann.«

»Das dürfte nicht so schwer sein. Du mußt einfach von deinen anderen Angestellten den verdienstvollsten auswählen.«

»Aber wer ist der Verdienstvollste? Das ist der springende Punkt. Es
gibt zwei Männer, die für die Stelle durchaus geeignet sein könnten.
Aber da merke ich, wie wenig ich von ihrem wahren Charakter weiß. Es
ist das Schatzmeisteramt, verstehst du, das neu besetzt werden muß. Nun
könnte ein Mann, der in einer anderen Position recht gut gearbeitet hat,
leicht auf falsche Gedanken kommen, wenn er Schatzmeister wird. Er
müßte mit hohen Geldbeträgen umgehen. Mit anderen Worten, ein
Mann, bei dem unter normalen Bedingungen nie der Wunsch aufgekom-
men wäre, die entfernter gelegenen Gebiete Südamerikas aufzusuchen,

könnte sozusagen ein solches Bedürfnis entwickeln, kurz nachdem er
Schatzmeister geworden ist. Das ist mein Problem. Natürlich geht man
mit einem Schatzmeister immer ein gewisses Risiko ein; aber wie kann
ich herausfinden, welcher von den beiden Männern mir eine vernünftige
Chance läßt, etwas von meinem Geld zu behalten?«
     Ich zögerte nicht einen Augenblick. Ich vertrat eine entschiedene Mei-
nung zum Thema »Charaktertests«.
     »Es gibt nur eine Möglichkeit«, sagte ich zu Alexander, »den wahren
Charakter eines Mannes wirklich zu erkennen, nämlich Golf mit ihm zu
spielen. In keinem anderen Lebensbereich zeigt sich der Pferdefuß so
schnell. Ich habe jahrelang einen Anwalt beschäftigt, bis ich eines Tages
sah, wie er seinen Ball mit dem Fuß aus einer Vertiefung, die von einem
Absatz stammte, herausstieß. Am nächsten Morgen entzog ich ihm die
Verwaltung meiner Angelegenheiten. Er hat sich bis jetzt noch nicht mit
einem Treuhandvermögen abgesetzt, aber seine Augen haben einen bös-
artigen Schimmer, und ich bin überzeugt, daß es nur eine Frage der Zeit
ist. Golf, mein Freund, ist ein unfehlbarer Test. Ein Mann, der allein in
ein Stück Rough geht, wohl wissend, daß Gott allein ihn sieht, und seinen Ball spielt, wie er liegt, wird dir treu und brav dienen. Ein Mann, der
tapfer lächelt, wenn sein Putt von einem dieser scheußlichen Erdhäuf-
chen, die die Regenwürmer aufwerfen, abgelenkt wird, ist durch und
durch Gold wert. Ein Mann aber, der auf dem Platz übereilt, unausgegli-
chen und ungestüm ist, wird dieselben Eigenschaften auch auf dem weiteren Feld des alltäglichen Lebens erkennen lassen. Sie können doch keinen unausgeglichenen Schatzmeister gebrauchen, nicht wahr?«
     »Nicht, wenn seine Bücher der Beanstandung voraussichtlich recht
geben.«
     »Das wäre bestimmt der Fall. Statistiker schätzen, daß der Verbre-
chensdurchschnitt bei guten Golfern niedriger liegt als bei jeder anderen
Bevölkerungsgruppe, möglicherweise mit Ausnahme der Bischöfe. Seit
Willie Park im Jahre 1860 die erste Meisterschaft in Prestwick gewonnen hat, ist es, wie ich glaube, nicht ein einziges Mal vorgekommen, daß
der Gewinner einer Offenen Meisterschaft auch nur einen Tag im Gefängnis verbracht hat. Wohingegen die schlechten Golfer – und mit schlecht

meine ich nicht ungeschickt, sondern übel gesinnt – nämlich Männer, die
es unterlassen, einen Schlag zu zählen, wenn sie den Ball verfehlen; Männer, die ausgeschlagene Grassoden nie zurücklegen; Männer, die reden,
während ihr Gegner abschlägt; Männer, die ihrem Ärger Luft machen –
zu den Männern gehören, die fortwährend im Kittchen ein- und ausge-
hen. Sie finden es kaum der Mühe wert, sich in den kurzen Intervallen
ihrer Freiheit die Haare schneiden zu lassen.«

Alexander war sichtlich beeindruckt.

»Das klingt vernünftig, Donnerwetter!« sagte er.

»Es ist vernünftig.«

»So werde ich es machen. Ehrlich gesagt, ich sehe keine andere Möglichkeit, um zwischen Holmes und Dixon zu entscheiden.«

Ich zuckte zusammen.

»Holmes? Doch nicht etwa Mitchell Holmes?«

»Ja. Du kennst ihn natürlich? Ich glaube, er wohnt hier.«

»Und mit Dixon meinst du Rupert Dixon?«

»Genau den. Auch ein Nachbar von dir.«

Ich muß gestehen, daß ich mutlos wurde. Es war, als sei mein Ball in
die Grube gefallen, die mein Niblick gegraben hatte. Ich wünschte von
Herzen, ich wäre so klug gewesen abzuwarten, bis ich die Namen der
beiden Rivalen in Erfahrung gebracht hatte, bevor ich meinen Plan vor-
trug. Ich hatte Mitchell Holmes und auch das Mädchen, das er heiraten
wollte, außerordentlich gern. Tatsächlich hatte niemand anders als ich
für den jungen Burschen in groben Zügen ein paar Notizen entworfen,
die er für seinen Heiratsantrag gebrauchen sollte; und das Ergebnis hatte
gezeigt, daß er mit meinem Geschreibsel gut angekommen war. Und ich
hatte viele Male voller Mitgefühl zugehört, wenn er von seiner Hoffnung
sprach, sich eine Gehaltserhöhung zu sichern, die es ihm ermöglichen
würde zu heiraten. Irgendwie war es mir nicht in den Sinn gekommen,
als Alexander sprach, daß der junge Holmes im Rennen um ein so bedeutendes Amt wie das des Schatzmeisters liegen könnte. Ich hatte die
Chancen des Jungen zunichte gemacht.

Eine Golfprobe war genau der Test, dem er sich unmöglich erfolgreich unterziehen konnte. Nur ein Wunder konnte ihn davor bewahren,

die Fassung zu verlieren, und ich hatte Alexander ausdrücklich vor einem solchen Mann gewarnt. Wenn ich an seinen Rivalen dachte, wurde ich noch mutloser. Rupert Dixon war ein ziemlich unangenehmer junger Mann, aber selbst seine ärgsten Feinde konnten ihm nicht vorwerfen, kein Golftemperament zu besitzen. Vom ersten Abschlag vom Tee bis zum Einlochen mit dem letzten Putt war er gleichbleibend höflich.

Als Alexander gegangen war, saß ich einige Zeit in Gedanken versunken da. Ich stand einem Problem gegenüber. Genaugenommen hatte ich sicher nicht das Recht, Partei zu ergreifen; und obwohl er mich nicht mit viel Worten zur Geheimhaltung verpflichtet hatte, war ich mir sehr wohl bewußt, daß Alexander davon ausging, daß ich die Sache für mich behalten und keiner der beiden Parteien verraten würde, welcher Test ihnen bevorstand. Jeder Kandidat sollte natürlich darüber im unklaren gelassen werden, daß er an etwas anderem als einem freundschaftlichen Spiel teilnahm.

Aber als ich an das junge Paar dachte, dessen Zukunft von dieser Probe abhing, zögerte ich nicht länger. Ich setzte meinen Hut auf und ging bei Miss Boyd vorbei, wo Mitchell zu dieser Stunde, wie ich wußte, anzutreffen wäre.

Das junge Paar war draußen auf der Veranda und betrachtete den Mond. Sie begrüßten mich herzlich, aber ihre Herzlichkeit klang ziemlich hohl, und ich spürte, daß sie mich alles in allem für eins jener Ereignisse erachteten, die nicht unbedingt eintreffen sollten. Als ich meine Geschichte erzählte, änderte sich ihr Verhalten. Sie sahen mich nun in dem freundlicheren Licht eines Hüters, Philosophen und Freundes.

»Wie ist Mr. Paterson wohl auf eine so blödsinnige Idee gekommen?« sagte Miss Boyd empört. Ich hatte – aus den besten Motiven heraus – den Urheber dieses Plans geheimgehalten. »Das ist doch lächerlich!«

»Oh, ich weiß nicht«, sagte Mitchell. »Der alte Junge ist ganz verrückt nach Golf. Es ist genau der Plan, den er aushecken würde. Also, damit bin *ich* erledigt!«

»Ach, nur Mut!« sagte ich.

»Es hat keinen Sinn zu sagen ›Ach, nur Mut!‹ Sie wissen doch genau, daß ich ein offenherziger, freimütiger Golfer bin. Wenn mein Ball nach Nord-Nordost rollt, während ich ihn genau nach Westen haben will, dann kann ich nicht umhin, meinen Kommentar abzugeben. Es ist ein seltsames Phänomen, das nach einer Stellungnahme verlangt, und die bringe ich zum Ausdruck. Ähnlich ist es, wenn ich meinen Abschlag toppe, dann muß ich mich dazu äußern und sagen, daß das nicht meine Absicht war. Und genau diese Lappalien werden die ganze Sache, soweit ich sehen kann, entscheiden.«

»Könntest du nicht lernen, dich auf dem Platz zu beherrschen, Mitchell, Liebling?« fragte Millicent. »Schließlich ist Golf nur ein Spiel!«

Mitchell erwiderte meinen Blick, und es besteht kein Zweifel, daß in meinen Augen derselbe entsetzte Ausdruck lag, den ich auch in seinen entdeckte. Frauen sagen so etwas, ohne nachzudenken. Es bedeutet nicht, daß ihr Charakter nicht makellos wäre. Es ist ihnen einfach nicht bewußt, was sie da sagen.

»Pst!« sagte Mitchell heiser, tätschelte ihre Hand und unterdrückte seine Erregung mit großer Mühe. »Pst, Liebling!«

Ein paar Tage später traf ich Millicent, als sie gerade aus dem Postamt kam. In ihren Augen lag ein neuer, glücklicher Schimmer und ihr Gesicht glühte.

»Etwas Phantastisches ist geschehen«, sagte sie. »Als Mitchell an jenem Abend gegangen war, habe ich zufällig eine Zeitschrift durchgeblättert, und ich bin auf eine wunderbare Anzeige gestoßen. Am Anfang hieß es, daß alle großen Männer der Geschichte ihren Erfolg der Tatsache verdanken, daß sie sich beherrschen konnten, und daß Napoleon ohne jede Bedeutung geblieben wäre, wenn er sein aufbrausendes Temperament nicht im Zaum gehalten hätte, und dann hieß es, daß wir alle wie Napoleon werden könnten, wenn wir den beigefügten Blankobestellschein ausfüllen und uns Professor Orlando Rollitts wunderbares Buch ›Sind Sie Ihr eigener Herr‹ zuschicken lassen, fünf Tage zur Ansicht und danach für sieben Schilling, aber man sollte sofort schreiben, weil die Nachfrage äußerst groß ist, und es schon bald zu spät sein könnte. Ich habe sofort geschrieben, und glücklicherweise war es rechtzeitig, denn Professor Rollitt hatte noch ein Exemplar übrig, und das ist gerade angekommen. Ich habe es soeben flüchtig durchgesehen, und es scheint hervorragend zu sein.«

Sie hielt mir ein kleines Bändchen hin. Ich warf einen Blick darauf. Auf der Titelseite war ein signiertes Foto von Professor Orlando Rollitt zu sehen, der sich, ungeachtet eines langen, weißen Bartes, selbst beherrschte, dann folgte etwas Lesestoff, der zwischen breiten Rändern gedruckt war. Ein Blick auf das Buch genügte mir, die Methode des Professors zu erkennen.

Um es kurz zu machen, er hatte einfach die besten Gedanken von Mark Aurel geklaut, da das Copyright vor etwa zweitausend Jahren erloschen war, und verbreitete sie nun als seine eigenen. Ich habe das Millicent gegenüber nicht erwähnt. Es war nicht meine Sache. Vermutlich mußte Professor Rollitt – wie fragwürdig die Notwendigkeit auch immer sein mochte – schließlich von etwas leben.

»Ich werde dafür sorgen, daß sich Mitchell heute noch mit dem Buch beschäftigt. Glauben Sie nicht, daß es eine gute Sache ist? ›Du siehst, wie wenig es ist, was man erfassen muß, damit das Leben glücklich dahinfließt und gottähnlich ist.‹ Ich glaube, es wird wunderbar sein, wenn Mitchells Leben glücklich dahinfließt und gottähnlich ist, und das für sieben Schilling, nicht wahr?«

Noch an demselben Abend begegnete ich Rupert Dixon im Clubhaus. Er kam gerade unter der Dusche hervor und wirkte so zufrieden mit sich selbst wie üblich.

»Ich komme gerade von einer Runde mit dem alten Paterson«, sagte er. »Er hat nach Ihnen gefragt. Er ist mit seinem Auto in die Stadt zurückgefahren.«

Ich war erregt. Der Test hatte also begonnen!

»Wie sind Sie zurechtgekommen?« fragte ich.

Rupert Dixon grinste affektiert. Ein grinsender Mann, in ein Badetuch gehüllt, eine nasse Haarsträhne über einem Auge, ist ein abstoßender Anblick.

»Oh, ganz gut. Ich habe mit einem Ergebnis von sechs und fünf gewonnen. Obwohl ich verdammtes Pech hatte.«

Bei seinen letzten Worten keimte Hoffnung in mir auf.

»Oh, Sie hatten Pech?«

»Großes Pech. Beim dritten Loch habe ich über das Grün hinausgeschlagen, mit dem besten Schlag mit einem Brassie, den ich je in meinem
Leben gemacht habe – und das will schon etwas heißen – und ich habe
meinen Ball in dem dahinterliegenden Rough verloren.«

»Und ich vermute, Sie haben sich gehenlassen, wie?«

»Mich gehenlassen?«

»Ich nehme an, Sie haben sich zu einer Bemerkung hinreißen lassen?«

»Oh, nein. Es bringt einen im Golf nicht weiter, wenn man die Fassung verliert. Das verdirbt nur den nächsten Schlag.«

Ich verließ ihn niedergeschlagen. Dixon hatte offensichtlich die Probe
so gut wie nur möglich bestanden. Jeden Tag erwartete ich zu hören, daß
das vakante Schatzmeisteramt wieder besetzt war, ohne daß man Mitchell überhaupt aufgefordert hatte, seine Testrunde zu spielen. Ich nehme
jedoch an, daß Alexander Paterson der Meinung war, es sei dem Mitbe-
werber gegenüber ungerecht, wenn man ihm seine Chance verwehrte,
denn das nächste Mal hörte ich von dieser Angelegenheit, als Mitchell
Holmes mich eines Freitags anrief, um mich zu fragen, ob ich ihn nicht
am nächsten Tag auf seiner Runde über den Golfplatz begleiten wolle,
wenn er das Match mit Alexander austrug, damit ich ihn moralisch unterstützen könne.

»Ich werde es brauchen«, sagte er. »Ich muß Ihnen sagen, daß ich
ziemlich nervös bin. Ich wollte, ich hätte länger Zeit gehabt, um dieses
Zeug von ›Sind Sie Ihr eigener Herr‹ völlig in den Griff zu bekommen.
Ich weiß natürlich, daß es von Anfang bis Ende genau die richtige Kost
für mich ist, ganz wie bei Muttern, aber leider blieben mir nur ein paar
Tage, um sie zu verdauen. Es ist, als wolle man ein Auto mit Bindfaden
zusammenflicken. Man kann nie wissen, wann das Ding in die Brüche
geht. Der Himmel mag wissen, was geschieht, wenn ich einen Ball beim
Wasserloch versenke. Und etwas scheint mir zu sagen, daß ich genau das
tun werde.«

Einen Augenblick herrschte Schweigen.

»Glauben Sie an Träume?« fragte Mitchell.

»An was?«

»An Träume.«

»Was soll das heißen?«

»Ich habe gesagt, ›Glauben Sie an Träume?‹ Denn letzte Nacht habe ich geträumt, daß ich im Finale der Offenen Meisterschaften spielte und ins Rough geriet, und dort war eine Kuh, und die Kuh hat mich irgendwie traurig angesehen und hat gesagt, ›Warum wendest du nicht den Vardon-Griff anstelle des Verschlußgriffs an?‹ Damals schien mir das seltsam, aber ich habe darüber nachgedacht und frage mich, ob da nicht etwas dran ist. Es muß doch eine bestimmte Absicht dahinterstecken, wenn uns so etwas im Traum begegnet.«

»Sie können nicht am Tag eines wichtigen Spiels Ihren Griff ändern.«

»Wahrscheinlich nicht. Es ist nur so, ich bin ein bißchen nervös, sonst hätte ich es nicht erwähnt. Also gut! Ich sehe Sie morgen um zwei.«

Es war ein strahlender, sonniger Tag, aber es wehte ein tückischer Seitenwind, als ich am Clubhaus ankam. Alexander Paterson war schon da und übte Schwünge am ersten Abschlag, und gleich darauf traf Mitchell Holmes in Begleitung von Millicent ein.

»Vielleicht«, sagte Alexander, »sollten wir besser anfangen. Soll ich die Ehre übernehmen?«

»Natürlich«, sagte Mitchell.

Alexander teete seinen Ball auf.

Alexander Paterson ist immer eher ein bedachtsamer als ein verwegener Spieler gewesen. Er hat die Gewohnheit, zwei wohlüberlegte Probeschwünge gleichsam als eine Art Ritual auszuführen, bevor er den Ball anspricht, selbst auf dem Übungsgrün. Wenn er den Ball dann tatsächlich anspricht, scharrt er ein paar Augenblicke mit den Füßen, dann hält er inne und sucht den Horizont ab, so als ob er damit gerechnet hätte, daß der ihm einen Streich spielte, während er nicht hinsah. Eine sorgfältige Prüfung scheint ihn vom *bona fides* des Horizonts zu überzeugen, und er wendet seine Aufmerksamkeit wieder dem Ball zu. Er scharrt noch einmal mit den Füßen, dann hebt er seinen Schläger. Er läßt den Schläger dreimal geschickt über den Ball wippen, dann stellt er ihn hinter das Kügelchen. Nun späht er plötzlich wieder dem Horizont entgegen, in der offensichtlichen Hoffnung, ihn überrumpeln zu können. Ist das erledigt, so hebt er den Schläger ganz langsam, führt ihn ganz langsam zurück, bis er fast den Ball berührt, hebt ihn wieder, führt ihn wieder nach unten, hebt ihn noch einmal und führt ihn zum drittenmal nach unten. Dann steht er regungslos da wie ein indischer Fakir, der über das Unendliche meditiert. Nun hebt er seinen Schläger erneut und stellt ihn zurück hinter den Ball. Schließlich beginnt er am ganzen Körper zu zittern, schwingt ganz langsam zurück und schlägt den Ball in einer absolut geraden Linie etwa einhundertundfünfzig Yards weit.

Es ist eine Vorgehensweise, die einen höchst nervösen Mitspieler manchmal schon zur Verzweiflung bringen kann, und ich beobachtete besorgt Mitchells Gesicht, um zu sehen, wie er seine erste Bekanntschaft mit dieser Methode aufnahm. Der unglückselige junge Bursche war sichtlich erblaßt. Er wandte sich mit der Miene eines gepeinigten Menschen zu mir um.

»Macht er das immer so?« flüsterte er.

»Ja, immer«, antwortete ich.

»Dann bin ich erledigt! Kein Mensch kann gegen einen solchen Ein-Mann-Zirkus Golf spielen, ohne zu explodieren!«

Ich sagte nichts. Es war, fürchte ich, nur zu wahr. Gelassen wie ich bin, fühlte ich mich doch seit langem gezwungen, das Spiel mit Paterson aufzugeben, so sehr ich ihn auch schätzte. Ich hatte die Wahl zwischen dieser Entscheidung und dem Austritt aus der Baptistenkirche.

In diesem Augenblick sprach Millicent. Sie hielt ein aufgeschlagenes Buch in der Hand. Ich erkannte es als das Lebenswerk von Professor Rollitt.

»Denke an den Leitsatz«, sagte sie mit ihrer sanften, wohlmodulierten Stimme, »daß es zur Gerechtigkeit gehört, Geduld zu üben, und daß der Mensch sündigt, ohne es zu wollen.«

Mitchell nickte kurz und ging festen Schrittes zum Abschlag.

»Bevor du abschlägst, mein Schatz«, sagte Millicent, »besinne dich auf folgendes: Laß keine Tat geschehen aufs Geratewohl, oder anders als im Einklang mit den Regeln, die zur Vollendung der Lebenskunst beitragen.« Im nächsten Augenblick schoß Mitchells Ball durch die Luft, um zweihundert Yards den Platz hinunterzufliegen und liegenzubleiben. Es war ein großartiger Drive. Er hatte den Rat Mark Aurels wortwörtlich befolgt.

Ein wunderbarer Schlag mit einem Eisen brachte ihn in annehmbare Nähe zur Fahne, und mit einem der schönsten Putts, die ich je gesehen habe, lochte er in einem Schlag unter Par ein. Und als sein Ball am nächsten Loch, dem gefährlichen Wasserloch, hoch über den Teich segelte, sicher liegenblieb, und er das Loch dadurch Par spielte, begann ich zum erstenmal, freier zu atmen. Jeder Golfer hat seinen guten Tag, und das war offensichtlich heute bei Mitchell der Fall. Er spielte ein fehlerloses Golf. Wenn er in dieser Art weitermachte, so hätte seine unglückselige Schwäche keine Chance, zu Tage zu treten.

Das dritte Loch ist lang und tückisch. Man schlägt über eine Schlucht – oder möglicherweise auch hinein. In letzterem Fall schickt man ein Stoßgebet zum Himmel und verlangt nach dem Niblick. Ist man aber erst einmal über die Schlucht hinaus, so gibt es nichts mehr, was den Gleichmut stören könnte. Es hat ein Par von fünf, und ein guter Drive, gefolgt von einem Schlag mit einem Brassie, bringt einen in eine Entfernung zum Grün, die mit einem Schlag mit dem Mashie ziemlich leicht zu bewältigen ist.

Mitchell überwand die Schlucht mit einem Schlag über einhundertundzwanzig Yards. Er schlenderte zu mir zurück und beobachtete mit nachsichtigem Lächeln, wie Alexander sein Ritual durchführte. Ich wußte genau, was in ihm vorging. Nie erscheint die Welt so süß und schön, und nie sind die kleinen Schwächen unserer Mitmenschen so wenig irritierend, als wenn wir den Ball direkt an die Stelle geschlagen haben, wo er hingehört.

»Ich kann nicht verstehen, warum er das macht«, sagte Mitchell und musterte Alexander mit einer Nachsicht, die fast an Zuneigung grenzte. »Wenn ich diese ganze schwedische Gymnastik machte, bevor ich abschlage, würde ich vergessen, weshalb ich auf den Platz gekommen bin und nach Hause gehen.« Alexander beendete sein Bewegungsritual, und sein Ball landete ganze drei Yards auf der gegenüberliegenden Seite der Schlucht.»Man könnte ihn einen beständigen Darsteller nennen, nicht wahr? Keine Variationen!« Mitchell gewann das Loch spielend. Seine Haltung am vierten Abschlag hatte etwas Unbekümmertes, das mich beunruhigte. Übersteigertes Selbstvertrauen ist beim Golf fast ebenso schlimm wie Schüchternheit. Meine Befürchtungen waren berechtigt. Mitchell toppte seinen Ball. Der rollte zwanzig Yards weit und landete im Rough, wo er sich unter einem Ampferblatt einnistete. Er öffnete den Mund, dann schloß er ihn wieder, daß es knackte. Er ging zu der Stelle hinüber, wo Millicent und ich standen.

»Ich habe es ja gewußt!« sagte er.»Was in aller Welt ist denn geschehen?«

»Durchdringe die Leitsätze des Menschen«, sagte Millicent,»und denk an die Weisen, was sie meiden, und was sie erstreben.«

»Genau«, sagte ich.»Sie haben den Körper zur Seite geschwungen.«

»Und nun muß ich gehen und den verflixten Ball suchen.«

»Macht nichts, Liebling«, sagte Millicent.»Nichts vermag in dem Maße großen Sinn zu erzeugen, wie die Fähigkeit, mit wahrer Methode zu prüfen, was immer dir im Leben begegnet.«

»Übrigens«, sagte ich,»Sie liegen drei auf.«

»Nicht mehr nach diesem Loch.«

Er hatte recht. Alexander gewann es in fünf Schlägen, einem Schlag über Par, und bekam die Ehre zurück.

Mitchell war ziemlich erschüttert. Er spielte nicht mehr mit derselben unbekümmerten Energie wie zuvor. Er verlor das nächste Loch, das sechste wurde geteilt, dann fing er sich wieder, so daß das achte auch geteilt wurde.

Das neunte Loch, wie so viele andere auf unserem Platz, kann ein ganz einfaches Par-Vier-Loch sein, obwohl die Rolleigenschaften des Grüns ein Par immer zu einem eher problematischen Meisterstück machen; andererseits aber kann es, wenn man den Abschlag verpatzt, leicht dazu kommen, daß man sich eine Zehn anschreiben muß. Das Tee ist am gegenüberliegenden Ufer des Teichs, jenseits der Brücke, wo das Wasser so schmal wird, daß es fast einem Bach gleicht. Man schlägt den Drive über dieses Wasser und über ein Dickicht von Bäumen und Gestrüpp am anderen Ufer. Die Entfernung zum Fairway kann nicht mehr als sechzig Yards betragen, denn das Hindernis ist ein rein mentales, aber wieviel schöne Hoffnungen sind hier schon zunichte geworden!

Alexander überspielte die Hindernisse recht gut mit seinem gewohnt kurzen, geraden Drive, und nun ging Mitchell auf den Abschlag zu. Ich glaube, der Verlust der Ehre hatte ihm keine Ruhe gelassen. Er schien nervös. Sein Rückschwung war unsicher, und er verlagerte das Gewicht merklich nach hinten. Er stürzte sich auf den Ball, schlug einen Slice, der Ball streifte einen Baum auf der anderen Seite des Wassers und fiel ins hohe Gras. Wir überquerten die Brücke, um ihn zu suchen; und genau hier begann Professor Rollitts Einfluß zu schwinden.

»Warum um alles in der Welt wird dieses verfluchte Zeug nicht gemäht?« nörgelte Mitchell, als er mit seinem Niblick auf dem Gras herumschlug.

»Auf einem Golfplatz muß es Roughs geben«, wagte ich zu sagen.

»Was immer auch geschieht«, sagte Millicent, »geschieht so, wie es soll. Wenn du dies sorgfältig beobachtest, wirst du es bestätigt finden.«

»Das ist alles schön und gut«, sagte Mitchell und beobachtete sorgfältig ein Büschel Unkraut, schien aber nicht überzeugt. »Ich glaube, der Spielausschuß betreibt diesen verdammten Club allein im Interesse der Caddies. Ich glaube, sie begünstigen verlorene Bälle und machen halbpart mit den kleinen Ungeheuern, wenn die sie finden und verkaufen!«

Millicent und ich wechselten einen Blick. Sie hatte Tränen in den Augen.

»Oh, Mitchell, denk an Napoleon!«

»Napoleon! Was hat Napoleon damit zu tun? Man hat von Napoleon nie erwartet, daß er einen Drive durch einen Urwald schlägt. Was hat Napoleon überhaupt je getan? Was bildete sich Napoleon ein, überall herumzuprahlen, als ob er etwas Besonderes wäre? Der arme Kerl! Er hat nur eins getan, nämlich bei Waterloo vernichtend geschlagen zu werden!«

Alexander hatte sich wieder zu uns gesellt. Er war zu der Stelle gegangen, an der sein Ball lag.

»Können ihn nicht finden, wie? Ein scheußliches Stück Rough hier!«
»Nein, ich kann ihn nicht finden. Aber morgen wird ihn so ein erbärmlicher, schwachsinniger, scheinheiliger Caddie mit fliehendem Kinn und
Glubschaugen und achthundertundsiebenunddreißig Pickeln finden und
ihm dann für Sixpence verkaufen! Nein, es war ja ein nagelneuer Ball.
Wahrscheinlich bekommt er einen Schilling dafür. Das macht dann Sixpence für ihn selbst und Sixpence für den Spielausschuß. Kein Wunder,
daß sie die Autos schneller kaufen, als der Hersteller sie liefern kann.
Kein Wunder, daß man ihre Frauen mit Nerzmänteln und Perlenketten
herumlaufen sieht. Oh, verflixt noch mal! Ich setze einen neuen Ball ein.«

»In diesem Fall«, stellte Alexander klar, »werden Sie das Loch gemäß
den Regeln, die für das Lochspiel gelten, natürlich verlieren.«

»Schon in Ordnung. Ich gebe das Loch ab.«

»Dann liege ich also nach den ersten Neun eins auf«, sagte Alexander.

»Ausgezeichnet! Ein sehr angenehmes, ausgeglichenes Spiel.«

»Angenehm! Wenn ich es mir recht überlege, so glaube ich nicht, daß
die Spielausschüsse den gräßlichen Caddies überhaupt etwas von der
Beute lassen. Sie lungern hinter den Bäumen herum, bis das Geschäft abgeschlossen ist, und dann kommen sie hervorgekrochen und knöpfen ihnen den Gewinn ab!«

Ich sah, wie Alexander die Stirn runzelte. Er ging mit mir den Hügel
hinauf zum nächsten Abschlag.

»Ein recht hitziger junger Mann, dieser Holmes!« sagte er nachdenklich. »Das hätte ich nie vermutet. Es zeigt nur, wie wenig man von einem
Mann weiß, wenn man ihn nur zu Geschäftszeiten sieht.«

Ich versuchte, den armen Kerl zu verteidigen.

»Er hat ein gutes Herz, Alexander. Aber es ist so – wir sind doch alte
Freunde, da wirst du mir die Bemerkung verzeihen – deine Art zu spielen
macht ihn vermutlich ein bißchen nervös.«

»Meine Art zu spielen? Was gibt es an meiner Art zu spielen auszusetzen?«

»Es gibt eigentlich nichts daran auszusetzen, aber für einen jungen,
hitzigen Charakter ist es wahrscheinlich schon ein wenig irritierend, einen Mann so überaus langsam spielen zu sehen, wie du es tust. Na,

komm schon, Alexander, unter Freunden, ist es wirklich nötig, vor dem Putten zwei Probeschwünge zu machen?«

»Du liebe Zeit!« sagte Alexander. »Willst du allen Ernstes behaupten, daß ihn das aufregt? Ich fürchte, ich bin zu alt, um meine Methoden jetzt noch zu ändern.«

Es gab für mich nichts mehr hinzuzufügen.

Als wir zum zehnten Abschlag kamen, sah ich, daß uns eine Wartezeit von ein paar Minuten bevorstand. Plötzlich spürte ich eine Hand auf meinem Arm.

Millicent war neben mich getreten, die Niedergeschlagenheit stand ihr im Gesicht geschrieben. Alexander und der junge Mitchell hielten sich in einiger Entfernung von uns auf.

»Mitchell möchte nicht, daß ich ihn auf dem Rest der Runde begleite«, sagte sie verzagt. »Er sagt, ich mache ihn nervös.«

Ich schüttelte den Kopf.

»Das ist schade! Mir schien, daß Sie einen beruhigenden Einfluß auf ihn hatten.«

»Das habe ich auch geglaubt. Aber Mitchell bestreitet das. Er sagt, meine Anwesenheit hindert ihn daran, sich zu konzentrieren.«

»Dann ist es vielleicht besser, wenn Sie im Clubhaus bleiben, bis wir zurückkommen. Ich fürchte, es steht uns noch ein hartes Stück Arbeit bevor.«

Das unglückliche Mädchen schluchzte erstickt auf.

»Ja, das fürchte ich auch. In der Nähe des dreizehnten Lochs steht ein Apfelbaum, und Mitchells Caddie wird bestimmt anfangen, Äpfel zu essen. Ich mag gar nicht daran denken, was Mitchell tun wird, wenn er es knacken und knirschen hört, während er seinen Ball anspricht.«

»Das ist wahr.«

»Unsere einzige Hoffnung«, sagte sie und hielt mir Professor Rollitts Buch hin, »ist dies hier. Würden Sie ihm, bitte, Auszüge daraus vorlesen, wenn Sie merken, daß er nervös wird? Wir sind das Buch gestern abend durchgegangen und haben alle Stellen blau angestrichen, die sich als hilfreich erweisen könnten. Sie werden am Rand daneben Notizen finden, die angeben, wann die Passagen jeweils eingesetzt werden sollen.«

Es war nur eine kleine Gefälligkeit, um die sie mich da bat. Ich nahm das Buch und drückte ihr schweigend die Hand. Dann schloß ich mich Alexander und Mitchell am zehnten Abschlag an. Mitchell war noch immer dabei, Mutmaßungen bezüglich des Spielausschusses anzustellen. »Das folgende Loch«, sagte er, »was früher ein kurzes Loch. Es bestand keine Möglichkeit, einen Ball zu verlieren. Dann hat die Frau von einem Mitglied des Spielausschusses eines Tages ganz beiläufig erwähnt, daß ihr kleines Kind neue Schuhe brauche, und so hat man es um einhundertundfünfzig Yards verlängert. Man muß über den Rand eines Hügels schlagen, und wenn man den Ball nur den Bruchteil eines Inches nach rechts treibt, gerät man in eine Art Niemandsland, voller Felsen und Büsche und Felsspalten und altem Gerümpel. Der Spielausschuß läßt sich dort praktisch den Sommer über nieder. Man kann sie dort in Gruppen umherstreifen sehen, wobei sie sich mit fröhlichen Zurufen anfeuern, während sie ihre Säcke füllen. Also, ich werde sie heute hereinlegen. Ich werde einen alten Ball abschlagen, der nur noch an einem Faden zusammenhält. Er wird auseinanderfallen, wenn sie ihn aufheben!«

Golf ist jedoch ein merkwürdiges Spiel – ein Spiel der Schwankungen. Man hätte annehmen sollen, daß Mitchell in einer solchen Gemütsverfassung weiterhin Schiffbruch erleiden würde. Aber zu Beginn der zweiten Neun fand er noch einmal zu seiner Form. Ein perfekter Abschlag vom Tee brachte ihn in eine Lage, von der aus er das zehnte Grün mit einem Schlag mit einem Eisen erreichen konnte, und obwohl der Ball einige Yards vom Loch entfernt war, legte er ihn mit seinem Annäherungsputt tot und lochte mit seinem zweiten Putt zu einem Par vier ein. Alexander konnte nur eine Fünf notieren, so daß das Spiel wieder ausgeglichen war.

Das elfte Loch, der Gegenstand von Mitchells kurz zuvor geäußerter Kritik, ist ohne Zweifel ein tückisches Loch, und es ist richtig, daß ein Slice den Spieler in ernsthafte Schwierigkeiten bringt. Heute jedoch schlugen beide Männer ihren Drive in gerader Linie und konnten sich mühelos jeweils eine Vier sichern.

»Wenn so etwas noch öfter vorkommt«, sagte Mitchell strahlend, »muß der Spielausschuß vielleicht die Piraterie aufgeben und wieder an die Arbeit gehen.«

Das zwölfte ist ein langes Dogleg-Loch, Par fünf. Alexander mühte sich unverdrossen um die Biegung, lochte in sechs Schlägen ein, und Mitchell, den sein zweiter Schlag ins hohe Gras gebracht hatte, mußte seinen Niblick benutzen. Ein gut berechneter Schlag mit einem Mashie, der ihn an den Rand des Grüns brachte, führte dazu, daß das Loch geteilt wurde.

Alexander gewann das dreizehnte. Es ist ein Loch von dreihundertundsechzig Yards, frei von Bunkern. Alexander brauchte drei Schläge, um das Grün zu erreichen, mit seinem dritten Schlag aber legte er den Ball tot; Mitchell, der in zwei Schlägen am Grün war, benötigte hingegen drei Putts.

»Das erinnert mich«, sagte Alexander redselig, »an eine Geschichte, die ich einmal gehört habe. Der Freund ruft einem Anfänger zu, ›Wie kommst du zurecht, alter Junge?‹ und der Anfänger sagt, ›Ausgezeichnet. Ich habe gerade drei perfekte Putts auf dem letzten Grün geschlagen!‹«

Mitchell wirkte nicht belustigt. Ich betrachtete besorgt sein Gesicht. Er hatte keine Bemerkung gemacht, aber der mißglückte Putt, der ihn das Loch gekostet hatte, war sehr kurz gewesen, und ich befürchtete das Schlimmste. In seinen Augen lag ein grüblerischer Ausdruck, als wir zum vierzehnten Abschlag gingen.

Es gibt kaum einen malerischeren Flecken im ganzen Landstrich als die Umgebung des vierzehnten Abschlags. Es ist ein Anblick, der das Herz eines Naturliebhabers entzückt.

Wenn aber Golf überhaupt einen Fehler hat, so den, einen Mann daran zu hindern, die Natur ohne Vorbehalt zu lieben. Dort wo der Laie wogende Gräser und ein romantisches Geflecht von Buschwerk sieht, nimmt der Golfer nichts weiter wahr als ein tückisches Stück Rough, von dem er seinen Ball fernhalten muß. Das Gezwitscher der Vögel, die gegen den Himmel kreisen, ist für den Golfer nur eine Störung, die ihn beim Putten ablenken könnte. Als Zuschauer gefällt mir die Schlucht am Fuß des Hangs. Sie erfreut das Auge. Aber als Golfer habe ich sie oft für absolut teuflisch gehalten.

Durch das letzte Loch hatte Alexander die Ehre zurückerhalten. Er schlug noch bedächtiger ab als zuvor. Eine halbe Minute lang stand er über seinem Ball und betätschelte ihn mit seinem Driving-Iron wie eine Katze, die eine Schildkröte untersucht. Schließlich beförderte er ihn an eine der wenigen sicheren Stellen am Hang. Der Abschlag von diesem Tee muß sorgfältig berechnet sein, denn wenn er zu gerade ist, wird er den Hang streifen und in die Schlucht hinunterrollen.

Mitchell sprach seinen Ball an. Er schwang zurück – und in diesem Augenblick war direkt hinter ihm ein unvermutetes, deutliches, knakkendes Kaugeräusch zu vernehmen. Ich blickte sofort in die Richtung, aus der es kam. Mitchells Caddie nagte mit glasigem Blick an einem großen Apfel. Und noch während ich ein stilles Gebet flüsterte, fuhr der Driver herunter, der Ball bekam einen entsetzlichen Drall nach rechts, schlug gegen den Hang des Hügels und sprang in die Schlucht.

Es trat eine Pause ein – eine Pause, in der die Welt stillstand. Mitchell ließ seinen Schläger fallen und wandte sich um. Sein Gesicht war schrecklich verzerrt.

»Mitchell!« schrie ich. »Mein Junge! Besinnen Sie sich! Bleiben Sie ruhig!«

»Ruhig! Was nützt es, ruhig zu bleiben, wenn die Leute um dich herum Äpfel zu Tausenden essen? Was *ist* dies hier eigentlich – ein Golfspiel oder ein vergnüglicher Wandertag für die Kinder der Armen? Äpfel! Mach nur weiter, mein Junge, beiß noch einmal ab. Beiß noch ein paarmal ab! Viel Spaß! Mach dir nichts daraus, wenn es mir vorübergehend Ärger bereitet. Nimm nur in aller Ruhe dein Mittagessen ein! Du hast wahrscheinlich nur leicht gefrühstückt, nicht wahr, und verspürst ein wenig Hunger, ja? Wenn du hier wartest, so laufe ich schnell zum Clubhaus und hole dir ein Butterbrot und eine Flasche Ginger-ale. Mach es dir bequem, du reizender, kleiner Bursche! Setz dich und laß es dir gutgehen!«

Fieberhaft blätterte ich die Seiten in Professor Rollitts Buch um. Ich konnte keine Stelle finden, die blau angestrichen war, um dieser kritischen Situation Herr zu werden. Ich wählte auf gut Glück eine aus.

»Mitchell«, sagte ich, »einen Augenblick. Wieviel Unruhe erspart sich der, der nicht darauf schaut, was sein Nachbar sagt oder tut, sondern allein, was er selbst tut, damit eben dies rechtschaffen und gottgefällig ist.«

»Also, dann schauen Sie mal, was ich selbst getan habe. Ich bin irgendwo dort unten auf dem Grund der verflixten Schlucht, und ich werde ein Dutzend Schläge brauchen, um herauszukommen. Nennen Sie das rechtschaffen und gottgefällig? Hier, geben Sie mir das Buch einen Augenblick!«

Er riß mir das kleine Bändchen aus der Hand. Einen Moment lang betrachtete er es mit einem seltsamen Ausdruck des Abscheus, dann legte er es sacht auf den Boden und sprang einige Male darauf. Dann schlug er es mit seinem Driver. Schließlich, als habe er das Gefühl, daß die Zeit für halbe Sachen vorbei sei, nahm er einen kurzen Anlauf und stieß es entschlossen mit dem Fuß ins hohe Gras.

Er drehte sich zu Alexander um, der als teilnahmsloser Zuschauer der Szene beigewohnt hatte.

»Ich habe es satt!« sagte er. »Ich gebe mich geschlagen. Auf Wiedersehen. Sie können mich in der Bucht finden!«

»Gehen Sie schwimmen?«

»Nein. Mich ertränken.«

Ein freundliches Lächeln breitete sich auf dem normalerweise ernsten Gesicht meines alten Freundes aus. Er klopfte Mitchell auf die Schulter.

»Tun Sie das nicht, mein Junge«, sagte er. »Ich hatte gehofft, Sie würden noch eine Weile für das Büro verfügbar sein, als Schatzmeister der Gesellschaft.«

Mitchell taumelte. Er griff nach meinem Arm, um Halt zu finden. Ringsum war es sehr still. Nichts unterbrach die Stille außer dem Summen der Bienen, dem Murmeln der kleinen Wellen in der Ferne und dem Geräusch, das Mitchells Caddie verursachte, der noch immer mit seinem Apfel beschäftigt war.

»Wie!« schrie Mitchell.

»Der Posten«, sagte Alexander, »wird sehr bald vakant, wie Sie zweifellos wissen. Sie sollen ihn haben, wenn Sie bereit sind, ihn anzunehmen.«

»Sie meinen – Sie meinen – Sie wollen mir die Stelle geben?«

»Sie haben mich ganz richtig interpretiert.«

Mitchell schluckte. Sein Caddie auch. Der eine aus seelischen, der andere aus körperlichen Gründen.

»Wenn Sie mich entschuldigen würden«, sagte Mitchell mit rauher Stimme, »ich glaube, ich flitze mal schnell zum Clubhaus. Dort ist jemand, den ich treffen möchte.«

In schnellem Lauf verschwand er zwischen den Bäumen. Ich drehte mich zu Alexander um.

»Was hat das zu bedeuten?« fragte ich. »Ich bin begeistert, aber was wird aus dem Test?«

Mein alter Freund lächelte milde.

»Der Test«, sagte er, »war überaus zufriedenstellend. Die Umstände haben mich vielleicht dazu gezwungen, die ursprüngliche Idee zu modifizieren, aber dennoch war es ein vollkommen erfolgreicher Test. Seit wir zu unserer Runde aufgebrochen sind, habe ich einige Überlegungen angestellt, und ich bin zu dem Schluß gekommen, daß das, was die Paterson Färberei- und Veredelungsgesellschaft wirklich braucht, ein Schatzmeister ist, den ich im Golf schlagen kann. Und ich habe den idealen Mann gefunden. Nun«, fuhr er mit einem Ausdruck frommer Verzückung auf seinem feinen, alten Gesicht fort, »ist dir klar, daß ich diesem Jungen, auch wenn er ein guter Spieler ist, jederzeit den Schneid abkaufen kann, wenn ich mich nur ein wenig anstrenge? Ich kann ihn immer wieder unter Druck setzen, indem ich ein paar zusätzliche Probeschwünge mache! Das ist genau der Mann, den ich für einen verantwortungsvollen Posten in meinem Büro brauche.«

»Aber was ist mit Rupert Dixon?« fragte ich.

Er machte eine abwehrende Geste.

»Ich traue dem Mann nicht. Nun, als ich mit ihm spielte, ging alles schief, und er lächelte nur und sagte kein Wort. Ein Mann, der dazu imstande ist, ist nicht der Mann, dem man die Verwaltung großer Geldbeträge anvertrauen kann. Es wäre zu unsicher. Der Bursche ist doch nicht ehrlich! Er kann es nicht sein.« Er hielt einen Augenblick inne. »Übrigens«, fügte er nachdenklich hinzu, »er lag sechs auf bei fünf noch zu spielenden Löchern, er hat mich geschlagen. Wozu soll ein Schatzmeister gut sein, der den Chef mit sechs und fünf schlägt?«

»WIE KOMMEN SIE DAZU WEITERZUSPIELEN? HABEN SIE MICH NICHT GERADE DURCHGEWINKT?«

»ÄH - J-JA, DAS HABE ICH – ABER NUR HALBHERZIG.«

DAS LANGE LOCH

Der junge Mann, wie er da im Herrenzimmer des Clubhauses saß und seine Pfeife stopfte, war entschieden verbittert.

»Wenn es etwas gibt, was mir im Magen liegt«, platzte er heraus und brach das Schweigen, das einige Minuten geherrscht hatte, »so ist es ein Golfanwalt. Man sollte solche Leute auf dem Platz nicht zulassen.«

Der Club-Älteste, der gerade in Gedanken versunken eine Tasse Tee und ein Stück Kümmelkuchen vertilgte, zog die weißen Augenbrauen hoch. »Die Rechtsprechung«, sagte er, »ist ein ehrenwerter Beruf. Warum sollten die, die ihn ausüben, daran gehindert werden, sich dem Spiel aller Spiele zu widmen?«

»Ich meine nicht die richtigen Anwälte«, sagte der junge Mann, während seine Bitterkeit unter dem Einfluß des Tabaks ein wenig milder wurde. »Ich meine die unangenehmen Kerle, deren bester Schläger das Regelbuch ist. Sie kennen doch solche Auswüchse. Jedesmal, wenn man denkt, man habe ein Loch gewonnen, graben sie Regel achthundertdreiundfünfzig, Paragraph zwei, Unterabschnitt vier aus, um zu beweisen, daß man disqualifiziert ist, weil man einen eingewachsenen Zehnagel hat. Nehmen Sie doch nur einmal meinen Fall.« Die Stimme des jungen Mannes war laut und wehleidig. »Ich gehe mit diesem Hemmingway auf den Platz, auf eine normale, freundschaftliche Runde – nichts steht auf dem Spiel, nur ein lumpiger Ball – und am siebten Loch hält er mich zurück und beansprucht das Loch für sich, nur weil ich zufällig meinen Niblick im Bunker habe fallen lassen. Nun gut, ein fieser Kerl ist und bleibt ein fieser Kerl, dem kann man wohl nichts mehr hinzufügen.«

Der Weise schüttelte den Kopf.

»Regeln, mein Junge, sind nun einmal dazu da, eingehalten zu werden. Es ist seltsam, daß Sie dieses Thema zur Sprache gebracht haben, denn kurz bevor Sie hereinkamen, habe ich an ein seltsames Match gedacht, das letzten Endes mit einem Problem des Regelbuchs zu tun hatte. Gewiß war es, was den eigentlichen Siegespreis angeht, von geringer Bedeutung. Aber vielleicht sollte ich Ihnen die ganze Geschichte besser von Anfang an erzählen.«

Der junge Mann rutschte unbehaglich auf seinem Stuhl hin und her.

»Also, wissen Sie, ich habe heute schon einen ziemlich unerfreulichen Nachmittag hinter mir – «

»Ich nenne meine Geschichte«, sagte der Weise gelassen, »›Das lange Loch‹, denn es ging um das Spielen eines Lochs, das meiner Meinung nach wohl das längste Loch in der Geschichte des Golfs gewesen sein dürfte. Zu Beginn erinnert die Geschichte Sie vielleicht an eine andere, die ich Ihnen einmal von Peter Willard und James Todd erzählt habe, aber Sie werden feststellen, daß sie sich auf ganz andere Weise entwickelt. Ralph Bingham...«

»Ich habe nahezu versprochen, einen Mann aufzusuchen – «

»Aber ich will mit dem Anfang beginnen«, sagte der Weise. »Ich sehe schon, daß Sie es gar nicht abwarten können, die Einzelheiten dieser Geschichte zu hören.«

Ralph Bingham und Arthur Jukes (sagte der Club-Älteste) waren nie Freunde gewesen – dazu war ihre Rivalität zu groß – , doch erst als Amanda Trivett sich bei uns niederließ, loderte die gegenseitige schwelende Abneigung in Flammen echter Feindseligkeit auf. Es ist seit jeher so. Bei einem der Dichter, auf dessen Namen ich nicht komme, gibt es eine Textstelle, an die ich mich im Augenblick nicht erinnern kann, in einem seiner Werke, das mir gegenwärtig entfallen ist, die diese uralte Situation überzeugend beschreibt. Der Kern seiner Aussage ist der, daß eine schöne Frau selten die Gelegenheit versäumt, Scherereien zu machen. In den Wochen, die auf ihre Ankunft folgten, hatte man, wenn man mit den beiden Männern in einem Raum zusammen war, das Gefühl, man sei in ein Treffen von Capulets und Montagues hineingeraten.

Wissen Sie, Ralph und Arthur waren so vollkommen gleichwertig in ihren Leistungen auf dem Golfplatz, daß sich das Leben für sie seit einiger Zeit in einen stillen, harten Kampf verwandelt hatte, bei dem sich bald der eine, bald der andere einen leichten Vorteil verschaffte. Wenn Ralph im Mai das Zählspiel mit einem Schlag Vorsprung gewann, so war Arthur beim Wettkampf im Juni um einen Schlag besser, nur um im Juli wieder um eine Nasenlänge geschlagen zu werden. Ein solcher Stand der Dinge hätte, wären sie Männer von großmütigerem Schlage gewesen, gegenseitigen Respekt, Achtung, ja, sogar Zuneigung hervorrufen sollen. Aber ich muß leider sagen, daß Ralph Bingham und Arthur Jukes, abgesehen von ihrem Golfspiel, das, zumindest was die nähere Umgebung angeht, eine Klasse für sich war, ein erbärmliches Paar abgaben – und doch mangelte es ihnen, wohlgemerkt, durchaus nicht an rein äußerlichen Reizen. Sie waren beide gutaussehende Burschen und waren sich dessen wohl bewußt; und als Amanda Trivett sich bei uns niederließ, rückten sie einfach ihre Krawatte zurecht, zwirbelten ihren Schnurrbart und erwarteten, daß sie alles Weitere tat.

Aber darin wurden sie enttäuscht. Obwohl sie zu beiden ausgesprochen freundlich war, fehlte der Schimmer der Liebe in ihren schönen Augen völlig. Und es dauerte nicht lange, bis beide unabhängig voneinander eine Lösung für dieses Rätsel fanden. Es war ihnen klar, daß das ganze Problem darin bestand, daß ihre Reize sich gegenseitig aufhoben. Arthur meinte, daß die ganze Angelegenheit, hätte er nur freie Bahn, schon längst erledigt wäre, bis auf das Verschicken von Hochzeitseinladungen; und Ralph war der Ansicht, könnte er das Mädchen nur einen einzigen Abend besuchen, ohne daß Arthur sich bei ihr schon schändlich breitmachte, so würden seine natürlichen Reize dafür sorgen, daß die Sache schnell unter Dach und Fach käme. Und tatsächlich waren sie die einzigen Rivalen. Damals mangelte es Woodhaven zufällig an geeigneten Junggesellen. Wir heiraten ziemlich jung in diesem herrlichen Ort, und alle Männer, die in Frage gekommen wären, waren schon vergeben. Es schien, daß Amanda, wenn sie denn zu heiraten beabsichtigte, entweder Ralph Bingham oder Arthur Jukes wählen mußte. Eine schreckliche Alternative.

Es wäre mir anfangs nicht in den Sinn gekommen, daß ich an dieser Angelegenheit mehr Anteil haben könnte als ein neutraler und höflich interessierter Zuschauer. Und doch kam Ralph in der Stunde seiner Not zu mir. Als ich eines Abends nach Hause zurückkehrte, stellte ich fest, daß mein Diener ihn hereingebracht und auf dem Vorleger in meinem Wohnzimmer abgesetzt hatte.

Ich bot ihm einen Stuhl und eine Zigarre an, und er kam in löblicher Eile zur Sache.

»Leigh«, sagte er, sobald er sich seine Zigarre angezündet hatte, »ist zu klein für Arthur Jukes und mich.«

»Ach, Sie haben darüber gesprochen und sich entschlossen umzuziehen?« sagte ich erfreut. »Ich glaube, da haben Sie ganz recht. Leigh ist nun einmal zu dicht bebaut. Männer wie Sie und Jukes brauchen viel Platz. Wohin wollen Sie gehen?«

»Ich habe nicht vor zu gehen.«

»Aber ich dachte, Sie hätten gerade gesagt – «

»Ich habe gemeint, es sei an der Zeit, daß einer von uns den Ort verläßt.«

»Oh, nur einer?« Das war immerhin etwas, aber ich muß gestehen, daß ich enttäuscht war, und ich glaube, die Enttäuschung muß in meiner Stimme zum Ausdruck gekommen sein; denn er sah mich überrascht an.

»Es macht Ihnen doch sicher nichts aus, wenn Jukes geht?« sagte er.

»Nun, natürlich nicht. Er geht also wirklich, nicht wahr?«

Ralph machte ein finster entschlossenes Gesicht.

»Ja. Er glaubt es nicht, aber es wird so kommen.«

Ich konnte ihn nicht verstehen und sagte das auch. Er blickte sich vorsichtig im Zimmer um, als ob er sichergehen wolle, daß er nicht belauscht wurde.

»Sie haben ganz sicher bemerkt«, sagte er, »in welch widerlicher Art sich dieser Jukes bei Miss Trivett herumtreibt und sie zu Tode langweilt?«

»Ich habe die beiden manchmal zusammen gesehen.«

»Ich liebe Amanda Trivett«, sagte Ralph.

»Armes Mädchen!« Ich seufzte.

»Wie bitte?«

»Armes Mädchen!« sagte ich. »Ich meine, sie ist zu bedauern, wenn Arthur Jukes sich bei ihr herumtreibt.«

»Genau das denke ich auch«, sagte Ralph Bingham. »Und deshalb werden wir dieses Match austragen.«

»Was für ein Match?«

»Dieses Match, das wir zu spielen beschlossen haben. Ich möchte, daß Sie als einer der Schiedsrichter fungieren, mit Jukes mitgehen und darauf achten, daß er nicht einen seiner Tricks anwendet. Sie wissen, wie er ist. Und in einem entscheidenden Spiel wie diesem – «

»Um wieviel spielen Sie?«

»Um die ganze Welt!«

»Wie bitte?«

»Um die ganze Welt. Darauf läuft es zumindest hinaus. Der Verlierer muß Leigh für immer verlassen, und der Gewinner bleibt und heiratet Amanda Trivett. Wir haben alles im einzelnen geregelt. Rupert Bailey wird mich begleiten und als der zweite Schiedsrichter fungieren.«

»Und Sie wollen, daß ich Jukes auf der Runde begleite?«

»Nicht auf der Runde«, sagte Ralph Bingham. »Sie sollen mit ihm mitgehen.«

»Wo ist da der Unterschied?«

»Wir werden keine Runde spielen. Wir spielen nur ein Loch.«

»Sudden death, also?«

»Es ist nicht ganz so abrupt. Es ist ein ziemlich langes Loch. Wir beginnen hier am ersten Abschlag und lochen in der Stadt beim Eingang zum Majestic Hotel in Royal Square ein. Das wird wohl eine Strecke von etwa sechzehn Meilen sein.«

Ich war empört. Damals war geradezu eine Epidemie monströser Spiele im Club ausgebrochen, und ich war von Beginn an entschieden dagegen angegangen. George Willis hatte den Anfang gemacht, als er ein Zählspiel mit dem »Pro« austrug; Georges erste neun Löcher gegen die kompletten achtzehn des »Pros«. Danach hatte es den Wettkampf zwischen Herbert Widgeon und Montague Brown gegeben, wobei letzterer, ein Mann mit einem Handicap von vierundzwanzig, berechtigt war, drei-

mal wärend der Runde, an von ihm selbst gewählten Zeitpunkten,»Huh!«
zu rufen.

Es gab noch viele dieser entwürdigenden Travestien des geheiligten
Spiels, und ich hatte darunter gelitten, sie mitansehen zu müssen. Mon-
ströse Golfpartien auszutragen, ist meiner Ansicht nach dasselbe, wie eine beliebte klassische Melodie zu verjazzen. Aber von all diesen Varian-
ten schien mir diese, wenn man das emotionale Interesse und die Größe
des Einsatzes bedenkt, die schrecklichste. Mein Widerwille war wohl an
meinem Gesicht abzulesen, denn Bingham versuchte, das Ganze zu be-
schönigen.

»Es ist die einzige Möglichkeit«, sagte er.»Sie wissen doch, wie Jukes und ich auf dem Platz sind. Wir sind so gleichwertig wie nur irgend
möglich. Das ist natürlich seinem ungewöhnlichen Glück zuzuschrei-
ben. Jeder weiß, daß er der Weltmeister der Glückstreffer ist. Auf der anderen Seite habe ich ständig das größte Pech. Folglich hängt es bei einer
gewöhnlichen Runde ganz vom Zufall ab, wer von uns beiden gewinnt.
Der Test, den wir vorhaben, soll das Glück ausschließen. Nach sechzehn
Meilen eines Wechselspiels der Kräfte werde ich bestimmt – das heißt,
wird der Bessere bestimmt vorn liegen. Das habe ich gemeint, als ich sagte,
Arthur Jukes werde in Kürze Leigh verlassen. Darf ich also davon ausge-
hen, daß Sie einverstanden sind, als einer der Schiedsrichter zu fungieren?«

Ich überlegte. Schließlich handelte es sich wahrscheinlich um ein historisches Match, und man ist immer versucht, seinen Namen an die
Nachwelt weiterzugeben.

»Also, gut«, sagte ich.

»Ausgezeichnet. Ich brauche Ihnen wohl kaum zu sagen, daß Sie
Jukes scharf im Auge behalten müssen. Sie werden natürlich ein Regelbuch in der Tasche haben und es zu Rate ziehen, wenn Sie Ihr Gedächtnis
auffrischen wollen. Wir beginnen bei Tagesanbruch, denn wenn wir den
Start auf später verschieben würden, könnte die Spielbahn am anderen
Ende zu sehr bevölkert sein, wenn wir dort ankommen. Wir möchten öffentliches Aufsehen so weit als möglich vermeiden. Wenn ich ein langes
Eisen nähme und mit meinem Schlag einen Polizisten träfe, würde das
auf Widerspruch stoßen.«

»Ganz sicher. Ich kann Ihnen sogar sagen, auf welche Art Widerspruch das stoßen würde.«

»Wir nehmen Fahrräder mit, um die Strapazen der langen Strecke möglichst gering zu halten. Also, ich freue mich über Ihre Mitwirkung. Morgen bei Tagesanbruch am ersten Abschlag, und vergessen Sie nicht, Ihr Regelbuch mitzubringen.«

Die Stimmung, die über dem ersten Abschlag lastete, als ich am nächsten Morgen dort ankam, ähnelte in gewisser Weise der eines Duellplatzes zu jener Zeit, als diese Angelegenheiten noch mit Rapiers und Pistolen ausgetragen wurden. Rupert Bailey, ein alter Freund von mir, war der einzige vergnügte Teilnehmer der Gruppe. Ich bin am frühen Morgen nie in Hochform, und die beiden Rivalen starrten einander schweigend und höhnisch grinsend an. Ich hatte bislang nie geglaubt, daß Männer sich tatsächlich zuweilen höhnisch angrinsten, es sei denn im Film, aber diese beiden taten das ohne Frage. Sie waren in einer Stimmung, in der man »Pah!« sagt.

Sie losten um die Ehre, und Arthur Jukes, der gewonnen hatte, schlug einen ausgezeichneten Ball ab, der ziemlich weit den Platz hinunter landete. Ralph Bingham teete seinen Ball auf und wandte sich zu Rupert Bailey um.

»Gehen Sie hinunter zum Fairway des siebzehnten Lochs, ich möchte, daß Sie meinen Ball markieren.«

Rupert machte große Augen.

»Zum siebzehnten?«

»Ich werde in diese Richtung schlagen«, sagte Ralph und wies über die Bäume hin.

»Aber dann wird Ihr zweiter oder dritter Schlag im See landen.«

»Dafür habe ich vorgesorgt. Ich habe ein Prahm in der Nähe des sechzehnten Grüns vertäut. Ich werde einen Mashie-Niblick nehmen und meinen Ball an Bord chippen, zur anderen Seite hinüberrudern, ihn ans Ufer chippen und weiterspielen. Ich gedenke, bis Woodfield querfeldein zu gehen. Das wird mir wohl ein paar Schläge ersparen.«

Ich hielt den Atem an. Mir war nie zuvor die teuflische Schläue des Mannes bewußt gewesen. Seine Taktik verschaffte ihm einen fliegenden

Start. Arthur, der in gerader Linie den Platz hinunter abgeschlagen hatte, hatte die Hauptstraße zum Ziel, die an das öde Gelände jenseits des ersten Grüns grenzte. Einmal dort angelangt, würde er das orthodoxe Spiel spielen und seinen Ball vorwärts treiben, bis er die Brücke erreichte. Während Arthur sich die Hauptstraße entlangschlängelte, hätte Ralph praktisch zwei Seiten eines Dreiecks abgeschnitten. Und es war aussichtslos für Arthur, jetzt die Taktik seines Feindes nachzuahmen. Von dort, wo sein Ball lag, hätte er ein weites Sumpfgebiet zu überqueren, um das siebzehnte Fairway zu erreichen – eine undurchführbare Glanzleistung. Und selbst wenn es zu schaffen gewesen wäre, hätte er kein Boot, das ihn über das Wasser bringen würde.

Er protestierte heftig. Er war ein unangenehmer junger Mann, beinahe – es scheint widersinnig, so etwas zu sagen – aber beinahe so unangenehm wie Ralph Bingham; doch ich muß sagen, in diesem Augenblick fühlte ich mit ihm.

»Was haben Sie vor?« fragte er. »Sie können nicht so eigenmächtig mit den Regeln umspringen.«

»Auf welche Regel berufen Sie sich?« sagte Ralph kühl.

»Nun, Ihr verdammtes Boot ist ein Hindernis, nicht wahr? Und Sie können ein Hindernis nicht überall herumrudern.«

»Warum nicht?«

Diese einfache Frage schien Arthur Jukes zu verblüffen.

»Warum nicht?« wiederholte er. »Warum nicht? Nun, es geht nicht. Das ist der Grund.«

»Es steht nichts davon in den Regeln«, sagte Ralph Bingham, »daß man ein Hindernis nicht bewegen darf. Wenn ein Hindernis bewegt werden kann, ohne daß der Ball angerührt wird, ist man folglich berechtigt, es zu bewegen, wohin immer man will. Übrigens, was soll das ganze Gerede über bewegliche Hindernisse? Ich habe durchaus das Recht, eine morgendliche Bootsfahrt zu unternehmen, oder nicht? Sollte ich meinen Arzt fragen, so würde er es mir wahrscheinlich sogar empfehlen. Ich werde mein Boot über den Sund rudern. Wenn es zufällig meinen Ball an Bord hat, ist das nicht meine Sache. Ich werde meinen Ball nicht anrühren, und ich werde ihn spielen, wie er liegt. Ist es richtig, wenn ich sage, daß die Regeln anordnen, daß der Ball immer gespielt werden muß, wie er liegt?«

Wie räumten ein, daß es sich so verhielt.

»Also gut«, sagte Ralph Bingham. »Wir wollen nicht noch mehr Zeit verschwenden. In Woodfield werden wir auf Sie warten.« Er sprach den Ball an, und ein Prachtexemplar von einem Schlag trieb ihn über die Bäume. Er schoß blitzschnell in Richtung des siebzehnten Abschlags und geriet außer Sicht. Arthur und ich machten uns auf den Weg den Hügel hinunter, um unseren zweiten Schlag auszuführen.

Es ist ein wunderlicher Zug der menschlichen Seele, daß man bei jedem Ereignis mit Wettkampfcharakter, wie gering das persönliche Interesse an dem Endergebnis auch immer sein mag, nicht umhin kann, Partei zu ergreifen. Ich war mit einer völlig neutralen Einstellung an diese Sache herangegangen, ohne mich dafür zu interessieren, wer von den beiden gewinnen würde, und hatte nur bedauert, daß nicht beide verlieren konnten.

Doch als der Morgen sich dahinzog, ertappte ich mich dabei, daß ich ganz unwillkürlich eindeutig Jukes-freundlich wurde. Ich mochte den Mann nicht. Mir mißfiel sein Gesicht, sein Auftreten und die Farbe seiner Krawatte. Aber die verbissene Art, wie er gegen das Mißgeschick ankämpfte, hatte etwas an sich, das mich rührte und meine widerwillige Unterstützung gewann. Ich war überzeugt, daß viele, die zu Beginn so ausmanövriert worden wären, den Wettkampf verzweifelt aufgegeben hätten; aber trotz all seiner Fehler hatte Arthur Jukes die Seele eines wahren Golfers. Er lehnte es ab aufzugeben. In erbittertem Schweigen schlug er auf seinen Ball ein und beförderte ihn durchs Rough, bis er die Hauptstraße erreichte; und dann, nach siebenundzwanzig Schlägen, machte er sich beherzt daran, ihn auf seinem langen Weg weiter voranzutreiben.

Es war ein schöner Morgen, und als ich mit dem Fahrrad die Straße entlangfuhr und auf Arthurs Aktivitäten ein väterliches Auge hatte, erkannte ich zum erstenmal in meinem Leben die volle Bedeutung dieses wunderbaren Ausspruchs von Coleridge:

»Und hüllt das Sichtbare, Vertraute
in der Morgendämm'rung goldenen Hauch«,

denn in der durchsichtigen Luft schien alles überirdisch schön, selbst
Arthur Jukes' Knickerbocker aus gesprenkeltem Stoff, die bei mir bisher
nie Anklang gefunden hatten. Wenn er sich bückte, um seine Schläge zu
machen, glänzte die Sonne auf dem Hosenboden in heiterer und nahezu
poetischer Weise. Die Vögel sangen fröhlich in den Hecken, und ich war
in einer solch gehobenen Stimmung, daß auch ich zu singen begann, bis
Arthur mich gereizt aufforderte, das zu unterlassen, unter dem Vorwand,
daß ich ihn, auch wenn er es noch mit jedem Menschen aufnehmen könne, was die Freude an den Nachahmungen des Landlebens am rechten
Ort angehe, damit aus dem Schlagrhythmus brächte. Und so durchquer-
ten wir Bayside schweigend und schickten uns an, die lange Wegstrecke
zurückzulegen, die an der Eisenbahnbrücke und dem sanften Abstieg
nach Woodfield endete.

Arthur machte seine Sache nicht schlecht. Er hielt zumindest seine
Schläge gerade. Und unter diesen Umständen war ein gerader Schlag einem weiten vorzuziehen. Bald nachdem wir Little Hadley verlassen hatten, war er ehrgeizig geworden und hatte seinen Brassie mit verheeren-
den Folgen eingesetzt, als er mit seinem dreiundfünfzigsten Schlag den
Ball ins Rough rechts von der Straße slicete. Er hatte zehn Schläge mit
dem Niblick gebraucht, um zurück auf die Fahrbahn zu kommen, und
das hatte ihn zur Vernunft gebracht.

Er benutzte jetzt für jeden Schlag seinen Putter, und nur einmal geriet
er kurz vor Bayside in den Querrinnen der Hügelkuppe ins Hindernis,
sonst war er nicht in ernsthaften Schwierigkeiten gewesen. Er spielte ein
gutes, müheloses Spiel und brachte die ganze Schlagfläche des Putters
bei jedem Schlag ein.

Am höchsten Punkt des Hangs, der zur High Street von Woodfield hin
abfällt, hielt er inne.

»Ich glaube, hier könnte ich es wieder mit meinem Brassie versuchen«, sagte er. »Mein Ball ist in einer guten Lage.«

»Ist das klug?« sagte ich.

Er sah den Hügel hinunter.

»Meine Überlegung war«, sagte er, »daß ich damit diesen Bingham treffen könnte. Ich kann ihn dahinten genau in der Mitte der Spielbahn stehen sehen.«

Ich folgte seinem Blick. Es war absolut richtig. Ralph Bingham stand auf der Fahrbahn, stützte sich auf sein Fahrrad und rauchte eine Zigarette. Selbst auf diese Entfernung war der abscheulich selbstgefällige Gesichtsausdruck des Mannes zu erkennen. Rupert Bailey saß an die Tür der Reparaturwerkstatt von Woodfield gelehnt und sah ziemlich erschöpft aus.

Er gehörte zu den Männern, die auf eine saubere und adrette Erscheinung Wert legen, und es war offensichtlich, daß die Querfeldeintour ihm nicht gutgetan hatte. Er schien sich Matsch vom Gesicht zu kratzen. Ich habe später erfahren, daß er das Pech hatte, kurz hinter Bayside in einen Graben zu fallen.

»Nein«, sagte Arthur, »wenn ich es mir recht überlege, so ist das sichere Spiel jetzt das einzig richtige. Ich bleibe beim Putter.«

Wir schlenderten den Hügel hinunter und holten bald darauf die gegnerische Partei ein. Mein Eindruck, Ralph Bingham wirke selbstgefällig, hatte nicht getrogen. Der Mann grinste höhnisch.

»Habe dreihundertundsechsundneunzig gebraucht«, sagte er, als wir näher kamen. »Wie steht es bei Ihnen?«

Ich zog meine Ergebniskarte zu Rate.

»Wir haben zünftige siebenhundertundelf gebraucht«, sagte ich.

Ralph frohlockte unverhohlen. Rupert Bailey gab keinen Kommentar ab. Er war zu sehr mit den alluvialen Ablagerungen an seiner Person beschäftigt.

»Vielleicht wollen Sie das Spiel aufgeben?« sagte Ralph zu Arthur.

»Tja!« sagte Arthur.

»Das könnten Sie ebensogut.«

»Bah!« sagte Arthur.

»Sie können doch nicht mehr gewinnen.«

»Pah!« sagte Arthur.

Es ist mir bewußt, daß Arthurs Beiträge gescheiter hätten sein können, aber er hatte eine aufreibende Zeit hinter sich.

Rupert Bailey trat an mich heran.

»Ich gehe nach Hause«, sagte er.

»Unsinn!« antwortete ich. »Sie sind hier in offizieller Eigenschaft. Sie müssen Ihr Amt weiterhin wahrnehmen. Übrigens, was könnte schöner sein als ein angenehmer, morgendlicher Bummel?«

»Ein angenehmer, morgendlicher Bummel – diese verdammte Idiotie mit den Verdauungsspaziergängen!« antwortete er gereizt. »Ich möchte in die Zivilisation zurückkehren und ein Ausgrabungsteam beauftragen, daß es mich mit Spitzhacken bearbeitet.«

»Sie sehen das Ganze zu schwarz. Sie sind ein wenig staubig. Das ist alles.«

»Und es stört mich nicht nur, daß ich lebendig begraben bin. Ich kann auch Ralph Bingham nicht länger ertragen.«

»Finden Sie ihn unangenehm?«

»Unangenehm! Nun, als ich in diesen Graben gefallen war und zum drittenmal versuchte herauszukommen, hatte dieser Mann nichts Besseres zu tun, als nach mir zu rufen, damit ich einen höllischen Schlag mit einem Eisen bewunderte, den er gerade gemacht hatte. Keinerlei Mitgefühl, wohlgemerkt! Nur mit sich selbst beschäftigt. Warum überreden Sie Ihren Mann nicht, das Match aufzugeben? Er kann nicht gewinnen.«

»Das kann ich auf keinen Fall gelten lassen. Viel mag geschehen zwischen hier und Royal Square.«

Ich habe selten von einer Prophezeiung gehört, die sich schneller erfüllte. In diesem Augenblick öffneten sich die Türen der Woodfield Reparaturwerkstatt, und ein kleines Auto, am Steuer ein schmutziger junger Mann im Pullover, rollte heraus.

Er fuhr den Wagen auf die Straße und stieg aus und ging in die Werkstatt zurück, wo wir hörten, wie er jemandem im hinteren Teil des Werksgeländes etwas Unverständliches zurief. Der Wagen blieb puffend und schnaufend am Bordstein stehen.

Da ich in ein Gespräch mit Rupert Bailey vertieft war, hatte ich diesen Bekundungen einer erwachenden Welt wenig Aufmerksamkeit geschenkt, bis ich plötzlich einen heiseren, triumphierenden Schrei von Arthur Jukes hörte, mich umwandte und sah, wie sein Ball elegant ins Innere des

Wagens fiel. Arthur selbst schwang freudig einen Niblick und hüpfte auf der Spielbahn herum.

»Was ist nun mit Ihren beweglichen Hindernissen?« schrie er.

In diesem Augenblick kam der Mann im Pullover mit einem Schraubenschlüssel zurück. Arthur Jukes sprang ihm entgegen.

»Ich zahle Ihnen fünf Pfund, wenn Sie mich nach Royal Square fahren«, sagte er.

Ich weiß nicht, welche Verpflichtungen den jungen, mit einem Pullover bekleideten Mann an diesem Morgen ursprünglich erwarteten, aber er hätte seiner Bereitschaft, sie auf der Stelle zu revidieren, nicht eilfertiger Ausdruck geben können.

Sie haben bestimmt schon bemerkt, daß die robuste Kleinbauernschaft unseres geliebten Landes auf ein Angebot von fünf Pfund reagiert wie auf ein Hornsignal.

»Steigen Sie ein«, sagte der junge Mann.

»Gut!« sagte Arthur Jukes.

»Sie glauben wohl, daß Sie verdammt schlau sind«, sagte Ralph Bingham.

»Ich weiß es«, sagte Arthur.

»Also, dann«, sagte Ralph, »erklären Sie uns vielleicht einmal, wie Sie den Ball aus dem Auto herausbringen wollen, wenn Sie in Royal Square ankommen?«

»Sicher«, antwortete Arthur. »Sie können an der Seite des Fahrzeugs einen praktischen Griff erkennen, der, wenn man ihn dreht, die Tür öffnet. Ist die Tür somit geöffnet, werde ich meinen Ball hinauschippen!«

»Ich verstehe«, sagte Ralph. »Ja, darauf wäre ich nicht gekommen.«

Der Mann sprach in einer Art und Weise, die mir nicht gefiel. Seine Sanftmut schien mir verdächtig. Er wirkte wie jemand, der etwas im Schilde führt. Ich grübelte noch darüber nach, als Arthur mir ungeduldig zurief, ich solle einsteigen.

Das tat ich, und wir fuhren los. Arthur war bester Stimmung. Er hatte bei dem jungen Mann hinter dem Steuer in Erfahrung gebracht, daß es für die gegnerische Partei keine Möglichkeit gab, einen anderen Wagen in der Werkstatt zu mieten. Dieses Auto war sein Privateigentum, und das einzige, das sich zur Zeit außerdem noch in der Werkstatt befand, hatte einen komplizierten Defekt an der Ölpumpe und konnte für mindestens einen weiteren Tag nicht von der Stelle bewegt werden.

Ich aber schüttelte den Kopf, als er mich auf die Vorzüge seiner Lage aufmerksam machte. Ich wunderte mich noch immer über Ralph.

»Es gefällt mir nicht«, sagte ich.

»Was gefällt Ihnen nicht?«

»Ralph Binghams Verhalten.«

»Natürlich nicht«, sagte Arthur. »Das gefällt niemandem. Es hat von allen Seiten Klagen gegeben.«

»Ich meine, als Sie ihm sagten, wie Sie den Ball aus dem Wagen herausbringen wollen.«

»Was war mit ihm los?«

»Er war zu – ha!«

»Wie meinen Sie das, er war zu ha?«

»Ich hab's!«

»Was?«

»Ich sehe die Falle, die er gestellt hat. Es ist mir eben erst aufgegangen. Kein Wunder, daß er nicht gegen das Öffnen der Tür und das Herauschippen des Balls protestiert hat. Dadurch würden Sie das Match verlieren.«

»Unsinn! Warum?«

»Weil«, sagte ich, »es gegen die Regeln verstößt, an einem Hindernis herumzuhantieren. Wenn Sie in einen Sandbunker geraten wären, würden Sie dann den Sand wegräumen? Wenn Ihr Schlag Sie unter einen Baum gebracht hätte, dürfte Ihr Caddie dann die Zweige hochhalten, um Ihnen freie Bahn zu schaffen? Sie würden sich offensichtlich disqualifizieren, wenn Sie diese Tür anrührten.«

Arthurs Unterkiefer klappte herunter.

»Nein! Wie zum Teufel soll ich ihn dann hinausbekommen?«

»Das«, sagte ich feierlich, »ist eine Sache, die Sie mit Ihrem Schöpfer abmachen müssen.«

Und in diesem Augenblick verwirkte Arthur die Sympathie, die ich allmählich für ihn gewonnen hatte. Seine Augen bekamen einen verschlagenen, finsteren Ausdruck.

»Hören Sie!« sagte er. »Die anderen werden eine Stunde brauchen, um uns einzuholen. Angenommen, während dieser Zeit würde sich die Tür gewissermaßen aus Versehen öffnen und wieder schließen? Sie würden es doch nicht für nötig halten, das zu erwähnen, nicht wahr? Sie wären doch ein netter Mensch und würden den Mund halten, ja? Sie könnten sich vielleicht sogar dazu bereit finden, mich zu decken, wenn ich eine Bemerkung des Inhalts machte, daß ich den Ball mit einem Hook hinausgeschlagen habe mit meinem – ?«

Ich war empört.

»Ich bin ein Golfer«, sagte ich kühl, »und ich halte mich an die Regeln.«

»Ja, aber – «

»Diese Regeln wurden verfaßt vom – « ich entblößte mein Haupt ehrerbietig – »vom Royal and Ancient Committee von St. Andrews. Ich habe sie immer respektiert, und ich werde bei dieser Gelegenheit nicht von einer Gewohnheit abgehen, die sich ein Leben lang bewährt hat.«

Arthur Jukes verfiel wieder in trübsinniges Schweigen. Er brach es nur einmal, als wir die West-Street-Brücke überquerten, um zu bemerken, er wüßte gern, ob ich mich seinen Freund nennen würde – eine Frage, die ich mit einer aufrichtigen Verneinung beantworten konnte. Danach sprach er nicht mehr, bis das Auto vor dem Majestic Hotel in Royal Square anhielt.

Obwohl es noch früh war, herrschte hier im Stadtzentrum schon ein gewisses Leben und geschäftiges Treiben, und das Schauspiel eines Mannes in Golfjacke und Golfknickerbockern, der mit einem Niblick auf dem Boden eines Autos herumschlug, sorgte bald dafür, daß sich eine Menschenmenge von beachtlicher Größe ansammelte.

Drei Laufburschen, vier Stenotypistinnen und ein Herr im Abendanzug, der offensichtlich einen großen Weinkeller besaß oder mit jemandem befreundet war, der einen solchen besaß, bildeten ihren Mittelpunkt; und etwa zu der Zeit, da Arthur den Ball ansprach, um seinen neunhundertundfünfzehnten Schlag zu machen, schlossen sich ihnen sechs Zeitungsjungen, elf Putzfrauen und eine kunterbunte Mischung von vielleicht einem Dutzend Müßiggängern an, die alle mit dem lebhaf-

testen Interesse darüber spekulierten, welche Irrenanstalt es nun genau
war, die die Ehre gehabt hatte, Arthur Zuflucht zu gewähren, bevor er es
verstanden hatte, der Wachsamkeit seiner Aufseher zu entkommen.
Arthur war auf eine solche Eventualität vorbereitet. Er stellte seine
Betätigungen mit dem Niblick ein, zog ein großes Plakat aus der Tasche
und hängte es an der Seite des Autos auf. Es lautete:

KOMMT
ZU
MC CLURG UND MACDONALD
WEST STREET 18
WIR FÜHREN
DAS GESAMTE
GOLFZUBEHÖR

Seine Kenntnis der Psychologie hatte ihn nicht getäuscht. Sobald die
Leute merkten, daß er nur Reklame machte, verloren sie das Interesse;
die Menge löste sich auf, und Arthur machte sich in der Abgeschieden-
heit wieder an die Arbeit.

Er gönnte sich gerade eine wohlverdiente Ruhepause, nachdem er seinen eintausendeinhundertundfünften Schlag, einen recht guten Schlag
mit viel Kraft aus dem Handgelenk, gemacht hatte, als aus der Bridle
Street ein müde wirkender Golfball kullerte; und hinter ihm erschienen,
in nämlicher Reihenfolge, Ralph Bingham, beherzt, aber ein wenig zer-
schlagen, und Rupert Bailey auf dem Fahrrad.

Letzterer, auf dessen Gesicht und Gliedmaßen der Matsch getrocknet
war, bot einen erstaunlichen Anblick.

»Wieviel Schläge haben Sie gemacht?« fragte ich.

»Eintausendeinhundert«, sagte Rupert. »Wir hatten einen Zusammen-
stoß mit einem zufällig vorbeilaufenden Hund.«

»Mit einem zufällig vorbeilaufenden Hund?«

»Ja, kurz vor der Brücke. Wir kamen gut voran, als ein streunender
Hund sich unseren Ball beim neunhundertachtundneunzigsten Schlag

schnappte und ihn fast bis nach Woodfield zurücktrug, und so mußten wir wieder ganz von vorn anfangen. Wie steht es bei Ihnen?«

»Wir haben gerade unseren eintausendeinhundertundfünften Schlag gemacht. Ein hübsches, ausgeglichenes Spiel.« Ich sah nach Ralphs Ball, der nah an der Bordsteinkante lag. »Sie sind weiter vom Loch entfernt, glaube ich. Ihr Schlag, Bingham.«

Rupert Bailey schlug vor, das Frühstück einzunehmen. Er gehörte zu den Menschen, die alles in allem zu viel Wert auf das leibliche Wohl legen. Er hatte nicht den wahren Geist des Golfers.

»Frühstück!« schrie ich auf.

»Frühstück«, sagte Rupert nachdrücklich. »Wenn Sie nicht wissen, was das ist, kann ich es Ihnen in einer halben Minute erklären. Es wird gespielt mit einer Kanne Kaffee, mit Messer und Gabel und etwa einem Zentner Rührei. Versuchen Sie es. Es ist ein Zeitvertreib, der einem ans Herz wachsen kann.«

Ich war überrascht, als Ralph Bingham den Vorschlag unterstützte. Er war so nahe daran, einlochen zu können, daß ich angenommen hätte, ihn könne nichts davon abhalten, das Match zu beenden. Aber er stimmte aus vollem Herzen zu.

»Frühstück ist eine ausgezeichnete Idee. Gehen Sie schon einmal vor. Ich komme gleich nach. Ich möchte mir eine Zeitung kaufen.«

Wir gingen ins Hotel, und ein paar Minuten später stieß er zu uns. Ich muß gestehen, als wir erst einmal am Tisch saßen, war mir die Idee, das Frühstück einzunehmen, keineswegs zuwider. Durch die frische Luft und die Bewegung hatte ich Appetit bekommen, und es dauerte schon eine Weile, bis ich dem Kellner mit Bestimmtheit versichern konnte, er solle aufhören, weitere Rühreiportionen zu bringen.

Als die anderen ihre Mahlzeit auch beendet hatten, schlug ich vor aufzubrechen. Ich wollte das Match gern zu Ende bringen, um nach Hause gehen zu können.

Wir marschierten hintereinander aus dem Hotel heraus, angeführt von Jukes. Als ich durch die Schwingtür nach draußen kam, sah ich ihn verdutzt die Straße hinauf- und hinunterspähen.

»Was ist los?« fragte ich.

»Es ist weg!«

»Was ist weg?«

»Das Auto!«

»Oh, das Auto«, sagte Ralph Bingham. »Das ist schon in Ordnung. Habe ich es Ihnen nicht gesagt? Ich habe es soeben gekauft und den Fahrer als Chauffeur eingestellt. Ich wollte schon seit langem ein Auto kaufen. Jeder Mann sollte ein Auto haben.«

»Wo ist es?« sagte Arthur ausdruckslos. Er wirkte wie betäubt.

»Das kann ich nicht auf die Meile genau sagen«, antwortete Ralph. »Ich habe den Mann angewiesen, nach Glasgow zu fahren. Wieso? Wollten Sie ihm etwas mitteilen?«

»Aber mein Ball war doch im Auto!«

»Also, das«, sagte Ralph, »ist wirklich verhängnisvoll. Wollen Sie etwa behaupten, daß Sie es noch nicht geschafft haben, ihn hinauszuschlagen? Ja, das ist für Sie wirklich ein wenig unangenehm. Das heißt wohl, daß Sie das Match leider verlieren werden.«

»Das Match verlieren?«

»Sicher. Die Regeln sind in diesem Punkt absolut eindeutig. Für jeden Schlag werden einem Spieler fünf Minuten zugestanden. Ein Spieler, der seinen Schlag innerhalb dieser Zeit nicht ausführen kann, verliert das Loch. Das ist bedauerlich, aber so ist es nun einmal!«

Arthur Jukes sank auf den Bürgersteig und vergrub das Gesicht in den Händen.

Er wirkte wie ein gebrochener Mann. Einmal mehr, muß ich sagen, empfand ich ein gewisses Mitleid für ihn. Er hatte zweifellos mutig gekämpft, und es war hart, auf diese Weise kurz vor dem Ziel abgefangen zu werden.

»Ich mache jetzt Schlag Nummer eintausendeinhundertundeins«, sagte Ralph Bingham in einem abscheulich selbstgefälligen Ton, als er den Ball ansprach. Er lachte herablassend. Ein Laufbursche war neben ihm stehengeblieben und beobachtete die Vorgänge kritisch. Ralph Bingham tätschelte ihm den Kopf.

»Nun, Kleiner«, sagte er, »welchen Schläger würdest du hier nehmen?«

»Ich erhebe Anspruch auf das Match!« schrie Arthur Jukes und sprang auf. Ralph Bingham betrachtete ihn kühl.

»Wie bitte?«

»Ich erhebe Anspruch auf das Match!« wiederholte Arthur Jukes.

»Die Regeln besagen, daß ein Spieler das Loch verliert, wenn er irgendeine Person, mit Ausnahme seines Caddies, um Rat fragt.«

»Das ist absurd!« sagte Ralph, aber ich stellte fest, daß er blaß geworden war.

»Ich appelliere an die Schiedsrichter.«

»Wir geben dem Einspruch statt«, sagte ich nach kurzer Rücksprache mit Rupert Bailey. »Die Regel ist vollkommen eindeutig.«

»Aber Sie hatten doch das Match schon verloren, weil Sie den Schlag nicht innerhalb von fünf Minuten ausgeführt haben«, sagte Rupert hitzig.

»Ich war nicht an der Reihe. Ihr Ball war weiter von der Fahne.«

»Also, dann spielen Sie jetzt. Machen Sie weiter! Wir wollen Ihren Schlag sehen.«

»Das ist nicht erforderlich«, sagte Arthur eisig. »Warum sollte ich spielen, wenn Sie sich schon disqualifiziert haben?«

»Ich fordere ein Unentschieden!«

»Ich weise die Forderung zurück.«

»Ich appelliere an die Schiedsrichter.«

»Also, gut. Überlassen wir es den Schiedsrichtern.«

Ich beriet mich mit Rupert Bailey. Mir schien, daß Arthur Jukes ein Anrecht auf einen Wahrspruch zu seinen Gunsten hatte. Rupert, wenn auch ein liebenswürdiger und angenehmer Gefährte, hatte schon immer zu den Dummköpfen gehört, die die Schöpfung hervorgebracht hat, und er konnte das nicht nachvollziehen. Wir mußten zu unseren Mandanten zurückkehren und bekanntgeben, daß wir uns nicht hatten einigen können.

»Das ist lächerlich«, sagte Ralph Bingham. »Wir hätten einen dritten Schiedsrichter gebraucht.«

Und in diesem Augenblick kam niemand anders aus dem Hotel als Amanda Trivett! Eine echte Göttin aus der Maschine.

»Es scheint mir«, sagte ich, »daß Sie beide gut beraten wären, die Entscheidung Miss Trivett zu überlassen. Sie können keinen besseren Unparteiischen finden.«

»Das ist mir recht«, sagte Arthur Jukes.

»Sagt mir durchaus zu«, sagte Ralph Bingham.

»Was machen Sie denn alle hier mit Ihren Golfschlägern?« fragte das Mädchen verwundert.

»Diese beiden Herren«, erklärte ich, »haben ein Match ausgetragen, und es ist eine Frage aufgetaucht, bei der die Schiedsrichter keine Übereinstimmung erzielen konnten. Wir brauchen die unbefangene Meinung eines Außenstehenden, und wir wollen Ihnen die Sache vortragen. Die Fakten sind wie folgt.«

Amanda Trivett hörte aufmerksam zu, aber als ich geendet hatte, schüttelte sie den Kopf.

»Ich fürchte, ich weiß nicht genug über das Spiel, um eine solche Frage entscheiden zu können«, sagte sie.

»Dann müssen wir St. Andrews hinzuziehen«, sagte Rupert Bailey.

»Ich werde Ihnen sagen, wer es wissen könnte«, sagte Amanda Trivett, nachdem sie einen Augenblick überlegt hatte.

»Wer denn?« fragte ich.

»Mein Verlobter. Er ist gerade von einem Golfurlaub zurückgekommen. Deshalb bin auch heute morgen in der Stadt. Ich wollte mich mit ihm treffen. Er spielt sehr gut Golf. Am Tag vor seiner Abreise hat er eine Medaille in Little-Mudbury-in-the-Wold gewonnen.«

Es herrschte beklemmendes Schweigen. Ich war taktvoll genug, weder Ralph noch Arthur anzusehen. Dann zerriß ein jähes Knacken die Stille. Ralph Bingham hatte seinen Mashie-Niblick über dem Knie zerbrochen. Aus der Richtung, wo Arthur Jukes stand, kam ein unterdrücktes Schlucken.

»Soll ich ihn fragen?« sagte Amanda Trivett.

»Bemühen Sie sich nicht«, sagte Ralph Bingham.

»Es ist nicht so wichtig«, sagte Arthur Jukes.

SCHÖNE AMERIKANERIN (ZU IHREM PARTNER IM GEMISCHTEN VIERER AM ERSTEN TEE): »SAGEN SIE, COLONEL, IST DAS TEE NICHT EIN WENIG ZU HOCH?«

DIE ACHILLESFERSE

Auf dem Gesicht des jungen Mannes, der im Kaminzimmer des Clubhauses saß und an einem Ginger-ale nippte, lag ein Ausdruck von Desillusionierung. »Nie wieder!« sagte er.

Der Club-Älteste schaute von seiner Zeitung auf.

»Sie beabsichtigen wieder einmal, das Golfspiel aufzugeben?« erkundigte er sich.

»Nicht das Golfspielen. Auf Golf zu wetten.« Der junge Mann runzelte die Stirn. »Ich bin gerade böse hereingefallen. Hätten Sie nicht auch gedacht, daß ich genau richtig damit lag, sieben zu eins auf McTavish gegen Robinson zu setzen?«

»Zweifellos«, sagte der Alte. »In der Tat drückt diese großzügige Quote kaum die Überlegenheit des ersteren aus. Sie wollen mir also sagen, daß es anders ausging?«

»Robinson gewann wie im Spaziergang, nachdem er an der Hälfte noch drei zurückgelegen hatte.«

»Seltsam! Was ist passiert?«

»Nun, sie schauten kurz in der Bar vorbei, um sich vor dem Zehnten eine kleine Erfrischung zu gönnen«, sagte der junge Mann mit einem leichten Zittern in der Stimme, »und McTavish stellte plötzlich fest, daß er ein Loch in der Hosentasche hatte, und ein Sixpence-Stück herausgefallen war. Das versetzte ihn in eine solch fürchterliche Aufregung, daß er auf den zweiten neun Bahnen nichts mehr zustandebrachte. Sein Spiel wurde derart schlecht, daß er kein einziges Loch mehr gewann.«

Der Alte schüttelte bedächtig sein Haupt.

»Wenn Ihnen dies wirklich eine Lehre ist, mein Junge, nie wieder auf das Ergebnis eines Golfmatches zu wetten, dann wird es sich im nachhin-

ein als wahrer Segen herausstellen. So etwas wie eine Gewißheit gibt es
beim Golf nicht. Da fällt mir ein, habe ich Ihnen eigentlich jemals diese
recht kuriose Episode aus der Karriere von Vincent Jopp erzählt?«
»*Der* Vincent Jopp? Der amerikanische Multimillionär?«
»Genau der. Sie wußten sicher nicht, daß er einmal um ein Haar die
amerikanische Amateurmeisterschaft gewonnen hätte, oder?«
»Ich wußte nicht einmal, daß er Golf spielt.«
»Er spielte nur eine Saison. Danach gab er es auf und hat seitdem keinen Schläger mehr angefaßt. Läuten Sie die Glocke und bestellen Sie mir
einen Limonensaft, und ich werde Ihnen alles erzählen.«

Es war lange vor Ihrer Zeit (sagte der Club-Älteste), als sich die Ereignisse zutrugen, von denen ich berichten werde. Ich war gerade aus Cam-
bridge gekommen und fühlte mich besonders zufrieden, weil ich mir einen
Job als vertraulicher Sekretär von Mr. Vincent Jopp gesichert hatte, damals
ein Mann in den frühen Dreißigern, der damit beschäftigt war, die Grund-
steine für sein heutiges, beachtliches Vermögen zu legen. Er engagierte
mich und nahm mich mit nach Chicago.

Jopp war, glaube ich, die außergewöhnlichste Persönlichkeit, der ich
in meinem langen und vielseitigen Leben begegnet bin. Für den Erfolg
in der Finanzwelt war er bewundernswert gut ausgestattet, denn er hatte
das stählerne Auge und den breiten Unterkiefer, ohne die es für einen
Mann hoffnungslos ist, in diesen Geschäftszweig einzutreten. Er besaß
außerdem ein überwältigendes Selbstvertrauen und die Fähigkeit, eine
Zigarre von einem Mundwinkel in den anderen zu verlagern, ohne dabei
mit den Ohren zu wackeln, was, wie Sie wissen, das Erkennungszeichen
eines wahren Monarchen des Geldmarktes ist. Er kam diesem legendären Filmproduzenten – dem, der Nüsse zwischen den Zähnen knackte,
während er telefonierte – schon ziemlich nahe.

Wie alle erfolgreichen Männer war er ein Mann mit Methode. Auf seinem Schreibtisch lag immer ein Notizblock, in den er seine Termine
kritzelte, und jeden Morgen, wenn ich das Büro betrat, war es meine
Aufgabe, diesen Block an mich zu nehmen und seinen Inhalt fein säu-
berlich in einen Terminkalender abzutippen. Gewöhnlich bezogen sich

diese Eintragungen natürlich auf Geschäftstermine und mögliche Vertragsabschlüsse, aber eines Tages bemerkte ich interessiert einen Eintrag für den dritten Mai:

»Amelia Heiratsantrag machen.«

Die Sache interessierte mich, wie gesagt, überraschte mich aber nicht im geringsten. Obwohl er sich in erster Linie Stahl und Eisen widmete, hatte sich Vincent Jopp keineswegs dem Zölibat unterworfen. Er war einer jener Männer, die früh und oft heiraten. Bevor ich in seine Dienste trat, war er bereits bei drei verschiedenen Gelegenheiten von der Kaimauer gesprungen, um später mit dem Scheidungsrichter als Rettungsring wieder ans Ufer zu strampeln. Hier und da über das Land verstreut, warteten drei Ex-Mrs. Jopps auf ihren monatlichen Umschlag, und zur Zeit, so schien es, dachte er darüber nach, der Truppe ein weiteres Mitglied hinzuzufügen.

Ich war, wie gesagt, von seinem Entschluß nicht sonderlich überrascht. Was mir jedoch ein wenig bemerkenswert erschien, war die gründliche Art und Weise, in der er die Sache geplant hatte. Der eiserne Wille dieses Mannes hielt nichts von möglichen Hindernissen. Unter dem Datum des ersten Juni befand sich der Eintrag:

»Amelia heiraten«;

während er für den März des folgenden Jahres die Taufe seines Erstgeborenen auf den Namen Thomas Reginald arrangiert hatte. Später wurden Einzelheiten bezüglich der Einkleidung von Thomas Reginald angesprochen, und es gab eine Notiz, ihn zur Schule zu schicken. Es sind schon viele böse Dinge über Vincent Jopp gesagt worden, aber niemand hat ihm jemals vorgeworfen, ein Mann zu sein, der nicht an die Zukunft dachte.

Am Morgen des vierten Mai kam Jopp mit einer, wie mir schien, etwas nachdenklichen Miene ins Büro. Für einige Momente saß er da und starrte vor sich hin, wobei er ein bißchen die Stirn in Falten legte; dann schien er zu sich zu kommen. Er schlug mit der Faust auf den Tisch.

»He, Sie!« sagte er. Auf diese Weise pflegte er mich gewöhnlich anzureden.

»Mr. Jopp?« erwiderte ich.

»Was ist Golf?«

Zu jener Zeit hatte ich es gerade geschafft, mein Handicap auf einstellige Zahlen herunterzuschrauben, und begrüßte die Gelegenheit, ausgiebig über den edelsten Zeitvertreib der Welt zu sprechen. Aber ich hatte meine Eloge kaum begonnen, als er mich unterbrach.

»Es ist ein Spiel, nicht wahr?«

»Ich nehme an, daß man es so nennen könnte«, sagte ich, »aber eine so respektlose Art der Umschreibung würde bei denjenigen, die es als eines der heiligsten – «

»Wie spielen sie es?«

»Ziemlich gut«, sagte ich. »Am Anfang der Saison schien ich nicht in der Lage zu sein, meine Schläge gerade zu halten, aber in letzter Zeit lief alles prima. Es klappt mit jedem Tag besser. Ob es daran gelegen hat, daß ich meinen Kopf bewegt habe, oder ob der Griff der rechten Hand zu fest war – «

»Sparen Sie sich Ihre Lebenserinnerungen für lange Winterabende mit Ihren Enkelkindern auf«, unterbrach er mich abrupt, wie es seine Art war. »Was ich wissen möchte, ist, was ein Mann tut, wenn er Golf spielt. Sagen Sie mir in so wenigen Worten wie möglich, worum es dabei geht.«

»Sie schlagen einen Ball mit einem Stock, bis er in ein Loch fällt.«

»Das ist leicht!« platzte er heraus. »Nehmen Sie ein Diktat auf.«

Ich nahm meinen Block.

»Fünfter Mai: Mit Golf anfangen. Was ist eine Amateurmeisterschaft?«

»Das ist der jährliche Wettkampf, um zu entscheiden, wer der beste Spieler unter den Amateuren ist. Es gibt außerdem eine professionelle Meisterschaft und ein offenes Turnier.«

»Oh, es gibt auch professionelle Golfspieler? Was machen die?«

»Sie unterrichten Golf.«

»Wer ist der Beste von ihnen?«

»Sandy McHoots gewann letztes Jahr sowohl die British als auch die American Open.«

»Schicken Sie ihm ein Telegramm, daß er sofort herkommen soll.«

»Aber McHoots ist in Inverlochty, in Schottland.«

»Das macht nichts. Sorgen Sie dafür, daß er kommt; sagen Sie ihm, er soll sein Gehalt selbst bestimmen. Wann ist die Amateurmeisterschaft?«
»Ich glaube, sie findet dieses Jahr am zwölften September statt.«
»In Ordnung, schreiben Sie. Zwölfter September: Amateurmeisterschaft gewinnen.«

Ich starrte ihn verblüfft an, aber er sah nicht in meine Richtung.

»Haben Sie das?« sagte er. »Dreizehnter Sep – Oh, ich vergaß! Schreiben Sie am Zwölften dazu: Weizen aufkaufen. Dreizehnter September, Amelia heiraten.«

»Amelia heiraten«, echote ich und kaute an meinem Bleistift.

»Wo spielt man dieses – wie heißt es noch gleich – Golf?«

»Es gibt Clubs im ganzen Land. Ich selbst bin Mitglied im Wissahicky Glen.«

»Ist das ein guter Club?«

»Ein sehr guter.«

»Sorgen Sie heute noch dafür, daß ich Mitglied werde.«

Sandy McHoots traf zu gegebener Zeit ein und wurde in das Privatbüro geführt.

»Mr. McHoots?« sagte Vincent Jopp.

»Hmm!« sagte der Open Champion.

»Ich habe Sie hergebeten, Mr. McHoots, weil ich gehört habe, daß Sie der größte lebende Vertreter dieses Spiels Golf sind.«

»Jawohl«, sagte der Champion herzlich. »Der bin ich.«

»Ich möchte, daß Sie mir dieses Spiel beibringen. Ich bin mit meiner Planung bereits ein wenig im Rückstand aufgrund der Verzögerung durch Ihre lange Anreise, also lassen Sie uns sofort anfangen. Nennen Sie einige der wichtigsten Punkte in Zusammenhang mit dem Spiel. Mein Sekretär wird Notizen davon machen, und ich werde sie auswendig lernen. Auf diese Weise werden wir Zeit sparen. Nun, was ist die wichtigste Sache, an die man denken muß, wenn man Golf spielt?«

»Den Kopf stillzuhalten.«

»Eine simple Aufgabe.«

»Nicht so simpel, wie es klingt.«

»Unsinn!« sagte Jopp barsch. »Wenn ich beschließe, meinen Kopf stillzuhalten, dann werde ich ihn stillhalten. Was als nächstes?«

»Schauen Sie immer auf den Ball.«

»Das werde ich tun. Und was noch?«

»Nicht verkrampfen.«

»Werde ich nicht. Und weiter?«

Mr. McHoots nannte ein Dutzend der wichtigsten Regeln, und ich notierte sie in Kurzschrift. Vincent Jopp studierte die Liste.

»Sehr gut. Einfacher als ich dachte. Am ersten Tee in Wissahicky Glen morgen um Punkt elf, Mr. McHoots. He, Sie!«

»Sir?« sagte ich.

»Gehen Sie und kaufen Sie mir einen Satz Schläger, eine rote Jacke, eine Stoffmütze, ein Paar Schuhe mit Spikes und einen Ball.«

»Einen Ball?«

»Sicher. Wofür würde ich mehr brauchen?«

»Es kommt manchmal vor«, erklärte ich, »daß jemand, der das Spiel gerade erst kennenlernt, es nicht schafft, seinen Ball geradeaus zu schlagen, und dann verliert er ihn oft im Rough an den Seiten des Fairways.«

»Absurd!« sagte Vincent Jopp. »Wenn ich mir vornehme, den Ball geradeaus zu schlagen, dann werde ich ihn geradeaus schlagen. Guten Morgen, Mr. McHoots. Sie entschuldigen mich jetzt. Ich bin dabei, einige Textilfabriken aufzukaufen.«

Golf ist in seiner Quintessenz ein einfaches Spiel. Sie brechen in schallendes, bitteres Gelächter aus, wenn ich dies sage, aber trotzdem ist es wahr. Der Hauptfehler des durchschnittlichen Spielers besteht darin, sich das Spiel zu verkomplizieren. Schauen Sie sich einen Nicht-Spieler an, den Mann, der nur wegen der frischen Luft mit Ihnen um den Platz geht. Er wird mit einem einzigen achtlosen Schlenker seines alten Regenschirms den Zwanzig-Fuß-Putt einlochen, bei dem Sie erst eine ganze Minute lang zögern und überlegen würden, bevor Sie ihn dann elegant danebenspielen. Drücken Sie ihm einen Driver in die Hand, und er wird den Ball, ohne einen Gedanken daran zu verschwenden, in die nächste Ortschaft befördern. Erst wenn er anfängt, das Spiel ernsthaft zu betreiben, wird er nervös und unsicher werden und seine Schläge genauso toppen wie Sie und ich. Ein Mann, der während seiner Golfkarriere das beinahe herablassende Selbstvertrauen des Nicht-Spielers beibehalten könnte, wäre unschlagbar. Glücklicherweise liegt eine derartige Geisteshaltung jenseits menschlicher Fähigkeiten.

Sie lag jedoch nicht jenseits der Fähigkeiten von Vincent Jopp, dem Supermann. Vincent Jopp war, wie ich geneigt bin zu glauben, der einzige Golfer, der sich je diesem Spiel auf einer reinen Vernunftsbasis genähert hat. Ich habe von Männern gelesen, die noch nie im Leben geschwommen waren, die auf dem Weg zum Becken ein Anleitungsbuch lasen, das Prinzip verstanden, hineinsprangen und einen großen Wettkampf gewannen. Mit einer ähnlichen Haltung begann Vincent Jopp, Golf zu spielen. Er lernte McHoots' Ratschläge auswendig und ging dann hinaus auf den Platz und setzte sie in die Praxis um. Er kam mit einer klaren Vorstellung von dem, was er zu tun hatte, zum Tee und tat es dann. Im Gegensatz zum durchschnittlichen Anfänger war er nicht von dem Gedanken eingeschüchtert, daß er einen Slice fabrizieren würde, wenn er seine Hände zu weit anzog, oder daß er einen Pull schlagen würde, wenn er mit der Rechten zu fest zupackte. Die Hände anzuziehen war ein Fehler, also zog er sie nicht an. Zu fest zuzupacken war falsch, also packte er nicht zu fest zu. Mit jener sonderbaren Konzentrationsfähigkeit, die ihm bei seinen Geschäften so gute Dienste geleistet hatte, tat er genau das, was er sich vorgenommen hatte – nicht mehr und nicht weniger. Für Vincent Jopp war Golf – eine exakte Wissenschaft.

Die Golfchroniken sind mit den Namen derer übersät, die in ihrer ersten Saison rapide Fortschritte gemacht haben. Colonel Quill, so lesen wir bei Vardon, fing im Alter von sechsundfünfzig Jahren an, Golf zu spielen; und indem er eine ingeniöse Maschine ersann, die aus einer Angelschnur und einem abgesägten Bettpfosten bestand, gelang es ihm, seinen Kopf so still zu halten, daß er noch vor Ende des Jahres ein Scratchspieler wurde. Aber niemand, glaube ich, außer Vincent Jopp war gleich am ersten Morgen auf dem Platz ein Scratchspieler.

Der Hauptunterschied, so sagt man, zwischen einem Amateur und einem professionellen Golfer ist die Tatsache, daß letzterer immer auf die

Stange zielt, während ersterer nur eine vage Absicht hat, ihr einigermaßen nahe zu kommen. Vincent Jopp zielte jedenfalls auf die Stange. Er versuchte aus jeder Entfernung unter zweihundertzwanzig Yards einzulochen. Die einzige Gelegenheit, bei der ich je vernahm, daß er so etwas wie Ärger oder Enttäuschung äußerte, war während jener Nachmittagsrunde an seinem ersten Tag auf dem Platz, als er auf der Zweihundertachtzig-Yard-Bahn des siebten Lochs seinen Abschlag fünfzehn Zentimeter neben die Fahne plazierte.

»Ein phantastischer Schlag!« rief ich fassungslos.

»Zu weit nach rechts«, sagte Vincent Jopp und runzelte die Stirn.

Er ging von Triumph zu Triumph. Er gewann das monatliche Turnier im Mai, Juni, Juli, August und September. Gegen Ende Mai hörte man ihn klagen, daß Wissahicky Glen kein sehr sportlicher Kurs sei. Die Platzrichter tagten Nacht für Nacht und versuchten sein Handicap so einzustellen, daß andere Clubmitglieder gegen ihn eine gewisse Außenseiterchance haben würden. Die Golfexperten der Tageszeitungen schrieben seitenweise über sein Spiel. Und im ganzen Land herrschte eine ziemlich einheitliche Meinung darüber, daß es für jeden eine reine Formalität sei, in der Amateurmeisterschaft gegen ihn anzutreten – was sich bestätigte, als er ins Finale gelangte, ohne ein einziges Loch zu verlieren. Ein Mann auf den man eine todsichere Wette abschließen konnte, hätten Sie gesagt. Aber achten Sie auf die Fortsetzung.

Die amerikanische Amateurmeisterschaft wurde in jenem Jahr in Detroit abgehalten. Ich hatte meinen Arbeitgeber dorthin begleitet, der es, obwohl er an einem nervenaufreibenden Wettkampf teilnahm, nicht zuließ, daß seine Geschäfte darunter litten. Wie er in seinem Kalender vermerkt hatte, war er zu dieser Zeit damit beschäftigt, Weizen aufzukaufen; und es war meine Aufgabe, die Pflichten eines Caddies mit denen eines Sekretärs zu verbinden. Jeden Tag folgte ich ihm mit meinem Notizbuch und seiner Schlägertasche über den Platz, wo sich der Verlauf der verschiedenen Partien durch die Ankunft ganzer Herden von Telegrafenjungen mit wichtigen Mitteilungen ein wenig komplizierte. Er las die Telegramme zwischen den Schlägen und diktierte mir Antworten, wobei er jedoch niemals das vom Reglement erlaubte Intervall von fünf Minuten überschritt. Ich bin geneigt zu glauben, daß es genau das war, was seinen Gegnern den letzten Stoß versetzte. Es ist nicht gerade beruhigend für einen nervösen Menschen, wenn sich auf dem Grün das Spiel in die Länge zieht, weil sein Gegenüber dem Caddie einen Brief diktiert, der etwa so anfängt:»Habe Ihre Nachricht vom 11. erhalten und Inhalt zur Kenntnis genommen. Mache als Antwort folgenden Vorschlag – «

So etwas kann einen Mann schon von seinem Spiel abbringen.

Ich war gerade dabei, mich in der Lobby unseres Hotels von der anstrengenden Arbeit des Tages auszuruhen, als ich bemerkte, daß mein Name ausgerufen wurde. Ich ging zur Rezeption und erfuhr, daß mich eine Dame sprechen wollte. Ihre Karte trug den Namen »Miss Amelia Merridew.« Amelia! Der Name kam mir bekannt vor. Dann erinnerte ich mich. Amelia war der Name des Mädchens, das Vincent Jopp zu heiraten beabsichtigte, die vierte in der langen Reihe der Mrs. Jopps. Ich eilte, um mich ihr vorzustellen und fand ein großes, schlankes Mädchen vor, das offensichtlich unter einer beträchtlichen Anspannung litt.

»Miss Merridew?« sagte ich.

»Ja«, murmelte sie. »Mein Name wird Ihnen fremd sein.«

»Liege ich recht in der Annahme«, erkundigte ich mich, »daß sie die Dame sind, die Mr. Jopp – «

»Die bin ich! Die bin ich!« antwortete sie. »Und, oh, was soll ich nur tun?«

»Bitte seien Sie so freundlich, mir einige Einzelheiten zu nennen«, sagte ich und griff aus Macht der Gewohnheit zum Notizblock.

Sie zögerte einen Moment, als hätte sie Angst zu sprechen.

»Sie sind vielleicht Mr. Jopps Caddie beim morgigen Endspiel?« sagte sie schließlich.

»Das bin ich.«

»Dann könnten Sie – würde es Ihnen etwas ausmachen – wäre es zu viel verlangt, wenn ich Sie bitten würde, laut 'Buh!' zu rufen, wenn er seinen Abschlag macht, falls es danach aussieht, daß er gewinnt?«

Ich war perplex.

»Ich verstehe nicht.«

»Ich sehe, daß ich Ihnen alles erzählen muß. Ich bin sicher, Sie werden alles, was ich sage, absolut vertraulich behandeln?«

»Selbstverständlich.«

»Ich bin provisorisch mit Mr. Jopp verlobt.«

»Provisorisch?«

Sie schluckte.

»Lassen Sie mich Ihnen meine Geschichte erzählen. Mr. Jopp bat mich um meine Hand, und ich würde alles in der Welt lieber tun, als ihn zu heiraten. Aber wie hätte ich »Nein!« sagen können, während er mich mit seinem fürchterlichen Blick durchbohrte? Ich wußte, wenn ich 'Nein' sagen würde, hätte er mich in zwei Minuten vom Gegenteil überzeugt. Da hatte ich eine Idee. Ich dachte, daß er noch nie Golf gespielt hatte, also sagte ich ihm, ich würde ihn heiraten, wenn er dieses Jahr die Amateurmeisterschaften gewinne. Und nun stelle ich fest, daß er nicht nur seit langem ein Golfer ist, sondern, was viel schlimmer ist, einer mit Plus-Handicap! Das ist nicht fair!«

»Er war kein Golfer, als Sie diese Bedingung stellten«, sagte ich. »Er fing am nächsten Tag damit an.«

»Unmöglich! Wie konnte er in der kurzen Zeit nur so gut werden?«

»Weil er Vincent Jopp ist! In seinem Lexikon existiert das Wort unmöglich nicht.«

Sie erschauderte.

»Was für ein Mann! Aber ich kann ihn nicht heiraten«, rief sie. »Ich will einen anderen heiraten. Oh, helfen Sie mir doch. Bitte rufen Sie ›Buh!‹, wenn er seinen Abwärtsschwung beginnt!«

Ich schüttelte den Kopf.

»Es wäre schon mehr vonnöten als ein einziges ›buh‹, um Vincent Jopp von seinem Schlag abzubringen.«

»Aber können Sie es nicht wenigstens versuchen?«

»Ich kann nicht. Ich bin meinem Arbeitgeber verpflichtet.«

»Oh, bitte tun Sie es!«

»Nein, nein. Pflicht ist Pflicht und mein oberster Grundsatz. Davon abgesehen habe ich eine Wette auf ihn abgeschlossen.«

Das geplagte Mädchen stieß einen leisen Seufzer aus und wankte von dannen.

Am gleichen Abend, kurz nach dem Essen, war ich in unserer Suite damit beschäftigt, einige der Notizen durchzusehen, die ich an diesem Tag gemacht hatte, als das Telefon läutete. Jopp machte gerade einen kleinen Spaziergang mit seiner abendlichen Zigarre. Ich nahm den Hörer ab und vernahm eine weibliche Stimme.

»Ist dort Mr. Jopp?«

»Mr. Jopps Sekretär am Apparat. Mr. Jopp ist außer Haus.«

»Oh, es ist nichts Wichtiges. Würden Sie ihm ausrichten, daß Mrs. Luella Mainprice Jopp angerufen hat, um ihm viel Glück zu wünschen? Ich werde auf dem Kurs sein, um zuzuschauen, wie er das Finale gewinnt.«

Ich kehrte zu meinen Notizen zurück. Kurz darauf klingelte das Telefon erneut.

»Vincent, mein Lieber?«

»Mr. Jopps Sekretär am Apparat.«

»Oh, würden Sie ihm ausrichten, daß Mrs. Jane Jukes Jopp angerufen hat, um ihm viel Glück zu wünschen?« Ich werde morgen da sein, um ihn spielen zu sehen.«

Ich nahm meine Arbeit wieder auf. Kaum hatte ich angefangen, läutete das Telefon ein drittes Mal.

»Mr. Jopp?«

»Mr. Jopps Sekretär am Apparat.«

»Hier ist Mrs. Agnes Parsons Jopp. Ich habe nur angerufen, um ihm viel Glück zu wünschen. Ich werde morgen dabei sein.«

Ich verlagerte meine Arbeit näher an den Telefontisch, um für den nächsten Anruf bereit zu sein. Ich hatte gehört, daß Vincent Jopp nur dreimal geheiratet hatte, aber man konnte ja nie wissen.

Da kam Jopp herein.

»Hat jemand angerufen?« fragte er.

»Niemand geschäftlich. Eine Auswahl Ihrer Ehefrauen war in der Leitung, um Ihnen viel Glück zu wünschen. Sie baten mich, Ihnen zu sagen, daß sie morgen auf dem Platz sein würden.«

Für einen Moment schien es mir, als wäre die eiserne Ruhe des Mannes erschüttert worden.

»Luella?« fragte er.

»Sie war die Erste.«

»Jane?«

»Und Jane.«

»Und Agnes?«

»Agnes auch«, sagte ich.

»Hmm!« sagte Vincent Jopp. Und zum ersten Mal, seit ich ihn kannte, schien es mir, als ob er sich nicht wohl in seiner Haut fühlte.

Hell und klar brach der Tag des Endspiels an. Davon ging ich jedenfalls aus, als ich gegen neun Uhr zum Frühstück hinunterkam und mich strahlender Sonnenschein empfing. Die ersten achtzehn Löcher sollten vor dem Mittagessen gespielt werden, Beginn elf Uhr. Bis zwanzig vor beschäftigte Vincent Jopp mich mit Diktaten; es ging hauptsächlich um Angelegenheiten, die in Zusammenhang mit dem Weizengeschäft standen, aber auch um einen signierten Artikel über das Finale mit dem Titel »Wie Ich Gewann.« Um Punkt elf waren wir draußen am ersten Tee.

Jopps Gegner war ein nettaussehender junger Mann, aber offensichtlich nervös. Er kicherte, als er meinem Arbeitgeber die Hand gab.

»Nun, möge der Bessere gewinnen«, sagte er.

»Das habe ich so vorgesehen«, antwortete Jopp brüsk und begann, seinen Ball anzusprechen.

Eine große Menschenmenge stand rings um das Tee, und als Jopp gerade seinen Abwärtsschwung begann, ertönte irgendwoher vom Rand dieser Menge plötzlich ein musikalisches »Buh!«. Es zerschnitt die klare Morgenluft wie ein Jagdhorn.

Ich hatte mit meiner Einschätzung von Vincent Jopp recht gehabt. Sein kraftvoller Schlag schwankte nicht im geringsten. Der Kopf seines Schlägers traf sauber den Ball und beförderte ihn gut zweihundert Yards entlang der Mitte des Fairways. Als wir das Tee verließen, sah ich, wie Amelia Merridew mit gesenktem Kopf von zwei Mitgliedern des Clubvorstands abgeführt wurde. Armes Mädchen. Sie tat mir aus tiefster Seele

leid. Doch eigentlich hatte ihr das Schicksal eine Gunst erwiesen, als es
sie vom Ort des Geschehens entfernte – wenn auch im Gewahrsam der
Platzrichter – denn sie hätte es wohl kaum ertragen können, die weiteren
Ereignisse zu verfolgen. Vincent Jopp spielte Katz und Maus mit seinem
Gegenspieler. Ein Loch nach dem anderen gewann er in seiner unbarm-
herzigen, maschinengleichen Art, bis er gegen Mittag am Ende des achtzehnten mit zehn führte. Alle anderen Löcher waren halbiert worden.
Es war nach dem Mittagessen, während wir uns auf den Weg zum ersten Tee machten, als die Vorhut der Mrs. Jopps in Gestalt von Mrs. Luella Mainprice Jopp erschien, einer kätzchenhaften, kleinen Frau mit
blondem Haar und einem Pekinesen auf dem Arm. Ich erinnere mich, in
den Zeitungen gelesen zu haben, daß sie sich von meinem Arbeitgeber
wegen andauernder und schwerwiegender seelischer Grausamkeit hatte
scheiden lassen. Mehrere Zeugen hatten ihre Aussage bestätigt, daß er
gesagt hatte, sie gefiele ihm in Pink nicht, und daß er bei zwei verschiedenen Anlässen darauf bestanden hatte, daß ihr Hund einen Hähnchen-
schenkel anstelle der üblichen Hähnchenbrust zu fressen bekam; aber die
Zeit, die alle Wunden heilt, schien ihre Verbitterung beseitigt zu haben,
und sie begrüßte ihn liebevoll.

»Vinciebaby wird die große, große Meisterschaft gegen den bösen,
starken Mann gewinnen?« sagte sie.

»Das«, sagte Vincent Jopp, »ist meine Absicht. Es war sehr nett von
dir, Luella, daß du dir die Mühe gemacht hast vorbeizukommen und mir
zuzuschauen. Hast du Mrs. Agnes Parsons Jopp schon kennengelernt?«
sagte er höflich und deutete auf eine gütigaussehende, mütterliche Frau,
die gerade hinzugekommen war. »Wie geht es dir, Agnes?«

»Wenn du mir diese Frage heute morgen gestellt hättest, Vincent«,
antwortete Mrs. Agnes Parsons Jopp, »wäre ich gezwungen gewesen zu
sagen, daß ich mich alles andere als gut fühlte. Ich hatte ein merkwürdiges, pochendes Gefühl im linken Ellbogen und ich bin sicher, daß meine
Temperatur etwas über dem Normalwert war. Aber heute nachmittag
geht es mir ein bißchen besser. Wie geht es dir, Vincent?«

Obwohl sie, wie ich den Berichten über den Fall entnommen hatte, einige Jahre zuvor genötigt gewesen war, die Gerichte zu bitten, ihre ehe-

lichen Bande mit Vincent Jopp aufgrund kalkulierter und unmenschlicher Brutalität zu lösen, da er es trotz ihres Flehens gefühllos abgelehnt hatte, dreimal täglich Dr. Bennets Moorsaft einzunehmen, klang ihre Stimme gütig und ein bißchen aufgeregt. Wie schlimm dieser Mann sie auch immer behandelt hatte – und ich erinnere mich, gehört zu haben, daß mehrere der Geschworenen nicht in der Lage waren, ihre Tränen zurückzuhalten, als sie im Zeugenstand ihre Aussage machte – es schienen doch noch einige Überreste der alten Zuneigung vorhanden zu sein.

»Es geht mir gut, danke, Agnes«, sagte Vincent Jopp.

»Trägst du deine Nierenwärmer?«

Ein Schatten huschte über das ausdrucksstarke Gesicht meines Arbeitgebers.

»Ich trage meine Nierenwärmer nicht«, erwiderte er barsch.

»Oh, Vincent, wie unachtsam von dir!«

Er wollte gerade sprechen, als ihn ein plötzlicher Ausruf hinter seinem Rücken zurückhielt. Eine Frau in einer Sportjacke, die dem ersten Eindruck nach eine Frohnatur zu sein schien, stand dort und betrachtete ihn in einer Art von amüsiertem Entsetzen.

»Hallo, Jane«, sagte er.

Ich nahm an, daß dies Mrs. Jane Jukes Jopp war, die Ehefrau, die sich von ihm wegen kontinuierlicher und systematischer Entfremdung hatte scheiden lassen, aufgrund der Tatsache, daß er wiederholt ihre Gefühle verletzt hatte, indem er über einer weißen Weste ein Smokingjackett trug. Sie schaute ihn weiterhin sprachlos an und brach dann in ein ersticktes, hysterisches Lachen aus.

»Diese Beine!« brüllte sie. »Diese Beine!«

Vincent Jopp lief dunkelrot an. Selbst die Stärksten und die Stillsten unter uns haben ihre Schwächen, und die meines Arbeitgebers war die tiefverwurzelte Vorstellung, daß ihm Knickerbocker gut stünden. Es wäre meiner Stellung unangemessen gewesen zu versuchen, ihn umzustimmen, aber es bestand kein Zweifel darüber, daß sie ihm nicht standen. Die Natur, die ihn mit einem massivem Schädel und einem hervorspringenden Kinn ausgestattet hatte, hatte vergessen, am anderen Ende seines Körpers Entsprechendes zu tun. Vincent Jopps Beine waren dünn.

»Du armer Kerl!« fuhr Mrs. Jane Jukes Jopp fort. »Welcher Witzbold hat dich dazu gebracht, dich in Knickerbockers in der Öffentlichkeit zu zeigen?«

»Ich habe nichts gegen die Knickerbocker«, sagte Mrs. Agnes Parsons Jopp, »aber wenn er leichtsinnig in diesem starken Ostwind herumläuft, ohne seine Nierenwärmer – «

»Der kleine Tinky-Ting braucht keine Nierenwärmer«, sagte Mrs. Luella Mainprice Jopp zu dem Hündchen auf ihrem Arm, »weil er Mamas Liebling ist, oh ja.«

Ich stand ziemlich dicht neben Vincent Jopp, und in diesem Moment bemerkte ich, wie sich eine kleine Kette von Schweißperlen auf seiner Stirn bildete, und ein eindeutig gehetzter Blick in seine Augen trat. Er hatte mein volles Verständnis und Mitgefühl. Napoleon höchstpersönlich hätte kapituliert, wenn er von diesem Trio umzingelt gewesen wäre, von denen eine wie ein Kleinkind redete, die andere sich ständig um seine Gesundheit sorgte und die dritte Bemerkungen über seine unteren Gliedmaßen machte. Jopp war dabei, die Fassung zu verlieren.

»Sollen wir langsam anfangen?«

Es war Jopps Gegner, der gesprochen hatte. Ein merkwürdiger, entschlossener Ausdruck lag in seinem Gesicht der Ausdruck eines Mannes, der mit dem Rücken zur Wand steht. Nach der morgendlichen Runde mit zehn zurückliegend, hatte er die Reserven seines Muts zusammengekratzt und war entschlossen, das Unabänderliche zu ertragen.

Vincent Jopp nickte geistesabwesend und drehte sich dann zu mir um.

»Halten Sie mir diese Weiber vom Hals«, flüsterte er angespannt. »Sie werden mich aus dem Konzept bringen.«

»Sie aus dem Konzept bringen?« rief ich ungläubig.

»Ja, mich! Wie zum Teufel soll ich mich konzentrieren, wenn man um mich herum von Nierenwärmern und – und Knickerbockers quasselt? Halten Sie sie mir vom Leib!«

Er begann seinen Ball anzusprechen, und in der Art, wie er dies tat, lag eine leichte Unsicherheit, die mich auf das, was folgen würde, vorbereitete. Sein Schläger hob sich, schwankte, sauste abwärts; und der Ball, böse getoppt, rollte einen knappen Meter weit und blieb in einer Grasmulde liegen.

»Ist das gut oder schlecht?« erkundigte sich Mrs. Luella Mainprice Jopp. In den Augen des anderen Finalspielers leuchtete eine Art von verzweifelter Hoffnung auf. Mit erneuerter Kraft holte er aus. Sein Ball zischte durch die Luft und landete in bequemer Chip-Distanz vom Grün. »Ich hoffe«, sagte Mrs. Agnes Parsons Jopp, »daß du wenigstens warme Unterwäsche trägst, Vincent.«

Ich hörte Jopp einen unterdrückten Seufzer von sich geben, als er seinen Spoon aus der Tasche zog. Er machte einen galanten Versuch, den verlorenen Boden wettzumachen, aber der Ball traf einen Stein und sprang in das hohe Gras seitlich des Grüns. Sein Gegner gewann das Loch.

Wir begaben uns zum zweiten Tee.

»Nun, dieser junge Mann da«, sagte Mrs. Jane Jukes Jopp und zeigte auf den errötenden Gegenspieler ihres Ex-Mannes, »tut recht daran, Knickerbocker zu tragen. Er kann es sich leisten. Aber ein Blick in den Spiegel hätte dir zeigen müssen – «

»Ich bin sicher, daß du Fieber hast, Vincent«, sagte Mrs. Agnes eifrig. »Du bist rot im Gesicht! In deinen Augen ist so ein wildes Leuchten.«

»Mamas Hundi hat klitzekleine Knopfäuglein, in denen nie ein wildes Leuchten ist, weil er Mamas Liebling ist, ja, das ist er!« sagte Mrs. Luella Mainprice Jopp.

Ein Seufzer entschlüpfte Vincent Jopps aschfarbenen Lippen.

Ich glaube, ich brauche das Spiel nicht Loch für Loch zu beschreiben. Manche Dinge sind einfach zu schmerzvoll. Es war jammerschade, Vincent Jopp bei seinem Untergang zuzuschauen. Am Ende der ersten neun war sein Vorsprung auf eins zusammengeschrumpft, und sein Widersacher, durch den Erfolg zu einem neuen Menschen geworden, spielte großartiges Golf. Am nächsten Loch schloß er zum Gleichstand auf. Mit einer übermenschlichen Leistung schaffte es Jopp, das elfte, zwölfte und dreizehnte zu halbieren. Es schien, als könne sich sein eiserner Wille noch einmal durchsetzen, aber auf der vierzehnten Bahn kam das Ende.

Er hatte einen superben Drive hingelegt und seinen Gegner um volle fünfzig Yards überholt. Letzterer spielte einen guten zweiten bis auf wenige Meter an das Grün heran. Und dann, als Vincent Jopp sich gerade für seinen Schlag bereit machte, schrie Luella Mainprice.

»Vincent!«

»Ja, bitte?«

»Vincent, der andere Mann – böser Mann – spielt nicht fair. Als du ihm gerade den Rücken zugedreht hast, hat er seinem Ball einen großen Stoß versetzt. Ich habe es genau gesehen.«

»Auf jeden Fall«, sagte Mrs. Agnes Parsons Jopp, »hoffe ich, daß du, wenn das Spiel vorbei ist, darauf achten wirst, Vincent, dich langsam abzukühlen.«

»Muskelmann!« rief Mrs. Jane Jukes Jopp triumphierend. »Den ganzen Nachmittag lang habe ich versucht, mich an den Namen zu erinnern. Ich habe in einer Zeitung davon gelesen. Die Werbung lobt es in den höchsten Tönen. Man nimmt es vor dem Frühstück und noch einmal vor dem Schlafengehen, und die Firma garantiert, daß es in wenigen Tagen auch den Hagersten und Magersten feste, gesunde Muskeln geben wird. Also, wirst du heute abend daran denken, dir eine Flasche zu besorgen? Es gibt sie in zwei Größen, die zu fünf Shilling (die Große) und die Kleinere zu zwei Shilling, sechs Pence. G.K. Chesterton schreibt, daß er es jahrelang regelmäßig eingenommen hat.«

Vincent Jopp gab ein gequältes Stöhnen von sich, und seine Hand zitterte wie Espenlaub, als er den Mashie aus der Tasche nahm.

Zehn Minuten später befand er sich auf seinem Weg zurück ins Clubhaus, ein geschlagener Mann.

Und so (sagte der Club-Älteste zum Abschluß) sehen Sie, daß es beim Golf so etwas wie eine todsichere Sache nicht gibt. Selbst bei den allerbesten Spielern können Sie sich niemals sicher sein. Dem größten Experten kann in jedem Abschnitt des Spiels etwas Unvorhergesehenes passieren. In einem der letzten Wettkämpfe brauchte George Duncan elf Schläge für ein Loch, daß Spieler mit einem Handicap von achtzehn für gewöhnlich in fünf schaffen. Nein! Setzen Sie auf Pferde oder gehen Sie an die Börse und versuchen Sie, es den Rothschilds abzunehmen, und ich werde Ihnen als einem gewieften und vorsichtigen Geschäftsmann applaudieren. Aber sein Geld auf Golf zu setzen ist reines Glücksspiel.

DIE TIGERIN: »NA, SAGEN SIE MAL, WIE IST IHR HANDICAP?«
DER HASE: »VIERUNDZWANZIG, ABER ANSONSTEN BIN ICH ZIEMLICH HELLE.«

HART IM NEHMEN

In die sommerliche Wärme des Tages hatte sich gegen Abend jene charakteristische Frische eingeschlichen, die das Nahen des Herbstes ankündigt. In dem kleinen Tal am neunten Abschlag hatten einige der Bäume bereits damit begonnen, seltsame Farben anzuprobieren in spielerischer Vorfreude auf den kommenden jährlichen Kostümball, wenn selbst der nüchternste Baum seinen grünen Alltagsanzug ablegt und sich in einen Aufruhr aus Gelb und Rot stürzt. Auf der Terrasse vor dem Clubhaus flatterte gelegentlich ein verwelktes Blatt auf den Tisch, an dem der Club-Älteste saß, gedankenverloren an einem Mineralwasser mit Zitrone nippte und mit höflichem Ernst einem jungen Mann in Pullover und Golfhosen zuhörte, der den Stuhl neben ihm belegt hatte.

»Sie ist ein liebes Mädchen«, sagte der junge Mann ein wenig niedergeschlagen, »in jeder Hinsicht ein liebes Mädchen. Aber irgendwie ich weiß nicht – wenn ich sie Golf spielen sehe, werde ich den Eindruck nicht los, daß der Platz einer Frau am Herd ist.«

Der Club-Älteste neigte sein schneeweißes Haupt.

»Sie glauben«, sagte er, »diese entzückende Frau verliert an majestätischer Würde, wenn sie es nicht schafft, den Ball schön gerade über den Platz zu katapultieren?«

»Es macht mir nichts aus, wenn sie das Ding nicht richtig trifft«, sagte der junge Mann. »Aber ich glaube, daß ihre Einstellung zum Spiel einfach zu leichtfertig ist.«

»Vielleicht verbirgt sich dahinter ein tieferes Gefühl. Eine der edelsten Frauen, die ich je kannte, lachte für gewöhnlich herzlich, wenn sie einen

kurzen Putt verfehlte. Erst später, als ich herausfand, daß sie in der Zu-
rückgezogenheit ihres Hauses bittere Tränen weinte und Löcher in die
Sofakissen biß, begriff ich, daß sie nur eine Maske trug. Ermutigen Sie
weiterhin Ihre Verlobte zu spielen, mein Junge. Sie werden noch viel
Freude daran haben. Ich könnte Ihnen eine Geschichte erzählen – «

Eine junge Frau von einzigartiger Schönheit und statuenhafter Er-
scheinung kam aus dem Clubhaus. Sie trug ein in Flanell gewickeltes
Baby auf dem Arm. Als sie sich dem Tisch näherte, sagte sie zu ihrem
Baby:

»Chicketty wicketty wicketty wipsey pop!«

Ansonsten schien ihre Intelligenz überdurchschnittlich zu sein.

»Ist er nicht ein Schatz!« sagte sie und strahlte den Club-Ältesten an.

Der Greis warf einen versonnenen Blick auf den Säugling. Wenn man
ihn nicht gerade durch die Brille der Liebe anschaute, sah er eher aus wie
ein verlorenes Ei.

»Keine Frage«, erwiderte er.

»Glauben Sie nicht auch, daß er seinem Vater mit jedem Tag ähnlicher
sieht?«

Für einen kurzen Moment schien der Club-Älteste zu zögern.

»Sicher!« sagte er. »Ist Ihr Mann heute draußen auf dem Platz?«

»Heute nicht. Er mußte Wilberforce zum Zug nach Schottland bringen.«

»Ihr Bruder fährt nach Schottland?«

»Ja. Ramsden hält so viel von den Schulen dort oben. Ich sagte zwar,
daß Schottland sehr weit weg sei, und er sagte ja, daran hätte er auch gedacht, aber wir müßten eben Opfer bringen zum Besten von Willie. Er
war sehr tapfer und guten Mutes, als er davon erfuhr. Nun, ich kann nicht
länger bleiben. Die Luft ist schon recht frisch, und Rammylein wird sich
eine böse Erkältung in seine kostbare kleine Knopfnase holen, wenn ich
ihn nicht nach Hause bringe. Sag ›Auf Wiedersehen‹ zu dem netten Herrn,
Rammy!«

Der Club-Älteste schaute ihr nachdenklich hinterher.

»Die Luft ist schon recht frisch«, sagte er, »und im Gegensatz zu unserer neuen Bekanntschaft im Flanell bin ich nicht mehr in meiner frühsten
Jugend. Kommen Sie mit mir, ich möchte Ihnen etwas zeigen.«

Er ging in das Clubhaus und blieb vor der Wand des Kaminzimmers stehen. Sie war von der Decke bis zum Fußboden mit frechen Karikaturen der Clubmitglieder dekoriert.

»Dies«, sagte er »sind die Arbeiten eines jungen Zeitungsillustrators, der zu unserem Club gehört. Ein cleverer Bursche. Er hat die Gesichtsausdrücke dieser Männer wunderbar eingefangen. Sein einziger Mißerfolg ist in der Tat dieses Bild von mir.« Er musterte es ablehnend, und ein Hauch von Schroffheit schlich sich in sein Verhalten. »Ich verstehe nicht, warum der Vorstand es dort hängen läßt«, sagte er irritiert. »Es sieht mir kein bißchen ähnlich.«

Er fand wieder zu sich. »Aber all die anderen sind exzellent, exzellent, obwohl einige der Dargestellten fälschlicherweise den Eindruck haben, diese Bilder hätten keine Ähnlichkeit mit ihnen. Hier ist das Bild, das ich Ihnen zeigen wollte. Das ist Ramsden Waters, der Mann der Dame, die uns gerade verlassen hat.

Das Porträt, auf das er zeigte, war das eines Mannes in seinen frühen Dreißigern. Blasses, safrangelbes Haar sproß über einer fliehenden Stirn. Blaßblaue Augen schauten hervor, darunter ein Mund, der ein blasses, dünnes Lächeln trug und aus dem zwei hasenartige Schneidezähne hervorstanden.

»Meine Güte! Was für eine Visage!« rief der junge Mann an seiner Seite aus.

»Genau!« sagte der Club-Älteste. »Sie verstehen jetzt mein vorübergehendes Zögern, mit Mrs. Waters darin übereinzustimmen, daß das Baby ganz nach dem Vater käme. Mich plagte ein Gewissenskonflikt. Einerseits verlangte die Höflichkeit, daß ich die Aussage einer Dame bestätige. Gewöhnliche Menschlichkeit hingegen ließ mich davor zurückschrecken, ein unschuldiges Kind zu beleidigen. Ja, das ist Ramsden Waters. Setzen Sie sich und machen Sie es sich bequem, und ich werde Ihnen alles über ihn erzählen. Die Geschichte illustriert eine meiner Lieblingstheorien: daß es eine exzellente Sache ist, Frauen zum Golfspielen zu ermutigen. Ich gebe zu, daß auch einige Nachteile mit ihrer Präsenz auf dem Platz verbunden sind. Ich werde nicht so schnell die Gelegenheit vergessen, als ich einen flachen, schnittigen Drive vom Elften mach-

te, der die Tee-Box der Damen traf, zurückprallte und meinen Caddie be-
täubte, was mich Schlag und Distanz verlieren ließ.

Trotzdem bin ich überzeugt, daß die Vorzüge die Nachteile überwie-
gen. Golf macht Frauen menschlicher, dämpft ihre hochmütigen Natu-
ren, kurzum, es scheint ihnen diesen Funken Überheblichkeit und Selbst-
herrlichkeit zu nehmen, der einem unsicheren Mann das Liebeswerben
zu einer schwierigen Angelegenheit werden läßt. Sie haben dies vielleicht schon selbst festgestellt?«

»Nun, wenn ich es mir recht überlege«, gab der junge Mann zu, »muß
ich sagen, daß ich bemerkt habe, daß Genevieve mir ein bißchen mehr
Respekt zeigt, seit sie angefangen hat zu spielen. Wenn ich einen Drive
von zweihundertdreißig Yards schlage, nachdem sie sechsmal auf den
Ball eingeprügelt hat, um fünfzig zu schaffen, denke ich manchmal, daß
sie mich mit anderen Augen ansieht.«

»Exakt«, sagte der Alte.

Von frühester Jugend an (sagte der Club-Älteste) war Ramsden Waters eine ängstliche Natur. Er schien sich permanent zu fürchten. Möglicherweise hatte ihn sein Kindermädchen im Säuglingsalter mit Horror-
geschichten erschreckt. Wenn dem so war, dann mußte sie der Edgar Allan Poe ihres Geschlechts gewesen sein, denn als er das Mannesalter erreichte, besaß Ramsden Waters etwa so viel Wildheit und Selbstsicher-
heit wie ein Wackelpudding. Selbst unter Männern war er auffallend
schüchtern, aber in der Gegenwart von Frauen verhielt er sich in einer
Art und Weise, die sofortigen Widerspruch und Verachtung herausfor-
derte. Er war einer jener Männer, die über ihre Füße stolpern und anfangen, sich für alles Mögliche zu entschuldigen, sobald sie eine Frau er-
blicken. Seine Vorstellung von einem Gespräch mit einer Frau bestand
darin, zu transpirieren und seinen Körper in den unmöglichsten Verren-
kungen zu verknoten und währenddessen merkwürdige gurgelnde Laute
von sich zu geben, die wie die Sprache eines primitiven Stammes klangen. Wenn überhaupt jemals eine zusammenhängende Äußerung seinen
verwickelten Stimmbändern entsprang, so handelte sie vom Wetter, und
er entschuldigte sich augenblicklich dafür. Zu einem solchen Mann sind

Frauen gnadenlos, und es herrschte unter der weiblichen Bevölkerung dieser Gegend rasch der Konsens, daß Ramsden Waters ein bedauerlicher Vorfall sei, den man am besten ignorierte. Schließlich, nachdem er eine Weile versuchte hatte, gewisse Verbindungen in gesellschaftlichen Kreisen aufrechtzuerhalten, gab er es auf und wurde zu einer Art Einsiedler. Ich glaube, daß diese Karikatur, die ich Ihnen gerade gezeigt habe, den armen Kerl besonders belastete. Jedesmal, wenn er sich aufraffte, um einen weiteren Versuch zu unternehmen, in die Gesellschaft einzutreten, fiel ihm dieses Bild in die Augen, und er sagte sich:»Was für eine Hoffnung gibt es schon für einen Mann mit so einem Gesicht?« Diese Karikaturisten sind nur zu schnell bereit, einen Menschen zu verletzen, um einige Lacher zu erzielen. Ich persönlich bin tolerant genug, um über dieses Porträt von mir zu lächeln. Es hat mich sehr amüsiert. Warum der Vorstand allerdings zuläßt, daß es – Aber natürlich sieht es mir nicht im geringsten ähnlich, während das von Ramsden Waters nicht nur die exakte Erscheinung des Mannes wiedergab, sondern auch seine ganze Seele offenbarte. Es war das Porträt eines Versagers, und ein solcher war Ramsden Waters zweifellos.

Gegen Ende des ersten Jahres in unserer Gegend war Ramsden, wie gesagt, praktisch zum Einsiedler geworden. Er lebte völlig allein in einem Haus in der Nähe des fünfzehnten Grüns, traf niemand, ging nirgendwo hin. Sein einziger Trost war Golf. Sein verstorbener Vater hatte ihm eine exzellente Ausbildung gegeben, und bereits in seinem siebzehnten Jahr, glaube ich, spielte er schwierige Plätze par. Doch sogar dieses bewundernswerte Talent, daß ihm einige gesellschaftliche Anerkennung hätte bringen können, wurde durch die Tatsache zunichte gemacht, daß er zu schüchtern und zurückhaltend war, um öfter mit anderen Männern zu spielen. In der Regel beschränkte er sich darauf, morgens und spät abends zu golfen, wenn der Platz mehr oder weniger ausgestorben war. Ja, in seinem neunundzwanzigsten Jahr war Ramsden Waters so tief gesunken, daß er dabei war, ein heimlicher Golfer zu werden.

Eines lieblichen Morgens im Sommer, ein duftender Morgen von Grün und Blau und Gold, als die Vöglein in den Bäumen sangen, und die

Luft jene leuchtende Klarheit besaß, die das erste Loch etwa 100 Yards lang aussehen läßt anstatt 345, stand Ramsden Waters allein wie immer am ersten Tee und sprach seinen Ball an. Einen Moment lang wackelte er meisterhaft, dann hob er seinen Schläger mit einem scharfen Schwung und ließ ihn hinuntersausen. Und als er dies tat, rief eine Stimme hinter ihm:

»Peng!«

Ramsdens Driver wabbelte im letzten Moment. Der Ball hüpfte kraftlos in die Bäume am rechten Rand der Bahn. Ramsden drehte sich um und erblickte neben sich einen kleinen, dicken Jungen in einem Matrosenanzug.

»Mieser Schlag!« sagte der Junge streng.

Ramsden schluckte. Und plötzlich sah er, daß der Junge nicht allein war. Etwa in der Entfernung eines mittleren Annäherungs-Putts stand ein Mädchen von solch ausgesprochener Schönheit, daß Ramsden Waters' Herz in kurzer Folge zwei Loopings machte. Es war das erste Mal, daß er Eunice Bray sah, und wie die meisten Männer, die sie zum ersten Mal sahen, fühlte er sich in etwa wie jemand in einem Expreßaufzug im zehnten Stock, der die Mehrzahl seiner inneren Organe im einundzwanzigsten zurückgelassen hat. Er spürte eine benommene Leere. Die Welt verschwamm vor seinen Augen.

Sie haben Eunice Bray gerade selbst gesehen, und obwohl Sie in gewisser Weise immun sind, da sie bereits mit einem bezaubernden Mädchen verlobt sind, habe ich bemerkt, wie Sie sich unbewußt aufrichteten und versuchten doppelt so gut auszusehen, wie die Natur Sie je vorgesehen hat. Sie lächelten gekünstelt, und wenn Sie einen Schnurrbart hätten, hätten Sie daran herumgespielt. Sie können sich also vorstellen, welchen Effekt diese Vision von Lieblichkeit auf den einsamen, unsicheren Ramsden Waters hatte. Sie traf ihn wie ein Blitzschlag.

»Ich fürchte, mein kleiner Bruder hat Ihren Schlag verdorben«, sagte Eunice. Ihre Worte klangen keineswegs wie eine Entschuldigung, eher so, als würde eine Göttin zu einem Schweinehirten sprechen.

Ramsden wimmerte still vor sich hin. Wie immer in Gegenwart des anderen Geschlechts, und jetzt mehr denn je, schienen sich seine Stimm-

bänder in einen Knoten verwickelt zu haben, der jeden Seemann verblüffen würde und vielleicht selbst Houdini verwirrt hätte. Er brachte nicht einmal ein Gurgeln hervor.
»Er hat große Freude daran, beim Golf zuzuschauen!« sagte das Mädchen.

Sie nahm den Jungen bei der Hand und war gerade dabei, ihn wegzuführen, als Ramsden Waters wie durch ein Wunder die Sprache wiederfand.
»Würde er vielleicht gerne mit mir kommen?« krächzte er. Wie er es geschafft hatte, den Mut aufzubringen, diesen Vorschlag zu machen, war ihm schleierhaft. Ich nehme an, daß nervöse Männer in bestimmten Momenten von einer Art verzweifelter Entschlossenheit regiert werden.
»Das ist sehr freundlich von Ihnen!« sagte das Mädchen gleichgültig.
»Aber ich fürchte – «
»Ich will mitgehen!« brüllte der Knabe. »Ich will mitgehen!«
So vernarrt wie Eunice Bray in ihren kleinen Bruder war, konnte ich mir vorstellen, daß die Aussicht, ihn für einige Stunden loszuwerden an diesem schönen Sommermorgen, an dem die ganze Natur sie zu drängen schien, sich auf der Terrasse in den Schatten zu setzen und ein Buch zu lesen, ihr nicht gänzlich unwillkommen war.
»Es wäre sehr nett von Ihnen, wenn Sie ihn mitnehmen würden«, sagte Eunice. »Er konnte letzte Woche nicht in den Zirkus gehen, und das war eine große Enttäuschung; dies wird ihn dafür entschädigen.«
Sie drehte sich zur Terrasse um, und Ramsden, dem der Schädel schwirrte, trottete in den Dschungel, um seinen Ball zu finden, gefolgt von dem Jungen.
Ich habe es nie geschafft, genaue Einzelheiten über diese morgendliche Runde aus Ramsden herauszubekommen. Wenn man ihn darauf anspricht, zuckt er zusammen und wechselt das Thema. Doch es scheint, als habe er immerhin die Geistesgegenwart besessen, Wilberforce in Bezug auf sein Familienleben anzuzapfen, und am Ende der Runde hatte er erfahren, daß Eunice und ihr Bruder gerade zu Besuch bei einer Tante eingetroffen waren, die in der Gegend wohnte. Ihr Haus lag nicht weit vom Platz entfernt; Eunice war nicht verheiratet oder verlobt; und die

Tante hatte es sich zu einem Hobby gemacht, getrockneten Seetang zu sammeln, den sie preßte und in ein Album klebte. Manchmal denkt man, daß Tanten nur zum Vergnügen leben.

Am Ende der Runde wankte Ramsden auf die Terrasse, stolperte über seine Füße und gab Wilberforce gut erhalten zurück. Eunice, die gerade in dem Kapitel angekommen war, wo der Held beschließt, für die Liebe alles aufzugeben, bedankte sich mechanisch, ohne von ihrem Buch aufzusehen; und so endete der erste Anfall von Ramsden Waters' großer Liebe.

Es gibt wenige Dinge, die tragischer sind, als das Verlangen der Motte nach dem Licht; und es ist eine merkwürdige Tatsache, daß der Anblick einer brennenden Kerze auch die vernünftigste Motte auf dumme Gedanken bringt. Ohne Zweifel, wenn Ramsden Waters lange genug gewartet hätte, wäre ihm vielleicht einmal im Leben ein nettes, häusliches Mädchen mit Silberblick und einem sanften Gemüt über den Weg gelaufen, das zu ihm gepaßt hätte. In seinen bescheidenen Tagträumen hatte er nach nichts Höherem gestrebt. Aber der Anblick von Eunice Bray schien ihm den Verstand genommen zu haben. Er mußte gewußt haben, daß er keine Chance hatte, für sie irgendetwas anderes zu werden, als ein bequemes Mittel, um den kleinen Wilberforce ab und zu loszuwerden. Schließlich brauchte Eunice nur irgendwo aufzutauchen, und jeder verfügbare Junggeselle im Umkreis von einigen Meilen warf mit einem lauten, schnaufenden Geräusch seinen Kopf zurück und galoppierte in ihre Richtung.

Und es waren flotte junge Teufel, hübsche, gutgebaute Burschen mit der Figur von griechischen Göttern und den Gesichtern von Filmhelden. Jeder von ihnen hätte sofort einen Vertrag für Werbeaufnahmen von Hemdkragen bekommen. Sie waren die Sorte junger Männer, die man in Illustrierten lässig neben dem ganzseitigen Bild des neuen, siebensitzigen ›Magnifico‹-Automobils lächeln sieht. Und es war gegen dieses Feld, daß Ramsden Waters, der Mann mit dem mißratenen Gesicht, es wagte, seine schwächliche Persönlichkeit antreten zu lassen. Es rührt einen zu Tränen.

Etwas von der Größe der Aufgabe, auf die er sich eingelassen hatte, mußte ihm bereits an einem sehr frühen Punkt der Entwicklungen aufgefallen sein. Während der Stunden, in denen Damen Besuch empfangen, war er im Haus von Eunice von Anfang an eine unbeachtete Randfigur in der Menge. Während seine Rivalen in dichten Trauben um das Mädchen schwärmten, stand er immer irgendwo abseits und lauschte ergeben den Worten der Tante. Ich glaube, daß ein junger Mann selten so eine gute Gelegenheit hatte, alles über getrockneten Seetang zu erfahren. In der Tat hätte Ramsden Waters gegen Ende des Monats nicht mehr über Seetang wissen können, wenn er ein Tiefseefisch gewesen wäre. Und doch war er unglücklich. Auf jeder langweiligen Dinner-Party hätte er die Tischrunde mit detaillierten Insider-Informationen über getrockneten Seetang verzaubern können; trotzdem litt er Qualen. Seine Seele verkümmerte. Er nahm ab und verpatzte seine Annäherungsschläge. Ich gestehe, daß ich ihn zutiefst bedauerte.

Sein einziger Trost lag darin, daß niemand – auch nicht die Burschen, die sich durch das Gedränge hindurchgearbeitet und Sitze in der ersten Reihe bekommen hatten, wo sie ihr in die Augen starren konnten, an ihren Lippen hängen und so weiter – irgendwelche größeren Fortschritte zu machen schien.

Und so liefen die Dinge weiter, bis Eunice eines Tages beschloß, Golf spielen zu lernen. Das Motiv für ihre Entscheidung war, glaube ich, die Tatsache, daß eine gewisse junge Dame namens Kitty Manders, die bei einem der monatlichen Handicap-Turniere einen kleinen Silberpokal und ein Handicap von sechsunddreißig erhalten hatte, seitdem sämtliche Gespräche immer wieder auf diese Trophäe lenkte; und wenn es in Eunice Brays simpler Überzeugung einen unumstößlichen Grundsatz gab, so war es der, daß sie sich lieber aufhängen lassen würde, als sich von Kitty, die im übrigen kaum eine ebenbürtige Rivalin war, übertrumpfen zu lassen. Ich will Eunice nicht verteidigen, aber Frauen sind nun einmal Frauen, und ich frage mich, ob irgendeine von ihnen sich tatsächlich auf diese mythische, Suche-nach-dem-heiligen-Gral-Weise mit Golf beschäftigt, die Männer beseelt. Ich habe Frauen gekannt, die zu Golferinnen wurden, um eine Ausrede dafür zu haben, pinkfarbene Pullover zu

tragen, und mindestens eine von ihnen tat es, weil sie in den Schönheits-
tips der Abendzeitung gelesen hatte, man bekäme schöne Beine davon.
Wie Frauen nun einmal sind.

Ihre ersten Stunden nahm Eunice bei einem Trainer, aber dann begann
sie, Geld zu sparen, indem sie sich unter die Scharen ihrer Bewunderer
verteilte, die nur allzugern bereit waren, ein gutes Spiel aufzugeben, um
sich ihrem Privatunterricht zu widmen. Allmählich erlangte sie eine gewisse Fertigkeit und Vertrauen in ihr Spiel, das jedoch nicht immer durch
die Ergebnisse bestätigt wurde. Von Ramsden Waters verlangte sie keine
Unterrichtsstunde. Zum einen war es ihr nie in den Sinn gekommen, daß
ein so armseliger Mann für dieses Spiel zu gebrauchen sein könnte, und
zum anderen war Ramsden ständig damit beschäftigt, den kleinen Wilberforce zu beschäftigen.

Doch im ersten Wettkampf, an dem sie je teilnahm, den jährlichen gemischten Vierern, wurde sie ausgerechnet Ramsden als Partner zugeteilt.
Und am selben Abend, nachdem man die Liste der Auslosung am
Schwarzen Brett angeschlagen hatte, machte ihr Ramsden einen Heiratsantrag.

Der Verstand eines verliebten Mannes arbeitet oft auf sehr eigenartige
Weise. Für Sie und für mich scheint es keinen besonderen Grund dafür
zu geben, warum die Tatsache, daß man den Namen von Eunice und seinen eigenen gemeinsam aus einem Hut gezogen hatte, einen derartigen
Effekt auf Ramsden ausübte; aber für ihn war es ein Zeichen Gottes. Es
schien ihm, als hätte sie dies einander nähergebracht, eine Art von geisti-
ger Gemeinschaft geschaffen. Mit einem Wort, es wirkte auf den armen
Kerl wie ein Aufputschmittel, und noch in derselben Nacht fuhr er zu ihrem Haus, und als es ihm nach einer langen und äußerst interessanten
Unterhaltung mit ihrer Tante gelungen war, sie allein zu sprechen, hustete er elfmal, rang nach Luft und schlug vor, die Hochzeitsglocken läuten
zu lassen.

Eunice war eher verblüfft als verärgert.

»Natürlich bin ich ungeheuer geschmeichelt, Mr.– « Sie mußte innehalten, um sich an den Namen zu erinnern. »Mr. – «

»Waters«, sagte Ramsden demütig.

»Natürlich, ja. Mr. Waters. Wie gesagt, es ist ein großes Kompliment – «

»Überhaupt nicht!«

»Ein großes Kompliment – «

»Nein, nein!« murmelte Ramsden unterwürfig.

»Ich wünschte, Sie würden mich nicht andauernd unterbrechen!« platzte Eunice irritiert heraus. Keine Frau mag es, wenn sie sich ständig wiederholen muß. »Es ist ein großes Kompliment, aber es ist einfach unmöglich.«

»Natürlich. Was immer Sie sagen.« pflichtete Ramsden ihr bei.

»Was«, fragte Eunice, »haben Sie mir anzubieten? Ich meine nicht Geld. Ich meine geistig. Was an Ihnen, Mr. Walter – «

»Waters.«

»Mr. Waters. Was an Ihnen könnte eine Frau dafür belohnen, daß sie ihre unbezahlbare Freiheit aufgibt?«

»Ich weiß eine Menge über getrockneten Seetang«, schlug Ramsden hoffnungsvoll vor.

Eunice schüttelte den Kopf.

»Nein«, sagte sie, »es ist einfach unmöglich. Sie haben mir das größte Kompliment erwiesen, das ein Mann einer Frau erweisen kann, Mr. Waterson – «

»Waters«, sagte Ramsden. »Ich werde es Ihnen aufschreiben.«

»Machen Sie sich keine Umstände. Ich fürchte, wir werden uns nie wiedersehen – «

»Aber wir sind morgen Partner im gemischten Vierer.«

»Oh, ja, das sind wir!« sagte Eunice. »Nun, strengen Sie sich an. Ich möchte um alles in der Welt einen Pokal gewinnen.«

»Ach!« sagte Ramsden, »wenn ich nur das gewinnen könnte, was ich um alles in der Welt gewinnen möchte! Sie, meine ich«, fügte er hinzu, um sich verständlich zu machen. »Wenn ich Sie gewinnen könnte – «

Die Zunge blieb ihm im Halse stecken und er konnte nichts mehr sagen. Er ging langsam zur Tür, legte seine Finger um den Griff, warf einen letzten Blick über seine Schulter und ging still in den Wandchrank, in dem Eunice' Tante ihre Sammlung von getrocknetem Seetang aufbewahrte.

Seinem zweiten Versuch war mehr Glück beschieden, und er fand sich
im Flur wieder und kurz darauf in der kühlen Luft der Nacht, in der die
Sterne auf ihn herabfunkelten. Hatten diese stillen Sterne jemals auf einen Mann mit gebrochenerem Herzen herabgeschienen? Hatte die kühle
Luft der Nacht jemals eine fiebrigere Stirn umfächelt? Ach, ja! Oder
vielmehr: ach, nein!

Die Beteiligung am Wettbewerb der gemischten Vierer war nicht besonders groß. Meiner Erfahrung nach ist sie das selten. Männer sind in
der Regel Idealisten und möchten ihre Illusionen in bezug auf Frauen in-
takt halten, und es ist selbst für den großzügigsten Mann schwierig, eine
ritterliche Verehrung für das andere Geschlecht zu bewahren, nachdem
eine Frau den Ball wiederholt ins Rough geslicet hat, und ihm ein kom-
pliziertes Recovery beschert hat. Außerdem sind Frauen – ich spreche
nicht von den gelegentlichen Champions, sondern von der durchschnittlichen Frau, die mit dem Handicap von 33, die in Stöckelschuhen spielt,
geneigt zu kichern, wenn sie aus einer perfekten Lage danebenschlagen,
und durch so etwas entsteht Frauenhaß. Nur acht Paare versammelten
sich an jenem Morgen, nachdem Ramsden Waters Eunice seinen Heiratsantrag gemacht hatte, am zehnten Tee (wo unsere Vierer-Wettbewerbe
anfangen). Sechs davon waren vernachlässigbar – bestehend aus Herren
von durchschnittlichem Können und jungen Damen, die Golf spielten,
um ein wenig an der frischen Luft zu sein. Als er das Feld überblickte,
fühlte Ramsden, daß die einzig ernsthafte Konkurrenz gleich in der Er-
öffnungsrunde drohte, in Gestalt von Marcella Bingley und ihrem Partner, einem jungen Mann namens George Perkins mit einem Handicap
von 16, die ihnen als Gegner zugeteilt waren. George war ein ziemlich
mittelmäßiger Spieler, aber Marcella, eine wetterfeste Frau mit Bubikopf
und den Handgelenken eines Weltergewichtboxers, hatte einmal an den
offenen Meisterschaften der Damen teilgenommen und schwang ein ge-
fährliches Eisen.

Ramsden beobachtete, wie sie einen schönen sauberen Drive in die
Mitte des Fairways schlug, und sprach in ernstem Ton zu Eunice. Er war
mit ganzem Herzen bei diesem Wettkampf, denn obwohl der erste Preis
in den gemischten Vierern den Gewinnern nicht unbedingt das Recht auf

einen Platz in der Ruhmeshalle verschafft, so besaß Ramsden doch die Seele des wahren Golfers. Und der wahre Golfer möchte gewinnen, wann immer er ein Spiel beginnt, egal ob es sich dabei um eine Freundschaftsrunde oder die offenen Meisterschaften handelt.

»Es kommt jetzt darauf an, daß wir gleichmäßig spielen«, sagte er. »Versuchen Sie keine ausgefallenen Schläge. Gehen Sie auf Nummer Sicher. Miss Bingley ist ein harter Brocken, aber George Perkins wird bestimmt einige Patzer machen, und wenn wir auf Sicherheit spielen, haben wir sie in der Tasche. Die anderen zählen nicht.«

Sie bemerken etwas Sonderbares an dieser Rede. Etwas daran kommt Ihnen seltsam vor. Richtig. Es wirkte in der gleichen Weise auf Eunice Bray. Zunächst einmal handelt es sich um neunundvierzig Wörter, einige davon zweisilbig, andere sogar noch länger. Weiterhin wurden sie in forschem, fast befehlendem Tonfall ausgesprochen, ohne das Zögern und Stottern, das normalerweise Ramsden Waters' Kommunikationsversuche auszeichnete. Eunice war verwirrt. Sie war außerdem ein bißchen verärgert. Sicher, in dem, was er gesagt hatte, war nicht ein Wort gewesen, das eine Dame hätte erröten lassen müssen; trotzdem fühlte sie vage, daß Ramsden Waters die Grenzen überschritten hatte. Sie war auf einen röchelnden Ramsden Waters vorbereitet gewesen – einen Ramsden Waters, der über seine großen Füße fiel und transpirierte; aber hier war ein Ramsden Waters, der sie nicht nur wie ein Ebenbürtiger anredete, sondern mit mehr als einem Hauch von Überlegenheit. Sie sah ihn mit kalten Augen an, aber er hatte sich bereits umgedreht und sprach zu dem kleinen Wilberforce, der sie auf der Runde begleiten sollte.

»Und du, mein Junge«, sagte Ramsden knapp, »du wirst dich freundlicherweise daran erinnern, daß dies ein Wettkampf ist, und deine netten Bemerkungen soweit wie möglich für dich behalten. Du hast die schlechte Angewohnheit, loszuplappern, wenn ein Mann gerade seinen Ball anspricht.«

»Wenn Sie denken, daß mein Bruder im Weg sein wird – « begann Eunice kühl.

»Oh, ich habe nichts dagegen, daß er mitkommt«, sagte Ramsden »solange er den Mund hält.«

Eunice schnappte nach Luft. Sie hatte noch nicht lange genug Golf ge-spielt, um zu verstehen, wie dieses nobelste aller Spiele einen Mann von Grund auf verändern kann, wenn er auf dem Platz steht. Sie dachte gera-de daran, irgendeine vernichtende Bemerkung zu machen, als er zum Tee ging, um abzuschlagen.

Sein Drive war perfekt – hart und flach, mit einer Menge Nachlauf. Selbst Eunice war beeindruckt.

»Guter Schlag, Partner!« sagte sie.

Ramsden war sich anscheinend nicht bewußt, daß sie gesprochen hat-te. Er starrte das Fairway hinunter, mit seinem Schläger über der linken Schulter, in einer Haltung beinahe identisch mit der von Sandy MacBean in der Abbildung mit dem Titel:»Der Drive – Korrekter Abschluß« auf Seite vierundzwanzig in seinem monumentalen Werk:»Wie Sie durch das Studium von Fotografien in ihrer ersten Saison zum Scratchspieler werden.« Eunice biß sich auf die Lippe. Sie war pikiert. Sie fühlte sich, als hätte sie den Kopf eines kleinen Lamms gestreichelt, und das Lamm hätte sich herumgedreht und ihr in den Finger gebissen.

»Ich sagte 'Guter Schlag, Partner!'« wiederholte sie kühl.

»Ja«, sagte Ramsden,»aber sprechen Sie nicht. Es beeinträchtigt die Konzentration.« Er drehte sich zu Wilberforce um.»Und laß mich das dir nicht noch einmal sagen müssen!«

»Wilberforce war still wie eine Maus!«

»Darum geht es ja«, sagte Ramsden.»Mäuse machen so ein abscheu-liches, scharrendes Geräusch, und genau das hat er gemacht, als ich den Ball abgeschlagen habe.«

»Er hat nur mit dem Sand in der Tee-Box gespielt.«

»Nun, wenn er es noch einmal tut, werde ich leider gezwungen sein, die nötigen Schritte einzuleiten.«

Schweigend gingen sie dorthin, wo der Ball angehalten hatte. Er lag schön auf dem Gras, und für jeden halbwegs vernünftigen Golfer wäre es ein leichtes gewesen, ihn mit einem Eisen auf das Grün zu befördern. Eunice schaffte es jedoch lediglich, ihn kraftlos ins Rough zu slicen.

Ramsden griff nach seinem Niblick und stürzte sich ins Gebüsch. Und augenblicklich, als wäre er von irgendeiner Eruption der Natur erfaßt

worden, schoß der Ball, während der ersten Phasen seiner Reise von einem guten Pfund Erde, Gras und Steinchen begleitet, durch die Luft und
fiel auf das Grün. Aber das Unheil war geschehen. Miss Bingley versenkte den gegnerischen Ball mit einem präzisen Putt zu einer Vier und
gewann das Loch.

Eunice fing jetzt an, besser zu spielen, und da Ramsden in Hochform
war, ergab sich auf den übrigen der ersten neun Löcher ein Kopf-an-
Kopf-Rennen. Die Kombination Bingley-Perkins konnte dank einer glänzenden Leistung auf seiten des weiblichen Teammitglieds die Führung bis
zu dem kniffligen Loch am Hohlweg halten, aber dort deponierte George
Perkins, wie man es von ihm erwarten konnte, den Ball mitten zwischen
die Steine, worauf Ramsden und Eunice ausglichen. Die nächsten vier
Löcher wurden halbiert, und man erreichte das Clubhaus ohne Vorteil für
eine der Parteien.

Hier gab es eine Pause, während Miss Bingley zum Golfgeschäft ging,
um das Leder am Griff ihres Mashies, das sich gelöst hatte, neu befesti-
gen zu lassen. George Perkins und der kleine Wilberforce, die den Wert
einer kleinen Stärkung zwischendurch zu schätzen wußten, verschwanden still in Richtung der Erfrischungsbar, und Ramsden und Eunice waren allein.

Der Groll, den Eunice zu Beginn des Spiels empfunden hatte, war mittlerweile verschwunden. Sie fühlte sich sehr zufrieden mit ihrer Leistung
an den letzten paar Löchern und hätte die Angelegenheit liebend gerne
ausgiebig diskutiert. Außerdem war sie sich eines neuen Gefühls gegenüber Ramsden bewußt – vielleicht weniger von Respekt als von gönner-
hafter Toleranz. In Gesellschaftszimmern oder auf einem Ball mochte er
zwar ein Versager sein, aber in einem Bunker oder mit einem Cleek in
der Hand, dachte Eunice, war er für manche Überraschung gut. Sie wollte ihm gerade einige freundliche Worte zukommen lassen, als er sie ansprach.

»Lassen Sie den Brassie auf den nächsten neun Bahnen lieber in der
Tasche«, sagte er. »Halten Sie sich an die Eisen. Es ist wichtig, immer
schön gerade zu schlagen.«

Eunice stockte der Atem. In der Tat, wenn sie eine weniger bemerkenswerte Schönheit gewesen wäre, hätte man sagen können, daß sie vor Wut schäumte. Der Himmel wurde schwarz, und alle Liebenswürdigkeit in ihr wurde von einer Welle des Zorns hinweggespült. Für einen Moment verließ das Blut ihre Wangen und kehrte gleich darauf in einem tiefen Karminrot zurück. Sie sind verlobt und werden bald heiraten, und ich nehme an, daß zwischen Ihnen und Ihrer Verlobten größtmögliche Liebe, Vertrauen und Verständnis existieren; aber hätten Sie den Nerv gehabt, könnten Sie kaltschnäuzig eine solche Bosheit begehen, wie die, Ihrer Genevieve zu erzählen, sie sei nicht fähig, ihre Hölzer zu benutzen? Ich denke nein. Doch genau dies hatte Ramsden Waters Eunice gegenüber getan, und das feinfühlige Mädchen zitterte angesichts dieser groben Beleidigung. Ihr kultiviertes, sensibles Wesen wurde heftig durcheinandergeschüttelt.

Seit sie sich zum ersten Mal an Golf versucht hatte, war sie auf ihren Gebrauch der Hölzer stolz gewesen. Ihr Bruder und ihr Brassie waren die einzigen Dinge, die sie liebte. Und dieser Mann hatte vorsätzlich – Sie schluckte.

»Mr. Waters!«

Bevor sie ihre Rede fortsetzen konnte, kamen George Perkins und der kleine Wilberforce aus dem Clubhaus geschlendert.

»Ich habe drei Ginger-ales getrunken«, verkündete der Knabe. »Wohin gehen wir jetzt?«

»Unsere Ehre«, sagte Ramsden. »Schlagen Sie!«

Eunice zog wortlos ihren Driver aus der Tasche. Ihre kleine Figur bebte vor Aufregung.

Sie holte energisch aus und schlug den Ball in einem weiten Pull bis auf das Fairway des neunten Lochs.

»Beim Abschlag vom Tee«, sagte Ramsden, »sollten Sie besser auch ein Eisen benutzen. Sie müssen immer schön geradeaus schlagen.«

Ihre Augen begegneten sich. Ihre funkelten mit der blanken Wut einer verspotteten Frau. Seine waren kalt und hart. Und plötzlich, als sie in sein entsetzliches, blasses, entschlossenes Golfergesicht blickte, geschah etwas mit Eunice.

Ein seltsames Gefühl von Schwäche und Demut ergriff sie. So ähnlich wird sich die Neandertalerfrau gefühlt haben, als sie, mit dem Rücken zum Abgrund und ohne Möglichkeit auszuweichen, zusehen mußte, wie ihr Freier seine Keule in den Interlock-Griff nahm und nach einem einleitenden Wackeln seinen Rückschwung begann.

Die Sache war die, daß Eunice ihr ganzes Leben lang an die Huldigung von Männern gewöhnt gewesen war. Seit dem Tag, an dem sie zum ersten Mal ihre Haare zurechtgemacht hatte, war jeder Mann, den sie traf, auf Knien vor ihr gekrochen, und sie hatte eine geistige Haltung gegenüber dem anderen Geschlecht eingenommen, die aus einer Mischung von Gleichgültigkeit und Verachtung bestand. Für jene duckmäuserischen Exemplare, die sich krümmten und auf dem Kaminteppich zusammenbrachen, wenn sie ein kühles Wort zu ihnen sprach, hatte sie nichts außer Spott übrig. Sie träumte wehmütig von jenen schroffen Höhlenmenschen, über die sie in Romanen aus der örtlichen Leihbücherei gelesen hatte.

Ihre damalige Lieblingsschriftstellerin versah jeden Bissen ihrer erfrischenden Prosa mit einem Helden mit buschigen Augenbrauen und finsterem Blick, der immer schlecht gelaunt war, wilde Pferde durch das Land ritt, bis ihre Mäuler schäumten, und Frauen wie Dreck behandelte. Das, hatte Eunice sehnsüchtig gedacht, wenn sie sich mit Jünglingen unterhielt, deren Rückgrat durch einen Blick aus ihren leuchtenden Augen zu Gummi wurde, war die Sorte Mann, der sie begegnen wollte, und die ihr niemals über den Weg lief.

Von allen Männern, deren Bekanntschaft sie in letzter Zeit gemacht hatte, hatte sie Ramsden Waters am meisten verachtet. Wo andere auf Knien gekrochen waren, hatte er sich zu Knoten gewickelt. Wo andere sie wie verträumte Schafe angestarrt hatten, hatte er sie wie ein begossener Pudel angeglotzt.

Sie hatte ihm überhaupt nur deswegen erlaubt vorbeizukommen, weil er so vernarrt in den kleinen Wilberforce zu sein schien. Und nun stand er da, kommandierte sie herum und durchbohrte sie mit seinen stechenden Augen, als wäre er Claude Delamere im zweiunddreißigsten Kapitel von »Der Mann aus kaltem Stahl«, dort, wo Claude Lady Matilda an den

Haaren durch das Kaminzimmer schleift, weil sie dem italienischen Grafen eine Rose aus ihrem Strauß geschenkt hat.

Sie war halb eingeschüchtert, halb verärgert.

»Mr. Winklethorpe meinte, ich wäre sehr gut mit den Hölzern«, sagte sie trotzig.

»Er ist ein großer Spaßvogel«, sagte Ramsden.

Er ging den Hügel hinab zu der Stelle, wo sein Ball lag. Eunice begab sich direkt zum Grün. So sehr sie sich auch sagte, daß sie diesen Mann hasse, so stellte sie doch nicht seine Fähigkeit in Frage, mit seinem nächsten Schlag dorthin zu gelangen.

George Perkins, der längst jegliches Vertrauen verloren hatte, das seine Partnerin ihm hätte vermitteln können, toppte seinen Drive und bescherte Miss Bingley einen schwierigen zweiten aus einem sandigen Graben. Das Loch wurde halbiert.

Der Wettkampf ging weiter. Ramsden gewann das kurze Loch mit einem perfekten Eisen-Schlag, aber am nächsten Loch, dem langen Dogleg, holte sich Miss Bingley die Ehre zurück. Als sie am letzten Loch ankamen, stand es unentschieden.

Da das Spiel am zehnten Tee begonnen hatte, handelte es sich beim letzten Loch, das es zu überwinden galt, natürlich um jenes, welches im gewöhnlichen Spielablauf das neunte ist – möglicherweise das kniffligste auf dem Platz.

Wie Sie wissen, ist es notwendig, mit dem ersten Schlag den Ball über jene Kombination von Bach und See zu befördern, in die schon so viele gutgemeinte Drives geplumpst sind. Dies geschafft, arbeitet sich der Spieler einen steilen Hügel hinauf, um sich schließlich auf einem Grün wiederzufinden, das aussieht wie das Meer in der Sturmszene eines Melodramas. Es wogt auf und ab und ist wirklich eine böse Sache, besonders wenn es den Abschluß eines mörderischen Wettkampfs bildet. Aber der erste Schlag, der Drive, ist die eigentliche Herausforderung, denn das Wasser und die Bäume ergeben ein mentales Hindernis von unbestreitbarer Härte.

Als George Perkins seinen Ball für den lebenswichtigen Schlag ansprach, zitterte er sichtlich. Die Angst kroch in die Tiefen seiner feigen

Seele. Er versuchte zu beten, aber das einzige, an das er sich erinnern konnte, war der Choral für jene in Gefahr auf dem tiefen Meere, in welche Kategorie sein Ball, wie er fürchtete, in Kürze fallen würde. Einige Takte davon murmelnd, schwang er den Schläger. Es gab ein musikalisches Klick, und der Ball flog wie ein Vogel über das Wasser, erklomm den Hügel wie ein landendes Flugzeug und fiel in bequemer Entfernung zum Plateau des Grüns in die Mitte des Fairways.

»Gute Arbeit, Partner«, sagte Miss Bingley und sprach damit das erste und letzte Mal im Verlauf des Verfahrens.

George kam mit einem bescheidenen, etwas gekünstelten Lächeln zu sich. Er fühlte sich wie ein Spieler, der beim Roulette alles auf eine Zahl gesetzt hat und sieht, wie die Kugel in die entsprechende Spalte fällt.

Eunice begab sich zum Tee. Im Verlauf der letzten acht Löcher war die hochmütige Seele des Mädchens empfindlich verletzt worden. Sie hatte zwei Drives und drei Annäherungsschläge verpatzt und auf dem drittletzten Grün einen kurzen Putt danebengespielt.

Sie litt unter dem Schuldbewußtsein, das jeden Golfer nach solchen Fehlern befällt, jene merkwürdige Selbstverachtung, die auch die Stolzesten heimsucht. Ihre Knie fühlten sich weich an, und alles um sie herum schien sie anzubrüllen, daß sie gleich mit einem lauten Geräusch platzen würde.

Noch während sich ihr Driver über ihre Schulter erhob, war sie sich schmerzhaft bewußt, daß sie dabei war, achtzehn der dreiundzwanzig möglichen Fehler zu machen, die den Abschlag beim Golf komplizieren. Sie wußte, daß sie mit dem Kopf gewackelt hatte wie eine schöne Blume in einer steifen Brise. Die Ferse ihres linken Fußes zeigte in Richtung der Bahn. Ihr Griff war verrutscht, und ihre Handgelenke fühlten sich an wie Stangen gekochten Spargels. Als der Schläger herabzusinken begann, bemerkte sie, daß sie die Anzahl ihrer Fehler unterschätzt hatte. Und als der Ball, böse getoppt, die Bahn hinunterrollte und in das trübe Wasser hineinhüpfte wie ein schüchterner Taucher an einem kalten Morgen, stellte sie fest, daß sie ein Full house hatte. Es gibt dreiundzwanzig mögliche Fehler, die man beim Drive machen kann, und sie hatte sie alle auf einmal gemacht.

Schweigend formte Ramsden Waters ein Tee und legte einen neuen Ball darauf. Er war ein Golfer, der selten verzweifelte, aber dies war ihr dritter Schlag, und der Ball seiner Gegner würde zweifellos in zwei auf dem Grün liegen oder möglicherweise schon tot an der Fahne. Trotzdem vielleicht ließ sich durch einen überragenden Drive und ein oder zwei Wunder danach das Spiel noch retten. Er konzentrierte seine ganze Seele auf den Ball.

Ich brauche Ihnen wohl kaum zu sagen, daß Ramsden Waters es zu gut meinte –

Der Driver zischte durch die Luft. Der Ball, vom Lufthauch bewegt, wackelte ein wenig auf dem Tee und nahm dann wieder seine ursprüngliche Position ein.

Ramsden Waters, normalerweise einer der sorgfältigsten Spieler, hatte die Kugel verfehlt.

Für einen Moment herrschte Stille eine Stille, gegen die Ramsden mit einer Anstrengung ankämpfte, die ihm fast körperliche Schmerzen bereitete.

Ausgiebige Flüche stiegen zu seinen Lippen auf, und glühende Verwünschungen krachten gegen seine zusammengebissenen Zähne.

Die Stille wurde vom kleinen Wilberforce gebrochen.

Man kann nur annehmen, daß sich in dieser vermeintlich harmlosen, bernsteinfarbenen Flüssigkeit namens Ginger-ale irgendeine erheiternde Substanz verbirgt, die das Jugendschutzgesetz bisher übersehen hat. Wilberforce Bray hatte, wenn Sie sich erinnern, nicht weniger als drei davon hinuntergespült.

Mit dieser Dosis im Bauch schien das Kind außer Rand und Band geraten zu sein. Er stieß ein glucksendes Lachen hervor.

»Daneben! Daneben!« krähte der kleine Wilberforce.

Er hatte neben der Tee-Box gekniet und drehte sich jetzt um und begann, mit dem Sand zu spielen, wie jemand, der alles gesehen hat, was es zu sehen gibt, und sich gesättigt anderen Vergnügungen zuwendet. Dem verlockenden Anblick seines Hosenbodens zu widerstehen, wäre selbst dem stärksten Mann schwergefallen. Für Ramsden Waters sah es wie eine schriftliche Einladung aus. Für einen Moment schwang sein Golfschuh Größe 11 (empfohlen von allen führenden Profis) durch die Luft, dann traf er krachend ins Ziel.

Eunice schrie auf.

»Wie können Sie es wagen, meinen Bruder zu treten!«

Ramsden wandte sich ihr zu, streng und blaß.

»Madam«, sagte er, »unter ähnlichen Umständen hätte ich den Erzengel Gabriel höchstpersönlich getreten.«

Dann bückte er sich nach seinem Ball und hob ihn auf.

»Ihr Spiel«, sagte er zu Miss Bingley, die dem Drama, das sich gerade zugetragen hatte, keine Aufmerksamkeit geschenkt hatte und damit beschäftigt war, kurze Chip-Schläge mit ihrem Mashie-Niblick zu üben.

Er verbeugte sich kühl vor Eunice, warf einen Blick düsterer Befriedigung auf den kleinen Wilberforce, der sich unter Schmerzen aus einem Brennesselnest befreite, in das er gefallen war, und ging seines Wegs. Er überquerte die Brücke über das Wasser und stelzte den Hügel hoch.

Eunice schaute ihm fasziniert hinterher. Ihr momentaner Wutanfall darüber, daß er ihren Bruder getreten hatte, war verflogen, und sie wünschte, sie hätte selbst daran gedacht.

Wie großartig er aussah, dachte sie, während sie beobachtete, wie Ramsden hinauf zum Clubhaus ging – genau wie Carruthers Mordyke, nachdem er Ermyntrude Vanstone von sich gestoßen hatte, im zweiundvierzigsten Kapitel von »Graue Augen, die leuchten«. Ihr Herz flog ihm entgegen. Das war die Sorte Mann, die sie sich als Partner fürs Leben wünschte. Wie großartig er ihr Golfspielen beibringen würde. Es hatte sie krank gemacht, wenn ihre früheren Lehrer, die ihre Kritik mit klebrigen Lobesworten einleiteten, vorsichtig vorgeschlagen hatten, daß einige Leute es für eine gute Sache hielten, beim Drive den Kopf stillzuhalten, und daß – obwohl ihre Methoden großartig seien – es vielleicht einen Versuch wert sei.

Sie hatten davon gesprochen, daß sie ihre Augen auf den Ball richten solle, als würde sie damit dem Ball einen Gefallen tun. Was sie wollte, war ein großer, starker, grober Klotz von einem Kerl, der ihr sagen würde, daß sie ihren verdammten Kopf stillhalten solle; ein ruppiger Wikinger von einem Mann, der, falls sie ihre Augen nicht auf den Ball richten

würde, sie ihr blau schlagen würde. Und Ramsden Waters war so einer.
Er sah vielleicht nicht aus wie ein Wikinger, aber schließlich ist es die
Seele, die zählt, und, wie die Erfahrung dieses Nachmittags sie gelehrt
hatte, besaß Ramsden Waters eine Seele, die zu gleichen Teilen die herausragenden Eigenschaften eines Nero, einer Wildkatze und eines zweiten Maats auf einem Dampfschiff zu vereinigen schien.

Hilflos der trübsinnigen Gedanken ausgesetzt, saß Ramsden Waters in
dieser Nacht in seinem Arbeitszimmer. Sein Mut hatte ihn mittlerweile
verlassen, und er machte sich bittere Vorwürfe, daß er sich für immer die
Chance verdorben hatte, das einzige Mädchen, das er je geliebt hatte, zu
gewinnen.

Wie konnte sie ihm seine Brutalität verzeihen? Wie konnte sie ein solches Verhalten übersehen, das selbst im Heizraum eines Viehtransport-
schiffs aufgefallen wäre? Er stöhnte und versuchte seine Sorgen zu vergessen, indem er sich zwang zu lesen.

Aber die auserwähltesten Gedanken der größten Schriftsteller be-
saßen nicht die Kraft, ihn zu fesseln. Er probierte Vardons »Über den
Schwung«, und die Wörter verschwammen vor seinen Augen. Er wandte
sich Taylors »Über den Chip-Schlag« zu, und der saubere Stil des Meisters schien ihm mühsam und verwickelt. Er fand weder Trost bei Braids
»Über den Drehpunkt« noch bei Duncans »Über den Divot«. Er wollte
gerade aufgeben und zu Bett gehen, obwohl es erst neun Uhr war, als das
Telefon läutete.

»Hallo!«

»Sind Sie das, Mr. Waters? Hier spricht Eunice Bray.« Der Hörer zitterte in Ramsdens Hand. »Mir fiel gerade ein: Haben wir letzte Nacht
nicht über irgendetwas gesprochen? Haben Sie nicht um meine Hand angehalten oder etwas Ähnliches? Ich weiß, daß es irgend so etwas war.«

Ramsden schluckte dreimal.

»Das habe ich«, wiederholte er dumpf.

»Wir hatten noch nichts ausgemacht, oder?«

»Äh?«

»Ich sagte, wir haben es sozusagen offengelassen.«

»Äh, ja!«

»Nun, würde es Sie sehr langweilen«, sagte Eunice mit sanfter Stimme, »jetzt vorbeizukommen, um noch einmal darüber zu reden?«

Ramsden taumelte.

»Wir werden ganz allein sein«, sagte Eunice. »Der kleine Wilberforce liegt mit Kopfschmerzen im Bett.«

Ramsden brauchte einen Moment, um seine Zunge von seinem Nakken zu befreien.

»Ich bin gleich da!« sagte er mit heiserer Stimme.

BERÜHMTER KOMIKER (NACH VERHEERENDEM ABSCHLAG): »HEUTE KLAPPT ABER
AUCH NICHTS BEI MIR.«
TRAGISCHER DARSTELLER: »NUN, ALTER KNABE, IMMERHIN HAST DU DEINE LA-
CHER GEHABT.«

DER GROSSE GOWF

PROLOG

Nachdem wir unsere Karte abgegeben und einige Stunden im marmorgetäfelten Vorzimmer gewartet hatten, läutete eine Glocke. Der Haushofmeister teilte die kostbaren Vorhänge und geleitete uns zum Schreibtisch des Verlegers. Wir näherten uns auf allen Vieren und stießen dabei unsere Köpfe ehrfürchtig auf den Aubusson-Teppich.

»Nun?« sagte er nach einer Weile und legte seinen juwelenbesetzten Federhalter nieder.

»Wir sind nur vorbeigekommen«, sagten wir demütig, »um zu fragen, ob es in Ordnung wäre, wenn wir Ihnen eine historische Geschichte einreichen würden.«

»Die Leute wollen keine historischen Geschichten«, sagte er und runzelte kühl die Stirn.

»Ja, aber die Leute haben noch keine von unseren gesehen«, erwiderten wir.

Der Verleger steckte eine Zigarette in eine goldene Spitze, die ihm ein regierender Monarch geschenkt hatte, und entzündete sie mit einem Streichholz aus einer goldenen Schachtel – das Präsent eines Millionärs, der Vorsitzender der Vereinigten Klempner- und Installateur-Liga war.

»Was diese Zeitung braucht«, sagte er, »ist heißblütiges, hundertprozentig dynamisches Zeug, das menschliche Interessen anspricht und ein starkes, ergreifendes Liebesmotiv enthält.«

»Das«, erwiderten wir, »ist genau, was wir haben.«

»Im Moment brauche ich allerdings eine Golfgeschichte.«

»Durch einen einzigartigen Zufall handelt es sich hier um eine Golfgeschichte.«

»Ha! Was Sie nicht sagen!« sagte der Verleger, und ein Hauch von Interesse huschte über seine fein gemeißelten Züge. »Dann dürfen Sie sie
mir vorlegen.«

Er schickte uns zur Hölle, und wir zogen uns zurück.

DIE GESCHICHTE

Auf der breiten Terrasse vor seinem Palast, die ausgedehnte Anlage
der Königlichen Gärten überschauend, stand König Merolchazzar von
Umu mit dem Kinn in der Hand und einem Runzeln auf seiner edlen
Stirn gegen die niedrige Brüstung gelehnt. Es war ein schöner Tag, und
ein leichter Wind wehte aus dem Garten den lieblichen Duft der Blumen
herbei. Aber bei so viel Freude, wie dieser Geruch ihm zu bereiten schien,
hätte es sich ebensogut um Fischabfälle handeln können.

Die Sache war die: König Merolchazzar war verliebt, und sein Werben hatte keinen Erfolg. Grund genug für jeden Mann, schlechte Laune
zu haben.

In jenen Tagen wurden königliche Liebesaffären über das Korrespon-
denzsystem abgewickelt. Ein Monarch, der Gutes über eine benachbarte
Prinzessin hörte, schickte Boten mit Geschenken an ihren Hof, um eine
Unterredung zu erbitten. Die Prinzessin benannte ein Datum, und ein
formelles Treffen fand statt; danach lief gewöhnlich alles ziemlich glatt.
Aber im Falle König Merolchazzars, der der Prinzessin von den Äußeren
Inseln den Hof gemacht hatte, hatte die Sache einen bedauerlichen Haken. Sie hatte die Geschenke in Empfang genommen, wobei sie sagte, es
sei genau, was sie sich gewünscht habe, und wie er das nur gewußt hätte,
und sie hatte hinzugefügt, daß sie ihm in Hinblick auf ein Treffen später
Bescheid geben würde. Seit jenem Tag hatte sie kein Wort mehr von sich
hören lassen, und eine düstere Stimmung hing über der Hauptstadt. Im
Club der Höflinge, dem Treffpunkt der Aristokratie von Umu, wurden
offen Wetten von fünf *Pazazas* zu einem gegen Merolchazzars Chancen

angeboten, fanden aber keine Abnehmer; während man in den Tavernen des einfachen Volkes, wo stets weniger konservative Quoten zu bekommen waren, ein zackiges Hundert zu acht handelte. »Denn wahrlich«, schrieb ein Chronist der Zeit auf einen halben Ziegel und einige Pflastersteine, die bis zum heutigen Tag erhalten geblieben sind, »begann es in der Tat so auszusehen, als ob unserem geliebten Monarchen, dem Sohn der Sonne und dem Neffen des Mondes, die bittere Frucht der Zitrone gereicht worden wäre.«

Die wunderliche alte Redewendung ist fast unübersetzbar, aber man sieht, was gemeint ist.

Als der König nun dastand und finster in den Garten blickte, wurde seine Aufmerksamkeit auf einen kleinen, bärtigen Mann mit buschigen Augenbrauen und einem Gesicht wie eine Walnuß gelenkt, der nicht weit entfernt auf einem von Rosenhecken flankiertem Kiesweg stand. Einige Minuten lang beobachtete er den Mann schweigend, dann rief er dem Großwesir, der in einer kleinen Gruppe von Höflingen und Beamten am anderen Ende der Terrasse stand. Der bärtige Mann, sich des prüfenden königlichen Blickes offenbar unbewußt, hatte einen runden Stein auf den Kies gelegt, über dem er jetzt seltsame, kreisende Bewegungen mit seiner Hacke ausführte. Dieses kuriose Verhalten hatte die Aufmerksamkeit des Königs geweckt. Oberflächlich betrachtet wirkte es albern, und doch hatte Merolchazzar ein merkwürdiges Gefühl, daß hinter diesen Bewegungen ein tieferer, ja heiliger Sinn liegen könnte.

»Wer«, erkundigte er sich, »ist das?«

»Es ist einer der Gärtner Eurer Majestät«, antwortete der Wesir.

»Ich erinnere mich wirklich nicht, ihn schon einmal gesehen zu haben. Wer ist er?«

Der Wesir war ein herzensguter Mann, und er zögerte einen Moment.

»Es klingt nicht nett, so etwas über jemanden zu sagen, Eure Majestät«, antwortete er, »aber er ist ein Schottländer. Einer der unbesiegbaren Admiräle Eurer Majestät machte vor kurzem einen Überfall auf die ungastliche Küste dieses Landes an einem Ort, der von den Eingeborenen S'nandrews genannt wird, und brachte diesen Mann mit.«

»Was tut er da?« fragte der König, als der Bärtige langsam die Hacke über die rechte Schulter hob und dabei das linke Knie leicht anwinkelte.

»Es ist eine Art primitiver religiöser Zeremonie, Eure Majestät. Nach Aussage des Admirals waren die Dünen an dem Strand, wo er landete, mit einer Vielzahl von Männern bedeckt, die sich genau wie dieser Mann verhielten. Sie hielten Stöcke in den Händen und schlugen damit gegen kleine, runde Gegenstände. Und ab und zu – «

»Fo-o-ore!« ertönte eine rauhe Stimme von unten.

»Und ab und zu«, fuhr der Großwesir fort, »stießen sie diesen seltsamen, melancholischen Ruf aus, den Eure Majestät gerade vernommen haben. Es ist eine Art Gesang.«

Der Wesir hielt inne. Die Hacke war auf den Stein herabgesunken, und der Stein war in einem graziösen Bogen durch die Luft gesegelt und vor den Füßen des Königs gelandet.

»Heh!« schrie der Wesir.

Der Mann schaute auf.

»Was bilden Sie sich ein? Sie haben um ein Haar Seine Gnädige Durchlaucht, den König, getroffen!«

»Hmm!« sagte der bärtige Mann unbekümmert und begann, seine Hacke mystisch über einem anderen Stein zu schwingen.

In das sorgenzerfurchte Gesicht des Königs trat ein Ausdruck von Interesse, fast von Aufregung.

»Welchen Gott versucht er mit diesen Ritualen günstig zu stimmen?« fragte er.

»Wie ich vom Admiral Eurer Majestät erfahren habe, wird die Gottheit Gowf genannt.«

»Gowf? Gowf?« König Merolchazzar ließ vor seinem geistigen Auge die Liste der Götter von Umu ablaufen. Es gab ihrer siebenundsechzig, aber Gowf war nicht darunter.

»Es ist eine seltsame Religion«, murmelte er. »Eine seltsame Religion, in der Tat. Aber, bei Belus, ausgesprochen reizvoll. Ich habe so eine Idee, daß Umu eine solche Religion gebrauchen könnte. Es hat etwas an sich. Eine Art Faszination, wenn Sie wissen, was ich meine. Für mich sieht es ganz nach dem aus, was der Hofarzt mir verschrieben hat. Ich werde mit diesem Burschen sprechen und mehr über diese heiligen Zeremonien herausfinden.«

Und gefolgt vom Großwesir, machte sich der König auf den Weg in den Garten.

Der Wesir wurde von dunklen Vorahnungen geplagt. Er konnte sich in allen Einzelheiten vorstellen, welchen Effekt die Annahme einer neuen Religion durch den König auf die beachtliche Kirchenlobby haben würde. Mit Sicherheit würde es Mißfallen innerhalb der Priesterschaft auslösen; und in jenen Tagen war es eine heikle Angelegenheit, die Priesterschaft zu beleidigen, selbst für einen Monarchen. Und wenn Merolchazzar einen Fehler besaß, dann war es die Tendenz, ein wenig taktlos mit dieser mächtigen Partei umzugehen. Erst vor ein paar Tagen hatte der Hohepriester der Hec den Wesir beiseite genommen, um sich über die Qualität des Fleisches zu beschweren, das der König in letzter Zeit für seine Opfer benutzt hatte. Er sei vielleicht ein Kind in weltlichen Dingen, sagte der Hohepriester, aber falls der König annehme, daß er nicht zwischen frischer, einheimischer Ware und gefrorener, aus dem Ausland importierter unterscheiden könnte, sei es an der Zeit, daß Seine Majestät eines Besseren belehrt würde. Falls König Merolchazzar nach dieser kleinen Unstimmigkeit jetzt obendrein ein Anhänger dieses neuen Gowfs werden würde, wußte der Wesir nicht, was nicht alles geschehen könnte.

Der König stand neben dem bärtigen Fremden und beobachtete ihn aufmerksam. Der zweite Stein stieg elegant zur Terrasse auf. Merolchazzar stieß einen aufgeregten Schrei aus. Seine Augen strahlten, und er atmete schnell.

»Es sieht nicht schwer aus«, murmelte er.

»Ach ja?« sagte der bärtige Mann.

»Ich glaube, das könnte ich auch«, fuhr der König erhitzt fort. »Bei den acht grünen Göttern des Berges, ich könnte es! Bei dem heiligen Feuer, das Tag und Nacht vor dem Altar des Belus brennt, ich bin sicher, daß ich es könnte! Bei Hec, ich mache es sofort. Gib mir die Hacke!«

»Oho!« sagte der bärtige Mann.

Es schien dem König, als spreche der Bursche verächtlich, und sein Blut begann vor Wut zu kochen. Er packte die Hacke und hob sie über

seine Schulter, wobei er sich mit weit auseinandergestellten Füßen fest
im Boden verankerte. Seine Pose war eine exakte Wiedergabe jener Haltung, in welcher der Hofbildhauer ihn dargestellt hatte, als er an einer le-
bensgroßen Statue arbeitete (»Unser Athletischer König«), die jetzt auf
einem der großen Plätze der Stadt stand; aber den Fremden beeindruckte
sie nicht im geringsten.

Er brachte ein mißtönendes Lachen hervor.

»Sie arme Kerl!« brüllte er, »was für ein Stance is that?«

Der König war verletzt. Bisher war seine Haltung allgemein bewundert worden.

»Ich stehe immer so, wenn ich Löwen töte«, sagte er. »»Beim Töten
eines Löwens‹«, fügte er hinzu, indem er aus der bekannten Abhandlung
von Nimrod zitierte, dem wichtigsten Lehrbuch über diesen Sport,»» sollte das Körpergewicht auf dem höchsten Punkt des Schwungs gleichmäßig
auf beiden Füßen verteilt sein.‹«

»Ah, well, Sie jetzt nicht töten Löwen. Sie goufen.«

Eine plötzliche Demut senkte sich auf den König. Er fühlte sich, wie
so viele Männer sich unter ähnlichen Umständen in kommenden Zeital-
tern fühlen würden, als wäre er ein Kind, das eifrig einen allwissenden
Lehrmeister um Unterweisung bittet – ein Kind, das außerdem behindert
war durch Füße, die ihm drei Nummern zu groß waren, und Hände, die
nur aus Daumen bestanden.

»O Ihr von edlen Vorfahren und gefälligem Wesen!« sagte er demütig.
»Lehre Er mich den wahren Weg.«

»Nehme Sie der Interlock-Griff und halten Sie der Stance ein kleine
bißchen open, langsam zurückschwingen, nicht verkrampfen oder die Kopf
bewegen, und immer Ihren Auge auf der Ball lassen.«

»Meine was auf was?«

»Es dünkt mich, Eure Majestät«, wagte der Wesir zu sagen, »daß er
respektvoll vorschlägt, daß Eure Erhabene Durchlaucht Sich herablassen
möchte, Ihre Augen auf dem Ball zu lassen.«

»Oh, ah!« sagte der König.

Die erste Golfstunde, die je im Königreich von Umu gesehen wurde,
hatte begonnen.

In der Zwischenzeit fand oben auf der Terrasse in einer kleinen Gruppe von Höflingen und Beamten eine lebhaft geflüsterte Beratung statt. Offiziell sollte die unglückliche Liebesaffäre des Königs ein strenges Geheimnis sein. Aber Sie wissen ja, wie so etwas geht. Solche Dinge sprechen sich herum. Der Großwesir erzählt es dem Ersten Kammerherrn; der Erste Kammerherr flüstert es vertraulich dem Höchsten Hüter des Königlichen Schoßhundes zu; der Höchste Hüter reicht es an den Obersten Inspektor der Königlichen Garderobe weiter mit der Bemerkung, es keinesfalls weiterzusagen; und bevor man weiß, wo man ist, tratschen die Diener und Pagen darüber in den Schloßküchen, und die Gesellschaftsreporter haben angefangen, es für die nächste Ausgabe von *Palast-Klatsch* in Ziegelsteine zu meißeln.

»Mit einem Wort«, sagte der Oberste Inspektor der Königlichen Garderobe, »wir müssen ihn aufheitern.«

Ein zustimmendes Gemurmel erhob sich. In jenen Tagen schneller Exekutionen war es keine unbedeutende Sache, wenn ein Monarch in Schwermut verfiel.

»Aber wie?« fragte der Erste Kammerherr.

»Ich weiß wie«, sagte der Höchste Hüter des Königlichen Schoßhundes. »Versuchen wir es mit den Hofmusikanten.«

»Wieso wir?« protestierte der Anführer der Hofmusikanten.

»Sei nicht blöd!« sagte der Erste Kammerherr. »Es ist genauso zu eurem Besten wie zu unserem. Erst gestern abend fragte er mich, warum er in letzter Zeit keine Musik mehr zu hören bekomme. Er befahl mir herauszufinden, ob ihr annehmen würdet, daß er euch nur fürs Essen und Schlafen bezahle, weil er in diesem Fall wüßte, was er zu tun habe.«

»Oh, wenn das so ist!« Der Anführer der Hofmusikanten zuckte nervös zusammen.

Er sammelte seine Assistenten und schlich auf Zehenspitzen in den Garten, wo er sich genau in dem Moment hinter Merolchazzars Rücken aufstellte, als der geplagte Monarch nach fünfundzwanzig vergeblichen Versuchen ein weiteres Mal seinen Stein ansprach.

Die Songwriter jener Tage hatten nicht den höchsten Grad an Perfektion erreicht, über den das moderne Musical verfügt. Die Kunst befand

sich damals noch in den Kinderschuhen, und das Beste, was die Hofsänger darbieten konnten, war folgendes – und sie taten es just, als Merolchazzar, der gerade mit äußerster Sorgfalt die Hacke erhoben hatte, den
höchsten Punkt seines Schwungs erreichte und die Abwärtsbewegung
begann:

>*Oh, stimmet die Saiten und laßt uns beginnen,*
Dem göttlichen, ruhmreichen König zu singen!
Er ist ein Bär! Er ist ein Bär! Er ist ein Bär!«

Es gab sechzehn weitere Verse, die die Tapferkeit des Herrschers in
Sport und Krieg rühmten, aber es war ihnen nicht bestimmt, in diesem
Kreis vorgetragen zu werden. König Merolchazzar zuckte zusammen,
als wäre er von einer Wespe gestochen worden, hob den Kopf und verfehlte die Kugel zum sechsundzwanzigsten Mal. Er wirbelte herum und
starrte wutentbrannt auf die Hofsänger, die tapfer ihren Lobgesang zum
Besten gaben:

>*Oh, mögen Triumphe ihm immer beschieden!*
Wir jubeln der Kraft uns'res glorreichen Herrn!
Der Erste im Kriege, der Erste im Frieden,
Und all seine Landsleute haben ihn gern.«

>Verschwindet!« brüllte der König.
>Eure Majestät?« stammelte der Anführer der Hofsänger.
>Haltet die Luft an und löst euch darin auf!« (Wieder ist es nicht mög-
lich, einen modernen Ausdruck für die Redewendung des Chronisten zu
finden, und man muß sich mit einer wörtlichen Übersetzung zufrieden
geben.)>Bei den Knochen meiner Vorfahren, es ist nicht einfach! Beim
Barte der heiligen Ziege, es ist sogar recht schwierig! Im Namen von Belus und Hec, was bildet ihr euch eigentlich ein, ihr jaulenden Hunde, mit
diesem Zeug anzufangen, wenn ein Mann gerade seinen Schwung
macht? Ich war gerade kurz davor, ihn dieses Mal richtig zu treffen, als
ihr hineingeplatzt seid, ihr – «

Die Hofsänger zogen sich eilig zurück. Der bärtige Mann klopfte dem schäumenden Monarchen väterlich auf die Schulter. »Mein Freund«, sagte er, »Sie sind noch keine Gowfer jetzt, aber wirklich, Sie beherrschen der Sprache schon ganz gut!« König Merolchazzars Wut schmolz dahin. Er lächelte bescheiden angesichts dieser lobenden Worte – die ersten, die sein bärtiger Lehrer ausgesprochen hatte. Mit beispielhafter Geduld machte er sich daran, den Stein zum siebenundzwanzigsten Mal anzusprechen.

In dieser Nacht sprach die ganze Stadt darüber, daß der König Merolchazzar einer neuen Religion verfallen sei, und die Orthodoxen schüttelten ihre Köpfe.

Wir Menschen der heutigen Zeit, die wir inmitten der Wunder einer komplexen Zivilisation leben, haben gelernt, uns den Dingen anzupassen und Phänomene als selbstverständlich zu erachten, die in einem früheren und weniger fortschrittlichen Zeitalter größte Aufregung und Bestürzung ausgelöst hätten. Wir akzeptieren das Telefon, das Automobil und den drahtlosen Telegraphen, ohne einen Gedanken daran zu verschwenden, und ungerührt beobachten wir das Schauspiel eines unserer Mitmenschen in den ersten Stadien des Golffiebers.

Unter den Höflingen und Beamten im Palast von Umu war genau das Gegenteil der Fall. Die Besessenheit des Königs war das einzige Gesprächsthema.

Jeden Tag bei Morgengrauen begab sich Merolchazzar hinaus auf die Linx, wie der heilige Rasen des neuen Gottes genannt wurde, und kehrte erst bei Einbruch der Dunkelheit zurück. Den bärtigen Schotten hatte man in einem prächtig ausgestatteten Haus am Rande der Anlage einquartiert, wo man ihn gewöhnlich zu allen Tageszeiten antraf und zuschauen konnte, wie er aus heiligem Holz jenes seltsame Gerät schnitzte, das für die Ausübung der neuen Religion unentbehrlich war. In Anerkennung seiner Dienste hatte der König ihm eine großzügige Pension gewährt, sowie unzählige Sklaven, *Kaddiz* genannt, und ihm den Titel »Promotor des Königlichen Glückes« verliehen, der der Bequemlichkeit halber zu »Der Pro« abgekürzt wurde.

Da Umu ein konservatives Land war, hatte die Verehrung des neuen Gottes nicht sehr großen Anklang in der Öffentlichkeit gefunden. Genauer gesagt, mit Ausnahme des Großwesirs, der sich als treuer Gefolgsmann seines Souveräns von Anfang an Gowf gewidmet hatte, hielten sich die Höflinge geschlossen auf Distanz. Aber der Wesir hatte sich mit solcher Energie und Ernsthaftigkeit in den neuen Kult gestürzt, daß es nicht lange dauerte, bis er dem König den Titel »Oberster Ehrwürdiger Halter des Vierundzwanziger-Handicaps Außer an Windigen Tagen, wenn Es Sich Auf Dreißig Erhöht« abgenommen hatte.

Es sollte darauf hingewiesen werden, daß all diese neuen Titel für die Höflinge eine fruchtbare Quelle der Unzufriedenheit waren. Es gab finstere Mienen und aufrührerisches Geflüster. Die Gesetze der Präzedenz gerieten durcheinander, und den Höflingen gefiel dies nicht. Es schmerzt einen Mann, der seit Jahren geglaubt hat, seinen sozialen Rang in der Tasche zu haben–sagen wir zum Beispiel jemand, der als Zweiter Stellvertretender Schuheputzer der Königlichen Jagdstiefel weiß, daß sein Platz gerade unter dem Halter des Schoßhundes und gerade über dem Zweiten Tenor des Chors der Hofsänger ist – es schmerzt ihn, wie gesagt, plötzlich herauszufinden, daß er eine Stufe herabsteigen muß, um dem Ehrenwerten Träger des Königlichen Baffy Platz zu machen.

Aber die wirklich ernsthafte Opposition mußte von seiten der Priesterschaft erwartet werden. Und die Priester der siebenundsechzig Götter von Umu rüsteten sich zum Kampf. Wie der weißhaarige Hohepriester der Hec, der kraft seines Amtes allgemein als Vorsitzender der Innung galt, in einer glühenden Rede auf einer außerordentlichen Sitzung der Priestergewerkschaft bemerkte, habe er sich bis dato zwar immer gegen das Prinzip des Zunftzwanges gestellt, aber es gebe Momente, in denen jeder denkende Mann zugeben müsse, daß genug genug sei, und er wäre der Meinung, ein solcher Moment sei jetzt gekommen. Der Applaus, mit dem diese Worte aufgenommen wurden, zeigte, wie treffend er der allgemeinen Stimmung Ausdruck verliehen hatte.

Von all jenen, die der Rede des Hohepriesters gelauscht hatten, hatte niemand so aufmerksam zugehört wie Askobarak, der Halbbruder des Königs. Ein finsterer, enttäuschter Mann, dieser Askobarak, mit bösen

Augen und einem verschlagenen Lächeln. Sein ganzes Leben lang war er von Ehrgeiz verzehrt worden, und bis dahin hatte es so ausgesehen, als würde er diesen Ehrgeiz unerfüllt mit ins Grab nehmen müssen. Sein ganzes Leben lang hatte er sich gewünscht, König von Umu zu sein, und nun begann er ein Licht in der Finsternis zu sehen. Er war hinreichend versiert in Hofintrigen, um sich bewußt zu sein, daß die Priester diejenige Partei waren, die wirklich zählte, die Quelle, aus der alle erfolgreichen Revolutionen entsprangen. Und der wichtigste aller Priester war der ehrwürdige Hohepriester der Hec.

Folglich war es dieser Würdenträger, dem sich Askobarak gegen Ende der Sitzung näherte.

Das Treffen hatte sich aufgelöst, nachdem man einstimmig beschlossen hatte, König Merolchazzars Verhalten zu mißbilligen, und der Hohepriester erfrischte sich gerade in der Sakristei – das Treffen hatte im Tempel der Hec stattgefunden – mit ein wenig Milch und Honig.

»Welch eine Rede!« begann Askobarak in seiner unangenehmen, verschlagenen Art. Niemand beherrschte so gut wie er die Kunst, an menschliche Eitelkeit zu appellieren.

Der Hohepriester war sichtlich erfreut.

»Oh, ich weiß nicht«, sagte er bescheiden.

»Aber sicher!« sagte Askobarak. »Ein beachtlicher Vortrag! Was ich nie verstehen werde, ist, wie Sie sich all diese Dinge ausdenken, die Sie sagen. Ich könnte das nicht um alles in der Welt. Vor einigen Tagen sollte ich auf dem Galadinner der Ehemaligen der Universität von Umu einige Worte zu den Anwesenden sprechen, und mein Kopf war wie leergefegt. Aber Sie stehen einfach da, und die Worte fliegen aus Ihrem Mund wie Bienen aus einer Scheune. Ich kann es einfach nicht begreifen. Mir ist das zu hoch.«

»Oh, es ist nur eine Sache des richtigen Drehs.«

»Ich würde es ein göttliches Talent nennen.«

»Vielleicht haben Sie recht«, sagte der Hohepriester und tunkte eine letzte Honigwabe in seine Milch.

Er fragte sich, warum ihm bis jetzt nicht aufgefallen war, was für ein Prachtkerl dieser Askobarak war.

»Natürlich«, fuhr Askobarak fort, »hatten Sie ein ausgezeichnetes Thema. Ich meine, inspirierend und so weiter. Ja, bei Hec, selbst ich – obwohl ich natürlich nicht Ihr Niveau hätte erreichen können – selbst ich
hätte etwas aus einem solchen Thema machen können. Ich meine, einfach hinzugehen und einen neuen Gott anzubeten, von dem niemand je
gehört hat. Ich sage Ihnen, mein Blut kochte ganz schön. Niemand hat
größere Achtung und Respekt vor Merolchazzar als ich, aber wenn man
bedenkt! Ich meine, es kann doch nicht recht sein, hinzugehen und Götter anzubeten, von denen man nie gehört hat! Ich bin ein friedliebender
Mann und ich habe es mir zum Grundsatz gemacht, mich nie in die Politik einzumischen, aber wenn Sie mir zufällig – während wir hier so sitzen und uns wie zwei vernünftige Männer unterhalten – wenn Sie also
beiläufig erwähnen würden: ›Askobarak, Ich glaube es ist an der Zeit,
daß eindeutige Schritte unternommen werden‹, würde ich freimütig erwidern: ›Mein lieber alter Hohepriester, ich stimme Ihnen absolut zu und
stehe voll hinter Ihnen.‹ Sie könnten sogar so weit gehen, vorzuschla-
gen, reinen Tisch zu machen und Merolchazzar um die Ecke zu bringen.«

Der Hohepriester strich nachdenklich über seinen Bart.

»Ich muß gestehen, daß ich niemals daran gedacht habe, so weit zu
gehen.«

»Das ist natürlich nur ein Vorschlag«, sagte Askobarak. »Tun Sie, was
Sie für richtig halten. Ich werde nicht gekränkt sein. Wenn Sie einen besseren Weg wissen, schlagen Sie ihn ein. Aber als ein vernünftiger Mann
– und in meinen Augen waren Sie immer der vernünftigste Mann im ganzen Land – müssen Sie einsehen, daß es eine Lösung des Problems wäre.
Natürlich ist Merolchazzar ein ganz guter König gewesen. Niemand streitet das ab. Ein wackerer General, ohne Zweifel, und ein Meister der Lö-
wenjagd. Aber wenn man es recht betrachtet – besteht das Leben letzt-
endlich nur aus Schlachten und Löwenjagden? Gibt es nicht noch einen
tieferen Sinn? Wäre es nicht besser für das Land, wenn es von einem guten, orthodoxen Burschen regiert würde, der sein ganzes Leben lang Hec
verehrt hat, und bei dem man sicher sein könnte, daß der alte Glauben
erhalten bliebe – würde nicht allein die Tatsache, daß ein solcher Mann

auf dem Thron wäre, zu mehr allgemeinem Wohlstand führen? Es gibt Dutzende von Männern im Land, die nur darauf warten, gefragt zu werden. Nehmen wir an, nur so als Beispiel, Sie würden mich ansprechen. Ich würde antworten:›Obwohl ich weiß, daß ich einer solchen Ehre unwürdig bin, kann ich Ihnen folgendes sagen. Wenn Sie mich auf den Thron setzen, können Sie Ihren letzten Pazaza darauf verwetten, daß es eine Sache gibt, die nicht leiden wird, und das ist die Verehrung der Hec!‹ So denke ich über die Sache.«

Der Hohepriester grübelte.

»O Ihr von ungeschliffenen Zügen aber liebenswürdigem Wesen!« sagte er, »Eure Rede klinget gut. Könnte es gelingen?«

»Könnte es!«

Askobarak gab ein häßliches Lachen von sich. »Könnte es! Wecken Sie mich während der Nachtwachen und fragen Sie mich! Oder befragen Sie mich in der Angelegenheit, nachdem Sie mich zu diesem Zweck auf der Straße angehalten haben! Was ich vorschlagen würde – Denken Sie daran, ich diktiere nicht; ich will Ihnen nur behilflich sein–was ich vorschlagen würde, ist, daß Sie Ihr langes, scharfes Messer nehmen, dieses eine, das sie bei den Opferzeremonien benutzen, und daß Sie hinaus auf die Linx marschieren. Sie werden den König mit Sicherheit dort antreffen; und genau in dem Moment, wenn er diesen frevlerischen Stock über seine Schulter hebt – «

»O Mann von unendlicher Weisheit«, rief der Hohepriester erfreut, »wahr habt Ihr eine Fülle des Mundes gesprochen!«

»Ist es eine Wette?« sagte Askobarak.

»Es ist eine Wette!« sagte der Hohepriester.

»Das wär's dann also«, sagte Askobarak. »Nun, ich möchte nicht in irgendwelche Unannehmlichkeiten verwickelt werden, also werde ich, während die, sagen wir, Vorbereitungen getroffen werden, einen kleinen Auslandsurlaub antreten. Die Großen Seen sind um diese Jahreszeit sehr angenehm. Wenn ich zurückkomme, werden alle Formalitäten erledigt sein, ja?«

»Verlassen Sie sich auf mich, bei Hec!« sagte der Hohepriester düster und tastete nach seiner Waffe.

Der Hohepriester hielt Wort. Früh am Morgen machte er sich auf den Weg zu den Linx und traf den König dabei an, wie er gerade auf dem zweiten Grün einlochte. Merolchazzar war in Hochstimmung.

»Seid gegrüßt, o Ehrwürdiger!« rief er freundlich. »Wäret Ihr einen Moment früher gekommen, so hättet Ihr gesehen, wie ich den Ball tot an die Fahne legte – aye, mausetot, mit dem schönsten kleinen Halb-Mashie-Niblick-Chip-Schlag, der je gesehen wurde außerhalb des heiligen Reiches von S'nandrew, dem« – er senkte ehrfurchtsvoll sein Haupt – »Friede beschert sei! In eins unter Par schaffte ich das Loch – yeah, und das trotz der Tatsache, daß ich meinen Drive slicete und in mich jenem Unterholz dort verstrickte.«

Der Hohepriester befand sich nicht in der glücklichen Lage, ein Wort von dem, was der König gesagt hatte, zu verstehen, aber er stellte mit Genugtuung fest, daß Merolchazzar höchst erfreut und ohne jeglichen Argwohn war. Seine verborgene Hand legte sich fester um den Griff seines Messers, während er den Monarchen zum nächsten Altar begleitete. Merolchazzar bückte sich und plazierte einen kleinen, runden, weißen Gegenstand auf ein Sandhäufchen. Trotz seiner finsteren Absichten begann der Hohepriester–stets ein eifriger Student der Rituale–sich für die Zeremonie zu interessieren.

»Warum tun Eure Majestät das?«

»Ich lege ihn auf das Tee, damit er schöner fliegen möge. Täte ich es nicht, würde er geneigt sein, über den Boden zu laufen wie ein Käfer, anstatt sich in die Luft emporzuschwingen wie ein Vogel; und vielleicht, da Ihr sehet, wie hoch und verwachsen das Gras vor uns ist, müßte ich für den zweiten einen Niblick verwenden.«

Der Hohepriester tastete nach einer Bedeutung.

»Ist es eine Zeremonie, um den Gott zu besänftigen und Glück zu bringen?«

»So könntet Ihr es nennen.«

Der Hohepriester schüttelte den Kopf.

»Ich bin vielleicht altmodisch«, sagte er, »aber ich hätte gedacht, um einen Gott zu besänftigen, wäre es besser gewesen, einen dieser *Kaddiz* auf seinem Altar zu opfern.«

»Ich gebe zu«, erwiderte der König nachdenklich,»daß ich oft daran gedacht habe, daß es eine Gefühlserleichterung wäre, einen oder zwei *Kaddiz* zu opfern, aber Der Pro hat sich aus dem einen oder anderen Grund dagegen verwahrt.« Er holte aus und schickte den Ball kraftvoll das Fairway hinunter.»Bei Abe, dem Sohn des Mitchell«, rief er aus und hielt seine Hand an die Stirn,»ein Vogel von einem Drive! Wie war steht es im Buche des Propheten Vahdun geschrieben: 'Die linke Hand übet die Kraft aus, die Rechte führet nur. Greife daher nicht zu fest mit der rechten Hand!' Gestern schlug ich lauter Pulls.«

Der Hohepriester runzelte die Stirn.

»Eure Majestät, es steht geschrieben in dem Heiligen Buch der Hec: 'Du sollst keine fremden Götter anbeten.'«

»Nehme Er diesen Stock, o Ehrwürdiger«, sagte der König, der der letzten Bemerkung keine Aufmerksamkeit schenkte,»und mache Er selbst einen Schlag. Wahrlich, Ihr tragt schon die Last vieler Jahre mit Euch, aber nicht wenige Männer haben noch solche Fertigkeit erlangt, daß sie ihren Enkeln einen Schlag pro Loch vorgeben konnten. Es ist niemals zu spät anzufangen.«

Der Hohepriester wich erschrocken zurück. Der König runzelte die Stirn.

»Es ist unser Königlicher Wunsch«, sagte er kühl.

Der Hohepriester war gezwungen, dieser Aufforderung nachzukommen. Wären sie allein gewesen, so hätte er vielleicht alles riskiert und einen raschen Hieb mit seinem Messer versucht, aber mittlerweile hatte sich eine Gruppe von *Kaddiz* zu ihnen gesellt, die das Geschehen mit jener herablassenden Gleichgültigkeit beobachteten, die so charakteristisch für sie war. Er nahm den Stock und stellte sich unter Anleitung des Königs auf.

»Nun«, sagte Merolchazzar,»langsam zurück und immer die Auge auf der Ball lassen!«

Einen Monat später kam Askobarak von seiner Reise zurück. Er hatte keinerlei Nachricht vom Hohepriester erhalten, die den Erfolg der Revolution verkündet hätte, aber dafür konnte es viele Gründe geben. Mit gelassener Zufriedenheit befahl er seinem Wagenlenker, ihn zum Palast zu fahren. Er freute sich zurückzukehren; schließlich ist ein Urlaub kaum ein Urlaub, wenn man seine Geschäfte unerledigt gelassen hat.

Während er so dahinfuhr, passierte der Wagen ein schönes, offenes Gelände in den Außenbezirken der Stadt. Ein plötzliches Frösteln senkte sich auf Askobaraks heitere Stimmung. Er stieß den Wagenlenker heftig ins Kreuz.

»Was ist das?« fragte er aufgeregt und schnappte nach Luft.

Überall auf dem grünen Gelände sah man Männer in seltsamen Gewändern, die paarweise hin und her liefen und in ihren Händen mystische Stäbe hielten. Einige suchten unermüdlich in den Büschen, andere marschierten energisch in Richtung kleiner roter Flaggen. Ein schreckliche Vorahnung befiel Askobarak.

Der Wagenlenker schien überrascht angesichts dieser Frage.

»Das sind die städtischen Linx.« erwiderte er.

»Die was?«

»Die städtischen Linx.«

»Was soll das heißen?«

»Nun«, sagte der Wagenlenker, »Seine Majestät König Merolchazzar – möge sein Handicap sinken – hat sie in weisem Großmut anlegen lassen, auf daß das ganze Volk sich daran erfreuen möge.«

Askobarak sank kraftlos in den Sitz zurück. Sein Kopf schwirrte. Der Wagen fuhr weiter und erreichte die Straße entlang der Königlichen Linx. Eine Mauer säumte einen Teil dieser Straße, und plötzlich zerriß hinter dieser Mauer schallendes Gelächter die Luft.

»Halt an!« brüllte Askobarak dem Wagenlenker zu.

Er hatte dieses Lachen wiedererkannt. Es war das Lachen von Merolchazzar.

Askobarak schlich zu der Mauer und streckte vorsichtig seinen Kopf darüber. Der Anblick, der sich ihm bot, ließ die Farbe aus seinem Gesicht treten und ihn kreidebleich und verstört aussehen.

Der König und der Großwesir spielten einen Vierer gegen den Pro und den Hohepriester der Hec, und der Wesir hatte dem Hohepriester gerade einen Stymie in die Puttlinie gelegt.

Askobarak trottete zurück zum Wagen.

»Bring er mich zurück«, murmelte er blaß. »Ich habe etwas vergessen!«

Und so kam Golf nach Umu, und mit ihm ein Wohlstand, der in der gesamten Geschichte des Landes ohne Beispiel war. Alle waren glücklich. Es gab keine Arbeitslosigkeit mehr. Die Verbrechensrate sank. Der Chronist bezeichnet es in seinen Aufzeichnungen wiederholt als das Goldene Zeitalter.

Und doch gab es einen Mann, dem vollständiges Glück versagt geblieben war. Es war zwar alles soweit in Ordnung, wenn er draußen auf den Linx war, aber in den langen, einsamen Nächten lag König Merolchazzar schlaflos auf seiner Couch und klagte, daß er niemand hatte, der ihn liebte.

Natürlich liebten ihn seine Untertanen in gewisser Weise. Eine neue Statue war im Palasthof aufgestellt worden, die ihn dabei zeigte, wie er mit zeitweiligem Wasser fertig wurde. Die Hofsänger hatten einen ganzen Zyklus von aktuellen Liedern komponiert, die seinen überragenden Umgang mit dem Mashie preisten.

Sein Handicap war auf zwölf gesunken. Aber diese Dinge sind eben nicht alles.

Ein Golfer braucht eine liebende Frau, der er die Spiele des Tages während der langen Abende beschreiben kann. Und genau das fehlte in Merolchazzars Leben. Kein Wort hatte die Prinzessin der Äußeren Inseln von sich hören lassen, und da er sich weigerte, mit einer anderen vorliebzunehmen, blieb er ein einsamer Mann.

Aber eines Morgens, in den frühen Stunden eines Sommertages, als er nach einer ruhelosen Nacht endlich schlief, wurde Merolchazzar von der Hand des Ersten Kammerherrn geweckt, der aufgeregt an seiner Schulter rüttelte.

»Was ist denn?« sagte der König.

»Rasch, Eure Majestät! Wunderbare Neuigkeiten! Die Prinzessin der Äußeren Inseln wartet draußen!«

Der König sprang von seiner Couch.

»Endlich ein Bote der Prinzessin!«

»Nein, mein König, es ist die Prinzessin höchstpersönlich«, sagte der Erste Kammerherr. »Und glauben Sie mir«, fuhr der alte Mann aufgeregt fort, denn er war mit den Sorgen seines Monarchen zutiefst vertraut, »Ihre Hoheit ist das Bezauberndste, was diese Augen je gesehen haben.«

»Ist sie schön?«

»Eure Majestät, sie ist atemberaubend!«

König Merolchazzar suchte aufgeregt nach seinen Gewändern.

»Sagen Sie ihr, daß sie warten soll!« schrie er. »Gehen Sie und unterhalten Sie sie. Geben Sie ihr Rätsel auf! Erzählen Sie ihr Anekdoten! Lassen Sie sie bloß nicht weg. Sagen Sie ihr, daß ich gleich da bin. Wo, im Namen von Zoroaster, ist unsere königliche Unterwäsche?«

Ein lieblicher und entzückender Anblick war die Prinzessin der Äußeren Inseln, als sie im klaren Sonnenschein des Sommermorgens auf der Terrasse stand und auf die königlichen Gärten herabschaute. Mit ihrer zarten, kleinen Nase sog sie den Duft der Blumen ein. Ihre blauen Augen wanderten über die Rosenhecken, und eine leichte Brise wehte die goldenen Locken um ihre Schläfen. Da vernahm sie ein Geräusch hinter sich, das sie herumwirbeln ließ, und sie erblickte einen göttergleichen Mann, der über die Terrasse eilte und dabei einen Strumpf hochzog. Und bei seinem Anblick sang das Herz der Prinzessin in ihrer Brust wie die Vöglein im Garten.

»Ich hoffe, ich habe Sie nicht allzulange warten lassen«, sagte Merolchazzar entschuldigend. Auch er war sich einer seltsamen, wilden Euphorie bewußt. Sein Kammerherr hatte nicht übertrieben. Die Schönheit dieses Mädchens war wie Wasser in der Wüste, wie ein Feuer in frostiger Nacht, wie Diamanten, Rubine, Perlen, Saphire und Amethyste.

»Oh, nein!« sagte die Prinzessin. »Ich habe gerne hier gewartet. Wie wunderschön Eure Gärten sind, o König!«

»Meine Gärten sind vielleicht wunderschön«, sagte Merolchazzar mit aufrichtiger Bewunderung, »aber sie sind nicht halb so wunderschön wie Eure Augen. Ich habe Tag und Nacht von Euch geträumt, und ich werde aller Welt gegenüber zugeben, daß ich ganz falsch gelegen habe. Meine träge Vorstellungskraft war mehr als einhundertsiebenundfünfzig Meilen von der Realität entfernt. Nun lasset die Sonne ihr Gesicht verbergen und den Mond sich beschämt verstecken. Nun lasset die Blumen ihre Köpfe senken und die Gazelle der Berge sich einen Krüppel nennen. Prinzessin, Euer Sklave!«

Und König Merolchazzar ergriff mit jener leichten Grazie, die so charakteristisch für eine königliche Abstammung ist, ihre Hand und küßte sie.

Indem er dies tat, schrak er erstaunt zurück.

»Bei Hec!« rief er aus. »Was habt Ihr Euch angetan? In Eurer Hand sind lauter rauhe Stellen. Hat irgendein heimtückischer Zauberer einen Fluch auf Euch gelegt, oder was ist es?«

Die Prinzessin errötete.

»Wenn ich Euch dies erkläre«, sagte sie, »werde ich auch erklären, warum ich Euch in all dieser Zeit keine Nachricht sandte. Ich war so beschäftigt, wahrlich, ich schien keine freie Minute zu haben. Die Sache ist die, daß diese Schwielen in meinen Händen durch eine seltsame, neue Religion verursacht wurden, zu der ich und meine Untertanen erst kürzlich bekehrt worden sind. Oh, daß ich auch Euch den wahren Glauben bringen könnte! Es ist eine wundersame Geschichte, mein Herr. Vor etwa zwei Monden wurde von umherschweifenden Piraten an meinen Hof ein Gefangener gebracht, der aus einem wilden Volk stammt, das weit im Norden lebt. Und dieser Mann hat uns gelehrt – «

König Merolchazzar stieß einen Schrei aus.

»Bei Tom, dem Sohn des Morris! Kann dies wahrhaftig so sein? Wie ist Euer Handicap?«

Die Prinzessin starrte ihn mit weit aufgerissenen Augen an.

»Wahrlich, es ist ein Wunder! Seid auch Ihr ein Anbeter des großen Gowf?«

»Bin ich das?« rief der König. »Bin ich das? Er hielt inne. »Hört!«

Aus dem Zimmer der Hofsänger hoch oben im Palast ertönte Musik. Die Hofsänger übten gerade einen neuen Lobgesang ein – der Text stammte vom Großwesir, die Musik vom Hohepriester der Hec – einen Lobgesang, den sie beim nächsten Vollmond auf dem Bankett der Anbeter des Gowf vorzutragen gedachten. Die Worte tönten laut und klar durch die stille Luft:

»Oh, laßt uns lobpreisen und singen
Uns'rem Herrn, dem glorreichen König!
Er kann ja so wunderbar schwingen
Und leistet im Bunker nicht wenig!
Erfolgreich sei er mit dem Putter!
Wir wünschen viel Glück ihm beim Drive!
Und mög' ihm beschert sein manch' zwei,
Selbst an einem Loch von Par-Five!«

Die Stimmen verstummten. Eine kurze Stille trat ein.

»Wenn ich nicht einen Zwei-Fuß-Putt verfehlt hätte, hätte ich das lange fünfzehnte gestern in vier geschafft«, sagte der König.

»Ich habe letzte Woche die Offenen Damenmeisterschaften der Äußeren Inseln gewonnen«, sagte die Prinzessin.

Sie schauten sich lange in die Augen. Und dann gingen sie langsam Hand in Hand in den Palast.

EPILOG

»Nun?« sagten wir gespannt.

»Sie gefällt mir«, sagte der Verleger.

»Guter Junge!« murmelten wir.

Der Verleger drückte auf einen Klingelknopf, der aus einem einzelnen, in die Wand eingelassenen Rubin bestand.

Der Haushofmeister erschien.

»Geben Sie diesem Mann einen Beutel Gold«, sagte der Verleger, »und werfen Sie ihn raus.«

DER PRO: »TJA, ES GÄBE VIELLEICHT EINE CHANCE FÜR IHN, WENN ER DEM SPIEL NICHT MIT SOLCH HOFFNUNGSLOSER UNBESCHWERTHEIT BEGEGNEN WÜRDE.«

DAS HERZ EINES TROTTELS

Es war ein Morgen, an dem einem die ganze Natur »Fore!« zuruft. Die sanfte Brise, die aus dem Tal herüberwehte, schien eine Botschaft von Hoffnung und guter Laune zu verkünden und flüsterte von eingelochten Chip-Schlägen und Brassies, die mitten ins Schwarze trafen. Das Fairway, noch nicht von hunderten von Fehlschlägen vernarbt, lächelte grün dem Azur des Himmels zu; und die Sonne, die über den Bäumen hervorblinzelte, sah aus wie ein gigantischer Golfball, den ein perfekter Mashie-Schlag irgendeines unsichtbaren Gottes dorthin befördert hatte und der gleich tot neben die Fahne des Achtzehnten fallen würde. Es war der Tag der Eröffnung des Platzes nach einem langen Winter, und eine Menschenmenge von beachtlichem Umfang hatte sich am ersten Tee versammelt. Plus-Fours glänzten im Sonnenschein, und frohe Erwartungen lagen in der Luft.

In all diesem fröhlichen Gedränge befand sich nur ein einziges trauriges Gesicht. Es gehörte dem Mann, der im Begriff war, einen hübsch auf seinem kleinen Sandhügel sitzenden, brandneuen Ball anzusprechen. Der Mann machte einen sorgenvollen, hoffnungslosen Eindruck. Er starrte das Fairway hinunter, setzte seine Füße um, wackelte, starrte wieder das Fairway hinunter, setzte die Füße erneut um und wackelte ein weiteres Mal. Er wackelte, wie Hamlet gewackelt hätte – zaghaft, unentschlossen. Dann, endlich, schlug er ab, empfing den Niblick aus den Händen seines Caddies, den der intelligente Bursche im voraus bereitgehalten hatte, und schleppte sich mühsam fort, um seinen zweiten Schlag zu spielen.

Der Club-Älteste, der die Szene aus seinem Lieblingsstuhl von der Terrasse mit einem wohlwollenden Blick beobachtet hatte, seufzte. »Der arme Jenkinson«, sagte er, »wird einfach nicht besser.«

»Nein«, stimmte sein Begleiter zu, ein junger Mann mit offenen Zügen und einem Handicap von sechs. »Und doch weiß ich zufällig, daß er den ganzen Winter über Unterricht in einer dieser Hallenanlagen genommen hat.«

»Zwecklos, absolut zwecklos«, sagte der Alte und schüttelte sein weißes Haupt. »Es gibt keinen Zauberer auf dieser Welt, der dem Mann auch nur einen Durchschnitt von sieben Schlägen pro Loch verschaffen könnte. Ich rate ihm immer wieder, das Spiel aufzugeben.«

»Sie?« rief der junge Mann und schaute schockiert und verwundert von dem Driver auf, mit dem er herumspielte. »Ausgerechnet Sie haben ihm geraten, Golf aufzugeben? Und ich dachte – «

»Ich verstehe und begrüße Ihr Entsetzen«, sagte der Club-Älteste sanft. »Aber bedenken Sie bitte, daß Jenkinson kein normaler Fall ist. Sie und ich, wir kennen Dutzende von Männern, die nie in ihrem Leben unter hundertzwanzig Schläge gekommen sind und es trotzdem fertigbringen, glückliche, nützliche Mitglieder der Gesellschaft zu sein. Wie schlecht sie auch spielen mögen, sie sind in der Lage, es zu vergessen. Aber bei Jenkinson ist es etwas anderes. Er ist nicht einer von denen, die es tun oder lassen können. Die einzige Chance, die er hat, glücklich zu werden, ist völlige Abstinenz. Jenkinson ist ein Trottel.«

»Ein was?«

»Ein Trottel«, wiederholte der Alte. »Eines jener unglücklichen Wesen, die es zugelassen haben, daß diese edelste aller Sportarten einen zu großen Einfluß auf sie erlangt hat; die ihr erlaubt haben, sich in ihre Seele einzufressen wie ein bösartiges Geschwür. Sie müssen verstehen, daß der Trottel nicht so ist wie Sie und ich. Er brütet. Er wird morbide. Seine Trottelei macht ihn ungeeignet für die Kämpfe des Lebens. Jenkinson zum Beispiel war einst ein Mann mit einer vielversprechenden Zukunft im Heu-, Mais- und Viehfuttergeschäft, aber ein beständiger Fluß von Hooks, Tops und Slices machte ihn allmählich so unsicher und mißtrauisch sich selbst gegenüber, daß er eine Gelegenheit nach der anderen ver-

streichen ließ, mit dem Resultat, daß ihn andere, resolutere Heu-, Mais-
und Viehfutterhändler im Konkurrenzkampf überrundeten. Jedesmal,
wenn er die Chance hatte, ein großes Geschäft in Heu zu machen oder
einen blitzartigen Coup in Mais und Viehfutter zu landen, wurde dies
von einem fatalen Mangel an Selbstvertrauen verhindert, den hundert
miserable Runden in ihm hervorgerufen hatten. So weit ich weiß, steht
er kurz vor dem Bankrott.«

»Menschenskind!« sagte der junge Mann tief beeindruckt, »Ich hoffe,
daß ich niemals so ein Trottel werde. Sie sagen also, daß es kein Heilmit-
tel gibt, außer das Spiel aufzugeben?«

Der Club-Älteste schwieg eine Zeitlang.

»Es ist seltsam, daß Sie diese Frage stellen«, sagte er schließlich. »Erst
heute morgen habe ich an den einzigen Fall aus meiner Erfahrung gedacht,
bei dem ein Trottel es schaffte, seine bedauernswerte Krankheit zu überwinden. Es hatte natürlich etwas mit einer Frau zu tun. Je länger ich lebe,
desto mehr fällt mir auf, daß die meisten Dinge etwas damit zu tun haben.
Aber Sie möchten zweifellos die Geschichte von Anfang an hören.«

Der junge Mann erhob sich mit der erschrockenen Hast eines wilden
Tieres, das bei einem Streifzug durchs Unterholz eine Falle auf seinem
Weg sieht.

»Ich würde schrecklich gerne«, murmelte er, »nur werde ich dann
meinen Platz am Tee verlieren.«

»Der Trottel, um den es sich handelt«, sagte der Alte und hing sich mit
stiller Entschlossenheit an den Jackenzipfel des Jüngeren, »war ein
Mann in Ihrem Alter namens Ferdinand Dibble. Ich kannte ihn sehr gut.
Genauer gesagt, war er für mich so etwas wie – «

»Ein anderes Mal, okay?«

»Ich war es«, fuhr der Alte seelenruhig fort, »an den er sich in der
schlimmsten Krise seines Lebens wandte, und ich schäme mich nicht zu
sagen, daß Tränen in meinen Augen standen, nachdem er mir seine Seele
offenbart hatte. Mein Herz blutete für diesen Jungen.«

»Ich wette, das tat es. Aber – «

Der Club-Älteste drückte ihn sanft zurück in seinen Stuhl.

»Golf«, sagte er, »ist ein Mysterium. Wie eine launenhafte Göttin .«

Der junge Mann, der Anzeichen von Fieberhaftigkeit gezeigt hatte, schien zu resignieren. Er seufzte leise.
»Haben Sie jemals 'The Ancient Mariner' gelesen?« sagte er.
»Vor vielen Jahren«, sagte der Club-Älteste. »Warum fragen Sie?«
»Oh, ich weiß nicht«, sagte der junge Mann. »Es fiel mir nur gerade so ein.«

Golf (resümierte der Club-Älteste) ist ein großes Mysterium. Wie eine launenhafte Göttin verteilt es seine Gunst auf eine Weise, die den Eindruck eines beinahe dämlichen Mangels an Methode und Urteilsfähigkeit erweckt. Auf allen Seiten sehen wir große, knallharte Muskelmänner, die mit dreistelligen Resultaten um den Kurs stolpern und alle paar Minuten unterbrechen müssen, um kleine Gartenzwerge mit X-Beinen und hohlen Wangen durchspielen zu lassen, die zackige vierundsiebzig herausreißen. Giganten der Finanzwelt müssen sich von ihren Buchhalterlehrlingen einen Schlag pro Loch vorgeben lassen. Männern, die fähig sind, ganze Reiche zu regieren, gelingt es nicht, einen kleinen, weißen Ball zu kontrollieren, der anderen, die eine Unze mehr Gehirn als eine Kuckucksuhr besitzen, keine Schwierigkeiten bereitet. Mysteriös, aber so ist es.

Es gab keinen ersichtlichen Grund, warum Ferdinand Dibble nicht ein kompetenter Golfer hätte werden können. Er besaß starke Handgelenke und ein scharfes Auge. Trotzdem blieb die Tatsache, daß er ein Blindgänger war. Und an einem bestimmten Abend im Juni wurde mir klar, daß er außerdem ein Trottel war. Ich fand es ganz plötzlich bei einer Unterhaltung heraus, die wir genau hier auf der Terrasse führten.

Ich saß an jenem Abend hier und dachte an dieses und jenes, als ich an der Ecke des Clubhauses den jungen Dibble im Gespräch mit einem Mädchen in Weiß bemerkte.

Ich konnte nicht sehen, wer sie war, da sie mit dem Rücken zu mir stand. Kurz darauf gingen sie auseinander, und Ferdinand kam langsam zu mir herüber. Er machte einen niedergeschlagenen Eindruck. Etwas früher am Nachmittag hatte ihn Jimmy Fothergill vom Platz gefegt, und ich führte seine düstere Stimmung darauf zurück. Ich sollte in wenigen

Augenblicken erfahren, daß ich mit dieser Vermutung teilweise, aber nicht gänzlich richtig gelegen hatte. Er setzte sich in den Stuhl neben mich und starrte einige Minuten lang trübsinnig in das Tal hinunter.

»Ich habe gerade mit Barbara Medway gesprochen«, sagte er, plötzlich die Stille unterbrechend.

»Tatsächlich?« sagte ich. »Ein bezauberndes Mädchen.«

»Sie fährt nach Marvis Bay, um den Sommer dort zu verbringen.«

»Sie wird den Sonnenschein mitnehmen.«

»Darauf können sie wetten!« sagte Ferdinand Dibble mit außergewöhnlicher Wärme, und eine weitere, lange Stille folgte.

Auf einmal gab Ferdinand einen dumpfen Seufzer von sich. »Verdammt, ich liebe sie!« murmelte er mit gebrochener Stimme. »Mensch, und wie ich sie liebe!«

Ich war nicht überrascht, daß er mich zum Empfänger seiner Vertraulichkeiten machte. Die meisten der jungen Leute hier haben ihre Sorgen früher oder später zu mir gebracht.

»Und erwidert sie Ihre Liebe?«

»Ich weiß nicht. Ich habe sie nicht gefragt.«

»Wieso nicht? Ich hätte angenommen, daß dieser Punkt für Sie von Interesse sein würde.«

Ferdinand kaute geistesabwesend am Griff seines Putters.

»Ich traue mich nicht«, platzte er endlich heraus. »Ich kann mir einfach nicht die Frechheit herausnehmen, eine Frau, und schon gar nicht einen Engel wie sie, um ihre Hand zu bitten. Verstehen Sie, es ist folgendermaßen. Jedesmal, wenn ich mich gerade so weit habe, daß ich kurz davor stehe, einen Versuch zu unternehmen, werde ich von jemandem zurechtgestutzt, der mir einen Schlag pro Loch vorgibt. Jedesmal, wenn ich glaube, daß ich genug Mut gefaßt habe, um ihr einen Heiratsantrag zu machen, spiele ich nur noch Dreifachbogeys. Jedesmal wenn ich in guter Form bin, um mein Schicksal auf die Probe zu stellen, um alles aufs Spiel zu setzen, stimmt auf einmal irgendetwas nicht mit meinem Schwung, und ich slice an jedem Tee ins Rough. Und dann verläßt mich noch mein Selbstvertrauen. Ich werde nervös, schüchtern, bringe keinen Ton heraus. Ich wünschte, ich wüßte, wer dieses höllische Spiel erfunden hat.

Ich würde ihn erwürgen. Aber ich nehme an, er ist seit Ewigkeiten tot. Immerhin könnte ich ja auf seinem Grab herumtrampeln.« An diesem Punkt verstand ich alles, und das Herz wurde mir schwer. Die Wahrheit war heraus. Ferdinand Dibble war ein Trottel.

»Kommen Sie, mein Junge«, sagte ich, obwohl ich die Nutzlosigkeit jeglicher Worte spürte.»Werden Sie dieser Schwäche Herr.«

»Ich kann nicht.«

»Versuchen Sie es!«

»Ich habe es versucht.«

Er kaute wieder an seinem Putter.

»Sie hat mich gerade noch gefragt, ob ich es vielleicht einrichten könnte, auch nach Marvis Bay zu kommen«, sagte er.

»Das klingt doch sehr ermutigend! Es legt nahe, daß Sie ihr nicht völlig gleichgültig sind.«

»Ja, aber was macht das schon? Wissen Sie«, für einen Moment trat ein Leuchten in seine Augen,»ich habe das Gefühl, wenn ich jemals einen wirklich guten Spieler schlagen könnte – bloß einmal – dann könnte ich die Sache schon anpacken.« Das Leuchten verschwand.»Aber welche Chance besteht schon dafür?«

Das war eine Frage, die ich nicht beantworten wollte. Ich klopfte ihm nur freundlich auf die Schulter, und nach einer Weile verließ er mich und zog seines Weges. Ich saß immer noch in meinem Sessel und dachte über diesen schwierigen Fall nach, als Barbara Medway aus dem Clubhaus kam.

Auch sie machte einen ernsten und nachdenklichen Eindruck, als ob ihr etwas auf dem Herzen läge. Sie nahm den Stuhl, den Ferdinand geräumt hatte, und seufzte erschöpft.

»Ist Ihnen jemals danach gewesen«, fragte sie,»einem Mann mit etwas Hartem und Schwerem auf den Kopf zu hauen? Und zwar richtig?«

Ich sagte, daß ich manchmal ein solches Verlangen verspürt hätte, und fragte, ob sie einen bestimmten Mann im Sinn hätte. Sie schien einen Moment mit der Antwort zu zögern und beschloß dann anscheinend, sich mir anzuvertrauen. Meine fortgeschrittenen Jahre bringen einige angenehme Entschädigungen mit sich, zu denen beispielsweise die Tatsache gehört, daß nette Mädchen sich mir oft anvertrauen. Ich werde häufig von wunderschönen Geschöpfen als Beichtvater für die intimsten Angelegenheiten in Anspruch genommen, während mancher jüngere Mann alles dafür geben würde, auch nur ein freundliches Wort von der betreffenden Dame zu hören. Außerdem hatte ich Barbara gekannt, seit sie ein Kind war. Häufig – wenngleich auch nicht in letzter Zeit – hatte ich sie abends gebadet. So etwas verbindet.

»Warum sind Männer solche Dummköpfe?« rief sie aus.

»Sie haben mir noch nicht gesagt, wer für diese harten Worte verantwortlich ist. Kenne ich ihn?«

»Natürlich kennen Sie ihn. Sie haben gerade mit ihm gesprochen.«

»Ferdinand Dibble? Aber warum sollten Sie Ferdinand Dibble mit etwas Hartem und Schwerem auf den Kopf schlagen wollen? Und zwar richtig?«

»Weil er so ein Idiot ist.«

»Sie meinen ein Trottel?« fragte ich und wunderte mich, wie sie wohl hinter das Geheimnis des unglücklichen Mannes gekommen war.

»Nein, ein Idiot. Ein Idiot ist ein Mann, der eine Frau liebt und es ihr nicht sagen will. Ich bin mir absolut sicher, daß Ferdinand in mich verliebt ist.«

»Ihr Instinkt ist unfehlbar. Genau das hat er mir gerade anvertraut.«

»Nun, warum vertraut er sich nicht mir an, der arme Fisch?« rief das temperamentvolle Mädchen und warf gereizt ein Steinchen nach einem vorbeikommenden Grashüpfer. »Man kann schließlich nicht von mir erwarten, daß ich mich in seine Arme werfe, bevor er mir nicht auf irgendeine Art zu verstehen gegeben hat, daß er bereit ist, mich aufzufangen.«

»Wäre es vielleicht hilfreich, wenn ich das Wesentliche unseres Gesprächs an ihn weitergeben würde?«

»Wenn Sie auch nur ein Wort davon erwähnen, werde ich nie mehr mit Ihnen reden«, rief sie. »Ich würde lieber einen schrecklichen Tod sterben, als irgendeinem Mann das Gefühl zu geben, ich wäre so verzweifelt hinter ihm her, daß ich schon Staffeln von Boten schicken müßte, um ihn zu bitten, mich zu heiraten.«

Ich verstand, was sie meinte.

»Dann fürchte ich«, sagte ich langsam, »daß es nichts gibt, was man tun kann. Man kann nur hoffen und warten. Vielleicht wird Ferdinand

Dibble in den kommenden Jahren einen wirklich schönen, geschmeidigen Schwung aus den Handgelenken entwickeln, dabei den Kopf stillhalten und das rechte Bein fest verankern und – «

»Wovon reden Sie?«

»Ich spielte mit der Hoffnung, daß Ferdinand Dibble eines schönen Tages aufhören würde, ein Trottel zu sein.«

»Sie meinen ein Idiot?«

»Nein, ein Trottel. Ein Trottel ist ein Mann, der – « Und ich fuhr fort, die besonderen psychologischen Schwierigkeiten zu erläutern, die jeglicher Liebeserklärung von seiten Ferdinands im Weg standen.

»Aber ich habe noch nie in meinem Leben so etwas Lächerliches gehört«, rief sie aus. »Wollen Sie damit sagen, daß er wartet, bis er ein guter Golfer ist, bevor er um meine Hand anhält?«

»Ganz so einfach liegen die Dinge nicht«, sagte ich traurig. »Viele schlechte Golfer heiraten, weil sie glauben, daß die liebevolle Fürsorge einer Frau vielleicht ihr Spiel verbessert. Aber das sind rauhbeinige, dickhäutige Männer, nicht so sensibel und introvertiert wie Ferdinand. Ferdinand ist morbide geworden. Es ist einer der Hauptvorzüge des Golfsports, daß Nichterfolg eine gewisse Demut bewirkt, die einen Mann davon abhält, sich wegen irgendwelcher unbedeutender Triumphe, die er in anderen Bereichen des Lebens erringen mag, übermäßig aufzuplustern; aber alles hat seine Grenzen, und im Falle Ferdinands hat diese Demut zu weit geführt. Sie hat ihm das Mark aus den Knochen gesogen. Er fühlt sich erdrückt und wertlos. Er ist den Caddies dankbar, wenn sie ein Trinkgeld annehmen, anstatt sich in voller Größe vor ihm aufzurichten und ihm das Geld ins Gesicht zu werfen.«

»Heißt das, Sie glauben, daß es immer so weiter gehen wird?«

Ich dachte einen Moment nach.

»Es ist jammerschade«, sagte ich, »daß Sie Ferdinand nicht überreden konnten, für ein oder zwei Monate nach Marvis Bay zu gehen.«

»Warum?«

»Weil es mir so scheint, wenn ich mir die Sache recht überlege, als könnte es eventuell möglich sein, daß Marvis Bay ihn heilen würde. Im dortigen Hotel würde er eine Meute von Golfern versammelt finden – ich verwende den Begriff im weitesten Sinne, einschließlich der Gelähmten und Linkshänder – die selbst er schlagen könnte. Als ich das letzte Mal in Marvis Bay war, schien auf dem Hotelplatz sämtliches mitleiderregende Treibgut der Golfwelt angespült worden zu sein. Ich habe Dinge auf diesem Kurs erlebt, bei denen es mich schüttelte, und ich meine Augen abwenden mußte – und ich bin nicht leicht aus der Fassung zu bringen. Wenn Ferdinand sein Spiel soweit aufpolieren könnte, daß er in halbwegs konstanten hundertfünf um den Platz käme, glaube ich, daß es eine Hoffnung gibt. Aber wie ich gehört habe, fährt er ja nicht nach Marvis Bay.«

»Oh doch, das wird er«, sagte das Mädchen.

»Tatsächlich! Das hat er mir nicht erzählt, als wir uns gerade unterhalten haben.«

»Da wußte er es noch nicht. Er wird es wissen, sobald ich mit ihm gesprochen habe.«

Und sie ging mit festen Schritten zurück ins Clubhaus.

Wie man so schön sagt, gibt es viele Arten von Golf – angefangen vom Golf der Profis und besten Amateure bis hinunter zum Golf verknöcherter schottischer Universitätsprofessoren.

Letztere wurden bis vor kurzem als tiefstmögliches Niveau angesehen, aber heutzutage, mit der wachsenden Beliebtheit von Ferienhotels konnte eine noch niederere Art hinzugefügt werden: das Golf, das man an Orten wie Marvis Bay findet.

Für Ferdinand Dibble, der aus einem Club kam, in dem das Spielniveau ungewöhnlich hoch lag, war Marvis Bay eine Offenbarung, und nach seiner Ankunft lief er mehrere Tage wie benommen umher, als könnte er nicht glauben, daß es wirklich wahr sei. Auf den Golfplatz dieses Ferienortes hinauszugehen, bedeutete eine neue Welt zu betreten. Das Hotel war voller beleibter Männer mittleren Alters, die sich nach einer verlorenen Jugend, die ganz dem Gelderwerb gewidmet gewesen war, nun einem Sport zugewandt hatten, in dem wahres Können nur von jenen erreicht werden kann, die schon in der Wiege anfangen zu spielen und auf ihr Gewicht achten. Jeden Morgen konnte man auf dem Kurs Vertreter sämtlicher Alptraumtechniken beobachten, die je erfunden wurden. Es gab den Mann, der zu versuchen schien, seinen Ball zu täuschen und in falscher Sicherheit zu wiegen, indem er wegschaute und dann einen blitzartigen Hieb ausführte, in der scheinbaren Hoffnung, ihn unvorbereitet überraschen zu können. Es gab den Mann, der sein mittleres Eisen schwang, als wolle er Schlangen töten.

Es gab den Mann, der seinen Ball ansprach, als würde er eine Katze streicheln, den Mann, der seinen Driver schwang wie eine Peitsche, den Mann, der über jedem Schlag brütete, als wäre ihm aufgrund schlechter Nachrichten von zu Hause schwer ums Herz, und den Mann, der mit seinem Mashie löffelte, als würde er Suppe schöpfen. Gegen Ende der ersten Woche war Ferdinand Dibble der anerkannte Champion vor Ort. Er war durch den gesamten Zoo hindurchgeschossen wie eine Gewehrkugel durch ein Sahnetörtchen.

Zuerst, als er kaum wagte, die Möglichkeit eines Erfolges in Betracht zu ziehen, war er gegen den Mann angetreten, der seinen Ball unvorbereitet überraschen wollte, und hatte ihn mit einem Vorsprung von fünf Löchern bei vier noch zu spielenden geschlagen. Dann, mit allmählich wachsendem Selbstvertrauen, hatte er der Reihe nach den Katzenstreichler, den Peitschenknaller, den mit dem schweren Herzen und den Suppenlöffler attackiert und sie allesamt in Grund und Boden gestampft. Und da sie die führenden lokalen Amateure waren, mit deren überragendem Können die Achtzigjährigen und die Männer in den Rollstühlen vergeblich wetteiferten, stand Ferdinand Dibble am achten Morgen seines Besuches vor der verblüffenden Tatsache, daß es für ihn keine Welten mehr zu erobern gab.

Er war der König des Platzes – und hatte, was noch wichtiger ist, seine erste Trophäe gewonnen, den Preis des großen monatlichen Zählspiel-Handicap-Turniers, bei dem er sich mit zwei Schlägen Vorsprung an die Spitze des Feldes gesetzt hatte, indem er seinen schärfsten Rivalen, einen ehrwürdigen alten Gentleman, durch eine brillante und unerwartete Vier am letzten Loch ausstach. Der Preis war ein hübscher Zinnbecher von der Größe eines Blumentopfs, und Ferdinand ging nach jedem Abendessen sofort auf sein Zimmer, um ihn im Arm zu halten wie eine Mutter, die ihr Kind in den Schlaf singt.

Sie fragen sich zweifellos, warum er unter diesen Umständen nicht den Vorteil seiner neuen Gemütsverfassung von heiterem Stolz ausnützte, der seine alte Unterwürfigkeit ersetzt hatte, und Barbara Medway auf der Stelle einen Heiratsantrag machte. Ich werde es Ihnen sagen. Er machte Barbara keinen Heiratsantrag, weil Barbara nicht da war. Im letzten Moment war sie zu Hause festgehalten worden, um einen kranken Verwandten zu pflegen, und war gezwungen gewesen, ihren Besuch um einige Wochen zu verschieben. Er hätte natürlich auch in einem seiner täglichen Briefe um ihre Hand anhalten können, aber wenn er einmal angefangen hatte zu schreiben, stellte er fest, daß er so viel Platz brauchte, um ihr seine besten Schläge des Tages zu schildern, daß es schwierig war, noch eine Beteuerung seiner unsterblichen Leidenschaft mit hineinzuquetschen. Schließlich kann man so eine Sache schlecht in ein Postskriptum packen.

Er beschloß daher zu warten, bis sie eintraf, und setzte in der Zwischenzeit seinen Eroberungsfeldzug fort. In einem gewissen Sinne war es um so besser, je länger er auf sie warten mußte, denn jeder Morgen und jeder Nachmittag, der vorüberging, fügte seiner Selbstachtung neue Schichten hinzu. Mit jedem Tag wurde er stolzer und eingebildeter.

In der Zwischenzeit zogen dunkle Wolken am Himmel auf. In den Ecken der Hotelhalle war düsteres Gemurmel zu hören, und der Ruf nach Revolte lag in der Luft. Denn Ferdinands Arroganz war der Aufmerksamkeit seiner geschlagenen Rivalen nicht entgangen. Niemand ist so eingebildet wie jemand, der vorher nichts zu melden hatte und plötzlich einen Grund hat, eingebildet zu sein; und es tut mir leid, sagen zu müssen, daß die Einbildung, die Ferdinand überkommen hatte, von jener aggressiven Sorte war, die Feinde züchtet. Der Peitschenknaller hatte ihm die gutgemeinte, aber vernichtende Kritik an seinem Rückschwung nicht verziehen und würde sie ihm auch nie verzeihen. Der Löffler, der immer schon gelöffelt hatte seit jenem Tag, an dem er im Alter von vierundsechzig Jahren einen Fernkursus bestellt hatte, der ihm in zwölf Lektionen per Post das Golfspielen beibringen sollte, nahm es übel, von einem frechen Knirps gesagt zu bekommen, daß der Schlag mit dem Mashie einen

gleichmäßigen, gemächlichen Schwung haben sollte. Der Schlangentöter – Aber ich sollte Sie nicht mit einer detaillierten Aufstellung der Nö-
te dieser Männer langweilen; es ist genug zu sagen, daß sie alle Ferdinand nicht leiden konnten, und eines Abends trafen sie sich nach dem Essen in der Hotelhalle, um zu entscheiden, was in der Angelegenheit unternommen werden sollte.

Alle waren übler Laune.

»Ein kleiner Junge schreibt mir vor, wie ich meinen Mashie zu gebrauchen habe!« knurrte der Löffler. »Von wegen gleichmäßig und ge-
mächlich! Ich bekomme den Ball doch hoch, oder? Nun, was will man
mehr?«

»Ich sage ihm die ganze Zeit, daß meiner der alte, volle St.Andrew-
Schwung ist«, murmelte der Peitschenknaller hinter zusammengebissenen Zähnen, »aber er hört mir einfach nicht zu.«

»Er verdient eine kräftige Abreibung«, zischte der Schlangentöter. Es
ist nicht einfach, einen Satz zu zischen, der kein einziges »s« enthält, und
die Tatsache, daß er es trotzdem schaffte, zeigt, wie sehr Ferdinands ent-
nervende, überhebliche Art die Gefühle dieses Mannes aufgestachelt hatte.

»Ja, aber was können wir tun?« fragte ein Achtzigjähriger, nachdem
ihm diese letzte Bemerkung durch sein Hörrohr mitgeteilt worden war.

»Das ist das Problem«, seufzte der Löffler. »Was können wir tun?«
Und ein sorgenvolles Kopfschütteln folgte.

»Ich hab's!« rief der Katzenstreichler aus, der bis dahin nicht gesprochen hatte. Er war Rechtsanwalt und ein Mann von scharfsinnigem und
finsterem Geist. »Mir ist etwas eingefallen! Es gibt einen Burschen in
meinem Büro – der junge Parsloe – der diesen Mann haushoch schlagen
könnte. Ich werde ihm telegrafieren, hierher zu kommen, und wir werden ihn auf diesen Knaben ansetzen und etwas von seiner Einbildung aus
ihm herausklopfen.«

Allgemeine Zustimmung wurde laut.

»Aber sind Sie sicher, daß er ihn schlagen kann?« fragte der Schlangentöter besorgt. »Es wäre fatal, wenn wir einen Fehler begehen würden.«

»Natürlich bin ich sicher«, sagte der Katzenstreichler. »George Parsloe hat den Kurs schon einmal in vierundneunzig gespielt.«

»Viel hat sich geändert seit Vierundneunzig«, sagte der Achtzigjährige und schüttelte weise sein Haupt. »Ach, viele, viele Veränderungen. Keine von diesen Automobilen damals, die herumrasen und – « Gütige Hände führten ihn zu seiner Milch mit Ei, und die verbleibenden Verschwörer kehrten mit zusammengezogenen Augenbrauen zu der strittigen Frage zurück.

»Vierundneunzig?« sagte der Löffler ungläubig. »Sie meinen, alle Schläge mitgezählt?«

»Alle Schläge mitgezählt.«

»Ohne sich irgendwelche Puttversuche abzuziehen?«

»Keinen einzigen.«

»Telegrafieren Sie ihm sofort«, sagte die Versammlung einstimmig.

An diesem Abend ging der Katzenstreichler auf Ferdinand zu, glatt, raffiniert, eben wie ein Rechtsanwalt.

»Oh, Dibble«, sagte er, »genau der Mann, den ich gesucht habe. Dibble, ein junger Freund von mir kommt hierher, der gerne ein bißchen Golf spielt. Sein Name ist George Parsloe. Ich fragte mich, ob sie vielleicht etwas Zeit erübrigen könnten, um ein Spiel mit ihm zu machen. Er ist bloß ein Anfänger, wissen Sie.«

»Es wird mir ein Vergnügen sein, eine Runde mit ihm zu spielen«, sagte Ferdinand freundlich.

»Er könnte vielleicht ein paar Tips aufschnappen, wenn er Ihnen zuschaut.« sagte der Katzenstreichler.

»Durchaus, durchaus«, sagte Ferdinand.

»Dann werde ich Sie mit ihm bekanntmachen, wenn er hier auftaucht.«

»Mit Vergnügen«, sagte Ferdinand.

Er befand sich an jenem Abend in ausgezeichneter Stimmung, da er einen Brief von Barbara erhalten hatte, der besagte, daß sie übermorgen ankommen würde.

Ferdinand hatte die gesunde Angewohnheit, morgens früh aufzustehen und vor dem Frühstück ein kurzes Bad im Meer zu nehmen. Am Morgen des Tages der Ankunft Barbaras erhob er sich wie gewöhnlich, zog seinen Trainingsanzug an, warf einen langen Blick auf den Pokal und ging los. Es war ein schöner, frischer Morgen, und Ferdinand glühte innerlich wie äußerlich. Als er den Platz überquerte – der kürzeste Weg zum Wasser führte über das Fairway der siebten Bahn – pfiff er fröhlich vor sich hin und probte im Geiste die einleitenden Sätze seines Heiratsantrages. Denn er hatte den festen Vorsatz gefaßt, noch am gleichen Abend nach dem Essen Barbara um ihre Hand zu bitten. Er spazierte über den weichen Rasen, frei von allen Sorgen dieser Welt, als plötzlich jemand »Fore!« schrie und im nächsten Moment ein Golfball, der ihn nur um wenige Zentimeter verfehlte, das Fairway hinuntersegelte und fünfzig Yards weiter zum Stillstand kam. Er schaute hoch und erblickte eine Gestalt, die ihm vom Tee entgegenkam.

Die Entfernung zum Tee betrug volle einhundertdreißig Yards. Addieren Sie fünfzig und Sie haben einhundertachtzig Yards. Kein solcher Drive war auf dem Platz von Marvis Bay seit seiner Gründung je gemacht worden, und es zeigte sich der großzügige Geist des wahren Golfers in Ferdinand, denn sein erstes Gefühl nach dem verständlichen Anfall von Panik, den das Vorbeisummen des Balles an seinem Ohr verursacht hatte, war ein Gefühl herzlicher Bewunderung. Durch irgendein gütiges Wunder, nahm er an, war es einem seiner Hotelbekanntschaften einmal im Leben vergönnt gewesen, einen Drive richtig zu timen.

Erst als der andere näherkam, begann sich eine Übelkeit erregende Ahnung an ihn heranzuschleichen. Die Gesichter all derer, die Rasenstücke aus dem Hotelkurs hackten, waren ihm vertraut, und die Tatsache, daß dieser Kerl ein Fremder war, schien mit schrecklicher Gewißheit darauf hinzuweisen, daß er der Mann war, gegen den zu spielen er zugesagt hatte.

»Entschuldigung«, sagte der Mann. Er war ein hochgewachsener, auffallend gutaussehender Bursche mit braunen Augen und einem dunklen Schnurrbart.

»Oh, schon in Ordnung«, sagte Ferdinand. »Äh – schlagen Sie immer so ab?«

»Nun, im allgemeinen schaffe ich etwas längere Drives, aber irgendwie habe ich heute morgen Probleme damit. Ein Glück, daß ich auf den Platz gegangen bin und ein bißchen trainiert habe. Ich spiele morgen ein

Match gegen einen Burschen namens Dibble, der ein Lokalchampion ist oder etwas Ähnliches.«

»Ich?« sagte Dibble unterwürfig.

»Äh? Oh, Sie?« Mr. Parsloe musterte ihn abschätzend. »Nun, möge der Bessere gewinnen.«

Da Ferdinand befürchtete, daß genau dies passieren würde, nickte er kränklich und trottete zum Strand. Der Morgen hatte seinen Zauber verloren. Die Sonne schien noch, aber auf eine dumme, kraftlose Weise; und ein kalter und deprimierender Wind hatte angefangen zu wehen. Denn Ferdinands Minderwertigkeitskomplex, der für immer geheilt zu sein schien, war wieder da und ging seinen üblichen Geschäften nach.

Wie traurig es in diesem Leben ist, daß der Moment, auf den wir uns mit glühendsten Erwartungen gefreut haben, sich bei seiner Ankunft so oft als fade, kühl und enttäuschend erweist. Seit zehn Tagen hatte Barbara Medway für die Begegnung mit Ferdinand gelebt, wenn sie aus dem Zug steigen und ihn über den Horizont tanzen sehen würde, mit dem Feuer der Liebe in seinen glänzenden Augen und Worten der Hingabe auf seinen zitternden Lippen.

Das arme Mädchen zweifelte keinen Augenblick daran, daß er seinen aufgestauten Gefühlen innerhalb der ersten fünf Minuten freien Lauf lassen würde, und ihre einzige Sorge war, daß er der heiligen Szene nicht eine allzu peinliche Publicity geben würde, indem er gleich auf dem Bahnsteig vor ihr auf die Knie fiel.

»Nun, da bin ich endlich«, rief sie fröhlich.

»Hallo!« sagte Ferdinand, mit einem verkrampften Lächeln.

Das Mädchen sah ihn entgeistert an. Wie hätte sie wissen können, daß sein seltsames Verhalten gänzlich auf einen schweren Anfall von kalten Füßen zurückzuführen war, den er sich bei seiner Begegnung mit George Parsloe an diesem Morgen geholt hatte. Die Interpretation, die sie daraus ableitete, war, daß er sich nicht freute, sie zu sehen. Wenn er sich früher so benommen hätte, hätte sie es natürlich auf fortgeschrittene Trottelei zurückführen können, aber jetzt besaß sie seine schriftlichen Erklärungen als Beweis, daß sein Golf in den letzten zehn Tagen eine lange Serie von Triumphen gewesen war.

»Ich habe Ihre Briefe bekommen«, sagte sie, tapfer fortfahrend.

»Oh, tatsächlich?« sagte Ferdinand geistesabwesend.

»Es schien, als hätten Sie Wunder vollbracht.«

»Ja.«

Stille trat ein.

»Hatten Sie eine gute Reise?« sagte Ferdinand.

»Sehr«, sagte Barbara.

Sie sprach mit eiskalter Stimme, denn sie war wütender als eine nasse Katze.

Sie verstand jetzt alles. Sie erkannte, daß in den zehn Tagen, seit sie sich getrennt hatten, seine Liebe zu ihr verblichen war. Irgendein anderes Mädchen, das er in der romantischen Umgebung dieses malerischen Erholungsortes kennengelernt hatte, hatte ihren Platz in seinen Gefühlen eingenommen.

Sie wußte, wie leicht Amor in einem Sommerhotel danebentrifft, und für einen Augenblick machte sie sich Vorwürfe, jemals so hohlköpfig gewesen zu sein, ihn alleine dorthinfahren zu lassen. Dann verschlang nackte Wut ihr Bedauern, und sie wurde so frostig, daß Ferdinand, der kurz davor gewesen war, ihr das Geheimnis seiner Schwermut mitzuteilen, sich in seine Schale zurückzog und die Unterhaltung während der Fahrt zum Hotel nicht mehr über ein gewisses Niveau hinauskam. Ferdinand sagte, daß der Sonnenschein schön sei, und Barbara sagte, ja, er sei schön, und Ferdinand sagte, er sehe hübsch aus auf dem Wasser, und Barbara sagte, ja, er sehe in der Tat hübsch aus auf dem Wasser, und Ferdinand sagte, er hoffe, daß es nicht regnen würde, und Barbara sagte, ja, es wäre schade, wenn es regnen würde. Und dann folgte ein weiteres, langes Schweigen.

»Wie geht es meinem Onkel?« fragte Barbara schließlich.

Ich habe es unterlassen zu erwähnen, daß jenes Individuum, das ich als den Katzenstreichler bezeichnet habe, der Bruder von Barbaras Mutter war und ihr Gastgeber in Marvis Bay.

»Ihr Onkel?«

»Sein Name ist Tuttle. Haben Sie ihn kennengelernt?«

»Oh, ja. Ich habe ihn öfters gesehen. Er hat einen Freund zu Besuch«, sagte Ferdinand, und seine Gedanken kehrten zu der Sache zurück, die ihm auf dem Herzen lag. »Einen Burschen namens Parsloe.«

»Oh, ist George Parsloe hier? Wie reizend!«

»Kennen Sie ihn?« kläffte Ferdinand dumpf. Er hätte nicht gedacht, daß seiner momentanen Depression noch irgendetwas hinzugefügt werden konnte, aber nun war er sich bewußt, daß er auf der Leiter des Trübsinns noch um einige Stufen tiefer gerutscht war. In ihrer Stimme hatte ein schrecklich erfreuter Ton gelegen.

Ach ja, dachte er verdrießlich, so war das Leben! Wir wissen halt nie, was der nächste Morgen bringen wird. Wir haben eine Glückssträhne und fangen an, etwas auf uns zu halten, und dann kommt so ein George Parsloe daher.

»Natürlich kenne ich ihn«, sagte Barbara. »Da ist er ja.«

Das Taxi war vor dem Hoteleingang vorgefahren, und auf der Veranda saß George Parsloe und stellte seine elegante Person zur Schau. In Ferdinands fiebrigen Augen sah er aus wie ein griechischer Gott, und sein Minderwertigkeitskomplex begann Anzeichen von Elefantose an den Tag zu legen. Wie konnte er in der Liebe oder im Golf mit einem Kerl konkurrieren, der aussah, als wäre er einem Film entstiegen, und der Probleme mit seinem Drive zu haben glaubte, wenn er ihn hundertachtzig Meter weit schlug?

»Geor-gee!« rief Barbara vergnügt. »Hallo, George!«

»Aber – Hallo, Barbara!«

Sie fielen in eine angenehme Unterhaltung, während Ferdinand auf schwankenden Beinen daneben stand und sich seekrank fühlte. Und dann, da er merkte, daß ihr Glück nicht von seiner Gesellschaft abhing, schlich er sich davon.

George Parsloe aß an jenem Abend am Tisch des Katzenstreichlers, und es war George Parsloe, mit dem Barbara nach dem Essen im Mondlicht spazieren ging. Ferdinand hingegen begab sich nach einer nutzlosen Stunde am Billardtisch früh auf sein Zimmer. Aber nicht einmal die Strahlen des Mondes, die auf seinem Pokal schimmerten, konnten das Fieber in seiner Seele lindern. Für eine Weile machte er melancholisch

Übungs-Putts in seinen Zahnputzbecher; dann ging er zu Bett und fiel in einen unruhigen Schlaf.

Barbara schlief am nächsten Morgen lange und frühstückte auf ihrem Zimmer. Als sie gegen Mittag hinunterging, fand sie eine seltsame Leere im Hotel vor. Es war ihre Erfahrung mit Ferienhotels, daß ein so schöner Tag wie dieser für die Hälfte der Gäste das Stichwort war, sich in der Hotelhalle zu versammeln, alle Fenster zu verschließen und über die momentanen Bedingungen in der Jute-Industrie zu reden. Obwohl die Sonne von einem wolkenlosen Himmel strahlte, befand sich zu ihrer Überraschung niemand in der Halle außer dem Achtzigjährigen mit dem Hörrohr. Sie bemerkte, daß er in einer senilen Weise vor sich hinkicherte.

»Guten Morgen«, sagte sie höflich, da sie ihn am vorherigen Abend kennengelernt hatte.

»Häh?« sagte der Achtzigjährige, stellte sein Kichern ein und brachte sein Hörrohr in Stellung.

»Ich sagte 'Guten Morgen!'« brüllte Barbara in den Hörer.

»Häh?«

»Guten Morgen!!!«

»Ah! Ja, es ist ein sehr schöner Morgen, ein sehr schöner Morgen. Wenn ich sonst nicht mein Rosinenbrötchen und mein Glas Milch um punkt zwölf verpassen würde«, sagte der Achtzigjährige, »wäre ich draußen auf dem Platz. Genau da wäre ich, draußen auf dem Platz. Wenn ich sonst nicht mein Rosinenbrötchen und mein Glas Milch verpassen würde.«

Da diese Erfrischung in diesem Moment serviert wurde, legte er den Hörtrichter beiseite und begann, seine Kräfte wiederherzustellen.

»Ich würde mir das Spiel ansehen«, erklärte er, während er an seinem Brötchen mümmelte.

»Welches Spiel?«

Der Achtzigjährige nippte an seiner Milch.

»Welches Spiel?«

»Häh?«

»Welches Spiel???«

Der Achtzigjährige begann erneut zu kichern und verschluckte sich beinahe an einem Krümel.

»Sie werden vielleicht etwas von seiner Einbildung aus ihm herausholen«, gluckste er.

»Aus wem?« fragte Barbara.

»Ja«, sagte der Achtzigjährige.

»Wer ist eingebildet?«

»Ah! Dieser junge Bursche, Dibble. Sehr eingebildet. Ich habe es von Anfang an in seinen Augen gesehen, aber niemand wollte auf mich hören. Glauben Sie mir, dem Jungen gehört ein Dämpfer aufgesetzt. Nun, den wird er heute morgen bekommen. Ihr Onkel hat den jungen Parsloe herbestellt und ein Match zwischen den beiden arrangiert. Dibble – « Hier verschluckte sich der Achtzigjährige erneut und mußte mit Milch nachspülen, »Dibble weiß nicht, daß Parsloe die Runde einmal mit vierundneunzig geschafft hat!«

»Was?«

Alles vor Barbaras Augen schien schwarz zu werden. Durch einen trüben Nebel glaubte sie einen achtzigjährigen Neger zu sehen, der an einem Tintenglas nippte. Dann klärte sich ihr Blick, und sie fand sich nach Halt suchend an die Lehne eines Stuhls geklammert. Jetzt begriff sie alles. Sie erkannte, warum Ferdinand so geistesabwesend gewesen war, und ihr Herz flog ihm in einem Anflug mütterlichen Mitleids zu. Wie unrecht sie ihm getan hatte!

»Etwas von der Einbildung aus ihm herausholen«, murmelte der Achtzigjährige, und Barbara verspürte plötzlich einen tiefen Haß auf den alten Mann. Sie hätte vielleicht einen Käfer in seine Milch werfen können. Dann rüttelte sie die Erkenntnis wach, daß sie dringend etwas unternehmen mußte. Nur was?

»Oh!« rief sie.

»Häh?« sagte der Achtzigjährige und machte sein Hörrohr bereit.

Aber Barbara war verschwunden.

Es war nicht weit bis zum Platz, und Barbara legte die Strecke fliegenden Fußes zurück. Sie erreichte das Clubhaus, aber der Kurs war leer bis auf den Löffler, der sich gerade darauf vorbereitete, vom ersten Tee abzuschlagen. Trotz der Tatsache, daß etwas in ihrem Unterbewußtsein ihr zu sagen schien, daß dies einer der Anblicke war, die man nicht verpassen sollte, wartete das Mädchen nicht, um zuzuschauen. In der Annahme, daß das Match kurz nach dem Frühstück angefangen hatte, mußte man mittlerweile eines der Löcher auf den zweiten neun erreicht haben. Sie rannte den Hügel hinab, schaute links und rechts und erblickte eine Gruppe von Zuschauern, die sich in einiger Entfernung um ein Grün drängten. Als sie auf sie zueilte, gingen diese weiter, und Barbara sah, wie Ferdinand sich zum nächsten Tee begab. Ein freudiger Schauer überlief ihren ganzen Körper, als sie feststellte, daß er die Ehre hatte. Also mußte er in jedem Fall ein Loch gewonnen haben. Dann sah sie ihren Onkel.

»Wie steht es?« japste sie.

Mr. Tuttle schien schlechte Laune zu haben. Es war offensichtlich, daß die Dinge sich nicht gänzlich nach seinem Geschmack entwickelten.

»Gleichstand am Fünfzehnten«, erwiderte er düster.

»Gleichstand!«

»Ja. Der junge Parsloe«, sagte Mr. Tuttle mit einem säuerlichen Blick in die Richtung dieses geschmeidigen Athleten, »scheint nicht in der Lage zu sein, auf dem Grün irgendetwas richtig zu machen. Er hat geputtet wie ein schielendes Schaf.«

Aus der vorhergehenden Bemerkung von Mr. Tuttle werden Sie ohne Zweifel wenigstens einen Anhaltspunkt herausgehört haben in dem Rätsel, wie Ferdinand Dibble es geschafft hatte, seinen Gegner mit dem langen Drive bis zum fünfzehnten Grün in Schach zu halten, aber trotz allem werden Sie wahrscheinlich denken, daß für diese erstaunliche Lage der Dinge eine weitere Erklärung erforderlich ist.

Sie glauben, daß bloßes schlechtes Putten auf seiten George Parsloes nicht ausreichend ist, die Angelegenheit vollkommen abzudecken. Sie haben recht. Es gab einen weiteren, wichtigen Faktor in der Sache – nämlich den, daß Ferdinand Dibble durch einen außerordentlichen Zufall gleich am ersten Tee richtig losgelegt hatte und das Spiel seines Lebens spielte. Nie zuvor hatte er solche Drives geschlagen, nie zuvor seine Chips so clever berechnet.

Ferdinands Drives litten im allgemeinen unter einer fatalen Steifheit und übermäßigen Vorsicht, die einen erfolgreichen Schlag verhinderten. Und daß er seine Chip-Schläge selten genau plazierte, war auf seine Angewohnheit zurückzuführen, kurz bevor der Schläger den Ball traf, den Kopf in den Nacken zu werfen wie ein Löwe im Dschungel. Aber heute hatte er mit einer sorglosen Freiheit geschwungen, und seine Chips waren exakt und sauber gewesen. Die Sache hatte ihn schon die ganze Zeit verwirrt. Es hatte ihn nicht etwa in Begeisterung versetzt, denn infolge Barbaras Reserviertheit und der Art und Weise, in der sie Freudentänze um George Parsloe aufgeführt hatte wie ein junges Lamm im Frühling, befand er sich in einem zu tiefen Stadium der Niedergeschlagenheit, um von irgendetwas in Begeisterung versetzt zu werden. Und jetzt nahm er in einem blitzartigen Moment der Erkenntnis plötzlich den Grund wahr, warum er heute so gut gespielt hatte. Es lag einfach daran, daß er nicht begeistert war. Es lag allein daran, daß er so abgrundtief niedergeschlagen war.

Das war es, was Ferdinand Dibble sich einredete, als er das sechzehnte Tee verließ, nachdem er eine Rakete das Fairway hinuntergeschickt hatte, und ich bin überzeugt, daß er recht hatte. Wie so viele mittelmäßige Golfer hatte er sich das Spiel immer selbst schwer gemacht, indem er zuviel überlegte.

Er war ein fleißiger Student der Werke der Meister, und jedesmal, wenn er sich auf einen Schlag vorbereitete, hatte er eine komplette Liste aller Fehler im Kopf, die zu machen nur möglich war. Er würde sich daran erinnern, wie Taylor davor gewarnt hatte, die rechte Schulter herabhängen zu lassen, wie Vardon gegen jegliche Bewegung des Kopfes gewettert hatte; er würde sich ins Gedächtnis rufen, wie Ray die Tendenz angesprochen hatte, den Schläger zu hastig zurückzuziehen, wie Braid traurig von jenen gesprochen hatte, die sich versündigten, indem sie ihre Muskeln versteiften und sich verfrüht aufrichteten.

Die Folge war: nachdem er solange in einer eingefrorenen Weise gewackelt hatte, bis ihn nackte Scham drängte, irgendeine definitive Handlung zu vollziehen, holte er schließlich aus und ging dann ausnahmslos dazu über, seine rechte Schulter hängen zu lassen, seine Muskeln zu versteifen, sich aufzurichten, den Schläger zurückzureißen und gleichzeitig seinen Kopf weit hochzuheben wie in der illustrierten Tafel (»Einige häufige Fehler von Anfängern – Nr. 3 – Hochheben der Birne«) auf Seite vierunddreißig in James Braids *Golf ohne Tränen*. Heute war er so sehr mit seinem gebrochenen Herzen beschäftigt, daß er seine Schläge abwesend, fast achtlos gemacht hatte – mit dem Resultat, daß mindestens jeder dritte von ihnen ein absoluter Knaller gewesen war.

In der Zwischenzeit hatte George Parsloe abgeschlagen, und das Spiel ging weiter. George war mittlerweile ein wenig durcheinander. Man hatte ihm zu verstehen gegeben, daß dieser Vogel Dibble ein Hundert-wenn-er-in-Bestform-ist-Mann war, und die ganze Zeit hatte der Kerl Fünfer in Hülle und Fülle abgespult und einmal sogar eine Vier erzielt. Zugegeben, es hatte auch gelegentlich eine Sechs gegeben, und sogar eine Sieben, aber das änderte nichts an der Tatsache, daß dieser Knabe ein verteufelt gutes Spiel hinlegte. Mit der Überheblichkeit eines Mannes, der einmal vierundneunzig geschafft hatte, hatte sich George Parsloe ausgerechnet, nach der Hälfte einen Vorsprung von mindestens drei Löchern zu haben. Stattdessen hatte er um zwei zurückgelegen und mühsam kämpfen müssen, um gleichzuziehen.

Trotzdem fiel sein Abschlag gleichmäßig und gut aus, und er hätte das Loch sicher gewonnen, wenn da nicht seine sträfliche Schwäche beim Putten gewesen wäre. Der gleiche Fehler ließ ihn das Siebzehnte halbieren, nachdem er mit zwei bereits auf dem Grün gewesen war, während Ferdinand noch in der Wüste wanderte und es erst mit seinem vierten erreichte. Dann hatte Ferdinand jedoch aus einer Entfernung von sieben Yards eingelocht und damit eine Fünf erzielt, die George mit seinen drei Putts knapp ausgleichen konnte.

Barbara hatte den Verlauf des Spiels mit klopfendem Herzen verfolgt. Zuerst hatte sie aus einiger Entfernung zugeschaut, aber jetzt näherte sie sich wie von einem Magneten angezogen dem Tee. Sie hielt ihren Atem an. Ferdinand hielt seinen Atem an. Und um sie herum konnte man sehen, wie der jeweilige Atem von George Parsloe, Mr. Tuttle und der gefesselten Menge der Zuschauer angehalten wurde. Es war ein Moment größter Spannung, und er wurde durch das Geräusch von Ferdinands Driver unterbrochen, als dieser den Ball traf und ihn magere dreißig

Yards den Boden entlanghüpfen ließ. An diesem allerkritischsten Punkt des Wettkampfes hatte Ferdinand Dibble getoppt. George Parsloe teete seinen Ball auf. Ein Lächeln stiller Befriedigung lag auf seinem Gesicht. Er liebkoste den Driver in seinen Händen und ließ ihn zur Vorbereitung einmal durch die Luft sausen. Dies, fühlte George Parsloe, war die Stelle, wo das Happy-End kam. Er würde abschlagen, wie er noch nie abgeschlagen hatte. Er würde einen solchen Drive hinlegen, daß sein Gegner mindestens drei Schläge brauchen würde, um ihn einzuholen. Mit unendlicher Vorsicht hob er seinen Schläger, balancierte ihn auf der Höhe des Schwungs – .

»Ich frage mich immer – « sagte eine klare, mädchenhafte Stimme, die die Stille wie die Explosion einer Bombe zerriß.

George Parsloe zuckte zusammen. Sein Schläger wackelte, bewegte sich abwärts. Der Ball tröpfelte in das hohe Gras vor dem Tee. Eine grimmige Stille folgte.

»Was sagten Sie gerade, Miss Medway – « sagte George Parsloe mit tonloser Stimme.

»Oh, das tut mir aber leid«, sagte Barbara Medway.»Ich fürchte, ich habe Sie gestört.«

»Ein wenig, vielleicht. Möglicherweise ein klitzekleines bißchen. Aber Sie sagten gerade, daß Sie sich etwas fragen. Kann ich irgendwie behilflich sein?«

»Ich sagte nur«, sagte Barbara,»daß ich mich immer frage, warum Tees Tees genannt werden.«

George Parsloe schluckte ein- oder zweimal. Er blinzelte auch ein wenig wie im Fieber. Und in seinen Augen lag ein benommener, stierer Ausdruck.

»Ich fürchte, daß ich es Ihnen nicht aus dem Stegreif erklären kann«, sagte er,»aber ich werde daran denken, bei nächster Gelegenheit eine gute Enzyklopädie zu konsultieren.«

»Das ist sehr nett von Ihnen.«

»Keine Ursache. Es wird mir ein Vergnügen sein. Für den Fall, daß Sie daran dachten, sich, während ich putte, zu erkundigen, warum Grüns Grüns genannt werden; dürfte ich bereits jetzt den Vorschlag zu äußern wagen, daß dem so ist, weil sie grün sind?«

Und nach diesen Worten stelzte George Parsloe auf seinen Ball zu, der sich, wie sich herausstellte, in der Mitte eines kleinen Strauches eingenistet hatte, dessen Namen ich Ihnen, da ich kein Botaniker bin, nicht nennen kann. Es war ein dichtgewebter, klebriger Strauch, der seine Tentakel so liebevoll um George Parsloes Niblick wickelte, daß er den ersten Schlag komplett verfehlte. Sein zweiter ließ den Ball ein wenig schaukeln, und sein dritter holte ihn heraus. Dann versuchte George, der mittlerweile ein bloßer Kessel brodelnder Emotionen war, einen vollen Schwung mit dem Brassie, verfehlte jedoch auch diesen. Sein fünfter Schlag ließ den Ball bis auf einige Zentimeter an Ferdinands Drive herankommen. Er hob ihn auf und schleuderte ihn ins Rough, als hätte sich etwas Giftiges daran befunden.

»Ihr Loch und Spiel«, sagte George Parsloe dünn.

Ferdinand Dibble saß am Strand und starrte auf den glitzernden Ozean. Gleich nachdem George Parsloe diese bitteren Worte gesprochen hatte, war er mit schnellen Schritten vom Platz geeilt. Er wollte mit seinen Gedanken allein sein.

Es waren gemischte Gedanken. Für einen Moment war unwiderstehlich die Freude darüber, ein hartes Spiel gewonnen zu haben, an die Oberfläche gekommen, jedoch nur um gleich darauf wieder zu versinken, als er sich daran erinnerte, daß das Leben ihm trotz aller Triumphe nichts mehr geben konnte – jetzt, wo Barbara Medway einen anderen liebte.

»Mr. Dibble!«

Er drehte sich um. Sie stand neben ihm. Er schluckte und stand auf.

»Ja?«

Eine Pause folgte.

»Sieht die Sonne nicht hübsch aus auf dem Wasser?« sagte Barbara.

Ferdinand seufzte tief. Das war zuviel.

»Gehen Sie«, sagte er dumpf. »Gehen Sie zurück zu Ihrem Parsloe, dem Mann mit dem Sie an diesem Wasser im Mondlicht spazierengegangen sind.«

»Nun, warum sollte ich nicht mit Mr. Parsloe an diesem Wasser im Mondlicht spazierengehen?« fragte Barbara lebhaft.

»Ich habe nie gesagt«, erwiderte Ferdinand, der in seinem Herzen ein fairer Mann war,»daß Sie nicht mit Mr. Parsloe an diesem Wasser spazierengehen sollen. Ich habe lediglich gesagt, daß Sie mit Mr. Parsloe an diesem Wasser spazierengegangen sind.«

»Aber was ist denn dabei, wenn ich mit Mr. George Parsloe an diesem Wasser spazierengehe?« fragte Barbara beharrlich.»Er und ich, wir sind alte Freunde.«

Ferdinand seufzte erneut.

»Exakt! Sehen Sie! Wie ich mir gedacht habe. Alte Freunde. Sie haben als Kinder zusammen gespielt und was sonst noch.«

»Nein, das haben wir nicht. Ich kenne ihn erst seit fünf Jahren. Aber er ist mit meiner besten Freundin verlobt, und das verbindet uns.«

Ferdinand stieß einen erstickten Ruf aus.

»Parsloe ist verlobt?«

»Ja. Die Hochzeit findet nächsten Monat statt.«

»Aber, warten Sie.« Ferdinands Stirn lag in Falten. Er dachte angestrengt nach.»Warten Sie«, sagte Ferdinand, der Logiker.»Wenn Parsloe mit ihrer besten Freundin verlobt ist, dann kann er ja nicht in Sie verliebt sein.«

»Nein.«

»Und Sie sind nicht in ihn verliebt?«

»Nein.«

»Wenn das so ist«, sagte Ferdinand,»na, wie wär's?«

»Was meinen Sie?«

»Wollen Sie mich heiraten?«

»Ja.«

»Sie wollen?«

»Natürlich will ich.«

»Liebling!« rief Ferdinand.

»Es gibt nur eine Sache, die mich ein wenig nachdenklich stimmt«, sagte Ferdinand gedankenverloren, als sie gemeinsam über die duftenden Wiesen schlenderten, während in den Bäumen über ihren Köpfen tausend Vögel Mendelssohns Hochzeitsmarsch trällerten.

»Das wäre?«

»Nun, ich werde es dir sagen«, sagte Ferdinand. »Tatsache ist, daß ich gerade das große Geheimnis des Golfspiels entdeckt habe. Man kann kein wirklich heißes Spiel hinlegen, ohne so deprimiert zu sein, daß man sich um seine Schläge keine Sorgen mehr macht. Nehmen wir zum Beispiel den Chip-Schlag. Wenn es einem wirklich erbärmlich geht, ist es einem völlig egal, wohin der Ball fliegt; und folglich hebt man auch nicht den Kopf, um ihm hinterherzuschauen. Kummer verhindert automatisch, daß man sich verkrampft oder zu weit ausholt. Schau dir die Spitzenspieler an. Hast du jemals einen glücklichen Profi gesehen?«

»Nein, ich glaube nicht.«

»Siehst du!«

»Aber alle Pros sind Schotten«, argumentierte Barbara.

»Das spielt keine Rolle. Ich bin mir sicher, daß ich recht habe. Und die verflixte Sache ist die, daß ich für den Rest meines Lebens so höllisch glücklich sein werde, daß mein Handicap auf dreißig oder so ansteigen wird.«

Barbara drückte liebevoll seine Hand.

»Mach dir keine Sorgen, mein Schatz«, sagte sie beruhigend. »Es wird alles in Ordnung sein. Ich bin eine Frau, und wenn wir erst einmal verheiratet sind, werde ich mir mindestens hundert verschiedene Wege ausdenken können, dich so anzuschnauzen, daß du in der Lage sein wirst, die Amateurmeisterschaften zu gewinnen.«

»Das könntest du?« sagte Ferdinand aufgeregt. »Bist du sicher?«

»Ziemlich sicher, Liebster«, sagte Barbara.

»Mein Engel!« sagte Ferdinand.

Er schloß sie fest in seine Arme, wobei er sich des Interlock-Griffs bediente.

KRÖSUS (DER EINE ZUSATZWETTE ABGESCHLOSSEN HATTE): »ES KÖNNTE SIE VIEL-
LEICHT INTERESSIEREN, DASS MICH IHR LETZTER PUTT FÜNFZIG PFUND GEKOSTET
HAT.« PARTNER: »ACH DU MEINE GÜTE! DANN DENKEN SIE DARAN, DER TEE GEHT
AUF MICH.«

HOHER EINSATZ

Der Sommertag neigte sich dem Ende zu. Die Kastanienbäume warfen lange Schatten auf die Terrasse vor dem Clubhaus, und die wenigen Bienen, die noch in den Blumenbeeten verweilten, machten den Eindruck müder Geschäftsmänner, die dabei sind, das Büro abzuschließen, um zum Abendessen zu gehen und sich danach ein Musical anzuschauen. Der Club-Älteste, der sich in seinem Lieblingssessel streckte, sah auf seine Uhr und gähnte.

Und während er dies tat, ertönte auf einmal ein Potpourri schriller Tierrufe aus der Gegend des achtzehnten Grüns, das seinen Blicken wegen des ansteigenden Geländes verborgen war, und er folgerte daraus, daß ein verspätetes Spiel gerade zu Ende gegangen sein mußte. Seine Annahme war korrekt. Das Geplapper der Stimmen näherte sich, und eine kleine Gruppe von Männern kam über die Kuppe des Hügels. Zwei von ihnen, die die Rädelsführer zu sein schienen, waren klein und stämmig. Einer war gut gelaunt und der andere niedergeschlagen. Der Rest der Gesellschaft bestand aus Freunden und Anhängern; und einer von ihnen, ein junger Mann, der einen belustigten Eindruck machte, schlenderte dorthin, wo der Club-Älteste saß.

»Was, erkundigte sich der Alte, »hat denn dieses Geschrei ausgelöst?«

Der junge Mann sank in einen Sessel und zündete sich eine Zigarette an.

»Perkins und Broster«, sagte er, »lagen am Siebzehnten gleichauf, und sie erhöhten den Einsatz auf fünfzig Pfund. Sie waren beide in sieben Schlägen auf dem Grün, und Perkins brauchte einen Zwei-Fuß-Putt, um das Spiel zu halbieren. Er verpaßte ihn um fünfzehn Zentimeter. Die spielen ganz schön hoch, die beiden.«

»Es ist eine merkwürdige Tatsache«, sagte der Club-Älteste,»daß Männer, deren Golf selbst die abgehärtesten Caddies zusammenzucken läßt, immer so etwas tun. Je leistungsfähiger ein Spieler ist, um so kleiner ist der Einsatz, der ihn zufriedenstellt. Nur wenn man zum untersten Zehntel der Golfwelt hinabsteigt, stößt man auf das große Glücksspiel. Trotzdem würde ich im Falle zweier Männer wie Perkins und Broster fünfzig Pfund nicht gerade sensationell nennen. Sie sind beide mit den Gütern dieser Welt reich gesegnet. Wenn Sie gerne eine Geschichte hören würden – «

Der Unterkiefer des jungen Mannes fiel um einige Längen.

»Ich hatte keine Ahnung, daß es schon so spät ist«, blökte er.»Ich sollte längst – «

» – von einem Mann, der um wirklich hohe Einsätze spielte – «

»Ich habe versprochen – «

» – werde ich sie Ihnen gerne erzählen«, sagte der Alte.

»Hören Sie«, sagte der junge Mann mürrisch,»es ist nicht eine von diesen Geschichten von zwei Männern, die sich in dasselbe Mädchen verlieben und ein Match spielen, um zu entscheiden, wer sie heiraten darf, oder? Falls es das ist – «

»Der Einsatz, auf den ich anspiele«, sagte der Club-Älteste,»war bedeutend höher und größer als die Liebe einer Frau. Soll ich fortfahren?«

»Meinetwegen«, sagte der junge Mann resigniert.»Legen Sie los.«

Es wurde sehr richtig gesagt – ich glaube von dem Mann, der die Untertitel für den Film»Käfigvogel der Gesellschaft« schrieb (begann der Club-Älteste), daß Reichtum nicht immer glücklich macht. Dieser Satz traf auch auf Bradbury Fisher zu, den Helden der Geschichte, die zu schildern ich im Begriff stehe. Als einer der prominentesten skrupellosen Millionäre Amerikas hatte er zwei ständige Sorgen im Leben – sein Handicap weigerte sich, unter vierundzwanzig zu sinken, und seine Frau mißbilligte seine Sammlung berühmter Golfreliquien. Einmal, als sie ihn dabei antraf, wie er leise singend die Hosen im Arm schaukelte, in denen Ouimet sein historisches Wiederholungsspiel gegen Vardon und Ray in den American Open gewonnen hatte, fragte sie, warum er nicht etwas Sinnvolles sammelte wie alte Meister oder Erstausgaben. Etwas Sinnvolles! Bradbury hatte vergeben, denn er liebte die Frau, aber vergessen konnte er nicht.

Denn wie so viele Männer, die das Spiel nach einer vergeudeten Jugend in der Welt des Kommerzes erst im mittleren Alter begonnen hatten, war Bradbury Fisher kein halbherziger Enthusiast. Obwohl er immer noch gelegentlich in der Wall Street einfiel, um den kleinen Aktionären ein paar weitere Millionen aus der Tasche zu ziehen, lebte er jetzt in erster Linie für Golf und seine Sammlung. Er hatte diese Sammlung in seinem ersten Golferjahr begonnen und schätzte sie über alles. Und wenn er daran dachte, daß seine Frau ihn davon abgehalten hatte, J. H. Taylors Manschettenknopf zu erwerben, den er für ein paar hundert Pfund hätte haben können, wurde er von tiefen Depressionen ergriffen.

Die bedrückende Episode hatte in London stattgefunden, und er befand sich jetzt auf dem Weg zurück nach New York, alldieweil seine Frau ihren Urlaub in England fortsetzte. Während der gesamten Überfahrt blieb er launisch und geistesabwesend; und beim Schiffskonzert, dessen Vorsitz er gezwungenermaßen führte, hörte man, wie er zum Purser bemerkte, falls die angebliche Sopranistin, die gerade »Mein kleines altes Häuschen in den Bergen« gesungen hatte, die unsterbliche Frechheit besäße, eine zweite Zugabe zu bringen, würde er hoffen, daß sie über einen hohen Ton stolpern und ihren Nacken ausrenken würde.

Bradbury Fishers schlechte Laune blieb während der gesamten Ozeanreise unverändert, bis er in seinem palastartigen Haus in Goldenville, Long Island, ankam, wo ihn, als er nach dem Essen im Versailles-Salonzimmer saß und trübsinnig eine Zigarre rauchte, Blizzard, sein englischer Butler, informierte, daß Mr. Gladstone Bott ihn am Telefon zu sprechen wünschte.

»Sagen Sie ihm, er soll mir den Buckel 'runterrutschen«, sagte Bradbury.

»Sehr wohl, Sir.«

»Nein, ich sage es ihm selbst«, sagte Bradbury. Er schlenderte zum Telefon. »Hallo!« sagte er barsch.

Er konnte diesen Bott nicht ausstehen. Es gibt gewisse Männer, denen es bestimmt zu sein scheint, als Rivalen durchs Leben zu gehen. Und so war es mit Bradbury Fisher und J. Gladstone Bott.

Innerhalb weniger Tage in der gleichen Stadt geboren, waren sie in der gleichen Woche nach New York gekommen, und von diesem Moment an waren ihre Karrieren Seite an Seite verlaufen. Fisher hatte seine erste Million zwei Tage früher als Bott gemacht, aber Botts erste Scheidung hatte eine halbe Spalte und zwei Balken mehr Publicity bekommen als Fishers. In Sing-Sing, wo beide im frühen Mannesalter mehrere glückliche Jahre verbrachten, lieferten sie sich Kopf-an-Kopf-Rennen um die diversen Ehren, die diese Institution anzubieten hat. Fisher sicherte sich die Position des Fängers in der Baseballmannschaft, dafür konnte Bott ihn ausstechen, als es um die Auswahl des Tenors für den Gesangsverein ging. Bott wurde für den Debattierwettbewerb gegen Auburn ausgesucht, aber Fisher bekam den letzten Platz in der Kreuzworträtselmannschaft, während Bott nur erste Reserve war.

Mit dem Golfspielen hatten sie gleichzeitig angefangen, und ihre Handicaps waren seitdem immer ebenbürtig geblieben. Es ist nicht überraschend, daß zwischen solchen Männern wenig Liebe herrschte.

»Hallo!« sagte Gladstone Bott. »Sie sind also zurück? Hören Sie, Fisher, ich glaube, ich habe da etwas, das Sie interessieren wird. Etwas, das Sie gerne in ihrer Golfsammlung haben würden.«

Bradbury Fishers Stimmung heiterte sich auf. Er konnte Bott nicht ausstehen, aber es gab keinen Grund, keine Geschäfte mit ihm zu machen. Und obwohl er wenig Vertrauen in das Urteil dieses Mannes hatte, konnte es ja sein, daß er über irgendeine wertvolle Antiquität gestolpert war. Ihm ging der tröstliche Gedanke durch den Kopf, daß seine Frau dreitausend Meilen weit weg war und er sich nicht länger unter ihrem durchbohrenden Blick befand.

»Ich komme gerade von einer Reise in den Süden zurück«, fuhr Bott fort, »und ich habe mir den authentischen Baffy gesichert, den Bobby Jones in seinem ersten wichtigen Wettbewerb benutzt hat – den Offenen Kleinkindermeisterschaften von Atlanta, Georgia, für Teilnehmer beiderlei Geschlechts, die noch nicht alle Milchzähne haben.«

Bradbury rang nach Luft. Er hatte Gerüchte darüber gehört, daß dieser Schatz existierte, aber er hatte ihnen keinen Glauben geschenkt.

»Sind Sie sicher?« rief er. »Sind Sie überzeugt, daß er echt ist?«

»Ich habe eine schriftliche Garantie von Mr. Jones, Mrs. Jones und dem Kindermädchen.«

»Wieviel, Bott, alter Knabe?« stotterte Bradbury. »Wieviel wollen Sie dafür, Gladstone, altes Haus? Ich gebe Ihnen hunderttausend Dollar.«

»Ha!«

»Fünfhunderttausend.«

»Ha, ha!«

»Eine Million.«

»Ha, ha, ha!«

»Zwei Millionen.«

»Ha, ha, ha, ha!«

Bradbury Fishers kräftiges Gesicht verzog sich wie das eines gefolterten Dämons. Er registrierte in schneller Folge Wut, Verzweiflung, Haß, Raserei, Qual, Gekränktsein und Unmut. Aber als er dann sprach, war seine Stimme weich und sanft.

»Gladdy, alte Socke«, sagte er, »wir sind seit Jahren gute Freunde.«

»Sind wir nicht«, sagte Gladstone Bott.

»Sind wir doch.«

»Nein, sind wir nicht.«

»Nun, wie dem auch sei, wie wäre es mit zwei Millionen fünfhunderttausend?«

»Keine Chance. Hören Sie. Wollen Sie diesen Baffy wirklich?«

»Und ob, Botty, alter Knabe, und ob ich ihn will.«

»Dann hören Sie. Ich tausche ihn gegen Blizzard.«

»Gegen Blizzard?« stammelte Fisher.

»Gegen Blizzard.«

Mir fällt ein, daß ich in meiner Beschreibung der engen Rivalität zwischen diesen beiden Männern vielleicht den Eindruck erweckt habe, daß keiner von ihnen auf irgendeinem Gebiet des Lebens einen eindeutigen Vorteil über den anderen besaß.

Wenn dem so ist, habe ich einen Fehler begangen. Im allgemeinen war es so, daß, was immer der eine auch hatte, der andere es durch etwas gleich Gutes aufwiegen konnte; aber in einer Sache hatte Bradbury Fisher Gladstone Bott eindeutig übertrumpft. Bradbury Fisher hatte den feinsten englischen Butler auf Long Island.

Blizzard war einzigartig. Es besteht eine bedauerliche Tendenz unter den heutigen englischen Butlern, mehr und mehr von dem Ideal abzuweichen, das ihre Art berühmt gemacht hat. Der moderne Butler hat die schlimme Eigenart, ein geschmeidiger junger Mann in bester körperlicher Verfassung zu sein, der aussieht, als wäre er der Sohn des Hauses. Aber Blizzard war von der feinen alten Schule. Bevor er in das Haus der Fishers kam, hatte er fünfzehn Jahre in den Diensten eines Grafen gestanden, und sein Aussehen ließ vermuten, daß er während dieser fünfzehn Jahre keinen Tag ohne seinen Liter Portwein hatte verstreichen lassen. Sein rotes Gesicht schien Portwein auszustrahlen und in seinen Glotzaugen lag eine unbestreitbare Würde. Er hatte Spreizfüße und ein Dreifachkinn, und wenn er ging, marschierte ihm sein gewaltiger Bauch voraus wie die Vorhut einer königlichen Parade.

Vom ersten Moment an war sich Bradbury voll bewußt gewesen, daß Bott ihn um Blizzard beneidete, und dieses Wissen hatte sein Leben versüßt. Aber dies war das erste Mal, daß Bott es offen zugegeben hatte.

»Blizzard?« flüsterte Fisher.

»Blizzard«, sagte Bott entschlossen. »Meine Frau hat nächste Woche Geburtstag, und ich habe mich gefragt, was ich ihr schenken soll.«

Bradbury Fisher zitterte von Kopf bis Fuß, und seine Beine schlotterten wie gekochte Spargelstangen. Schweißperlen standen auf seiner Stirn. Die Schlange war dabei, ihn in Versuchung zu führen – in eine unwiderstehliche Versuchung.

»Sind Sie sicher, daß Sie nicht auch drei Millionen nehmen würden – oder vier – oder so etwas?«

»Nein, ich will Blizzard.«

Bradbury Fisher wischte mit einem Taschentuch über seine schweißüberströmte Stirn.

»So sei es«, sagte er mit leiser Stimme.

Der Jones-Baffy traf noch am gleichen Abend ein, und Bradbury betrachtete ihn einige Stunden lang mit der unverfälschten Freude eines
Sammlers, der die Beute seines Lebens ergattert hat. Dann beschlich ihn
langsam die Erkenntnis, was er getan hatte. Er dachte an seine Frau und daran, was sie sagen würde, wenn sie davon erfuhr. Blizzard war Mrs. Fishers ganzer Stolz. Obwohl sie sich in
so weiter Ferne befand, war es offensichtlich, daß sie in Gedanken noch
bei der Freude weilte, die sie zu Hause zurückgelassen hatte; denn bei
seiner Ankunft hatte Bradbury drei Telegramme vorgefunden.

Das erste lautete:

»Wie geht es Blizzard? Antworte.«

Das zweite:

»Was macht Blizzards Ischias? Antworte.«

Das dritte:

*»Blizzards Schluckauf. Was macht er? Schlage Doktor Murphys
Moorsaft-Tonikum vor. Wird hoch gelobt. Dreimal täglich nach den
Mahlzeiten. Probier es eine Woche und telegrafiere Resultat.«*

Es erforderte keinen Hellseher, um Bradbury davon zu überzeugen,
daß Mrs. Fisher, wenn sie bei ihrer Rückkehr herausfand, daß er Blizzard
im Austausch für einen gekürzten Kinder-Baffy losgeworden war, die
Scheidung einreichen würde. Und es gab keine Geschworenenjury in
Amerika, die nicht ein einstimmiges Urteil zu ihren Gunsten gefällt hätte. Seine erste Frau, erinnerte er sich, hatte sich aus viel fadenscheinige-
ren Gründen von ihm scheiden lassen. Ebenso seine zweite, dritte und
vierte. Außerdem liebte Bradbury seine Frau. Es hatte eine Zeit in seinem Leben gegeben, in der er jedesmal, wenn er eine Frau verlor, mit
philosophischer Weitsicht fühlte, daß in wenigen Minuten eine andere
auftauchen würde; aber wenn ein Mann älter wird, neigt er dazu, an seinen Gewohnheiten festzuhalten, und er konnte sich eine Existenz ohne
die Gesellschaft der jetzigen Amtsinhaberin nicht vorstellen.

Was sollte er also tun? Wie konnte er sich aus der Affäre ziehen?

Es schien keinen Weg aus dem Dilemma zu geben. Wenn er den Jones-Baffy behielt, würde er Botts neidischen Geiz mit nichts anderem befriedigen können. Und sich von dem Baffy zu trennen, jetzt, wo er sich tatsächlich in seinem Besitz befand, war undenkbar.

Und dann, in den frühen Morgenstunden, als er sich schlaflos in seinem Louis-quinze-Bett herumwälzte, ersann sein gigantisches Gehirn einen Plan.

Am folgenden Nachmittag machte er sich auf den Weg zum Clubhaus und wurde informiert, daß Bott gerade eine Runde mit einem Millionär aus seinem Bekanntenkreis spielte. Bradbury wartete, und bald darauf erschien sein Rivale.

»He!« sagte Gladstone Bott in seiner abrupten, ungehobelten Art. »Wann werden Sie endlich diesen Butler ausliefern?«

»Ich werde die Lieferung zum frühestmöglichen Termin machen«, sagte Bradbury.

»Ich habe ihn gestern abend erwartet.«

»Sie werden ihn in Kürze bekommen.«

»Womit füttern Sie ihn?« fragte Gladstone Bott.

»Oh, alles was Sie und Ihre Frau auch essen. Geben Sie bei heißem Wetter etwas Schwefel in seinen Port. Sagen Sie, wie war Ihr Spiel?«

»Er hat mich geschlagen. Ich hatte ziemliches Pech.«

Bradbury Fishers Augen glänzten. Sein Moment war gekommen.

»Pech?« sagte er. »Wie meinen Sie das, Pech? Pech hat nichts damit zu tun. Sie meckern immer über Ihr Pech. Ihr Problem besteht darin, daß sie miserabel spielen.«

»Was!«

»Es hat keinen Zweck, zu versuchen, Golf zu spielen, bevor man nicht die grundlegenden Prinzipien gelernt hat und es richtig macht. Schauen Sie sich nur mal Ihren Drive an.«

»Was ist mit meinem Drive nicht in Ordnung?«

»Nichts, außer der Tatsache, daß Sie alles falsch machen. Beim Abschlagen, wenn der Schläger im Rückschwung nach hinten geführt wird, sollte das Gewicht allmählich verlagert werden, ruhig und gleichmäßig, und wenn der Schläger den höchsten Punkt erreicht hat, sollte das gesamte Körpergewicht auf dem rechten Bein lasten, der linke Fuß angewinkelt sein und das linke Knie in Richtung des rechten Beins gebogen sein. Aber davon abgesehen, wie sehr Sie Ihren Stil verfeinern, können Sie keine Methode entwickeln, die es nicht erfordert, daß Sie Ihren Kopf stillhalten, damit Sie Ihren Ball klar sehen können.«

»He!«

»Es ist offensichtlich, daß es unmöglich ist, in irgendeinem Moment des Schwungs ein plötzliches Zucken oder einen heftigen Ruck auszuführen, ohne die Balance zu stören oder den Kopf zu bewegen. Ich möchte auf die Tatsache hinaus, daß es von absolut entscheidender Bedeutung ist, daß – «

»He!« schrie Gladstone Bott.

Der Mann war bis ins Mark erschüttert. Vom örtlichen Pro und von Scratchspielern aus seinem Bekanntenkreis hätte er sich vielleicht solche Dinge stundenlang erzählen lassen, aber diese Worte aus dem Mund von Bradbury Fisher zu hören, dessen Handicap das gleiche war wie seines und dem er nach seiner unumstößlichen Überzeugung noch jederzeit die Luft herauslassen konnte, sobald er ihn auf den Platz bekam, war einfach zuviel.

»Soll das heißen«, fragte er erhitzt, »Sie versuchen mir Golf beizubringen?«

Bradbury Fisher kicherte innerlich. Alles verlief so, wie sein raffinierter Verstand es vorausgesehen hatte.

»Mein lieber Junge«, sagte er, »ich wollte Ihnen nur helfen.«

»Sie haben Nerven! Ich kann Sie jederzeit fertigmachen.«

»Es ist ja so leicht, nur davon zu reden.«

»Ich habe Sie zweimal pro Woche vertrimmt, bevor Sie nach England gesegelt sind.«

»Natürlich«, sagte Bradbury Fisher, »entfaltet sich ein wahrer Mann nicht in einem Freundschaftsspiel, wenn es nur um ein paar tausend Dollar geht. Sie würden es nicht wagen, um irgendetwas wirklich Wichtiges mit mir zu spielen.«

»Ich spiele, wann immer Sie wollen, um was immer Sie wollen.«

»Also gut. Ich werde mit Ihnen um Blizzard spielen.«

»Gegen was?«

»Oh, was immer Sie möchten. Wie wäre es mit ein paar Eisenbahngesellschaften?«

»Drei.«

»In Ordnung.«

»Nächsten Freitag paßt Ihnen?«

»Sicher«, sagte Bradbury Fisher.

Es schien ihm, als seien seine Sorgen vorbei. Wie alle Männer mit
Vierundzwanziger-Handicap besaß er völliges Vertrauen in seine Fähigkeit, alle anderen Männer mit Vierundzwanziger-Handicap schlagen zu
können. Gladstone Bott hingegen wußte, daß er Fisher jederzeit die Ein-
geweide herausnehmen konnte, sobald es ihm nur gelang, ihn aus dem
Clubhaus herauszulocken.

Dennoch war sich Bradbury Fisher einer ungewöhnlichen Nervosität
bewußt, als er am Morgen des schicksalsschweren Spiels sein Frühstück
einnahm. Er war beileibe kein Schwächling. In der Wall Street war sein
Phlegma in Streßmomenten sprichwörtlich. Bei der berühmten Gelegenheit, als die B. und G. Gruppe C. und D. attackiert hatte und er, um die
Kontrolle über L. und M. zu behalten, gezwungen war, massiv von S. und
T. zu kaufen, hatte er nicht mit der Wimper gezuckt. Doch an diesem
Morgen hatte er bei dem Versuch, Stückchen von Schinken aufzuspießen,
zweimal den Teller komplett verfehlt und sich bei einer dritten Gelegenheit mit der Gabel in die Backe gestochen. Der Anblick von Blizzard, so
ruhig, so kompetent, so absolut der perfekte Butler, hatte eine entnerven-
de Wirkung auf ihn.

»Ich bin heute etwas nervös, Blizzard«, sagte er mit einem gezwunge-
nen Lachen.

»Ja, Sir. Sie machen in der Tat einen etwas gestreßten Eindruck.«

»Ja. Ich spiele heute morgen ein sehr wichtiges Golfmatch.«

»Tatsächlich, Sir?«

»Ich muß mich zusammennehmen, Blizzard.«

»Ja, Sir. Und wenn ich respektvoll den Vorschlag machen dürfte, daß Sie versuchen sollten, während dem Spiel den Kopf unten und die Augen fest auf den Ball gerichtet zu lassen.«

»Das werde ich, Blizzard, das werde ich«, sagte Bradbury Fisher, und seine scharfen Augen trübten sich durch einen plötzlichen Schleier von Tränen. »Vielen Dank für den Rat, Blizzard.«

»Nicht der Rede wert, Sir.«

»Was macht Ihr Ischias, Blizzard?«

»Ein bißchen besser, danke der Nachfrage, Sir.«

»Und Ihr Schluckauf?«

»Ich bin mir einer leichten, möglicherweise jedoch nur vorübergehenden Linderung bewußt, Sir.«

»Gut«, sagte Bradbury Fisher.

Er verließ den Raum mit festen Schritten, ging in seine Bibliothek und las eine Zeitlang Teile des großartigen Kapitels in James Braids *Golf für Fortgeschrittene*, das das Abschlagen gegen den Wind behandelt. Es war ein schöner und wolkenloser Morgen, aber es war besser, für alle Notfälle gewappnet zu sein. Dann, als er fühlte, daß er alles getan hatte, was er tun konnte, ließ er den Wagen vorfahren und wurde zum Golfklub gebracht.

Gladstone Bott erwartete ihn in Begleitung zweier Caddies am ersten Tee. Eine knappe Begrüßung, ein Werfen der Münze, und Gladstone Bott, der sich die Ehre gesichert hatte, trat vor, um den Wettkampf zu beginnen.

Obwohl es in ihren Reihen natürlich endlose Unterarten gibt, die noch nicht alle wissenschaftlich definiert sind, kann man von Golfern mit Vierundzwanziger-Handicap behaupten, daß sie generell in zwei Kategorien fallen: die Forschen und die Vorsichtigen, das heißt solche, die jedesmal versuchen, mit einem Schlag einzulochen, und solche, die zufrieden sind, mit stetigen neun zu gewinnen.

Gladstone Bott war einer von der vorsichtigen Truppe. Er fuhrwerkte einen Moment lang herum wie ein Huhn, das im Sand scharrt, und schickte dann mit einem steifen Viertelschwung seinen Ball schnurgerade das

Fairway hinunter, wo er in einer Entfernung von vielleicht siebzig Yards liegenblieb. Dann war Bradbury Fisher an der Reihe. Nun, normalerweise war Bradbury Fisher im wesentlichen einer von der forschen Sorte. In der Regel war es seine Gewohnheit, den linken Fuß etwa fünfzehn Zentimeter vom Boden abzuheben, auf dem rechten Bein balancierend kraftvoll auszuholen und mit ekelerregender Gewalt in Richtung des Balls zu peitschen. Es war eine Methode die manchmal exzellente Ergebnisse lieferte, aber leider den Fehler hatte, ein wenig unberechenbar zu sein. Bradbury Fisher war das einzige Clubmitglied, mit Ausnahme des Clubmeisters, das zweite Grün direkt mit dem Abschlag erreicht hatte; aber auf der anderen Seite war er auch das einzige Mitglied, das je einen Drive vom Elften tot an die Fahne des Sechzehnten gelegt hatte.

Aber heute hatte das Ausmaß der Dinge, die auf dem Spiel standen, eine Veränderung in ihm bewirkt. Mit beiden Füßen fest im Boden verankert, fuchtelte er um den Ball herum, als wolle er Mikado spielen. Als er ausholte, glich sein Schwung dem von Gladstone Bott; und wie Bott erzielte er einen netten, gleichmäßigen, regenbogenförmigen Drive von etwa siebzig Yards, der schön in der Mitte des Fairways blieb. Bott antwortete mit einem Brassie-Schlag von achtzig Yards. Bradbury verteidigte sich mit einem ebensolchen.

Und so bahnten sie sich vorsichtig ihren Weg über die Prärie und kamen auf das Grün, wo Bradbury seinen dritten Putt tot legte und so das Loch halbierte.

Das zweite war eine Wiederholung des ersten, das dritte und vierte Wiederholungen des zweiten. Aber auf dem fünften Grün geschah etwas. Gladstone Bott, der einen Putt von fünfzehn Fuß brauchte, um das Loch zu gewinnen, schlug seinen Ball kräftig neben die Linie, wie es seine Praxis an jedem der vorhergehenden Löcher gewesen war. Der Ball traf ein Wurmhäufchen und prallte nach links ab, rollte ein paar Yards, traf ein anderes Wurmhäufchen, prallte nach rechts, stieß zuletzt gegen einen Zweig, hüpfte wieder nach links und kullerte in die Blechbüchse.

»Eins auf«, sagte Gladstone Bott. »Knifflig, manche dieser Grüns. Man muß die Winkel aufs genaueste abschätzen.«

Am sechsten stieß ein Esel auf einer nahegelegenen Weide einen heiseren Schrei aus, als Bott gerade am Rand des Grüns seinen Ball mit einem Mashie-Niblick ansprach. Er zuckte heftig zusammen, wirbelte dabei seinen Schläger mit einer krampfartigen Reflexbewegung des Unterarms herum und lochte ein.

»Gute Arbeit«, sagte Gladstone Bott.

Das Siebte war ein kurzes Loch, bewacht von zwei Bunkern, zwischen denen ein schmaler Grasstreifen verlief. Gladstone Botts Mashie-Schlag, der zu kurz geraten schien, rollte über das Rough, spähte einen Moment in die Tiefe zur Linken, schlängelte sich dann den Weg entlang, tröpfelte auf das Grün, erwischte eine glückliche Bodenneignug, beschleunigte, rollte weiter und fiel ins Loch.

»Um ein Haar hätte ich es verfehlt«, sagte Gladstone Bott und atmete tief durch.

Bradbury Fisher blickte auf eine Welt, die vor seinen Augen tanzte und verschwamm. Auf etwas Derartiges war er nicht vorbereitet gewesen. So wie die Dinge sich entwickelten, dachte er, würde es ihn jetzt kaum noch überraschen, wenn die Dosen hochspringen und wie hungrige Hunde nach Botts Bällen schnappen würden.

»Drei auf«, sagte Gladstone Bott.

Mit großer Anstrengung beherrschte Bradbury Fisher seine Gefühle. Sein Mund verzog sich grimmig. Er erkannte, daß die Lage sich zugespitzt hatte. Er merkte, daß er den Fehler begangen hatte, sich durch die Wichtigkeit der Angelegenheit einschüchtern zu lassen und die Sache zu wissenschaftlich anzugehen.

Die Natur hatte ihn nie als einen wissenschaftlichen Golfer vorgesehen, und heute hatte er sich wie eine zum Leben erweckte Illustration aus einem Buch von Vardon verhalten. Er hatte seinen Schläger dicht über dem Rasen zurückgeführt und ihn dabei soweit um die Beine schwingen lassen, wie die Bewegung der Arme erlaubte. Er hatte darauf geachtet, den rechten Ellbogen nahe am Körper zu halten, noch bevor der Schläger begann, seine kreisförmige Aufwärtsbewegung zu beschreiben, die in einem langsamen, gleichmäßigen, gleitenden Schwung ausgeführt wurde.

Er hatte auf die Stellung der Handgelenke und besonders auf die seitliche Hüftverschiebung geachtet. Und es war alles falsch gewesen. Dieser Kram mochte manchen Leuten zusagen, aber nicht ihm. Er war ein Bolzer, ein Drescher und ein Hacker, und jetzt ging ihm auf, daß er nur dann hoffen konnte, den verlorenen Boden wettzumachen, indem er bolzte, drosch und hackte, wie er nie zuvor gebolzt, gedroschen und gehackt hatte.

Gladstone Bott gehörte nicht zu jenen Spielern, die durch einen Erfolg leichtsinnig werden. Sein Drive am Achten war genau so beständig und kurz wie immer. Aber dieses Mal machte Bradbury Fisher nicht den Versuch, ihn zu imitieren. Sieben Löcher lang hatte er seine natürlichen Instinkte in Schach gehalten, und als er jetzt abschlug, tat er es mit all der aufgestauten Wut, die nach langer Unterdrückung freigesetzt wird.

Für einen Augenblick balancierte er auf einem Bein wie ein Storch; dann gab es ein Pfeifen und einen Knall, und der Ball flog, mitten ins Zwerchfell getroffen, den Kurs hinunter, schwebte über die Bunker, landete auf dem Rasen und hüpfte freudig bis auf zwanzig Yards an das Grün heran.

Mit einem grimmigen Lächeln entknotete Bradbury sein Rückgrat. Wenn er sich die üblichen drei Puttversuche zugestand, würde er mit fünf einlochen, und nur ein Wunder konnte Gladstone Bott etwas Besseres als eine Sieben verschaffen.

»Zwei unter«, sagte er einige Minuten später, und Gladstone Bott nickte verdrossen.

Es war nicht oft, daß Bradbury Fisher zwei aufeinanderfolgende Drives auf dem Fairway halten konnte, aber heute geschahen seltsame Dinge. Sein Drive am Neunten überbrückte nicht nur volle zweihundertvierzig Yards, sondern verlief außerdem absolut gerade.

»Eins unter«, sagte Bradbury Fisher, und Bott nickte noch verdrossener als zuvor.

Es gibt wenige Dinge, die einen mehr demoralisieren, als ständig beim Drive übertrumpft zu werden; und selbst der tapferste Mann läuft Gefahr, die Fassung zu verlieren, wenn er an zwei aufeinanderfolgenden Löchern um jeweils einhundertundsiebzig Yards übertrumpft wird. Gladstone

Bott war auch nur ein Mensch. Schweren Herzens beobachtete er, wie sein Gegner am Zehnten ausholte; und als der Ball ein weiteres Mal schnurgerade und weit den Kurs hinunterflog, schien ihn eine seltsame Schwäche zu befallen. Zum ersten Mal verlor er die Moral und toppte. Der Ball kullerte ins hohe Gras, und nachdem er dreimal vergeblich mit seinem Niblick auf ihn eingestochen hatte, hob er ihn auf, und das Spiel war ausgeglichen.

Am Elften toppte Bradbury Fisher ebenfalls, und sein Abschlag fiel zwar schön gerade aus, blieb aber ein paar Meter weiter liegen. Er mußte sich anstrengen, um das Loch mit acht zu halbieren.

Das Zwölfte war ein kurzes Loch; und Bradbury, nicht in der Lage, den sorglosen Freudentaumel zu zügeln, der sich in sein Spiel eingeschlichen hatte, unterlief das Mißgeschick, an die sechzig Yards über das Grün hinauszuschießen, wodurch er es seinem Gegner ermöglichte, erneut die Führung zu übernehmen.

Das Dreizehnte und Vierzehnte wurden halbiert, aber Bradbury, der einen weiteren langen Drive schlug, gewann das Fünfzehnte und glich das Spiel aus.

Als er am sechzehnten Tee seine Standposition einnahm, erschien es Bradbury Fisher, als hätte er die Situation jetzt fest in der Hand. Am Dreizehnten und Vierzehnten war sein Drive wacklig ausgefallen, aber am Fünfzehnten war er in all seiner glorreichen Kraft zurückgekehrt, und es schien keinen Grund zu der Annahme zu geben, daß er nicht gekommen war, um zu bleiben. Er rief sich genau ins Gedächtnis zurück, wie er diesen letzten kolossalen Hieb ausgeführt hatte, und bereitete sich dann darauf vor, die Bewegungen exakt zu wiederholen. Das Wichtigste war, sich daran zu erinnern, beim Rückschwung den Atem anzuhalten und nicht vor dem Moment des Aufpralls auszuatmen. Außerdem sollten die Augen nicht vor dem Ende des Abwärtsschwungs geschlossen werden. Alle großen Golfer haben ihre kleinen Geheimnisse, und das war Bradburys.

Mit diesen Hilfen zum Erfolg vor seinem geistigen Auge schickte Bradbury Fisher sich an, dem Ball den bösartigsten Knall zu verpassen, den ein Golfball je erlebt hatte, seit Edward Blackwell in der Blüte seiner

Jahre gestanden hatte. Er holte tief Luft und richtete sich mit zum Bersten gefüllten Lungen auf seinem großen, platten, rechten Fuß auf. Dann biß er die Zähne zusammen und peitschte los. Als er seine Augen öffnete, bot sich ihnen ein schrecklicher Anblick. Entweder hatte er die Augen zu früh geschlossen oder zu rasch ausgeatmet – jedenfalls flog der Ball, der genau Richtung Süden hätte gehen sollen, mit großer Geschwindigkeit auf Kurs Südsüdost.

Und während er ihm nachstarrte, begann der Ball seinen Landeanflug, der in dem uneinladensten Stück Rough endete, daß Bradbury je durchdrungen hatte. Und er war ein Mann, der viel Zeit in vielen Roughs verbracht hatte.

Indem er Gladstone Bott der Fortsetzung seiner Imitation eines lahmen Achtzigjährigen überließ, der mit einem Zahnstocher Erdnüsse rollt, machte sich Bradbury Fisher, gefolgt von seinem Caddie, auf den langen Marsch in den Dschungel.

Die Hoffnung verließ ihn nicht völlig, während er dahinschritt. Trotz seiner fehlerhaften Richtung hatte der Schlag soviel Wucht besessen, daß der Ball nicht weit vom Grün entfernt lag. Vorausgesetzt, daß das Glück ihm hold und die Lage des Balls nicht zu verzweifelt war, würde ihn ein Mashie auf den Teppich bringen. Doch als er das Rough erreichte und sah, was passiert war, verließ ihn der Mut. Der Ball lag halb im Gras versteckt, während darüber die wuchernden Tentakeln eines Strauches winkten, der einen widerspenstigen Eindruck machte. Hinter ihm lag ein Stein, und hinter dem Stein, genau auf der Höhe, die erforderlich war, um den Rückschwung des Schlägers aufzufangen, stand ein Baum. Und durch eine Ironie des Schicksals, die Bradbury ein dumpfes, bitteres Lachen entlockte, befand sich nur wenige Fuß weiter rechts ein wunderbar glattes Stück Rasen, von dem aus es ein Vergnügen gewesen wäre, den zweiten Schlag zu spielen.

Betrübt schaute Bradbury sich um, um zu sehen, wie Bott vorankam. Und dann plötzlich, als er bemerkte, daß Bott völlig hinter einem Gürtel von Büschen verborgen war, den er gerade durchquert hatte, schien ihm eine Stimme zuzuflüstern:»Warum nicht?«

Denken Sie daran, daß Bradbury Fisher dreißig Jahre in der Wall Street verbracht hatte.

In diesem Moment fiel ihm auf, daß er nicht allein war. Neben ihm stand sein Caddie.

Bradbury Fisher starrte den Caddie an, dem er bis jetzt keine besondere Aufmerksamkeit geschenkt hatte.

Der Caddie war kein Junge. Er war ein Mann um Mitte vierzig mit buschigen Augenbrauen und einem Walroßschnäuzer; und irgendetwas an seiner Erscheinung suggerierte Bradbury, hier einen Gleichgesinnten vor sich zu haben. Er erinnerte Bradbury ein wenig an Spike Huggins, den Tresorknacker, der sich zur selben Zeit wie er in Sing-Sing eingeschrieben hatte. Es schien ihm, als könnte man diesem Caddie in einer heiklen Angelegenheit vertrauen, in der Geheimhaltung und Stillschweigen gefragt waren. Hätte es sich um irgendeinen plappernden Bengel gehandelt, so wäre das Risiko vielleicht zu groß gewesen.

»Caddie?«, sagte Bradbury.

»Sir?« sagte der Caddie.

»Ihr Job ist schlechtbezahlt«, sagte Bradbury.

»Das ist er in der Tat, Sir«, sagte der Caddie.

»Würden Sie sich gerne fünfzig Dollar verdienen?«

»Ich würde es vorziehen, hundert zu verdienen.«

»Ich meinte hundert«, sagte Bradbury.

Er zog ein Bündel Banknoten aus seiner Tasche und schälte eine diesen Werts heraus. Dann bückte er sich, hob den Ball auf und legte ihn auf die kleine grüne Oase. Der Caddie senkte verständnisvoll den Kopf.

»Sie behaupten also«, rief Gladstone Bott ein Paar Momente später, »daß Sie mit ihrem zweiten aus dem Rough heraus waren? Mit ihrem zweiten?«

»Ich hatte Glück.«

»Sind Sie sicher, daß Sie nicht etwa sechsmal Glück hatten?«

»Mein Ball befand sich in einer exzellenten Lage.«

»Oh!« sagte Gladstone Bott knapp.

»Ich glaube, ich habe vier.«

»Eins unter«, sagte Gladstone Bott.

»Und noch zwei zu spielen«, trällerte Bradbury.

Leichten Herzens teete Bradbury Fisher am Siebzehnten auf. Das Spiel war so gut wie gelaufen, dachte er. Die eigentliche Schwierigkeit beim Golf besteht darin, einen Weg zu entdecken, wie man aus dem Rough herauskommt, ohne Schläge zu verlieren; und jetzt, da dieser vernünftige, weitsichtige Mann von Welt seinen Caddie machte, schien er den idealen Weg gefunden zu haben. Es kostete ihn kaum ein Wimpernzucken, als er seinen Drive nach rechts in einem Gewirr von hohem Gras verschwinden sah, aber zum Schein täuschte er ein wenig Kummer vor.

»O je!« sagte er.

»Machen Sie sich keine Sorgen«, sagte Gladstone Bott. »Sie finden ihn wahrscheinlich auf einem Gummitee sitzend, das jemand zufällig dort fallengelassen hat.«

Er sprach zynisch, und Bradbury gefiel seine Art nicht. Aber schließlich hatte ihm Gladstone Botts Art noch nie gefallen. Er machte sich auf den Weg zu der Stelle, wo der Ball hingefallen war, und fand ihn unter einem Busch liegend.

»Caddie?« sagte Bradbury.

»Sir?« sagte der Caddie.

»Einhundert?«

»Und fünfzig.«

»Und fünfzig«, sagte Bradbury Fisher.

Gladstone Bott war noch dabei, sich mühsam den Fairway entlangzuarbeiten, als Bradbury das Grün erreichte

»Wie viele?« fragte er, als er schließlich das Ziel erreichte.

»In zwei auf dem Grün«, sagte Bradbury. »Und Sie?«

»Habe sieben gespielt.«

»Dann lassen Sie mich mal sehen. Wenn Sie zwei Putts benötigen, was äußerst unwahrscheinlich ist, habe ich sechs Schläge Vorsprung für Loch und Spiel.«

Eine Minute später hatte Bradbury seinen Ball aus der Dose genommen. Er stand da und ließ sich die Sonne auf den Leib brennen. Sein Herz glühte in stiller Freude. Es schien ihm, als hätte die Landschaft nie so schön ausgesehen. Die Vögel schienen zu singen, wie sie nie gesungen hatten. Die Bäume und der sanft gewellte Rasen übten einen Zauber jenseits aller Beschreibung aus. Selbst Gladstone Bott schien beinahe erträglich.

»Ein sehr angenehmes Spiel«, sagte er herzlich, »mit wahrem Sportsgeist durchgeführt. Einmal dachte ich beinahe, daß Sie mir davonziehen würden, alter Knabe, aber in solchen Momenten zeigt sich eben der Klassenunterschied.«

»Ich werde jetzt meinen Bericht machen«, sagte der Caddie mit dem Walroßschnäuzer.

»Tun Sie das«, sagte Gladstone Bott knapp.

Bradbury Fisher starrte den Mann mit erbleichten Wangen an. Die Sonne hatte aufgehört zu scheinen, die Vögel hatten aufgehört zu singen. Die Bäume und der gewellte Rasen sahen ziemlich miserabel aus und Gladstone Bott absolut oberfaul. Eine schreckliche Befürchtung lastete auf seinem Herzen.

»Ihr Bericht? Ihr – ihr Bericht? Was soll das heißen?«

»Sie haben doch nicht angenommen«, sagte Gladstone Bott, »daß ich ein wichtiges Match gegen Sie spielen würde, ohne Sie durch Detektive beobachten zu lassen, oder? Dieser Gentleman ist von der Agentur 'Schnelle Resultate'. Was haben Sie zu berichten?« sagte er und wandte sich dem Caddie zu.

Der Caddie entfernte seine buschigen Augenbrauen und riß mit einer raschen Bewegung seinen Schnurrbart ab.

»Im zwölften Fall«, begann er in einer monotonen Singsangstimme, »machte ich mich gemäß der erhaltenen Instruktionen auf den Weg zum Goldenville Golfplatz mit der Aufgabe, einen gewissen Fisher zu observieren. Ich hatte für diese Gelegenheit die Verkleidung Nummer Drei angelegt und – «

»Schon gut, schon gut«, sagte Gladstone Bott ungeduldig. »Das können Sie alles überspringen. Erzählen Sie nur, was am Sechzehnten geschehen ist.«

Der Caddie sah verletzt aus, aber verneigte sich ergeben.

»Am sechzehnten Loch legte besagter Fisher seinen Ball in eine – wie ich aus seinem Verhalten und seiner Heimlichtuerei folgerte günstigere Position.«

»Aha!« sagte Gladstone Bott.

»Am Siebzehnten hob besagter Fisher den Ball auf und warf ihn mit einer Handbewegung auf das Grün.«

»Das ist eine Lüge. Eine üble und verachtenswerte Lüge«, schrie Bradbury Fisher.

»Da ich vermutete, daß besagter Fisher so reagieren würde, Sir«, sagte der Caddie, »ergriff ich die Vorsichtsmaßnahme, ihn auf frischer Tat mit meiner Miniatur-Armbanduhrkamera, dem besten Freund eines jeden Detektivs, zu fotografieren.«

Bradbury Fisher verbarg sein Gesicht in seinen Händen und stieß ein dumpfes Stöhnen aus.

»Mein Spiel«, triumphierte Gladstone Bott rachsüchtig. »Denken Sie daran, mir diesen Butler bis spätestens morgen mittag frachtfrei an meinen Wohnsitz zu liefern. Ach, und ich vergaß: Sie schulden mir drei Eisenbahngesellschaften.«

Blizzard empfing Bradbury bei seiner Rückkehr würdevoll, aber freundlich im orientalischen Salon.

»Ich hoffe, Ihr Golfmatch ist zufriedenstellend verlaufen, Sir?« sagte der Butler.

Ein kaum zu ertragender Gewissensbiß schoß durch Bradbury.

»Nein, Blizzard« sagte er. »Nein. Vielen Dank für Ihre liebenswürdige Nachfrage, aber ich hatte kein Glück.«

»Das ist sehr bedauerlich, Sir« sagte Blizzard mitfühlend. »Ich hoffe der Einsatz war nicht allzu groß?«

»Nun – äh – nun, er war ziemlich groß. Ich würde gerne ein wenig später mit Ihnen darüber sprechen, Blizzard.«

»Zu jeder Zeit, die Ihnen angenehm ist, Sir. Läuten Sie einem der Assistenzlakaien, wenn Sie mich zu sehen wünschen. Er wird mich in der Speisekammer antreffen. Des weiteren ist vor kurzem dieses Telegramm für Sie angekommen, Sir.«

Bradbury nahm den Umschlag lustlos entgegen. Er hatte eine Nachricht seiner Londoner Agenten erwartet – die Ankündigung, daß sie Kent und Sussex gekauft hatten, da er sie bei seiner Abreise aus England instruiert hatte, ein solides Angebot zu machen. Zweifellos war dieses Telegramm von ihnen. Er öffnete den Umschlag und zuckte zurück, als wäre ein Skorpion darin gewesen. Das Telegramm war von seiner Frau. *»Zurückkehre sofort ›Aquitana‹«*, (lautete der Text). *»Ankunft Freitag abend. Hol mich ab.«* Bradbury starrte auf die Worte, und ein eiskalter Schauer lief ihm über den Rücken. Obwohl er sich seit jenem fürchterlichen Moment auf dem siebzehnten Grün in einer Art konstanter Trance befunden hatte, hatte sein gewaltiges Gehirn nicht völlig aufgehört zu funktionieren; und während er im Wagen nach Hause gefahren war, hatte er sich bereits in etwa einen Verfahrensplan ausgedacht, mit dem sich, wie er glaubte, die Krise bewältigen ließe. In der Annahme, daß Mrs. Fisher noch einen Monat außer Landes bleiben würde, hatte er praktisch beschlossen, eine Tageszeitung aufzukaufen, in diese eine Titelgeschichte einzusetzen, die Blizzards Tod ankündigte, den Zeitungsausschnitt seiner Frau zu schicken und dann sein Haus zu verkaufen und in eine andere Gegend zu ziehen. Auf diese Weise würde sie möglicherweise niemals erfahren, was vorgefallen war.

Aber wenn sie schon nächsten Freitag zurück sein würde, fiel dieser Plan ins Wasser, und eine Entlarvung war unvermeidlich.

Er fragte sich trübsinnig, was sie bewegt hatte, ihre Pläne zu ändern, und kam zu dem Schluß, daß irgendein weiblicher sechster Sinn sie gewarnt haben müsse, daß Blizzard Gefahr drohte. Mit einer guten Portion Grießgrämigkeit wünschte er, daß die Vorsehung Frauen nie mit diesem sechsten Sinn ausgestattet hätte. Eine Frau mit bloß fünf war schon anstrengend genug.

»Verflixt und zugenäht!« stöhnte Bradbury.

»Sir?« sagte Blizzard.

»Nichts«, sagte Bradbury

»Sehr wohl, Sir«, sagte Blizzard.

Für einen Mann, dem etwas auf der Seele lastet – irgendein kleiner Ärger, der das *Joie de vivre* beeinträchtigt, gibt es kaum einen weniger aufmunternden Ort als die Zollbaracken von New York. Es zieht fürchterlich – mal in die eine, dann in die andere Richtung. Man hört seltsame Geräusche. Zollbeamte kauen Kaugummi und lauern grimmig im Schatten wie Tiger, die auf den Gong zum Mittagessen warten. Es ist nicht verwunderlich, daß Bradburys Stimmung, bei seinem Eintreffen bereits gedrückt, auf Null gesunken war, lange bevor die Landungsbrücke herabgelassen wurde und die Passagiere begannen, sie hinunterzuströmen. Seine Frau befand sich unter den ersten, die das Land betraten. Wie schön sie aussah, dachte Bradbury, während er sie beobachtete. Und, ach, wie einschüchternd. Sein Geschmack hatte immer in Richtung lebhafter Frauen tendiert. Seine erste Frau war sehr lebhaft gewesen. Ebenso seine zweite, dritte und vierte. Und die momentane Amtsinhaberin war vielleicht die lebhafteste der ganzen Truppe.

Während eines langen Augenblicks, als er losging, um sie zu treffen, war sich Bradbury Fisher eines Bedauerns bewußt, daß er nicht eine von jenen unterwürfigen, sanftmütigen Mädchen geheiratet hatte, die in der hektischeren Sorte von Frauenromanen klaglos unter den Händen ihrer Männer leiden. Was er im Moment gebrauchen könnte, dachte er, war der Typ Ehefrau, der sich glücklich schätzt, wenn die andere Partei sie nicht an den Haaren durch das Billardzimmer schleift und sie dabei mit Spikes tritt.

Drei Konversationseinleitungen boten sich ihm an, als er sich ihr näherte.

»Liebling, es gibt etwas, daß ich dir sagen möchte – «

»Liebste, ich muß dir etwas beichten – «

»Schatz, ich weiß nicht, ob du dich zufällig noch an Blizzard, unseren Butler, erinnerst. Nun, die Sache ist die – «

Aber es war sie, die zuerst sprach.

»Oh, Bradbury«, rief sie und eilte in seine Arme, »ich habe etwas ganz Abscheuliches getan, und du mußt versuchen, mir zu verzeihen!«

Bradbury blinzelte. Er hatte sie noch nie in einer so seltsamen Stimmung erlebt. Als sie sich an ihn klammerte, erschien sie ihm schüchtern, zitternd und – obwohl sie eine Frau war, die volle hundertsiebenundfünfzig Pfund wog – beinahe zerbrechlich.

»Was ist los?« fragte er liebevoll. »Hat jemand deine Juwelen gestohlen?«

»Nein, nein.«

»Hast du Geld beim Bridge verloren?«

»Nein, nein. Schlimmer.«

Bradbury stutzte.

»Du hast nicht etwa auf dem Schiffskonzert 'Mein kleines altes Häuschen in den Bergen' gesungen?« fragte er und blickte sie forschend an.

»Nein, nein! Ach, wie soll ich es dir nur sagen? Bradbury, schau mal! Siehst du den Mann da drüben?«

Bradbury folgte ihrem ausgestreckten Zeigefinger. Neben einem Haufen Koffer unter dem Buchstaben V stand in einer Haltung gleichgültiger Würde ein großer, beleibter Mann, der aussah wie ein Botschafter und dessen bloßer Anblick Bradbury Fisher selbst aus dieser Entfernung ein Gefühl von Minderwertigkeit vermittelte. Seine hängenden Backen, sein gewaltiger Bauch, seine hervorstehenden Augen und sein Vielfachkinn erweckten in Bradbury das instinktive Gefühl, sich in Gegenwart eines überlegenen Mannes zu befinden, wie wir es erleben, wenn wir Scratchgolfern, Oberkellnern von Feinschmeckerlokalen oder Verkehrspolizisten begegnen. Der plötzliche Stich eines Verdachts durchbohrte ihn.

»Nun?« sagte er heiser. »Was ist mit ihm?«

»Bradbury, du darfst mich nicht zu hart verurteilen. Wir haben uns zufällig kennengelernt, und ich erlag der Versuchung – «

»Frau«, donnerte Bradbury Fisher, »wer ist dieser Mann?«

»Sein Name ist Vosper.«

»Und was ist zwischen dir und ihm, und wann hat es angefangen, und warum und wie und wo?«

Mrs. Fisher tupfte mit einem Taschentuch ihre Augen ab.

»Es war beim Herzog von Bootle, Bradbury. Ich war übers Wochenende dort eingeladen.«

»Und dieser Mann war auch da?«

»Ja.«

»Aha! Rede weiter!«

»In dem Moment, als ich ihn zum ersten Mal sah, geschah etwas mit mir.«

»Tatsächlich?«

»Zuerst war es nur sein Aussehen. Ich fühlte, daß ich mein ganzes Leben lang von so einem Mann geträumt hatte und daß ich mich während all dieser verlorenen Jahre mit dem Zweitbesten zufriedengegeben hatte.«

»Ach, das hast du, ja? Ist das so? Wirklich? Das hast du also, ja?« schnaubte Bradbury Fisher.

»Ich konnte nicht anders, Bradbury. Ich weiß, daß ich immer den Eindruck gemacht habe, in Blizzard vernarrt zu sein, und das war ich auch. Aber im Ernst, es ist kein Vergleich – wirklich. Du hättest die Art sehen sollen, in der Vosper hinter dem Stuhl des Herzogs stand. Wie ein Hohepriester, der den Vorsitz über eine mystische religiöse Zeremonie führt. Und seine Stimme, wenn er dich fragt, ob du Sherry oder trockenen Weißwein möchtest. Wie die Musik einer wunderbaren Orgel. Ich konnte ihm nicht widerstehen. Ich trat vorsichtig an ihn heran und fand heraus, daß er bereit war, nach Amerika zu kommen. Er war achtzehn Jahre in den Diensten des Herzogs gewesen, und er erzählte mir, daß er den Anblick seines Hinterkopfes nicht länger ertragen könne. Und so – «

Bradbury Fisher taumelte.

»Dieser Mann – dieser Vosper. Wer ist er?«

»Aber Schatz, ich habe es dir doch gerade gesagt. Er war der Butler des Herzogs und jetzt ist er unserer. Oh, du weißt doch, wie impulsiv ich bin. Im Ernst, erst auf halber Strecke im Atlantik habe ich mich plötzlich gefragt: ‹Was ist mit Blizzard?› Was soll ich nur tun, Bradbury? Ich bringe es einfach nicht übers Herz, Blizzard zu feuern. Aber was wird geschehen, wenn er in die Speisekammer geht und dort Vosper vorfindet? Oh, denk nach, Bradbury, denk nach!«

Bradbury Fisher dachte nach – und zum ersten Mal seit einer Woche ohne daß es weh tat.

»Evangeline«, sagte er ernst, »das ist eine peinliche Situation.«

»Ich weiß.«

»Äußerst peinlich.«

»Ich weiß, ich weiß. Aber dir fällt doch sicher ein Ausweg aus diesem Schlamassel ein?«

»Vielleicht. Ich kann es nicht versprechen, aber vielleicht.« Er grübelte tief. »Ha! Ich hab's! Es wäre eventuell möglich, daß ich Gladstone Bott dazu bringen könnte, Blizzard einzustellen.«

»Meinst du wirklich, daß er das tun würde?«

»Vielleicht – wenn ich meine Karten vorsichtig ausspiele. In jedem Fall werde ich versuchen, ihn zu überreden. Im Augenblick solltest du mit Vosper besser in New York bleiben, während ich nach Hause fahre und die Verhandlungen in Gang setze. Wenn ich Erfolg habe, werde ich es dich wissen lassen.«

»Bitte versuch dein Bestes.«

»Ich glaube, ich werde es schon schaffen. Gladstone und ich sind alte Freunde, und er wird ein Auge zudrücken, um mir einen Gefallen zu tun. Aber laß dir das eine Lehre sein, Evangeline.«

»Oh, das werde ich.«

»Übrigens«, sagte Bradbury Fisher, »ich telegrafiere heute meinen Londoner Agenten, um sie zu instruieren, J.H. Taylors Manschettenknopf für meine Sammlung zu kaufen.«

»In Ordnung, Bradbury, Liebling. Und wenn du irgendetwas anderes in dieser Richtung haben willst, wirst du es dir besorgen, nicht wahr?«

»Das werde ich«, sagte Bradbury Fisher.

ERSTE PFEIFENRAUCHERIN: »SAGEN SIE, IST IHRE PFEIFE NICHT EIN WENIG GROSS?«
ZWEITE DITO: »ICH WÜRDE MICH NICHT EINMAL TOT MIT SO EINEM WEIBISCHEN KLEI-
NEN DING WIE DEM IHRIGEN SEHEN LASSEN."

UNSER FREUND VOSPER

Der junge Mann in der karierten Golfhose, der seit einiger Zeit auf der Terrasse über dem neunten Grün hin und her gelaufen war wie ein eingesperrter Jaguar, warf sich in einen Stuhl und stieß ein gequältes Schnauben aus.

»Frauen«, sagte der junge Mann, »sind unmöglich.«

Der Club-Älteste, immer bereit mit einem jungen Menschen in Not zu sympathisieren, lieh ihm ein höfliches Ohr.

»Was«, erkundigte er sich, »hat das zarte Geschlecht Ihnen jetzt angetan?«

»Meine Gattin ist die liebste Frau auf der Welt.«

»Das glaube ich gern.«

»Aber«, fuhr der junge Mann fort, »ich würde ihr am liebsten einen Ziegelstein auf die Rübe hauen. Als sie heute nachmittag eine Runde mit mir spielen wollte, habe ich ihr gesagt, daß wir früh anfangen müssen, weil die Tage kürzer werden. Was tat sie? Nachdem sie ihre Sachen angezogen hatte, beschloß sie, daß sie darin nicht gut aussah, und zog sich komplett um. Dann puderte sie sich zehn Minuten lang die Nase. Und als ich sie nach einer Stunde endlich an das erste Tee bekommen hatte, ging sie ins Clubhaus zurück, um ihren Schneider anzurufen. Es wird dunkel sein, bevor wir auch nur sechs Löcher gespielt haben. Wenn es nach mir ginge, würden Golfclubs die strenge Regel aufstellen, daß es keiner Frau gestattet ist, gegen ihren Mann zu spielen.«

Der Club-Älteste nickte ernst.

»Bis dies getan ist«, stimmte er zu,»wird das Paradies auf Erden auf unbestimmte Zeit verschoben werden müssen. Obwohl nichts darüber geschrieben steht, kann es kaum einen Zweifel geben, daß es eine von Hiobs größten Prüfungen war, daß seine Frau darauf bestand, Golf mit ihm zu spielen. Und da wir gerade bei diesem Thema sind, wird es Sie vielleicht interessieren, eine kleine Geschichte zu hören.«

»Ich habe jetzt keine Zeit, mir Geschichten anzuhören.«

»Wenn Ihre Frau ein Gespräch mit ihrem Schneider führt, haben Sie reichlich Zeit«, erwiderte der Alte.»Die Geschichte, die zu erzählen ich im Begriff stehe, handelt von einem Mann namens Bradbury Fisher –«

»Die haben Sie mir schon erzählt.«

»Ich glaube nicht.«

»Doch, sicher. Bradbury Fisher war ein Wallstreetmillionär, der einen englischen Butler namens Blizzard hatte, der fünfzehn Jahre bei einem Grafen gewesen war. Ein anderer Millionär wollte Blizzard für sich haben, und sie spielten ein Match um ihn, und Fisher verlor. Aber just als er sich fragte, wie er es seiner Frau beibringen sollte, die Blizzard sehr schätzte, kam Mrs. Fisher aus England zurück und brachte einen noch exklusiveren Butler namens Vosper mit, der achtzehn Jahre bei einem Herzog gewesen war. Ende gut, alles gut.«

»Ja«, sagte der Alte.»Es scheint, als hätten Sie alle Tatsachen richtig in Erinnerung. Die Geschichte, die ich jetzt erzählen werde, ist die Fortsetzung dazu und verläuft folgendermaßen:

Sie sagen (begann der Club-Älteste) Ende gut, alles gut. Das war auch Bradbury Fishers Meinung. Es schien Bradbury in den Tagen nach Vospers Amtsübernahme, als ob die Vorsehung in Anerkennung seiner besonderen Verdienste ungewöhnlich bemüht war, ihm den Pfad des Lebens zu ebnen.

Das Wetter war wunderbar; sein Handicap, das viele Jahre lang unverändert geblieben war, hatte angefangen zu sinken; und sein alter Freund Rupert Worple war gerade aus Sing-Sing gekommen, wo er ein Graduiertenstudium absolviert hatte, und stattete ihm derzeit einen netten Besuch in seinem Haus in Goldenville, Long Island, ab.

Die einzige Sache, die Bradburys völliger Ruhe entgegenstand, war die Information, die er gerade von seiner Frau erhalten hatte, daß ihre Mutter, Mrs. Lora Smith Maplebury, kurz davorstand, sein Haus auf unbestimmte Zeit heimzusuchen.

Bradbury hatte die Mütter seiner Frauen nie gemocht. Er erinnerte sich, daß seine erste Frau eine besonders unangenehme Mutter hatte. Ebenso seine zweite, dritte und vierte. Und die jetzige Inhaberin des Titels schien ihm schlimmer als alle anderen zu sein. Sie besaß die Angewohnheit, jedesmal, wenn sie ihn ansah, bedeutungsschwer und geräuschvoll Luft durch die Nase einzuziehen, was kaum eine gute Basis für ein kameradschaftliches Verhältnis zwischen Mann und Frau abgab. Wenn er freie Hand gehabt hätte, hätte er ihr einen Stein um den Hals gebunden und sie in das Wasserhindernis am Zweiten fallen lassen; aber die Erkenntnis, daß dies nur ein utopischer Traum war, ließ ihn vernünftigerweise beschließen, aus allem das Beste zu machen und sich damit zu begnügen, aus dem Fenster zu springen, wann immer sie ein Zimmer betrat, in dem er gerade saß.

Er befand sich also in ausgezeichneter Stimmung, als er an jenem Abend, an dem diese Geschichte beginnt, in seiner Louis-quinze-Bibliothek saß; und als er ein Klopfen an der Tür vernahm und Vosper eintrat, hatte ihn keinerlei Vorzeichen gewarnt, daß der stille Friede seines Lebens in Kürze zertrümmert werden würde.

»Könnte ich Sie einen Augenblick sprechen, Sir?« sagte der Butler.

»Natürlich, Vosper. Worum geht es?«

Bradbury Fisher strahlte den Mann an. Während er ihn betrachtete, dachte er zum hundertsten Mal, wie unermeßlich überlegen er dem verabschiedeten Blizzard war. Blizzard war fünfzehn Jahre bei einem Grafen gewesen, und niemand streitet ab, daß Grafen auf ihre Art ganz in Ordnung sind. Aber es sind eben keine Herzöge. Ein Butler, der in einem herzoglichen Haushalt gedient hat, besitzt ein gewisses Etwas, an das jemand, der die Lehrjahre seiner Butlerkarriere in bescheidenerer Umgebung verbracht hat, nicht heranreichen kann.

»Es hat mit Mr. Worple zu tun, Sir.«

»Was ist mit ihm?«

»Mr. Worple«, sagte der Butler bedächtig, »muß uns verlassen. Sein Lachen gefällt mir nicht, Sir.«

»Was?«

»Es ist zu dröhnend, Sir. Es wäre dem Herzog nicht genehm gewesen.«

Bradbury Fisher war ein gelassener Mann, aber er gehörte einer freien Rasse an. Für die Freiheit hatten seine Vorväter gekämpft und – falls er die Geschichte richtig verstanden hatte – geblutet. Seine Augen blitzten auf.

»Oh!« rief er. »Oh, tatsächlich!«

»Ja, Sir.«

»Ist dem so?«

»Ja, Sir.«

»Nun, dann werde ich Ihnen mal etwas sagen, Bill – «

»Mein Name ist Hildebrand, Sir.«

»Nun, ich sage Ihnen, wie immer Sie auch heißen mögen, daß kein Butler mir in meinem eigenen Haus Vorschriften machen wird. Sie können ebensogut selbst gehen.«

»Sehr wohl, Sir.«

Vosper zog sich zurück wie ein Botschafter, der seine Papiere erhalten hat; und kurz darauf vernahm man vor der Tür ein Geräusch wie aus einem Hühnerstall, und Mrs. Fisher stürzte herein.

»Bradbury«, schrie sie, »bist du verrückt? Natürlich muß Mr. Worple gehen, wenn Vosper das sagt. Begreifst du denn nicht, daß Vosper uns verlassen wird, wenn wir ihn nicht bei Laune halten?«

»Als ob mir das etwas ausmachen würde, wenn er geht!«

Ein seltsamer, entschlossener Ausdruck trat in Mrs. Fishers Gesicht.

»Bradbury«, sagte sie, »wenn Vosper uns verläßt, werde ich sterben. Und, was schlimmer ist, kurz bevor ich sterbe, werde ich mich scheiden lassen. Jawohl, das werde ich!«

»Aber Liebling«, stammelte Bradbury, »Rupert Worple! Der alte Rupie Worple! Wie sind unser ganzes Leben lang Freunde gewesen.«

»Das ist mir egal.«

»Wir waren gemeinsam Erstsemester in Sing-Sing.«

»Das ist mir egal.«

»Wir wurden am gleichen Tag in die gleiche Brüderschaft aufgenommen, das gute alte Steinklopfer-Corps.«

»Das ist mir egal. Der Himmel hat mir den perfekten Butler geschickt, und ich werde ihn nicht verlieren.«

Ein angespanntes Schweigen setzte ein.

»Nun denn!« sagte Bradbury Fisher mit einem tiefen Seufzer.

An diesem Abend eröffnete er Rupert Worple die traurige Nachricht.

»Ich hätte niemals gedacht«, sagte Rupert Worple betrübt, »als wir zusammen im Gesangsverein an der alten Alma Mater gesungen haben, daß es jemals soweit kommen würde.«

»Ich auch nicht«, sagte Bradbury Fisher. »Aber es muß sein. Du wärst dem Herzog nicht genehm gewesen, Rupie, du wärst dem Herzog nicht genehm gewesen.«

»Auf Wiedersehen, Nummer 8-097-564«, sagte Rupert Worple mit leiser Stimme.

»Auf Wiedersehen, Nummer 8-097-565«, flüsterte Bradbury Fisher.

Und mit einem schweigenden Händedruck trennten sich die beiden Freunde.

Mit dem Abschied von Rupert Worple schien sich eine graue Wolke über das leuchtende Strahlen von Bradbury Fishers Leben zu legen. Mrs. Lora Smith Maplebury traf wie erwartet ein; und nachdem sie mehrmals penetrant geräuschvoll Luft durch die Nase eingezogen hatte, als er sie in der Eingangshalle begrüßt hatte, grub sie sich ein und bereitete sich auf etwas vor, das wie der Besuch ihres Lebens aussah. Und dann, als Bradburys Faß kurz vor dem Überlaufen zu sein schien, nahm ihn Mrs. Fisher eines Abends beiseite.

»Bradbury«, sagte Mrs. Fischer. »Ich habe gute Neuigkeiten für dich.«

»Reist Deine Mutter ab?« fragte Bradbury hoffnungsvoll.

»Natürlich nicht. Ich sagte gute Neuigkeiten. Ich fange wieder an, Golf zu spielen.«

Bradbury Fisher klammerte sich an die Lehnen seines Stuhles, und eine leichenhafte Blässe breitete sich auf seinem scharf geschnittenen Gesicht aus.

»Was hast du gesagt?« murmelte er.

»Ich fange wieder an, Golf zu spielen. Ist das nicht schön? Wie werden jeden Tag zusammen spielen können.«

Bradbury Fisher zitterte heftig. Es lag schon viele Jahre zurück, daß er mit seiner Frau gespielt hatte, aber wie bei einer alten Wunde bereitete ihm die Erinnerung gelegentlich noch Schmerzen.

»Es war Vospers Idee.«

»Vosper!«

Bradbury wurde von einem plötzlichen, brodelnden Wutanfall gepackt. Dieser verfluchte Butler war dabei, sein gesamtes Leben zu zerstören. Er spielte mit dem Gedanken, Vospers Port zu vergiften. Sollte er es tun, würde sicherlich ein fähiger Rechtsanwalt die Sache zurechtbiegen können, und er würde schlimmstenfalls mit einer Geldstrafe rechnen müssen.

»Vosper sagt, daß ich ein wenig Bewegung brauche. Er sagt, daß ihm mein Schnaufen nicht gefällt.«

»Dein was?«

»Mein Schnaufen. Ich schnaufe beim Atmen, weißt du.«

»Das tut er doch auch.«

»Ja, aber von einem guten Butler wird erwartet, daß er schnauft. Eine schnaufende Frau ist eine ganz andere Sache. Mein Schnaufen wäre dem Herzog nicht genehm gewesen, sagt Vosper.«

Bradbury Fisher atmete angespannt.

»Ha!« sagte er.

»Ich finde es so nett von ihm, Bradbury. Es zeigt, daß ihm unser Wohlergehen sehr am Herzen liegt, wie einem treuen, alten Freund. Er sagt, daß Schnaufen ein Anzeichen für erhöhten Blutdruck ist und durch leichte Gymnastik kuriert werden kann. Also, laß uns morgen früh unsere erste Runde spielen, in Ordnung?«

»Was immer du sagst«, sagte Bradbury Fisher dumpf. »Ich hatte zwar eine Art Verabredung für einen Vierer mit drei Männern aus dem Club, aber – «

»Oh, du brauchst nicht mehr mit diesen dummen Männern zu spielen. Es wird viel netter sein, wenn nur du und ich zusammen spielen.«

Es ist mir immer als eine seltsame und unerklärliche Tatsache erschienen, daß heutzutage, wo die Schwermut in der Weltliteratur so hoch im Kurs steht und überall um uns herum finstere junge Pessimisten mit ihren Studien im Grimmig-Grauen ihre Brötchen verdienen, kein Schriftsteller je daran gedacht hat, seine Feder einer realistischen Darstellung der golfspielenden Ehefrau zu widmen. Kein Sujet könnte ergreifender sein, und doch wurde es völlig vernachlässigt. Man kann nur annehmen, daß selbst moderne Schriftsteller spüren, daß alles seine Grenzen hat.

Bradbury Fishers emotionale Verfassung, als er am ersten Tee stand und zusah, wie seine Frau ihren Drive vorbereitete, lag weit jenseits meiner ärmlichen Beschreibungskünste. Verglichen mit ihm in diesem Moment wäre einem der Held eines Wildwestromans auffällig vergnügt vorgekommen. Dies war die Frau, die er liebte, und sie verhielt sich in einer Weise, die ihn in tiefe Verzweiflung stürzte.

Die meisten Golferinnen sind ausgesprochene Wackler, aber keine, die Bradbury je beobachtet hatte, machte eine derartige Auswahl von gymnastischen Übungen aus dem simplen Vorgang, den Schlägerkopf hinter den Ball zu legen und ihn über die rechte Schulter zu heben. Eine volle Minute lang, dünkte ihn, umkreiste und beschwor Mrs. Fisher den Ball; während Bradbury, in der Erkenntnis, daß es auf einem Kurs achtzehn Tees gibt und dieses russische Ballett folglich mindestens weitere siebzehnmal stattfinden würde, sich vor Schmerzen wand und seine Hände zusammenballte, bis die Knöchel unter der Anspannung weiß hervortraten. Dann schlug sie ab, und der Ball kullerte den Hang hinunter in ein Stück Rough, etwa fünf Yards entfernt.

»Hihi!« sagte Mrs. Fisher.

Bradbury lief ein Schauer über den Rücken. Er war mit einer golfspielenden Kichererbse verheiratet.

»Was habe ich denn falsch gemacht?«

»Gott stehe dir bei, Frau«, sagte Bradbury, »Du hast deinen Kopf so weit hochgerissen, daß ich mich gewundert habe, daß er noch dran ist.«

Am vierten Loch erhielt der arme Mann weitere Beweise, wie sehr sich eine liebe, herzensgute Frau verändern kann, wenn sie erst einmal auf dem Golfplatz steht. Mrs. Fisher hatte ihren elften Schlag gespielt und, nachdem sie die dazwischenliegenden drei Yards zurückgelegt hatte, bereitete sie sich gerade auf ihren zwölften vor, als Bradbury am Tee hinter ihnen zwei seiner Clubfreunde erblickte. Reue und Scham durchdrangen ihn.

»Einen Moment, Schatz«, sagte er, als seine Lebenspartnerin ihren Mashie in den Würgegriff nahm und gerade die Bewegungen einleiten wollte. »Wir sollten diese Männer lieber durchspielen lassen.«

»Welche Männer?«

»Wir halten ein paar Leute auf. Ich werde ihnen winken.«

»Du wirst nichts dergleichen tun«, rief Mrs. Fisher. »Unmöglich!«

»Aber, Liebling – «

»Warum sollten wir sie durchlassen? Wir haben vor ihnen angefangen.«

»Aber, Liebste – «

»Sie werden nicht durchgelassen!« sagte Mrs. Fisher, hob ihren Mashie und hackte einen gewaltigen Divot aus dem zurückschreckenden Rasen. Mit gesenktem Kopf folgte ihr Bradbury auf die lange, lange Wanderung.

Die Sonne war dabei unterzugehen, als sie am Ende ihrer Reise angekommen waren.

»Wie recht Vosper hat!« sagte Mrs. Fisher und kuschelte sich in die Polster des Automobils. »Ich fühle mich schon viel besser.«

»Tatsächlich?« sagte Bradbury matt. »Tatsächlich?«

»Wir werden morgen nachmittag wieder spielen«, sagte seine Frau.

Bradbury Fisher war ein Mann aus Stahl. Er hielt es eine ganze Woche lang aus. Aber am letzten Tag der Woche bestand Mrs. Fisher darauf, zur Begleitung auf der Runde Alfred mitzunehmen, ihren Airedale-Terrier. Vergeblich erinnerte Bradbury an die Platzrichter und deren Vorurteile gegen Hunde auf dem Kurs. Mrs. Fisher – und als er die entsetzlichen Worte vernahm, schaute Bradbury unfreiwillig zum sommerlichen Himmel auf, als würde er sich vorbereiten, dem Blitzschlag auszuweichen, den solche Blasphemie doch sicher auf sich ziehen würde – sagte, die

Platzrichter seien ein Haufen dummer, pingeliger, alter Männer, für die sie keine Geduld übrig hätte.

Also kam Alfred mit – und bellte Bradbury munter an, wenn er versuchte, sich auf einen weichen Handgelenkschwung zu konzentrieren, stürmte voraus und tollte um weiter entfernte Spieler herum, die gerade heikle Chip-Schläge angingen, und grub seine Krallen tief in jedes Grün. Die Hölle, fühlte Bradbury, mußte etwas in der Art sein; und er wünschte sich, ein besseres Leben führen zu dürfen.

Aber die Strafe, die alle erwartet, ob klein oder groß, die sich über die Platzrichter hinwegsetzen, hatte sich Alfred vorgemerkt. Indem er eine Position unmittelbar hinter Mrs. Fisher einnahm, just als sie ihren Rückschwung am Siebten begann, erhielt er einen so harten Schlag auf sein rechtes Vorderbein, daß er mit einem spitzen Jaulen losgalloppierte, durch einen Vierer am sechsten Loch raste und nach einem Querfeldeinsprint kopfüber in das Wasserhindernis am zweiten sprang; wo er blieb, bis Bradbury, der ihm hinterhergeschickt worden war, hineinwatete und ihn herausfischte.

Voller Sorge hechelte Mrs. Fisher herbei.

»Was sollen wir tun? Der arme kleine Kerl lahmt ja. Du mußt ihn tragen, Bradbury.«

Bradbury Fisher stieß ein tiefes, blökendes Geräusch aus. Das Wasser hatte eine fatale Wirkung auf das Tier gehabt. Selbst trocken war Alfred immer ein Hund mit kräftiger Duftnote gewesen. Naß war er kaum auszuhalten. Sein Aroma hatte das, was Werbetexter »Starker Erinnerungswert« nennen würden.

»Ihn tragen? Du meinst zum Wagen?«

»Natürlich nicht. Um den Platz. Ich möchte nicht mein tägliches Golfspiel verpassen. Du kannst ihn ja absetzen, wenn du deine Schläge spielst.«

Für einen langen Moment zögerte Bradbury. Die Worte »Oh, wirklich?« zitterten auf seinen Lippen.

»Nun gut«, sagte er und schluckte zweimal.

In dieser Nacht lag Bradbury Fisher bis weit ins Morgengrauen schlaflos in seinem Dubarry-Bett. Er erkannte, daß sich seine häuslichen Angelegenheiten in einer Krise befanden. Er sah deutlich, daß die Dinge so nicht weitergehen konnten. Es waren nicht nur die schrecklichen geistigen Qualen dieser täglichen Golfrunden mit seiner Frau, die so schwer zu ertragen waren. Das wahre Problem bestand darin, daß ihr Anblick auf dem Platz seine Ideale zerstörte, seinen Respekt und jene Liebe untergrub, die so unvergänglich wie Stahl hätte sein sollen.

Für einen guten Mann sollte seine Frau eine Göttin sein, ein weit über ihm stehendes Wesen, dem er Verehrung und Anbetung entgegenbringen kann, ein leuchtender Stern, der ihn über die stürmische See des Lebens geleitet. Sie sollte für ihn immer auf einem Sockel stehen oder über dem Boden schweben. Und wenn sie anderthalb Minuten lang wackelt und dann ihren Kopf herumreißt und den Ball toppt, ist es damit vorbei. Und Mrs. Fisher war nicht nur eine Kopf-Heberin und Super-Wacklerin; sie spottete den allerheiligsten Dingen des Golfs. Sie hielt Scratchspieler auf. Sie unterließ es, ausgeschlagene Rasenstücke zurückzulegen. Sie sprach leichtfertig von Platzrichtern.

Die Sonne tauchte Goldenville in ihr zartes morgendliches Rosa, als Bradbury seine Entscheidung fällte. Er würde nicht mehr mit ihr spielen. Es weiterhin zu tun, würde weder ihm selbst noch ihr gegenüber fair sein. Jeden Augenblick konnte sie in hohen Absätzen auf den Platz kommen oder auf dem Grün anhalten, um ihre Nase zu pudern, während frenetische Vierer darauf warteten, ihre Annäherungsschläge spielen zu können. Und dann würde sich Liebe in Haß verwandeln, und sie und er würden getrennte Wege gehen. Es war besser, es jetzt zu beenden, solange er noch einige Überreste der alten Zuneigung bewahrt hatte.

Er hatte alles geschickt arrangiert. Er würde sich darauf berufen, geschäftlich in der Stadt zu tun zu haben, und sich jeden Tag davonschleichen, um auf einem fünf Meilen entfernten Platz zu spielen.

»Liebling«, sagte er beim Frühstück, »ich fürchte, daß wir für eine Woche oder so auf unser Spiel verzichten müssen. Ich werde von morgens bis abends im Büro sein.«

»Oh, wie schade!« sagte Mrs. Fisher.

»Du wirst zweifellos ein Spiel mit dem Pro oder jemand anderem machen können. Du weißt, was für eine Enttäuschung das für mich ist. Ich

hatte angefangen, unsere tägliche Runde als die schönste Zeit des Tages anzusehen. Aber Geschäft ist Geschäft.«
»Ich dachte, du hättest dich aus dem Geschäftsleben zurückgezogen«, sagte Mrs. Lora Smith Maplebury und zog dabei lautstark Luft durch die Nase ein, wodurch eine der Kaffeetassen einen Sprung bekam.

Bradbury Fisher sah sie kühl an. Sie war eine hagere Frau mit bleichen Augen und hohen Wangenknochen, und zum hundertsten Mal, seit sie in sein Leben getreten war, fühlte er, wie intensiv sie einen Schlag auf die Nase brauchte.

»Nicht völlig«, sagte er. »Ich halte noch immer größere Beteiligungen an diesem und jenem, und im Moment bin ich mit Angelegenheiten beschäftigt, die ich nicht näher erläutern kann, ohne bestimmte Geheimnisse zu verraten, die – die vielleicht – die wahrscheinlich – Nun, jedenfalls muß ich jetzt ins Büro.«

»Oh, durchaus«, sagte Mrs. Maplebury.

»Was meinst du, durchaus?« fragte Bradbury.

»Ich meine genau das, was ich sage. Durchaus!«

»Warum durchaus?«

»Warum nicht durchaus? Ich nehme an, ich darf doch 'Durchaus!' sagen, oder?«

»Oh, durchaus«, sagte Bradbury.

Er küßte seine Frau und verließ den Raum. Er war ein wenig beunruhigt. Im Verhalten seiner Schwiegermutter war etwas gewesen, das eine vage Vorahnung in ihm ausgelöst hatte.

Wäre er in der Lage gewesen, die Unterhaltung zu hören, die nach seinem Abschied erfolgte, wäre er noch unruhiger geworden.

»Verdächtig!« sagte Mrs. Maplebury.

»Was?« fragte Mrs. Fisher.

»Das Verhalten dieses Mannes.«

»Was meinst du damit?«

»Hast du ihn genau beobachtet, als er sprach?«

»Nein.«

»Seine Nasenspitze wackelte. Traue nie einem Mann, dessen Nasenspitze wackelt.«

»Ich bin sicher, daß Bradbury dich nicht täuschen würde.«

»Das bin ich auch. Aber vielleicht versucht er es.«

»Ich verstehe nicht, Mutter. Heißt das, du glaubst, daß Bradbury nicht ins Büro fährt?«

»Ich bin mir sicher, daß er das nicht tut.«

»Du glaubst – ?«

»Das tue ich.«

»Du willst damit sagen – «

»Das will ich.«

»Du würdest ihm unterstellen – «

»Das würde ich.«

Ein Stöhnen entschlüpfte Mrs. Fisher.

»Oh, Mutter, Mutter!« rief sie. »Wenn ich merken würde, daß Bradbury mir untreu ist, was würde ich dem armen Kerl nicht alles antun!«

»Ich bin jedenfalls der Meinung, für dich als Frau ist es das Mindeste, was du tun kannst, deine Interessen von einem kompetenten Rechtsanwalt vertreten zu lassen.«

»Aber wir können doch ganz einfach herausfinden, ob er im Büro ist. Wir können dort anrufen und nachfragen.«

»Damit man uns sagt, daß er in einer Besprechung ist. Er wird es kaum versäumt haben, das zu arrangieren.«

»Was soll ich sonst tun?«

»Abwarten«, sagte Mrs. Maplebury. »Abwarten und auf der Hut sein.«

Die Schatten der Nacht brachen herein, als Bradbury nach Hause zurückkehrte. Er war müde, aber überglücklich. Er hatte fünfundvierzig Löcher in Gesellschaft seines Geschlechts gespielt. Er hatte seinen Kopf stillgehalten und seine Augen nicht vom Ball gelassen. Er hatte in der Umkleidekabine Gospelsongs gesungen.

»Ich hoffe, Bradbury«, sagte Mrs. Maplebury »daß du nach deinem langen Tag nicht allzu müde bist?«

»Ein wenig«, sagte Bradbury. »Nicht der Rede wert.« Strahlend drehte er sich zu seiner Frau um.

»Schatz«, sagte er, »erinnerst du dich noch an die Schwierigkeiten, die ich mit meinem Eisen hatte. Nun, heute – «

Er hielt entsetzt inne. Wie jeder gute Ehemann hatte er bis dato die Angewohnheit besessen, seine Golfprobleme mit seiner Frau zu teilen, und in vielen gemütlichen Gesprächen nach dem Abendessen hatte er ihr anvertraut, daß er Schwierigkeiten damit hatte, seine Schläge mit den Eisen gerade zu halten. Und jetzt hatte er sich erst in letzter Sekunde davor zurückgehalten, ihr zu berichten, wie er die Bälle heute immer schön kerzengerade in die Mitte gedonnert hatte.

»Dein Eisen?«

»Äh – ah – ja. Ich habe große Beteiligungen an Eisen – wie auch an Stahl, Jute, Textilien und gerösteten Erdnüssen. Eine Bande hat versucht, meine Aktien sinken zu lassen. Heute habe ich es ihnen gegeben.«

»Das hast du, nicht wahr?« sagte Mrs. Maplebury.

»Das sagte ich doch.« entgegnete Bradbury herausfordernd.

»Ich auch. Ich sagte, das hast du, nicht wahr?«

»Was meinst du damit, nicht wahr?«

»Nun, du hast es ihnen doch gegeben, nicht wahr?«

»Ja, das habe ich.«

»Genau was ich gesagt habe. Das hast du. Nicht wahr?«

»Ja, das habe ich!«

»Ja, das hast du!« sagte Mrs. Maplebury.

Wiederum verspürte Bradbury ein vages Gefühl der Unruhe. Nicht, daß irgendetwas in dem Dialog selbst ihn direkt in Alarmbereitschaft versetzt hätte. Als bloße Konversation betrachtet, entsprach es durchaus den üblichen Unterhaltungen zwischen ihm und Mrs. Maplebury. Aber wieder einmal war ihm ein subtiles Etwas im Verhalten seiner Schwiegermutter aufgefallen, das ihn irgendwie gestört hatte. Er murmelte etwas und verließ den Raum, um sich für das Abendessen umzuziehen.

»Aha!« sagte Mrs. Maplebury, als sich die Tür schloß.

So lagen also die Dinge im Haus der Fishers. Und jetzt, da ich in meiner Geschichte soweit gekommen bin und Ihnen gezeigt habe, wie dieser Mann systematisch die Frau betrog, der er geschworen hatte – übrigens an einem der exklusivsten Altäre von New York – sie zu lieben und zu achten, müßten Sie – wenn Sie die Sorte Ehemann sind, von der ich hoffe, daß Sie es sind – sich eigentlich fragen:»Aber was war mit Bradbury Fishers Gewissen?« Sie glauben, daß längst Reuegefühle damit begonnen haben müßten, an seinen Lebensgeistern zu nagen; und Ihnen kommt der Gedanke in den Sinn, daß sich die Stiche der Selbstvorwürfe mittlerweile ernsthaft auf seine Annäherungsschläge ausgewirkt haben müßten, auch wenn sie noch nicht ausreichend schlimm waren, um seinen Abschlag vom Tee zu beeinträchtigen.

Sie übersehen die Tatsache, daß Bradbury Fishers Gewissen das trainierte, abgehärtete Gewissen eines Mannes war, der einen guten Teil seines Lebens in Wall Street verbracht hatte; und jahrelange Übung hatte ihn in die Lage versetzt, die Kontrolle über dieses Gewissen mit wissenschaftlicher Präzision zu betreiben. Wie oft hatte er damals, als er ein aktiver Spekulant an der Börse war, dem kleinen Kapitalanleger Dinge angetan, die auf dem Vorderdeck eines Piratenschiffs für Stirnrunzeln gesorgt hätten – und er hatte sie getan, ohne dabei rot zu werden. Er war also nicht der Mann, der große Qualen litt, bloß weil er seiner besseren Hälfte etwas vorenthielt.

Gelegentlich zuckte er ein bißchen zusammen, wenn er daran dachte, was geschehen würde, wenn sie es jemals herausfand; aber ansonsten ist es nichts anderes als die nackte Wahrheit, wenn ich sage, daß es Bradbury Fisher ziemlich egal war.

Außerdem erlebte sein Golfspiel momentan eine bemerkenswerte Verbesserung. Er hatte immer schon weite Abschläge gemacht, und auf einmal stellte er fest, daß er seine Putts besser einschätzte. Zwei Wochen nachdem er seine Täuschungskampagne eingeleitet hatte, verblüffte er sich und alle, die der Vorstellung zusahen, indem er zum ersten Mal in seiner Karriere unter hundert Schlägen blieb. Und jeder Golfer weiß, daß in der Seele eines Mannes, der das geschafft hat, kein Platz für Gewissensbisse ist. Das Gewissen mag den Spieler sticheln, der in hundertzehn um den Platz geht, aber wenn es versucht, sich bei einem Mann unliebsam zu machen, der siebenundneunzig oder achtundneunzig pro Runde spielt, verschwendet es nur seine Zeit.

Ich möchte Bradbury Fisher nicht unrecht tun. Er bedauerte in der Tat, daß er nicht in der Lage war, seiner Frau alles über seine erste Neunundneunzig zu erzählen. Er hätte sie gerne in eine Ecke des Zimmers gebeten und ihr mit Hilfe eines Feuerhakens und eines Kohlestückchens genau vorgeführt, wie er auf die Fahne des letzten Lochs zugespielt hatte, und dann nur noch einen simplen Zwei-Fuß-Putt benötigte.

Und das elende Gefühl, nicht in der Lage zu sein, seine Triumphe einem sympathischen Ohr anzuvertrauen, vertiefte sich eine Woche später, als er auf wunderbare Weise in einem Zählspiel eine Sechsundneunzig erzielte und sich somit für die sechste Sechzehnergruppe im großen Jahresturnier seines neuen Clubs qualifizierte.

»Soll ich?« grübelte er und betrachtete sie sehnsüchtig über den Queen-Anne-Tisch im Kristallsalon, in den sie sich nach dem Abendessen gemeinsam zurückgezogen hatten, um ihren Kaffee zu trinken. »Lieber nicht, lieber nicht«, raunte ihm die Vernunft ins Ohr.

»Bradbury«, sagte Mrs. Fisher.

»Ja, Liebling?«

»Hattest du heute sehr viel zu tun?«

»Ja, Teuerste. Sehr, sehr viel.«

»Ha!« sagte Mrs. Maplebury.

»Was sagtest du?« sagte Bradbury.

»Ich sagte ha!«

»Was soll das bedeuten, ha?«

»Bloß ha! Es schadet niemandem, denke ich, wenn ich ha sage, falls mir danach ist.«

»Oh, nein«, sagte Bradbury. »Keineswegs. Überhaupt nicht. Bitte, tu dir keinen Zwang an.«

»Danke«, sagte Mrs. Maplebury. »Ha!«

»Du schuftest wie ein Sklave im Büro, nicht wahr?« sagte Mrs. Fisher.

»Das tue ich in der Tat.«

»Es muß ein große Belastung für dich sein.«

»Eine schreckliche Belastung. Ja, ja, eine schreckliche Belastung.«

»Dann wirst du sicher nichts dagegen haben, es aufzugeben, nicht wahr?«

Bradbury zuckte zusammen.

»Es aufgeben?«

»Aufgeben ins Büro zu gehen. Die Sache ist die, Liebster«, sagte Mrs.
Fisher, »Vosper hat sich beklagt.«

»Worüber?«

»Darüber, daß du ins Büro gehst. Er sagt, er sei noch nie bei jemandem angestellt gewesen, der kommerziellen Beschäftigungen nachgeht,
und es gefällt ihm nicht. Der Herzog verachtete jede Art von Kommerz.
Also fürchte ich, Liebling, daß du es wirst aufgeben müssen.«

Bradbury Fisher starrte sie entsetzt an. In seinen Ohren war ein seltsames Pfeifen. Der Schlag hatte ihn aus so heiterem Himmel getroffen,
daß er wie betäubt war.

Seine Finger zupften fieberhaft an der Lehne seines Stuhls. Selbst seine Lippen waren kreidebleich. Wenn das Büro für ihn tabu war, unter
welchem Vorwand könnte er sich dann aus dem Haus schleichen? Und
wegschleichen mußte er sich, denn morgen und übermorgen sollten die
diversen Sechzehnergruppen die Matchrunden um die Pokale spielen;
und es war einfach entsetzlich und völlig ausgeschlossen, nicht dabeizu-
sein. Er mußte einfach dabeisein. Er hatte eine Sechsundneunzig erzielt,
und das nächstbeste Zählspielergebnis in seiner Gruppe war hunderteins.
Zum ersten Mal in seinem Leben bestand für ihn die Aussicht, einen Pokal zu gewinnen.

Zwar haben die Dichter sehr hoch von der Liebe gesprochen, aber dieses Gefühl läßt sich nicht mit jener Ekstase vergleichen, die einen Mann
mit Vierundzwanziger-Handicap packt, wenn er sich in Reichweite eines
Pokals sieht.

Erschöpft trottete er aus dem Raum und suchte sein Studierzimmer
auf. Er wollte allein sein. Er mußte nachdenken, nachdenken.

Die Abendzeitung lag auf dem Tisch. Automatisch nahm er sie und
ließ seine Augen über die Titelseite gleiten. Und als er dies tat, stieß er
einen Freudenschrei aus.

Er sprang aus dem Sessel und kehrte zurück in den Salon, die Zeitung
in der Hand.

»Habt ihr schon davon gewußt?« sagte Bradbury in herzlichem Ton.

»Wir wissen sehr viel über eine ganze Menge Dinge«, sagte Mrs. Maplebury.

»Was ist denn, Bradbury?« sagte Mrs. Fisher.

»Ich fürchte, daß ich euch ein paar Tage allein lassen muß. Das ist zwar ärgerlich, aber so ist es nun einmal. Ich muß natürlich dabeisein.«

»Wo?«

»Ja, wo?« sagte Mrs. Maplebury.

»In Sing-Sing. In der Zeitung steht, daß sie morgen und übermorgen das neue Osborne-Stadion einweihen. Alle Männer aus meiner Klasse werden dabeisein, und ich muß ebenfalls dorthin.«

»Mußt du wirklich?«

»Aber sicher muß ich das. Es nicht zu tun, hieße mangelnden Sportsgeist zu zeigen. Die Jungs spielen gegen Yale, und anschließend ist ein großes Festessen. Es würde mich nicht wundern, wenn ich eine Rede halten müßte. Aber keine Angst, mein Schatz«, sagte er und küßte seine Frau zärtlich. »Ich werde zurück sein, bevor du merkst, daß ich weg bin.« Er wandte sich abrupt Mrs. Maplebury zu. »Wie bitte?« sagte er steif.

»Ich habe nicht gesprochen.«

»Ich dachte, du hättest.«

»Ich habe nur eingeatmet. Ich habe einfach Luft durch die Nase eingezogen. Wenn es mir nicht erlaubt sein sollte, in deinem Haus Luft durch die Nase einzuatmen, bitte ich dich, es mir mitzuteilen.«

»Ich würde es vorziehen, wenn du es nicht tätest«, sagte Bradbury mit zusammengebissenen Zähnen.

»Dann würde ich ersticken.«

»Ja«, sagte Bradbury Fisher.

Von allen skrupellosen Millionären, die nach jahrelanger Ausbeutung von Witwen und Waisen ihren Lebensabend dem Golfspiel gewidmet haben, können wenige je so ausgelassen und vergnügt gewesen sein, wie es Bradbury Fisher war, als er zwei Abende später in sein Haus zurückkehrte. All seine Träume waren wahr geworden. Er hatte seinen Weg zum Fuß des Regenbogens gefunden. Mit anderen Worten, er war Besitzer eines kleinen Zinnpokals, Wert drei Dollar, den er gewonnen hatte, indem er im letzten Spiel des Wettkampfs der sechsten sechzehn im Jahresturnier des Squashy Hollow Golf Clubs einen zittrigen alten Herrn mit Augenklappe geschlagen hatte.

Strahlend betrat er das Haus.

»Tra-la!« sang Bradbury Fisher.»Tra-la!«

»Ich bitte um Verzeihung, Sir?« sagte Vosper, der ihm in der Halle begegnet war.

»Wie? Oh, nichts. Nur tra-la.«

»Sehr wohl, Sir.«

Bradbury Fisher schaute Vosper an. Zum ersten Mal schien es ihn wie eine Welle zu überrollen, daß Vosper ein ungewöhnlich netter Kerl war. Die Vergangenheit war vergessen, und er strahlte ihn an wie die aufgehende Sonne.

»Vosper«, sagte er »was verdienen Sie hier?«

»Ich bedauere sagen zu müssen, Sir« erwiderte der Butler,»daß mir der genaue Betrag des Gehalts, das ich beziehe, entfallen ist. Ich könnte mein Gedächtnis auffrischen und meine Bücher konsultieren, wenn Sie es wünschen, Sir.«

»Machen Sie sich keine Mühe. Was immer es ist, es ist hiermit verdoppelt.«

»Ich bin Ihnen sehr verbunden, Sir. Sie werden mir zweifellos eine diesbezügliche, schriftliche Bestätigung zukommen lassen?«

»Zwanzig, wenn Sie möchten.«

»Eine wird völlig ausreichend sein, Sir.«

Bradbury segelte an ihm vorbei, schwebte durch die Halle und hinein in den Kristallsalon. Seine Frau war allein dort.

»Meine Mutter hat sich hingelegt«, sagte sie.»Sie hat schlimme Kopfschmerzen.«

»Was du nicht sagst!« sagte Bradbury. Es schien, als würde alles dazu beitragen, um dies zum Tag seines Lebens zu machen.»Nun, es ist großartig, wieder im trauten Heim zu sein.«

»Hattest du eine schöne Zeit?«

»Phantastisch.«

»Du hast alle deine alten Freunde wiedergesehen?«

»Jeden einzelnen.«

»Hast du beim Essen eine Rede gehalten?«

»Und was für eine! Sie sind von ihren Stühlen gefallen vor Lachen.«

»Es war ein sehr großes Essen, nehme ich an?«

»Gewaltig.«

»Wie war das Football-Spiel?«

»Das beste, das ich je gesehen habe. Wir haben gewonnen. Nummer 432-986 lief hundertzehn Yards zum Touchdown in den letzten fünf Minuten.«

»Wirklich?«

»Und das will schon etwas heißen, wenn man bedenkt, daß er eine Eisenkugel am Knöchel hatte!«

»Bradbury«, sagte Mrs. Fisher, »wo bist du die letzten beiden Tage gewesen?«

Bradburys Herz stockte. Seine Frau sah exakt wie ihre Mutter aus. Es war das erste Mal, daß er tatsächlich glauben konnte, daß sie Mrs. Mapleburys Tochter war.

»Gewesen? Aber ich habe dir doch gerade erzählt – «

»Bradbury«, sagte Mrs, Fisher, »nur eine Frage. Hast du heute morgen Zeitung gelesen?«

»Nein, wieso. Bei all der Aufregung, die Jungs zu treffen, und diesem und jenem – «

»Dann hast du auch nicht gesehen, daß die Einweihung des neuen Stadions in Sing-Sing wegen einer Mumps-Epidemie im Gefängnis verschoben worden ist?«

Bradbury schluckte.

»Es gab kein Essen, kein Football-Spiel, keine Zusammenkunft von alten Kollegen – nichts! Also, wo bist du gewesen, Bradbury?«

Bradbury schluckte noch einmal.

»Bist du sicher, daß du da nichts durcheinanderbringst?« sagte er nach einer langen Pause.

»Durchaus.«

»Ich meine, du bist dir sicher, daß es nicht irgendein anderer Ort war?«

»Durchaus.«

»Sing-Sing? Hast du den Namen richtig verstanden?«

»Durchaus. Wo bist du die letzten beiden Tage gewesen, Bradbury?«

»Nun – äh – «

Mrs. Fisher hüstelte pikiert.

»Ich frage nur aus Neugier. Die Tatsachen werden natürlich vor Gericht herauskommen.«

»Vor Gericht!«

»Natürlich beabsichtige ich, diese Angelegenheit sofort meinem Rechtsanwalt zu übergeben.«

»Das darfst du nicht!«

»Das werde ich aber.«

Ein Schauer überlief Bradbury von Kopf bis Fuß. Er fühlte sich schlechter als während des Endspiels, als sein Gegner ihm auf dem letzten Grün einen Stymie in die Puttlinie gelegt hatte, damit das Spiel ausglich und ein Stechen erzwang.

»Ich werde dir alles sagen«, murmelte er.

»Nun?«

»Nun – es war so.«

»Ja?«

»Äh – es war so. Das heißt, es war folgendermaßen.«

»Erzähl weiter.«

Bradbury biß sich auf die Lippen und wich soweit wie möglich ihrem Blick aus.

»Ich war Golf spielen«, sagte er mit leiser, tonloser Stimme.

»Golf spielen?«

»Ja.« Bradbury zögerte. »Ich habe es nicht böse gemeint, und zweifellos hätten die meisten Männer viel Freude daran gehabt, aber ich – nun, ich bin ein komischer Vogel, und ich konnte es einfach nicht mehr ertragen, mit dir zu spielen. Ich bin sicher, daß der Fehler bei mir lag, aber so war es nun einmal. Wenn ich auch nur eine Runde mehr mit dir gespielt hätte, Liebling, glaube ich, daß ich angefangen hätte, auf allen Vieren herumzurennen und meine besten Freunde ins Bein zu beißen. Also habe ich mir alles durch den Kopf gehen lassen, und da ich deine Gefühle nicht verletzen wollte, indem ich dir die Wahrheit gesagt hätte, habe ich zu einer kleinen List gegriffen. Ich gab vor, ins Büro zu gehen; und anstatt ins Büro zu gehen, fuhr ich nach Squashy Hollow und spielte dort.« Mrs. Fisher starrte ihn ungläubig an.

»Du warst heute und gestern dort?«

Trotz der angespannten Situation kehrte die überschäumende Heiterkeit zurück, die Bradbury verspürt hatte, als er das Zimmer betrat. »War ich das?« rief er. »Darauf kannst du Gift nehmen! Ich habe nur mal eben einen Pokal gewonnen!«

»Du hast einen Pokal gewonnen?«

»Darauf kannst du dein Diamantkollier verwetten. Paß auf«, sagte Bradbury, sprang auf einen unbezahlbaren Intarsientisch zu und riß ein Bein heraus. »Weißt du, was im Halbfinale passiert ist?« Er klammerte seine Finger im überlappenden Griff um das Tischbein. »Ich bin hier, etwa fünfzehn Fuß außerhalb des Grüns. Der andere Bursche hatte seinen Ball schon tot an der Fahne, und ich versuchte, es ihm gleichzutun. Du glaubst, ich hätte das Loch bestenfalls halbieren können, was? Also, hör zu. Ich ging einfach zu diesem kleinen weißen Ball, gab ihm einen kleinen Stoß, und ob du es glaubst oder nicht, dieser kleine weiße Ball hörte einfach nicht auf zu rollen, bis er ins Loch kullerte.«

Er hielt inne. Er bemerkte, daß er unwesentliche und irrelevante Umstände in die Debatte eingebracht hatte.

»Schatz«, sagte er inbrünstig, »Du darfst mir nicht böse sein. Vielleicht klappt es, wenn wir es noch einmal versuchen. Gib mir noch eine Chance. Laß mich morgen eine Runde mit dir spielen. Vielleicht ist dein Spielstil etwas, an das man sich einfach erst gewöhnen muß. Schließlich mochte ich auch keine Oliven, als ich sie das erste Mal probierte. Oder Whisky. Oder Kaviar. Wahrscheinlich – «

Mrs. Fisher schüttelte den Kopf.

»Ich werde nie wieder spielen.«

»Aber, hör zu – «

Sie schaute ihn liebevoll an. Freudentränen verschleierten ihre Augen.

»Ich hätte dich besser kennen sollen, Bradbury. Ich hatte dich im Verdacht. Wie töricht ich war.«

»Aber, aber«, sagte Bradbury.

»Meine Mutter war schuld. Sie hat mir falsche Gedanken in den Kopf gesetzt.«

Es gab einiges, daß Bradbury gerne über ihre Mutter gesagt hätte, aber er fühlte, daß dies nicht der richtige Moment war.

»Und du wirst mir wirklich verzeihen, daß ich mich davongestohlen habe und in Squashy Hollow gespielt habe?«

»Natürlich.«

»Dann laß uns doch morgen eine kleine Runde spielen.«

»Nein, Bradbury, ich werde nie wieder spielen. Vosper hat mir davon abgeraten.«

»Was!«

»Er sah mich eines Morgens auf dem Platz, kam zu mir und sagte mir – sehr freundlich und respektvoll – daß es nicht wieder vorkommen sollte. Er sagte mit äußerster Hochachtung, daß ich unangenehm auffallen würde, und daß dieses Ärgernis sofort aufhören müsse. Also habe ich es aufgegeben. Aber das ist schon in Ordnung. Vosper denkt, daß leichte Massagen mein Schnaufen heilen werden. Also lasse ich mir jeden Tag eine verabreichen, und ich glaube wirklich, daß schon eine Besserung eingetreten ist.«

»Wo ist Vosper?« fragte Bradbury heiser.

»Du wirst doch nicht unhöflich zu ihm sein, Bradbury? Er ist so sensibel.«

Aber Bradbury Fisher hatte das Zimmer bereits verlassen.

»Sie haben geläutet, Sir?« sagte Vosper, als er ein paar Minuten später das Kaminzimmer betrat.

»Ja«, sagte Bradbury. »Vosper, ich bin ein einfacher, ungehobelter Mann und ich weiß nicht alles, was es über diese Dinge zu wissen gibt. Seien Sie also bitte nicht verletzt, wenn ich Ihnen eine Frage stelle.«

»Keineswegs, Sir.«

»Sagen Sie, Vosper, hat Ihnen der Herzog jemals die Hand geschüttelt?«

»Nur einmal, Sir – er verwechselte mich in einem schwach beleuchteten Saal mit einem Erzbischof, der gerade zu Besuch war.«

»Dürfte ich Ihnen jetzt die Hand schütteln?«

»Wenn Sie es wünschen, Sir, natürlich.«

»Ich möchte Ihnen danken, Vosper. Mrs. Fisher erzählte mir, daß Sie sie davon abgehalten haben, weiterhin Golf zu spielen. Ich glaube, Sie haben mir den Verstand gerettet, Vosper.«

»Ich bin äußerst erfreut, das zu hören, Sir.«

»Ihr Gehalt ist hiermit verdreifacht.«

»Allerherzlichsten Dank, Sir. Und da wir uns gerade unterhalten, Sir, wenn ich Ihnen – Es gibt da noch eine Kleinigkeit, über die ich mit Ihnen sprechen möchte, Sir.«

»Schießen Sie los, Vosper.«

»Es betrifft Mrs. Maplebury, Sir.«

»Was ist mit ihr?«

»Wenn ich es so ausdrücken dürfte, Sir, sie wäre dem Herzog kaum genehm gewesen.«

Ein plötzliches, wildes Kribbeln durchzuckte Bradbury.

»Sie meinen – ?« stammelte er.

»Ich meine, daß Mrs. Maplebury uns verlassen muß. Sie verstehen, Sir, daß ich keinerlei Kritik an Mrs. Maplebury übe. Ich sage lediglich, daß sie dem Herzog mit Sicherheit nicht genehm gewesen wäre.«

Bradbury holte tief Luft.

»Vosper«, sagte er, »je mehr ich von diesem Herzog höre, um so mehr gefällt er mir. Glauben Sie wirklich, daß er bei Mrs. Maplebury die Grenze gezogen hätte?«

»Ganz entschieden, Sir.«

»Ein Prachtkerl! Ein Prachtkerl! Sie wird morgen abreisen, Vosper.«

»Vielen Dank, Sir.«

»Und, Vosper.«

»Sir?«

»Ihr Gehalt. Es ist hiermit vervierfacht.«

»Ich bin Ihnen zu größtem Dank verpflichtet, Sir.«

»Tra-la, Vosper!«

»Tra-la, Sir. Das wäre alles?«

»Das wäre alles. Tra-la!«

»Tra-la, Sir«, sagte der Butler.

EINES TAGES MACHTE IHR GEOFFREY AUF DER KLIPPE EINEN HEIRATSANTRAG.

CHESTER VERGISST SICH

Der Nachmittag war drückend heiß. Schmetterlinge faulenzten träge im Sonnenschein, Vögel japsten im Schatten der Bäume.

Der Club-Älteste, der es sich in seinem Lieblingssessel bequem gemacht hatte, war längst dem einschläfernden Effekt des Wetters erlegen. Seine Augen waren geschlossen, sein Kinn auf seine Brust gesunken. Die Pfeife, die er geraucht hatte, lag neben ihm auf dem Rasen, und ab und zu ließ er ein gedämpftes Schnarchen vernehmen.

Plötzlich wurde die Stille unterbrochen. Es gab ein lautes, krachendes Geräusch wie von splitterndem Holz. Der Club-Älteste richtete sich blinzelnd auf. Sobald seine Augen sich an das gleißende Licht gewöhnt hatten, sah er, daß ein Vierer am Neunten eingeloch hatte und sich in Auflösung befand. Zwei der Spieler bewegten sich mit raschen, zielstrebigen Schritten in Richtung der Seitentür, durch die man in die Bar gelangte; ein dritter ging auf die Straße zu, die ins Dorf führte, und machte dabei einen Eindruck völliger Niedergeschlagenheit; der vierte kam auf die Terrasse.

»Ist das Spiel zu Ende?« fragte der Club-Älteste.

Der andere blieb stehen und wischte sich den Schweiß von der Stirn. Er ließ sich in einen Stuhl sinken und streckte seine Beine aus.

»Ja. Wir hatten am Zehnten angefangen. Menschenskind, bin ich müde. Kein Zuckerschlecken, bei diesem Wetter zu spielen.«

»Wie ist es gelaufen?«

»Wir haben auf dem letzten Grün gewonnen. Jimmy Fothergill und ich haben gegen den Vikar und Rupert Blake gespielt.«

»Was war denn dieses laute, krachende Geräusch, das ich gehört habe?« fragte der Club-Älteste.

»Das war der Vikar, als er seinen Putter zerschlug. Armer alter Kerl, er hatte die ganze Zeit fürchterliches Pech, und es schien die Sache auch nicht gerade leichter zu machen, daß er nicht in der Lage war, sich in der üblichen Weise abzureagieren.«

»Ich habe so etwas geahnt«, sagte der Club-Älteste, »als ich ihn vom Platz gehen sah. Sein Gang war der einer überbeanspruchten Seele.«

Sein Gegenüber antwortete nicht. Er atmete tief und regelmäßig.

»Es ist eine Frage, die es wert wäre, diskutiert zu werden«, fuhr der Club-Älteste nachdenklich fort, »ob man den Geistlichen in Anbetracht ihrer besonderen Stellung nicht ein etwas großzügigeres Handicap beim Golf gewähren sollte als den Laien, gegen die sie antreten. Ich habe das Spiel seit den Tagen des federgefüllten Balls genau studiert und bin fest davon überzeugt, daß es quasi einer Vorgabe von drei Schlägen entspricht, sich während einer Runde jeglichen Fluchens zu enthalten. Es gibt bestimmte Gelegenheiten, bei denen ein Fluch so zwingend erforderlich zu sein scheint, daß die Belastung, ihn einzubehalten, unvermeidlich die Nervenzellen in einer Weise beeinflussen muß, die einen gleichmäßigen Schwung unmöglich macht.«

Der Mann neben ihm rutschte tiefer in seinen Stuhl. Sein Mund hatte sich leicht geöffnet.

»Ich erinnere mich in diesem Zusammenhang«, sagte der Club-Älteste, »an die Geschichte vom jungen Chester Meredith, einem Freund von mir, der Ihnen, wie ich glaube, nicht bekannt ist. Er zog aus dieser Gegend fort, kurz bevor Sie hierherkamen. Das war ein Fall, in dem das gesamte Glück eines Mannes um ein Haar zerstört worden wäre, nur weil er versuchte, seine Instinkte im Zaum zu halten und Mutter Natur in dieser Hinsicht zu unterdrücken. Vielleicht würden Sie die Geschichte gerne hören?«

Ein Schnarchen ertönte aus dem anderen Stuhl.

»Also gut«, sagte der Club-Älteste, »ich werde sie Ihnen erzählen.«

Chester Meredith (sagte der Club-Älteste) war einer der nettesten jungen Burschen, die ich kannte. Wir waren Freunde, seit er als kleiner Junge hierhergezogen war, und ich warf während aller wichtigeren Krisen, die sich im Leben eines jungen Mannes ergeben, ein väterliches Auge auf ihn. Ich war es, der ihm beibrachte, wie man abschlägt, und als er im Alter von einundzwanzig all diese Probleme mit seinen kurzen Annäherungsschlägen hatte, kam er zu mir, um sich Trost und Rat zu holen. Ein eigenartiger Zufall wollte es, daß ich dabei war, als er sich verliebte.

Ich rauchte hier draußen meine abendliche Zigarre und sah zu, wie die letzten Paare ihre Runden beendeten, als Chester aus dem Clubhaus kam und sich neben mich setzte. Ich sah, daß der Junge irgendwie beunruhigt war, und fragte mich warum, da ich wußte, daß er sein Spiel gewonnen hatte.

»Was«, erkundigte ich mich, »hast du auf dem Herzen?«

»Oh, nichts«, sagte Chester. »Ich dachte nur gerade, daß es gewisse Leute gibt, denen man das Betreten des Platzes verbieten sollte.«

»Du meinst – ?«

»Die Abbruchkolonne«, sagte Chester bitter. »Sie haben uns die ganze Zeit aufgehalten. Zum Teufel mit ihnen! Haben uns einfach nicht durchspielen lassen. Was soll man mit Leuten machen, die nicht genug von der Etikette des Spiels verstehen, um zu wissen, daß ein Vierball-Foursome einem Einzel Platz machen muß? Wir mußten stundenlang herumfaulenzen, während sie im Rasen scharrten wie eine Schar aufgeregter Hühner. Auf der elften Bahn verloren schließlich alle vier gleichzeitig ihren Ball, und wir schafften es, an ihnen vorbeizukommen. Ich hoffe, sie ersticken.«

Seine Erregung überraschte mich nicht sonderlich. Die »Abbruchkolonne« bestand aus vier Geschäftsmännern, die sich zur Ruhe gesetzt und erst spät im Leben mit dem edlen Spiel begonnen hatten, weil ihnen ihre Ärzte frische Luft und Bewegung verschrieben hatten. Ich nehme an, daß jeder Club ein Kreuz dieser Art zu tragen hat, und unsere Mitglieder rebellieren im allgemeinen nicht oft; aber zweifellos lag in den Methoden der Abbruchkolonne etwas besonders Irritierendes. Sie gaben sich soviel Mühe, daß es fast unerklärlich schien, daß sie so langsam sein konnten.

»Es sind lauter respektable Männer«, sagte ich, »und in ihrem jeweiligen Metier genossen sie, wie ich glaube, hohes Ansehen. Aber ich gebe zu, auf dem Platz sind sie eine Geduldsprobe.«

»Sie sind direkte Nachfahren von Wildschweinen«, sagte Chester unbeirrt. »Jedesmal wenn sie auf den Platz kommen, warte ich darauf zu
sehen, wie sie den Hügel hinablaufen und sich in den See am Zweiten
stürzen. Von all den – «

»Sei still!« sagte ich.

Aus meinen Augenwinkeln hatte ich ein Mädchen herannahen sehen,
und ich befürchtete, daß Chester sich in seinem Zorn gewisser Ausdrücke bedienen würde. Denn er war einer jener Golfer, die in Gefühls-
momenten dazu neigen, kein Blatt vor den Mund zu nehmen.

»Eh?« sagte Chester.

Ich machte eine Kopfbewegung, und er drehte sich um. Und als er dies
tat, trat ein Ausdruck in sein Gesicht, den ich dort erst einmal gesehen
hatte – an jenem Tag, als er den Präsidentenpokal gewann, indem er auf
dem letzten Grün einen Dreißig-Fuß-Chip mit seinem Mashie einlochte.
Es war ein Blick voller Ekstase und Ehrfurcht. Sein Mund war offen, seine Augenbrauen hochgezogen, und er atmete schwer durch die Nase.

»Menschenskind!« hörte ich ihn murmeln.

Das Mädchen ging an uns vorbei. Ich konnte Chester nicht den Vor-
wurf machen, sie angestarrt zu haben. Sie war ein wunderschönes, junges Ding mit einer geschmeidigen Figur und einem perfekten Gesicht.
Ihr Haar war kastanienbraun, ihre Augen blau und ihre Nase klein, mit
etwa soviel Loft wie ein kurzes Eisen. Sie verschwand, und Chester, der sich
fast den Hals ausgerenkt hatte bei dem Versuch, ihr um die Ecke des Clubhauses nachzusehen, stieß einen tiefen, explosiven Seufzer aus.

»Wer ist sie?« flüsterte er.

Das konnte ich ihm sagen. So oder so erfahre ich fast alles, was sich
an diesem Ort abspielt.

»Sie ist eine Miss Blakeney. Felicia Blakeney. Sie ist für einen Monat
bei den Waterfields zu Besuch. So weit ich weiß, ist sie mit Jane Water-
field zur Schule gegangen. Sie ist dreiundzwanzig, hat einen Hund namens Joseph, tanzt gut und mag keinen Gelbwurz. Ihr Vater ist ein ange-
sehener Publizist, der über soziologische Themen schreibt; ihre Mutter ist
Wilmot Royce, die berühmte Romanschriftstellerin, deren letztes Werk,
Kloaken der Seele, wie du dich vielleicht erinnerst, von der Sauberkeits-

Liga vor ein Tribunal gezerrt geworden ist. Sie hat einen Bruder, Crispin Blakeney, einen bedeutenden jungen Kritiker und Essayisten, der sich zur Zeit in Indien aufhält, um die lokalen Verhältnisse für eine Vortragsreihe zu studieren. Sie ist erst gestern angekommen, daher ist dies alles, was ich bis jetzt über sie herausfinden konnte.«

Chesters Mund war immer noch offen, als ich anfing zu sprechen. Als ich fertig war, stand er noch weiter offen. Der ekstatische Blick in seinen Augen hatte sich zu dumpfer Verzweiflung gewandelt.

»Mein Gott!« murmelte er. »Wenn sie aus so einer Familie stammt, was für eine Chance hat dann ein Grobian wie ich?«

»Du bewunderst sie?«

»Sie ist die phantastischste Frau, die ich je gesehen habe«, sagte Chester.

Ich klopfte ihm auf die Schulter.

»Nur Mut, mein Junge«, sagte ich. »Erinnere dich immer daran, daß die Liebe eines guten Mannes, dem der Pro auf achtzehn Löchern nur wenige Schläge vorgeben kann, nicht zu verachten ist.«

»Ja, das ist alles ganz schön. Aber dieses Mädchen besteht wahrscheinlich nur aus Gehirn. Sie wird mich für ein ungebildetes Warzenschwein halten.«

»Nun, ich werde dich ihr vorstellen, und wir werden sehen. Sie machte den Eindruck, als wäre sie ein nettes Mädchen.«

»Du bist ein hervorragender Beschreiber, nicht wahr?«, sagte Chester. »Einen wundervollen Sprachfluß hast du da! Nettes Mädchen! Sie ist das einzige Mädchen auf der Welt. Sie ist eine Perle unter den Frauen. Sie ist das fabelhafteste, erstaunlichste, schönste, himmlischste Wesen, das je Rosenduft geatmet hat.« Er hielt inne, als wäre sein Gedankengang von einer Idee unterbrochen worden. »Sagtest du, daß der Name ihres Bruders Crispin war?«

»Ja. Warum?«

Chester stieß einige mannhafte Flüche aus.

»Zeigt das nicht wieder, wie die Dinge auf dieser elenden Welt laufen?«

»Was meinst du?«

»Ich bin mit ihm zur Schule gegangen.«

»Das sollte doch sicher eine solide Freundschaftsbasis abgeben.«

»Sollte es das? Sollte es das, bei Gott? Und wenn ich dir sage, daß ich in den wenigen Jahren, in denen ich ihn kannte, diesen Mistwurm Crispin Blakeney wahrscheinlich etwa siebenhundertsechsundvierzigmal in den Hintern getreten habe? Er war das Schlimmste, was mir je begegnet ist. Er könnte jederzeit ohne Fragen in die Abbruchkolonne aufgenommen werden. Würde dir so etwas nicht auch weh tun? Ich habe das Glück, ihren Bruder zu kennen, und dann stellt sich heraus, daß wir uns auf den Tod nicht ausstehen können.«

»Nun, es besteht kein Anlaß, ihr das unter die Nase zu reiben.«

»Meinst du – ?« Er stierte mich mit wilden Augen an. »Meinst du, ich könnte so tun, als wären wir alte Kumpel?«

»Warum nicht? Da er ja in Indien ist, kann er dir wohl kaum widersprechen.«

»Meine Güte!« Er grübelte einen Moment. Ich konnte sehen, daß der Groschen im Fallen begriffen war. So war es immer mit Chester. Man mußte ihm Zeit lassen. »Donnerwetter, das ist keine so schlechte Idee. Ich meine, damit hätte ich ja einen ausgesprochen guten Start, so als würde ich nach den ersten beiden eins unter Par liegen. Und nichts geht über einen guten Start. Bei Gott, ich werde es tun.«

»An deiner Stelle würde ich nicht zögern.«

»Erinnerungen an die guten alten Tage, als wir noch Jungens waren und der ganze Kram.«

»Exakt.«

»Glaub nur nicht, daß es mir leicht fallen wird«, sagte Chester nachdenklich. »Ich werde es tun, weil ich sie liebe, aber ansonsten gibt es nichts auf der Welt, das mich dazu bringen könnte, auch nur ein nettes Wort über diese Eiterblase zu verlieren. Nun, dann wäre das also geregelt. Dann beeil dich mal mit der Vorstellerei, ja? Ich habe es eilig.«

Eines der Privilegien des Alters ist, daß es einem Mann ermöglicht, die Gesellschaft eines schönen Mädchens aufzusuchen, ohne sie zu veranlassen, sich aufzurichten und »Sir!« zu sagen. Es war nicht schwer für mich, die Bekanntschaft von Mrs. Blakeney zu machen, und nachdem dies geschehen war, bestand meine erste Handlung darin, Chester auf sie loszulassen.

»Chester«, sagte ich und rief den Jungen herbei, der mit übertriebener Lässigkeit am Horizont stand und dabei ein Bein elegant um das andere geknotet hatte, »ich möchte dir Miss Blakeney vorstellen. Miss Blakeney, das ist mein junger Freund Chester Meredith. Er ist mit Ihrem Bruder Crispin zur Schule gegangen. Ihr wart große Freunde, nicht wahr?«

»Busenfreunde«, sagte Chester nach einer Pause.

»Oh, wirklich?« sagte das Mädchen. Es gab eine Pause. »Er ist jetzt in Indien.«

»Ja«, sagte Chester.

Es gab eine weitere Pause.

»Ein großartiger Kerl«, sagte Chester rauh.

»Crispin ist sehr beliebt«, sagte das Mädchen, »bei manchen Leuten.«

»Er war immer mein bester Kumpel«, sagte Chester.

»Ja?«

Ich war nicht sonderlich zufrieden mit der Art und Weise, in der sich die Dinge entwickelten. Das Mädchen schien kühl und unfreundlich, und ich befürchtete, daß dies an Chesters abweisender Art lag. Schüchternheit, besonders wenn sie durch Liebe auf den ersten Blick kompliziert wird, hat meist eine sehr seltsame Wirkung auf Männer, und bei Chester hatte sie den Effekt, ihn abnormal steif und distanziert zu machen. In der Regel war eines der bezauberndsten Dinge an ihm sein erfrischendes, jungenhaftes Lachen. Schüchternheit ließ es ihn aus seinem Gesichtsausdruck bügeln, bis keine Spur mehr davon übrig blieb. Nicht allein, daß er nicht lächelte; er sah aus wie jemand, der nie gelächelt hatte und es auch nie tun würde. Sein Mund war ein dünner, unbeweglicher Strich. Sein Rücken war stocksteif und verlieh ihm einen Ausdruck verächtlichen Widerwillens. Er blickte an seiner Nase entlang auf Miss Blakeney hinunter, als wäre sie weniger wert als der Staub unter den Rädern seines Streitwagens.

Ich dachte, daß es das Beste wäre, sie allein zu lassen, damit sie sich kennenlernen konnten. Vielleicht war es meine Gegenwart, die Chester verkrampfen ließ. Ich entschuldigte mich und zog mich zurück.

Es vergingen einige Tage, bis ich Chester wiedersah. Er kam eines Abends nach dem Essen bei mir zu Hause vorbei und sank in einen Sessel, wo er einige Minuten lang schweigend sitzenblieb.

»Nun?« sagte ich schließlich.

»Eh?« sagte Chester und zuckte heftig zusammen.

»Hast du in letzter Zeit etwas von Miss Blakeney gesehen?«

»Darauf kannst du wetten.«

»Und wie denkst du über sie, nachdem du sie näher kennengelernt hast?«

»Eh?« sagte Chester geistesabwesend.

»Liebst du sie noch?«

Chester erwachte aus seiner Trance.

»Ob ich sie liebe?« rief er und seine Stimme bebte vor Leidenschaft. »Natürlich liebe ich sie. Wer würde sie nicht lieben? Ich wäre ein Volltrottel, sie nicht zu lieben. Weißt du«, fuhr der Junge fort, und in seinen Augen lag ein Blick wie der eines jungen Ritters, der in einer Vision den Heiligen Gral sieht, »weißt du, daß sie die einzige Frau ist, die ich je kennengelernt habe, die nicht zu weit ausholt? Bloß ein netter, klarer, zackiger Hieb mit gutem Durchschwung. Und noch etwas. Du wirst es mir kaum glauben, aber sie wackelt fast so wenig wie George Duncan. Du weißt wie Frauen in der Regel wackeln – anderthalb Minuten stochern sie herum wie Kätzchen, die mit einem Wollknäuel spielen. Nun, sie macht nur eine kurze Bewegung mit dem Schläger, und dann bing! Keine kommt ihr nahe, keine.«

»Dann hast du also mit ihr Golf gespielt?«

»Fast jeden Tag.«

»Was macht dein Spiel?«

»Ziemlich uneinheitlich. Ich scheine sie falsch zu timen.«

Ich war besorgt.

»Ich hoffe doch sehr, mein lieber Junge«, sagte ich ernst, »daß du darauf achtest, deine Gefühle im Zaum zu halten, wenn du mit Miss Blakeney draußen auf dem Platz bist. Ich hoffe, du hast nicht die Art von Sprache gebraucht, die du gewöhnlich anwendest, wenn du sie falsch timest?«

»Ich?« sagte Chester entsetzt. »Wer, ich? Du hast doch nicht etwa einen
Moment lang geglaubt, daß ich auch nur davon träumen würde, irgendet-
was zu sagen, was ihre geliebten Wangen erröten lassen könnte! Sogar ein
Bischof hätte mich begleiten können, ohne etwas Neues zu lernen.«

Ich war erleichtert.

»Und wie klappt es inzwischen mit den Dialogen?« fragte ich. »Als
ich euch einander vorgestellt habe, hast du dich benommen – du wirst einem alten Freund sicher die Kritik verzeihen – wie ein ausgestopfter
Frosch mit Rachenentzündung. Laufen die Dinge in dieser Hinsicht jetzt
besser?«

»Oh, ja. Ich bin mittlerweile eine ziemliche Quasselstrippe. Meistens
spreche ich von ihrem Bruder. Ich verwende den größten Teil meiner Zeit
darauf, die alte Wanze in höchsten Tönen zu loben. Es scheint mir langsam leichter zu fallen. Alles eine Frage der Selbstbeherrschung, nehme
ich an. Und dann rede ich natürlich eine Menge über die Romane ihrer
Mutter.«

»Hast du sie gelesen?«

»Jeden einzelnen – alles nur wegen ihr. Und wenn es einen größeren
Liebesbeweis gibt als den, dann zeig ihn mir. Meine Güte, was schreibt
diese Frau für einen Mist! Da fällt mir ein, ich muß mir ihr neuestes Werk
aus der Buchhandlung kommen lassen – es ist gestern erschienen. Es
heißt *Der Gestank des Lebens*. So weit ich weiß, ist es die Fortsetzung
zu *Grauer Schimmel*.«

»Tapferer Junge«, sagte ich und drückte seine Hand. »Tapferer, hin-
gebungsvoller Junge!«

»Oh, ich würde mehr als das für sie tun.« Schweigend rauchte er seine
Zigarette. »Übrigens, ich werde morgen um ihre Hand anhalten.«

»Schon?«

»Ich kann nicht eine Minute länger warten. Es war fast mehr als ich
ertragen konnte, es bis jetzt unter Verschluß zu halten. Was, meinst du,
wäre der geeignetste Ort dafür? Ich meine, das ist keine Sache, die man
einfach so macht, während man über die Straße spaziert oder eine Tasse
Tee trinkt. Ich dachte daran, ein Spiel mit ihr zu machen, und auf dem
Platz einen Versuch zu unternehmen.«

»Du könntest keinen besseren Ort wählen. Der Golfplatz – die Kathedrale der Natur.«

»Na dann, alles klar! Ich werde dich wissen lassen, wie es ausgegangen ist.«

»Ich wünsche dir viel Glück, mein Junge«, sagte ich.

Und was war mit Felicia? Nun, sie war weit davon entfernt, die Hingabe, die Chesters Lebensorgane verbrannte, zu erwidern. Er schien exakt jene Sorte von Mann zu sein, die sie am wenigsten leiden konnte. Seit ihrer Kindheit hatte Felicia Blakeney in einer Atmosphäre von intellektuellem Snobismus gelebt, und der Typ von Ehemann, den sie sich in ihren Träumen immer gewünscht hatte, war ein Mann, der einfach und unkompliziert und urig war und nicht wußte, ob Artbashiekeff ein Vorort von Moskau oder ein neues russisches Getränk war. Ein Mann wie Chester, der laut eigener Aussage lieber einen der Romane ihrer Mutter lesen würde, als etwas zu essen, stieß sie ab. Und seine herzliche Zuneigung für ihren Bruder Crispin besiegelte ihre Abneigung.

Felicia war ein pflichtbewußtes Kind, und sie liebte ihre Eltern. Es fiel ihr nicht ganz leicht, aber sie tat es. Aber wenn es um ihren Bruder Crispin ging, hörte es bei ihr auf. Er war unerträglich, und seine Freunde waren noch schlimmer als er. Es waren arrogante junge Männer mit hohen Stimmen und Zwickern auf ihren spitzen Nasen, die herablassend über Kunst und das Leben im allgemeinen redeten, und Chesters schamloses Geständnis, einer von ihnen zu sein, hatte ihn von Anfang an zehn Löcher zurückliegen lassen – bei neun noch zu spielenden.

Sie fragen sich vielleicht, warum die unbestreitbare Geschicklichkeit des Jungen auf dem Platz das Mädchen nicht gnädiger zu stimmen vermochte? Nun, aufgrund der unglücklichen Umstände wurden alle positiven Effekte seines Könnens durch sein Verhalten während des Spiels neutralisiert. Ihr ganzes Leben lang hatte sie Golf mit einer angemessenen Achtung und Ehrfurcht behandelt, und in Chesters Haltung dem Spiel gegenüber schien sie eine entsetzliche Seichtheit zu entdecken. Die Sache war die, daß Chester, in seinen Bemühungen, keine Kraftausdrücke zu gebrauchen, eine gewisse Erleichterung in einem mädchenhaften Kichern gefunden hatte, das sie jedesmal erschauern ließ.

Sein Benehmen während der Zeit vor dem Moment des Heiratsantrages hätte also der Angelegenheit nicht weniger dienlich sein können. Dabei war der Anfang ganz gut verlaufen; Chester machte einen tollen
Zweihundert-Yard-Schlag vom ersten Tee, der für einen Moment den
Respekt des Mädchens weckte. Aber auf der vierten Bahn fand er nach
einem wunderschönen Brassie-Schlag seinen Ball tief im Abdruck eines
Stöckelschuhs eingebettet. Es war genau einer dieser tückischen Momente auf dem Grün, in denen er sich normalerweise mit einer Flut laut-
starker Proteste erleichtert hätte, aber jetzt war er auf der Hut.

»Hihi!« kicherte Chester albern und griff nach seinem Niblick. »Zu
schade, zu schade!« Das Mädchen erschauderte bis in die Tiefen ihrer
Seele.

Nachdem er eingeloch hatte, ging er dazu über, den Gang zum nächsten Tee mit einigen Bemerkungen über den literarischen Stil ihrer Mutter zu beleben, und während sie ihren Abschlägen hinterherspazierten,
hielt er um ihre Hand an.

Sein Heiratsantrag hätte unter den gegebenen Umständen nicht un-
glücklicher formuliert werden können. Sich kaum bewußt über den Abgrund, auf den er zusteuerte, betonte Chester noch einmal seine Bezie-
hung zu Crispin. Er gab Felicia das Gefühl, daß er diese Heirat in erster
Linie Crispin zuliebe vorschlug. Er legte die Idee dar, daß er dachte, wie
nett es für Bruder Crispin wäre, seinen alten Kumpel in der Familie zu
haben. Er entwarf ein Bild von ihrem trauten Heim und einem Crispin,
der dort für immer ein und aus flitzen würde wie ein Kaninchen. Es war
also kein Wunder, daß sie ihn, als er endlich fertig war, und sie Gelegenheit hatte zu sprechen, mit Pauken und Trompeten abwies.

In solchen Momenten erntet ein Mann die Früchte einer guten Erziehung.

Unter vergleichbaren Umständen sind jene, die nicht den Vorzug einer
gründlichen Golfausbildung genossen haben, eher geneigt, den Halt zu
verlieren. Von plötzlichem Seelenschmerz überwältigt, beginnen sie zu
trinken, verprassen ihr Geld oder schreiben Vers libre. Chester wurde davon gnädig verschont. Ich traf ihn einen Tag nachdem er in den sauren
Apfel hatte beißen müssen und war erstaunt über den Ausdruck grimmi-

ger Entschlossenheit in seinem Gesicht. Obwohl er tief verletzt sein mußte, sah ich ihm an, daß er seine Gefühle im Griff hatte und seinem Schicksal fest ins Auge blickte.

»Es tut mir leid, mein Junge«, sagte ich mitfühlend, nachdem er mir die schmerzlichen Neuigkeiten mitgeteilt hatte.

»Das kann man nichts machen«, erwiderte er tapfer.

»Ihre Entscheidung war endgültig?«

»Ziemlich.«

»Du denkst nicht daran, einen zweiten Versuch zu wagen?«

»Das wäre zwecklos. Ich weiß, wenn ich unerwünscht bin.«

Ich klopfte ihm auf die Schulter und sagte die einzige Sache, die zu sagen möglich schien.

»Immerhin gibt es ja Golf.«

Er nickte.

»Jawohl. Ich muß dringend mein Spiel überarbeiten. Jetzt ist die richtige Zeit dafür. Von jetzt an werde ich dieses Hobby ernst nehmen. Ich werde es zum Inhalt meines Lebens machen. Wer weiß?« murmelte er mit einem plötzlichen Leuchten in den Augen. »Die Amateurmeisterschaften – «

»Die Offenen!« rief ich, dankbar seine Stimmung aufgreifend.

»Die amerikanischen Amateurmeisterschaften«, sagte Chester und lief rot an.

»Die American Open«, ertönte mein Echo.

»Keiner hat je alle vier abgeräumt.«

»Keiner.«

»Du wirst schon sehen!« sagte Chester Meredith trocken.

Etwa zwei Wochen danach schaute ich eines Morgens bei Chester vorbei. Er war im Begriff, zum Platz aufzubrechen. Wie man aus dem Gespräch, das ich gerade wiedergegeben habe, vorausahnen konnte, verbrachte er jetzt die meisten Stunden des Tages auf dem Platz. In diesen zwei Wochen hatte er seine Jagd nach Perfektion mit einer furiosen Energie vorangetrieben, die ihn zum Gesprächsthema des Clubs machte. Als schon immer einer der besten Spieler vor Ort hatte er eine erstaunliche

Brillanz entwickelt. Männer, die bisher ohne Vorgabe gegen ihn gespielt hatten, waren gezwungen zwei, ja sogar drei Schläge anzunehmen. Der Pro selbst, der ihm einen Schlag vorgegeben hatte, schaffte es lediglich, das Match zu halbieren. Dann stand wieder der Kampf um den Präsidentenpokal an, und Chester gewann ihn zum zweiten Mal mit gespenstiger Leichtigkeit.

Als ich eintraf, war er damit beschäftigt, in seinem Wohnzimmer Chip-Schläge zu üben. Ich bemerkte, daß er unter irgendeiner starken Gefühlsregung zu stehen schien, und seine ersten Worte gaben mir das Stichwort.

»Sie reist morgen ab«, sagte er abrupt und lupfte einen Ball über den Tisch auf das Chesterfield-Sofa.

Ich war mir nicht sicher, ob er traurig oder erleichtert war. Ihre Abwesenheit würde natürlich eine schreckliche Lücke hinterlassen, aber vielleicht würde es ihm dann leichter fallen, über seinen Liebeskummer hinwegzukommen.

»Aha!« sagte ich unverbindlich.

Chester sprach seinen Ball mit gutgespieltem Gleichmut an, aber ich konnte an der Art, wie seine Ohren wackelten, ablesen, daß er tief empfand. Es überraschte mich nicht, als er seinen Schlag in den Kohlenkasten toppte.

»Sie hat mir versprochen, heute morgen eine letzte Runde mit mir zu spielen«, sagte er.

Wieder war ich im Zweifel, wie ich die Sache auffassen sollte. Es war eine ganz hübsche, poetische Idee in der Art von Brownings »Last Ride Together«, aber ich war mir nicht sicher, ob es insgesamt sehr empfehlenswert war. Wie dem auch sei, es ging mich nichts an, also klopfte ich ihm nur auf die Schulter, und er suchte seine Schläger zusammen und machte sich auf den Weg.

Aus verständlichen Gründen hatte ich ihm nicht angeboten, ihn auf seiner Runde zu begleiten, und erst später erfuhr ich die Einzelheiten dieser Begebenheit. Zu Beginn schienen die geistigen Qualen, unter denen er litt, einen deprimierenden Effekt auf sein Spiel zu haben. Sein Drive vom ersten Tee geriet zu einem Hook, und er schaffte es nur dank eines starken Niblick-Schlags aus dem Rough, noch mit fünf einzulochen. Am zweiten, dem Loch am See, verlor er einen Ball im Wasser und erzielte wieder fünf. Erst am dritten begann er, sich zusammennehmen. Den großen Golfer erkennt man an seiner Fähigkeit, sich von einem schlechten Start zu erholen. Chester besaß diese Qualität in herausragendem Maße. Ein geringerer Mann hätte in dem Bewußtsein, nach zwei Löchern schon drei über Par zu sein, seine Runde wahrscheinlich als ruiniert abgebucht. Für Chester bedeutete dies lediglich, daß er schnell ein paar »Birdies« brauchte, und er nahm diese Aufgabe sofort in Angriff. Er war immer ein Mann mit weiten Drives gewesen, und heute übertraf er sich am dritten selbst. Es ist, wie Sie wissen, ein Loch mit ansteigender Bahn auf der gesamten Länge, aber sein Drive konnte nicht viel kürzer als zweihundertfünfzig Yards gewesen sein. Ein Brassie-Schlag von gleicher Kraft und unbeirrbarer Zielstrebigkeit brachte ihn an den Rand des Grüns, und mit einem langen Putt lochte er zur Zwei unter Par ein. Er hatte auf einen »Birdie« gehofft und einen »Eagle« bekommen.

Ich glaube, daß diese glorreiche Meisterleistung Felicias Herz erweicht hätte, wäre da nicht der Umstand gewesen, daß der Liebeskummer Chester inzwischen jegliche Fähigkeit zu lächeln geraubt hatte. Anstatt sich also in der gesunden, natürlichen Art eines Mannes zu freuen, der an Par-5-Löchern Dreien erzielt, bewahrte er einen verhärmten, teilnahmslosen Gesichtsausdruck; und als sie ihm zusah, wie er ihren Ball aufteete – steif, korrekt, höflich, aber allem Anschein nach absolut unmenschlich – unterdrückte das Mädchen entschieden das Gefühl, das für einen Moment so etwas wie Bewunderung in ihr ausgelöst hatte. Es war genau die Art, dachte sie, wie sich ihr Bruder Crispin verhalten würde, wenn er ein Loch in zwei unter Par geschafft hätte.

Und doch konnte sie nicht einen wehmütigen Seufzer unterdrücken, als er nach zwei Vierern an den nächsten beiden Löchern auf dem sechsten einen weiteren Schlag gutmachte und dann mit einem glänzenden Spoon-Schlag sein Ergebnis auf zwei unter Par schraubte, indem er auf der Hundertsiebzig-Yard-Bahn des Siebten mit zwei Schlägen einlochte. Aber das kurze Aufflackern von Zärtlichkeit ging vorüber, und als er die

ersten neun mit zwei weiteren Vierern abschloß, war von ihr nichts Herzlicheres zu vernehmen als ein stereotyper Glückwunsch.
»Eins unter Par auf den ersten neun«, sagte sie. Ausgezeichnet!«
»Eins unter Par!« sagte Chester hölzern.
»In vierunddreißig Schlägen die Hälfte. Wie ist der Platzrekord?«
Chester stutzte. Er war so sehr in Gedanken gewesen, daß er keinen derselben an den Platzrekord verschwendet hatte. Plötzlich fiel ihm ein, daß der Pro, der bis dato das niedrigste Zählspielergebnis erzielt hatte – den anderen Platzrekord hielt Peter Willard mit einer in seiner ersten Saison erzielten Hunderteinundsechzig – nur einen Schlag unter seiner heutigen Zahl gelegen hatte.
»Achtundsechzig«, sagte er.
»Wie schade, daß Sie diese Schläge am Anfang verloren haben!«
»Ja«, sagte Chester.
Er sprach geistesabwesend – und, wie ihr schien, steif und ohne Begeisterung – denn die leuchtende Idee, den Platzrekord anzuvisieren, war ihm erst jetzt aufgegangen. Er hatte schon einmal die ersten neun in vierunddreißig geschafft, aber bei dieser Gelegenheit hatte er nicht jenes seltsame Gefühl einer unaufhaltsamen Kraft verspürt, das ein Golfer auf der Höhe seiner Form erlebt. Damals war er sich die ganze Zeit bewußt gewesen, daß er ziemlich zufällig geputtet hatte. Sie waren zwar alle rein gegangen, aber er hatte pro Putt ein Stoßgebet zum Himmel geschickt. Heute war er über jeden Zweifel erhaben. Wenn er dem Ball auf dem Grün einen Stoß gab, wußte er, daß er ins Loch fallen würde. Der Platzrekord? Warum nicht? Was für ein letztes Opfer, um es ihr zu Füßen zu legen! Sie würde fortgehen, für immer aus seinem Leben scheiden; sie würde irgendeinen anderen Kerl heiraten; aber die Erinnerung an diese meisterhafte Runde würde bei ihr bleiben, solange sie atmete. Wenn er die Open und die Amateurmeisterschaften zum zweiten – dritten – vierten Mal gewann, würde sie sich sagen: »Ich war dabei, als er den Rekord auf seinem Heimkurs brach!« Und er brauchte bloß ein paar Schläge auf den letzten neun gutzumachen, ein paar Dreien an Löchern zu erzielen, an denen er sich gewöhnlich mit vier zufriedengab. Ja, bei Vardon, er würde es versuchen.

Sie, der Sie mit diesem Kurs vertraut sind, werden zweifellos zugeben, daß die Aufgabe, die Chester Meredith sich vorgenommen hatte – auf den zweiten neun Löchern von fünfunddreißig Schlägen zwei abzuzwacken – eine Aufgabe war, die einen Herkules in Verlegenheit gebracht hätte. Selbst der Pro, der bei den letzten Open Sechster geworden war, hatte nie etwas Besseres als fünfunddreißig geschafft, dabei perfektes Golf gespielt und eins unter Par gelegen. Aber als er am Zehnten aufteete, befand sich Chester in einer solchen Stimmung, daß er die Möglichkeit eines Mißerfolgs nicht einmal in Betracht zog. Jeder Muskel in seinem Körper arbeitete in perfekter Koordination mit seinen Kollegen, seine Handgelenke fühlten sich an wie gehärteter Stahl, und in seinen Augen lag jener Habichtsblick, der einen Mann befähigt, seine kurzen Annäherungsschläge auf den Zentimeter genau zu plazieren. Er schwang kraftvoll, und der Ball segelte so nahe an den Richtungspfosten heran, daß es für einen Moment so aussah, als hätte er ihn getroffen.

»Oh!« rief Felicia.

Chester sprach nicht. Er verfolgte den Flug des Balles. Dieser schwebte über den Kamm des Hügels, und aufgrund seiner Platzkenntnis konnte Chester ziemlich genau das Rasenstück voraussagen, auf dem er liegengeblieben sein mußte. Von da aus würde ein Eisen alles weitere besorgen, und ein einzelner Putt würde ihm den ersten der erforderlichen »Birdies« verschaffen. Zwei Minuten später hatte er einen Sechs-Fuß-Putt zu einer Drei eingelocht.

»Oh!« sagte Felicia erneut.

Schweigend ging Chester zum elften Tee.

»Nein, machen Sie sich keine Mühe«, sagte sie, als er sich bückte, um ihren Ball auf den Sand zu legen. »Ich glaube, ich möchte nicht mehr weiterspielen. Ich möchte viel lieber Ihnen zusehen.«

»Oh, wenn du doch zusehen würdest, daß ich kein einsamer Mann werde!« sagte Chester, aber nur im Stillen. Seine tatsächlichen Worte waren: »Nun gut!« und er sprach sie mit einer steifen Kälte aus, die das Mädchen frösteln ließ.

Das Elfte ist eines der kniffligsten Löcher auf dem Platz, wie Sie sicherlich selbst schon herausgefunden haben. Es sieht zwar kinderleicht

aus, aber dieser kleine Flecken Wald auf der rechten Seite, der so harm-
los wirkt, ist genau an der tödlichen Stelle plaziert, an der er jeden, auch
noch so leicht verschnittenen Drive abfängt. Diesmal fehlte Chesters Abschlag die strenge Präzision seines letzten. Hundert Yards hinter dem Tee
machte der Ball einen fast unmerklichen Schlenker, traf einen Ast und
fiel in das dichte Unterholz. Er brauchte zwei Schläge, um ihn herauszu-
hacken und auf das Grün zu bringen, und dann blieb sein langer Putt,
nachdem er bis an den Rand des Lochs gelaufen war, ebendort liegen.
Glühendheiße Worte stiegen für einen kurzen Moment zu Chesters Lippen auf, aber er fing sie gerade noch ab und stopfte sie zurück in seinen
Hals. Er schaute auf seinen Ball und dann auf das Loch.

»Pfui!« sagte Chester.

Felicia seufzte tief. Der Niblick-Schlag aus dem Rough hatte ihr sehr
imponiert. Wenn dieser superbe Golfer nur etwas menschlicher wäre!
Wenn sie nur in der Lage wäre, öfter in Gesellschaft dieses Mannes zu
sein, um genau zu erfahren, was er mit seinem linken Handgelenk an-
stellte, um seinen Drives diesen phantastischen Biß zu geben – dann
würde vielleicht auch sie diesen Trick eines Tages beherrschen. Denn sie
war ein klardenkendes, ehrliches Mädchen und sie war sich der Tatsache
völlig bewußt, daß sie mit ihrem Holz nicht die Distanz erreichte, die sie
erreichen sollte.

Mit einem Ehemann wie Chester an ihrer Seite, der sie stimulieren
und beraten würde; was könnte da nicht alles aus ihr werden? Wenn ihre
Standposition falsch wäre, würde er sie mit einem Satz korrigieren können. Wenn sie einen Anfall von Slicing hatte – wie schnell würde er ihr
sagen, was ihn verursachte. Und sie wußte, daß es nur eines Wortes aus
ihrem Munde bedurfte, um die Wirkung ihrer Zurückweisung auszulö-
schen und ihn für immer an ihre Seite zu bringen.

Aber konnte ein Mädchen einen solchen Preis bezahlen? Als er am
Dritten diesen »Eagle« erzielt hatte, hatte er einen gelangweilten Eindruck gemacht. Als er seinen letzten Putt verfehlt hatte, schien es ihm
egal gewesen zu sein. »Pfui!« Was für ein Wort in einem solchen Moment! Nein, dachte sie traurig, es war unmöglich. Chester Meredith zu
heiraten, sagte sie sich, hieße eine Mischung aus Soames Forsyte, Sir

Willoughby Patterne und allen anderen Freunden ihres Bruders Crispin zu heiraten. Sie seufzte und schwieg.

Chester, der am zwölften Tee stand, inspizierte kurz die Situation, wie ein General vor der Schlacht. Sieben Löcher waren noch zu spielen, und er mußte sie in zwei unter Par schaffen. Dasjenige, welches jetzt vor ihm lag, bot dazu wenig Gelegenheit. Es war ein langes, sich dahinschleppendes Dogleg, und selbst Ray und Taylor hatten damals fünf gebraucht, als sie auf dem Kurs ein Demonstrationsspiel bestritten. Nicht gut für den Anfang.

Das Dreizehnte – einen steilen Hang hinauf, der für den zweiten Schlag ein langes Eisen erforderte und dessen von Bunkern umzingeltes Grün blind angespielt werden mußte? Es war kaum anzunehmen, hier besser als mit vier abzuschneiden. Das Vierzehnte – ins Tal hinunter, wo sich der Boden abrupt in eine kleine Schlucht absenkte? Er hatte es einmal mit drei geschafft, aber das war pures Glück gewesen. Nein; auf diesen drei Löchern mußte er sich damit zufriedengeben, auf Par zu spielen, und darauf vertrauen, am fünfzehnten einen Schlag wettzumachen.

Die fünfzehnte Bahn, die schnurgerade auf ein höherliegendes Plateau-Grün mit einem Kreis von Bunkern zuläuft, bereitet dem vollendeten Golfer keine ernsthaften Schwierigkeiten, wenn er in guter Form ist. In seinem gegenwärtigen Eroberungsdrang bedeutete für Chester ein Bunker nichts Besonderes. Sein Mashie-Schlag zischte fast verächtlich über die Kluft und rollte knapp bis an die Fahne heran. Er erreichte die sechzehnte Bahn mit dem klarumrissenen Problem, auf den letzten drei Löchern zwei Schläge abzwacken zu müssen.

Einer unbedachten Person, die nicht mit der Anlage unseres Platzes vertraut ist, würde dies zweifellos als eine ungeheure Heldentat erscheinen. Tatsache ist, daß das Grünkomitee – mit einem vielleicht übertrieben sentimentalen Hang zum Happy-End– – dem Kurs ein vergleichsweise leichtes Finish mitgegeben hat. Das Sechzehnte ist ein absolut einfaches Loch mit breitem, den Hang hinunterführendem Fairway; das Siebzehnte ebenfalls eine simple Aufgabe, solange man die Schläge schön gerade hält; und auch das Achtzehnte birgt kein wirkliches Gift in sich, obwohl die hangaufwärts verlaufende Bahn für Ortsfremde irreführend sein kann und den Unvorsichtigen dazu verleitet, einen Mashie statt eines kurzen Eisens zu nehmen. Selbst Peter Willard hat gelegentlich mühelos sechs, fünf und sieben erreicht und sich dabei nur zwei Acht-Fuß-Putts abgezogen. Ich glaube, es ist dieser milde Abschluß eines harten Kurses, der den Erfrischungsraum unseres Clubhauses immer wieder mit einem Meer von glücklichen Gesichtern füllt. Jeden Tag ist die Bar voll von jubelnden Männern, die die Qualen der ersten fünfzehn Bahnen vergessen haben und davon plappern, was sie an den letzten drei bewerkstelligen konnten. Die siebzehnte Bahn ist mit ihren Möglichkeiten, einen getoppten zweiten einzulochen, besonders wohltuend.

Chester Meredith war nicht der Mann, der an irgendeinem Loch seinen zweiten getoppt hätte, also blieb ihm dieses höchste Entzücken versagt; aber er legte einen wunderschönen Mashie-Schlag tot an die Fahne und erzielte eine Drei; und als er am Siebzehnten mit dem Eisen seinen ersten Schlag schön auf das Grün spielte und mit dem zweiten einlochte, schien das Leben trotz seines gebrochenen Herzens wieder ganz erträglich zu sein. Er hatte die Situation jetzt gut im Griff. Er mußte bloß sein übliches Spiel spielen und am letzten Loch eine Vier schaffen, um den Platzrekord um einen Schlag zu unterbieten.

An diesem entscheidenden Punkt seines Lebens geriet er an die Abbruchkolonne.

Sie werden es sicher schwer zu verstehen finden, wie es dazu kam, daß, wenn sich die Abbruchkolonne auf dem Platz aufhielt, er nicht längst auf sie gestoßen war. Die Erklärung ist die, daß eine für diese armseligen Männer ungewöhnliche Beachtung der Etikette des Spiels sie veranlaßt hatte, zum ersten Mal jene Regel zu befolgen, die besagt, daß Vierergruppen am Zehnten anfangen sollten. Dementsprechend hatten sie ihre dunklen Machenschaften auf den zweiten neun begonnen, etwa zur gleichen Zeit, als Chester Meredith vom ersten Tee abschlug, und dies hatte sie in die Lage versetzt, ihm bis jetzt voraus zu sein. Als Chester an das achtzehnte Tee kam, verließen sie es gerade und marschierten mit ihren Caddies in Massenformation das Fairway hinauf, wobei sie in seinen erbosten Augen wie eine der großen Völkerwanderungen des Mittelalters aussahen. Wo Chester auch hinsah – überall standen menschliche (wenn man sie so nennen konnte) Figuren. Einer tapste fünfzig Yards vom Tee entfernt im hohen Gras herum, andere brachen links und rechts durchs Unterholz. Die ganze Bahn wimmelte nur so von ihnen. Chester setzte sich mit einem müden Seufzer auf die Bank. Er kannte diese Männer. Ichbezogen, unbarmherzig, taub für alle Eingebungen ihrer besseren Seite ließen sie nie jemand durchspielen. Man konnte nichts tun, als abzuwarten.

Die Abbruchkolonne kroch weiter. Der Mann in der Nähe des Tees rollte seinen Ball zehn Yards, dann zwanzig, dann dreißig – er machte Fortschritte. Bald würde er außer Reichweite sein. Chester stand auf und wirbelte seinen Driver durch die Luft.

Aber noch war es nicht so weit. Das Individuum, das im Rough zur Linken operierte, war in kleinen Schritten vorwärtsgekommen, und jetzt, da er seinen Ball auf einem Grasbüschel aufgeteet vorfand, öffnete er seine Schultern und ließ sich gehen. Es gab ein lautes Geräusch, und der Ball prallte mit großer Wucht gegen einen Baum, wodurch er fast bis zum Tee zurücksprang, und die ganze Prozedur fing wieder von vorne an. Als Chester endlich abschlagen konnte, war er durch Ungeduld und die Notwendigkeit, sich der Kommentare zu enthalten, die er normalerweise abgegeben hätte, in einer Verfassung angelangt, in der kein Mensch es mehr hätte vermeiden können, sich zu verkrampfen. Er drosch auf den Ball ein und toppte. Der Ball rutschte magere hundert Yards über den Rasen.

»Verdam-d-d-das war aber was!« stotterte Chester.

Im nächsten Augenblick stieß er ein bitteres Lachen aus. Zu spät war ein Wunder geschehen. Eine der elenden Figuren vor ihm schwenkte seinen Schläger. Andere entsetzliche Kreaturen zogen sich an den Rand des Fairways zurück. Jetzt, wo das Unglück passiert war, winkten ihn diese Jammergestalten durch. Der blanke Hohn der Situation durchflutete Chester wie eine Welle. Was für einen Sinn hatte es jetzt noch durchzuspielen? Er war gut dreihundert Yards vom Grün entfernt und er mußte dieses Loch par spielen, um den Rekord zu brechen. Beinahe abwesend zog er seinen Brassie aus der Tasche; und dann, als ihm das volle Bewußtsein seiner Fehler in die Seele biß, holte er wütend aus. Golf ist ein seltsames Spiel. Am Tee hatte sich Chester verkrampft und den Schlag vermasselt. Jetzt ging er ebenfalls mit Gewalt an die Sache heran und erzielte dabei den kraftvollsten Schlag seines Lebens. Der Ball schoß los, als hätte er auf einem Bündel hochexplosiven Sprengstoffs gelegen. Nie von seiner pfeilgeraden Richtung abweichend, nie mehr als sechs Fuß über dem Boden segelte er den Hang hinauf, überquerte den Bunker, vermied die dahinterliegenden Erdwälle, landete auf dem Rasen, rollte weiter und blieb fünfzig Fuß vom Loch entfernt liegen. Es war ein Brassie-Schlag, wie es ihn im Leben nur einmal gibt, und die Mitglieder der Abbruchkolonne gratulierten ihm aufgeregt mit schrillem, senilem Hurrageschrei. So degeneriert diese Männer auch waren – gewisse menschliche Instinkte gingen ihnen nicht völlig ab.

Chester holte tief Luft. Seine Prüfung war vorüber. Dieser dritte Schlag, der den Ball direkt an die Stange legen würde, war genau die Sache, die er am besten beherrschte. Fast seit seiner Kindheit war er ein Zauberer der kurzen Annäherungsschläge gewesen. Jetzt konnte er im Schlaf mit zwei einlochen. Er schritt den Hügel hinauf zu seinem Ball. Dieser hätte nicht besser liegen können.

Eine Handbreit daneben befand sich eine böse Mulde im Rasen; aber der Ball hatte sie vermieden und thronte schön auf einem Grasbüschel – eine lächelnde Einladung für den Mashie-Niblick. Chester nahm Position ein und warf einen scharfen Blick auf die Fahne. Dann setzte er zum Schlag an. Felicia schaute ihm atemlos zu. Ihr gesamter Körper schien auf ihn konzentriert zu sein. Sie hatte alles vergessen, außer daß sie dabei war zu sehen, wie ein Platzrekord gebrochen wurde. Sie hätte keinen größeren Anteil an seinem Erfolg nehmen können, wenn sie große Geldsummen darauf gesetzt gehabt hätte.

In der Zwischenzeit war die Abbruchkolonne wieder zum Leben erwacht. Sie hatten aufgehört, über Chesters Brassie-Schlag zu schnattern, und dachten daran, ihr eigenes Spiel wiederaufzunehmen. Selbst in Vierern, in denen fünfzig Yards als guter Schlag gilt, mußte jemand den ande-

ren voraus sein, und der Mann der jetzt am Spiel war, war derjenige, der
von seinen Clubbrüdern den Spitznamen »Erster Totengräber« erhalten
hatte.

Ein Wort über diese menschliche Geschwulst. Er war – wenn man in
einer solchen Subspezies noch Unterscheidungen treffen kann – der Star-
spieler der Abbruchkolonne. Die Mittagessen von siebenundfünfzig Jahren hatten zwar seine Brust in das Zwischengeschoß rutschen lassen,
aber er war immer noch ein kräftiger Mann, der sich in seiner Jugend einen Namen als Hammerwerfer gemacht hatte. Er unterschied sich von
seinen Kollegen – dem »Mann mit der Hacke«, »Väterchen Zeit« und
»Konsul O'Weia« – darin, daß, während sie sich damit begnügten, vorsichtig nach dem Ball zu picken, er sich nie in seinen Bemühungen
schonte, der Kugel ernsthafte Verletzungen zuzufügen. Häufig hatte er
einen Blue Dot mit seinem Niblick fast in zwei Teile zerlegt. Er war ein
ziemlicher Muskelprotz und erreichte daher selten mehr als eine Reihe
von Vertiefungen im Rasen, aber er versuchte es fleißig weiter, und es
war seine geheime Überzeugung, daß er eines Tages – vorausgesetzt
zwei oder drei Wunder geschahen gleichzeitig – einen Schlag landen
würde, der seine Kollegen vor Neid erblassen lassen würde. Jahre der
Enttäuschung hatten den Fluß der Hoffnung allerdings zu einem schma-
len Rinnsal schrumpfen lassen, und als er jetzt seinen Brassie nahm und
den Ball ansprach, hatte er keine besonderen Pläne außer der vagen Absicht, das Ding ein paar Yards den Hang hinaufzurollen.

Die Tatsache, daß er auf keinen Fall spielen durfte, bevor Chester nicht
eingelocht hatte, kam ihm nicht in den Sinn; und selbst wenn sie ihm in
den Sinn gekommen wäre, hätte er den Einwand als pedantisch abgetan.
Chester, der sich über seinen Ball beugte, war fast zweihundert Yards
entfernt – oder die Distanz von drei vollen Brassie-Schlägen. Der Erste
Totengräber zögerte nicht. Er wirbelte seinen Schläger durch die Luft,
wie er es in längst vergangenen Tagen gewohnt gewesen war, den Ham-
mer zu schwingen, und mit einem Grunzen, das ihm dieser Akt jedesmal
abverlangte, senkte er ihn auf sein Ziel.

Golfer – und ich dehne diesen Begriff, um die Abbruchkolonne mit
einzubeziehen – sind eine höchst nachahmerische Art. Der Anblick eines

schlechten Spielers, der auf dem Fairway vor uns schlecht spielt, führt
oft dazu, daß wir ebenfalls schlecht spielen; und umgekehrt ist es so, daß
wir unmittelbar, nachdem wir einen großartigen Schlag gesehen haben,
geneigt sind, uns selbst in den Schatten zu stellen. Der Totengräber war
sich nicht der leisesten Ahnung bewußt, wie Chester diesen superben
Brassie-Bolzer zustandegebracht hatte, aber ich nehme an, daß sein un-
terbewußtes Ich die ganze Zeit über Notizen gemacht hatte. Auf jeden
Fall tat auch er an diesem Tag den Schlag seines Lebens. Als er seine Augen öffnete, die er stets im Moment des Aufpralls fest schloß, und begann, sich aus der komplizierten Verknotung zu entwirren, in der ihn sein
Durchschwung zurückgelassen hatte, sah er den Ball den Hügel hochflit-
zen wie ein wildes Kaninchen der kalifornischen Prärie.

Für einen Moment war sein einziges Gefühl eines von traumartiger
Verwunderung. Er stand da und schaute dem Ball mit geradezu unbetei-
ligtem Erstaunen hinterher, als wäre er plötzlich mit einem gewaltigen
Naturereignis konfrontiert worden. Dann kam er zu sich wie ein Schlaf-
wandler, der aufwacht. Direkt vor dem immer noch fliegenden Ball
beugte sich ein Mann, um einen Annäherungsschlag zu machen.

Chester, immer ein konzentrierter Golfer, wenn es Männerarbeit zu
tun gab, hatte das Geräusch des Brassies hinter sich kaum gehört. Auf
jeden Fall achtete er nicht darauf. Er war völlig auf seinen Schlag fixiert.
Mit seinen Augen maß er den Abstand zur Stange, registrierte das Gefäl-
le des Grüns und veränderte dementsprechend seine Haltung. Dann legte
er mit einem letzten, raschen Wackeln seinen Schlägerkopf hinter den
Ball und holte langsam aus. Besagter Schlägerkopf war gerade im Fallen
begriffen, als die Welt um ihn herum»Fore!« zu schreien begann, und
etwas Hartes mit großer Wucht auf seinen Hosenboden prallte.

In den größten Tragödien des Lebens sind wir zunächst wie betäubt.
Für einen Augenblick, der ein Jahrhundert zu dauern schien, konnte Chester nicht verstehen, was passiert war. Richtig, er erkannte, daß ein Erdbeben, eine Sintflut und ein Eisenbahnunglück stattgefunden hatten und
daß ein Hochhaus im gleichen Moment auf ihn gestürzt war, in dem ihn
jemand mit einem Gewehr erschossen hatte, aber alle diese Vorfälle konnten nur einen geringen Teil seiner Empfindungen erklären. Er blinzelte

mehrmals und rollte wild mit den Augen. Und während er sie rollte, er-
haschte er den Anblick der gestikulierenden Abbruchkolonne auf den tie-
ferliegenden Hängen und fand Erleuchtung. Gleichzeitig sah er seinen
Ball etwa anderthalb Yards von der Stelle entfernt, wo er ihn zuletzt angesprochen hatte.

Chester Meredith schaute erst auf den Ball, dann auf die Fahne, dann
auf die Abbruchkolonne, dann zum Himmel auf. Seine Lippen verspann-
ten sich, sein Gesicht lief zinnoberrot an. Schweißperlen standen auf seiner Stirn. Und dann kochte seine Seele über wie eine Zisterne, die vom
Blitzschlag getroffen wird.

»!!!!!!!!!!!!!!!!!« schrie Chester.

Er war sich dunkel eines wortlosen Ausrufs des Mädchens an seiner
Seite bewußt, aber er war zu sehr außer sich, um jetzt an sie zu denken.
Es war, als würden alle Verwünschungen, die während so vieler be-
schwerlicher Tage tief in seiner Brust eingepfercht gewesen waren, miteinander kämpfen und drängeln, um zu sehen, wer zuerst herauskam. Sie
explodierten ineinander, sie gaben sich die Hand und formten Gruppen,
sie vermischten sich in merkwürdigen Vokallauten. Die zweiten Silben
rotglühender Verben gingen zeitweilige Verbindungen mit den ersten Silben brennend heißer Substantive ein.

»---!---!!---!!!---!!!!---!!!!!« schrie Chester.

Felicia stand da und starrte ihn an. In ihren Augen lag ein Ausdruck,
als habe sie Visionen.

»***!!!***!!!***!!!***!!!« brüllte Chester – unter anderem.

Ein große Gefühlswelle erfaßte das Mädchen. Wie falsch hatte sie diesen redegewandten Mann eingeschätzt! Sie zitterte bei dem Gedanken,
daß sie fünf Minuten später für immer auseinandergegangen wären,
wenn dies nicht passiert wäre – getrennt durch Meere von Mißverständ-
nissen, sie kühl und verächtlich, er mit all seiner Musik noch in sich.

»Oh, Mr. Meredith!« rief sie matt.

Mit Übelkeit erregender Plötzlichkeit kam Chester zu sich. Es war, als
hätte ihm jemand einen Liter Eiswasser in den Rücken geschüttet. Seine
Gesichtsfarbe nahm ein noch intensiveres Rot an. Mit Bestürzung und
Scham erkannte er, wie schwer er gegen alle Regeln von Anstand und

gutem Benehmen verstoßen hatte. Er fühlte sich wie eines dieser »Was ist falsch an diesem Bild?«-Dinger in der Reklame für Bücher über Etikette.

»Ich bitte – ich bitte Sie vielmals um Verzeihung!« murmelte er demütig. »Bitte, bitte vergeben Sie mir. Ich hätte so nicht reden dürfen.«

»Doch, das durften Sie!« rief das Mädchen leidenschaftlich. »Sie hätten noch viel mehr sagen sollen. Daß dieser schreckliche Mann ihre Rekordrunde einfach ruiniert hat! Oh, warum bin ich eine arme, schwache Frau mit keinem Vokabular, das für gar nichts gut ist!«

Ziemlich plötzlich und ohne daß sie sich bewußt war, sich bewegt zu haben, fand sie sich an seiner Seite wieder und seine Hand in der ihrigen.

»Oh, wenn ich daran denke, wie falsch ich Sie eingeschätzt habe!« klagte sie. »Ich hielt sie für kalt, steif, formell, präzise. Ich haßte die Art, wie Sie kicherten, wenn Sie einen Schlag vermasselten. Jetzt begreife ich alles! Sie haben sich meinetwegen zurückgehalten. Können Sie mir je verzeihen?«

Chester war, wie gesagt, kein ausgesprochen schnell denkender junger Mann, aber es hätte einen weitaus langsameren Knaben als ihn erfordert, um die Botschaft in den Augen des Mädchens nicht zu lesen oder die Bedeutung ihres Händedrucks mißzuverstehen.

»Ach du meine Güte!« rief er aufgeregt. »Heißt das – ? Denken Sie – ? Haben Sie wirklich – ? Ehrlich, war das der Grund? Ich meine, gibt es noch eine Chance für einen netten Jungen?«

Ihre Augen halfen ihm. Er fühlte sich auf einmal zuversichtlich und mannhaft.

»Hören Sie – im Ernst – wollen Sie mich heiraten?« sagte er.

»Ich will! Ich will!«

»Liebling!« rief Chester.

Er hätte mehr gesagt, aber an diesem Punkt wurde er durch die Ankunft der Abbruchkolonne unterbrochen, die voller Entschuldigungen herbeigeschnauft kam; und als Chester sie anschaute, dachte er, daß er nie zuvor in seinem Leben einen Haufen netterer, fröhlicherer und angenehmerer Burschen gesehen hatte. Sein Herz erwärmte sich für sie. Er faßte den Beschluß, sie demnächst aufzustöbern und ein gutes, langes

Gespräch mit ihnen zu führen. Er winkte die Reuebezeugungen des Totengräbers unbekümmert beiseite.

»Reden wir nicht davon«, sagte er. »Kein Problem. Fehler auf beiden Seiten. Darf ich vorstellen: meine Verlobte, Miss Blakeney.«

Die Abbruchkolonne schnaufte Anerkennung.

»Aber, mein lieber Herr«, sagte der Totengräber, »es war – es war wirklich – unverzeihlich. Ihren Schlag zu verderben. Hätte nie davon geträumt, den Ball so weit zu schicken. Ein Glück, daß sie kein wichtiges Match gespielt haben.«

»Aber das hat er doch«, stöhnte Felicia. »Er hat sich am Platzrekord versucht, und jetzt kann er ihn nicht mehr brechen.«

Die Abbruchkolonne erbleichte hinter ihren Schnurrbärten, entsetzt angesichts dieser Tragödie; aber Chester, der im überschäumenden Rausch der Liebe glühte, lachte unbeschwert.

»Was meinst du damit, kann ihn nicht mehr brechen?« rief er fröhlich. »Ich habe noch einen Schlag.«

Und unbekümmert seinen Ball ansprechend, lochte er mit einem leichten Schwung seines Mashie-Niblicks ein.

»Chester, Liebling!« sagte Felicia.

Sie spazierten in der stillen Abenddämmerung langsam durch eine abgeschiedene Waldschneise.

»Ja, Liebste?«

Felicia zögerte. Was sie sagen wollte, würde ihm wehtun, und ihre Liebe war so groß, daß es eine Qual für sie war, ihm weh zu tun.

»Denkst du – «, begann sie. »Ich frage mich, ob – Es geht um Crispin.«

»Der gute alte Crispin!«

Felicia seufzte, aber die Sache war zu lebenswichtig, um sich davor zu drücken. Koste es, was es wolle, aber sie mußte es ihm sagen.

»Chester, Liebling, wenn wir verheiratet sind, würde es dir sehr, sehr viel ausmachen, wenn wir Crispin nicht die *ganze* Zeit bei uns hätten?«

Chester starrte sie an.

»Gütiger Himmel!« rief er aus. »Magst du ihn etwa nicht?«

»Nicht besonders«, gestand Felicia. »Ich glaube, ich bin nicht intelligent genug für ihn. Ich hatte eine ziemliche Abneigung gegen ihn, seit wir Kinder waren. Aber ich weiß ja, was für ein Freund er für dich ist – « Chester stieß ein freudiges Lachen aus. »Ein Freund von mir? Aber ich kann den Mistkerl nicht ausstehen! Ich verachte den Wurm! Ich verabscheue das Früchtchen! Ich habe nur so getan, als wären wir Freunde, weil ich dachte, daß ich dann bei dir bessere Karten hätte. Der Mann ist eine Pest und hätte bei seiner Geburt erwürgt werden sollen. In der Schule habe ich ihn jedesmal in den Hintern getreten, wenn er mir über den Weg gelaufen ist. Wenn dein Bruder Crispin auch nur einen Fuß über die Schwelle unseres trauten Heims setzt, werde ich den Hund auf ihn hetzen.«

»Liebling!« flüsterte Felicia. »Wir werden sehr, sehr glücklich sein.« Sie hackte sich bei ihm ein. »Erzähle mir alles darüber, Liebster«, murmelte sie, »wie du Crispin in der Schule in den Hintern getreten hast.«

Und gemeinsam wanderten sie dem Sonnenuntergang entgegen.

MINI UND MAXI

DIE MAGISCHEN PLUS-FOURS

»Schließlich«, sagte der junge Mann, »ist Golf nur ein Spiel.« Er sprach in bitterem Ton und in einer Art, als verfolge er einen bestimmten Gedankengang.

Er war in niedergeschlagener Stimmung während der hereinbrechenden Dämmerung eines Novemberabends in das Kaminzimmer des Clubhauses gekommen und hatte einige Minuten lang schweigend und trübselig dagesessen und in das Kaminfeuer gestarrt.

»Nur ein Zeitvertreib«, sagte der junge Mann.

Der Club-Älteste, der in seinem Sessel döste, erstarrte vor Entsetzen und warf einen raschen Blick über die Schulter, um sicherzugehen, daß keiner der Kellner diese schrecklichen Worte gehört hatte.

»Ist das George William Pennefather, der da spricht«, sagte er vorwurfsvoll. »Mein Junge, Sie sind nicht Sie selbst.«

Der junge Mann errötete ein wenig unter seiner Sonnenbräune, denn er hatte eine gute Kinderstube und war eigentlich kein schlechter Kerl.

»Vielleicht hätte ich nicht ganz so weit gehen sollen«, gab er zu. »Ich dachte nur, daß jemand kein Recht hat, bloß weil jemand zufällig in letzter Zeit seine Form etwas verbessert hat, jemand anderen zu behandeln, als wäre er ein Aussätziger oder so.«

Das Gesicht des Club-Ältesten entspannte sich und er gab einen erleichterten Seufzer von sich.

»Ah! Ich verstehe«, sagte er. »Sie sprachen voreilig und in einem plötzlichen Anfall von Gereiztheit, weil Sie heute irgendetwas auf dem Platz aus der Fassung gebracht hat. Erzählen Sie mir alles. Warten Sie, Sie haben heute nachmittag doch mit Nathaniel Frisby gespielt, nicht wahr? Ich nehme an, er hat Sie geschlagen.«

»Ja, das hat er. Mit drei Schlägen. Aber ich habe nichts dagegen, geschlagen zu werden. Wogegen ich mich verwahre, ist die Art wie sich der Mistkerl aufführt, als sei er irgendein Champion, der zu einem gewöhnlichen Sterblichen herabgestiegen ist. Verflixt, es schien ihn zu langweilen, mit mir zu spielen! Jedesmal, wenn ich den Ball beim Abschlag verschnitt, schaute er mich an, als wäre ich eine Zerreißprobe für seine Nerven. Zweimal, als ich ein paar Probleme im Gebüsch hatte, ertappte ich ihn beim Gähnen. Und nachdem wir fertig waren, fing er an, davon zu reden, was für ein schönes Spiel Krocket sei, und wunderte sich, warum sich nicht mehr Leute daran versuchen würden. Und es ist kaum einen Monat her, daß ich gegen den Mann unentschieden spielen konnte!«

Der Club-Älteste schüttelte traurig sein schneeweißes Haupt.

»Da kann man nichts machen«, sagte er. »Wir können nur hoffen, daß das Gift seinen Körper beizeiten verläßt. Plötzlicher Erfolg beim Golf ist wie plötzlicher Reichtum. Er kann den Charakter eines Mannes erschüttern und verderben. Und da so etwas fast nur durch ein Wunder geschieht, kann auch nur ein Wunder eine Heilung bewirken. Der beste Ratschlag, den ich Ihnen geben kann, ist der, solange nicht mit Nathaniel Frisby zu spielen, bis Sie Ihre Abschläge schön gerade halten können.«

»Oh, aber kommen Sie mir jetzt nicht auf die Idee, daß ich heute nachmittag am Tee nicht besonders gut war!« sagte der junge Mann. »Ich würde Ihnen gerne meinen Schlag am – «

»In der Zwischenzeit«, fuhr der Club-Älteste fort, »werde ich Ihnen eine kleine Geschichte erzählen, die sich auf das bezieht, was ich gerade gesagt habe.«

»Von dem Moment an, als ich den Ball ansprach – «

»Es ist die Geschichte von zwei liebenden Herzen, die einander vorübergehend entfremdet waren aufgrund eines plötzlichen und unvorhergesehenen Könnens einer der Partner – «

»Ich wackelte kurz und heftig, wie Duncan. Dann schwang ich geschmeidig zurück, etwa in der Art von Vardon – «

»Aber da ich sehe«, sagte der Club-Älteste,»daß Sie meine Geschichte kaum erwarten können, werde ich ohne weitere Vorrede direkt beginnen.« Für den philosophischen Golfstudenten wie mich (sagte der Club-Älteste) besteht die vielleicht herausragendste Tugend dieses noblen Strebens in der Tatsache, daß es eine Medizin für die Seele ist. Sein großes Verdienst für die Menschheit ist es, menschliche Wesen zu lehren, daß sie – welch unbedeutende Triumphe sie auch immer in anderen Bereichen des Lebens erreicht haben mögen – letzten Endes auch nur Menschen sind. Es wirkt als Korrektiv gegen sündigen Stolz. Ich schreibe die krankhafte Arroganz der späteren römischen Kaiser fast ausschließlich der Tatsache zu, daß sie – da sie nie Golf gespielt hatten – niemals jene seltsame, läuternde Demut erlebten, die durch einen getoppten Chip-Schlag hervorgerufen wird. Wenn Kleopatra in der ersten Runde der Dameneinzel herausgeflogen wäre, hätten wir bedeutend weniger von ihrer stolzen Herrschsucht gehört. Und, um in die moderne Zeit zurückzukehren, es war zweifellos sein miserables Golf, das dafür sorgte, daß Wallace Chesney der nette, unverdorbene Bursche blieb, der er war. Denn in jeder anderen Hinsicht besaß er alles, was dazu geeignet schien, einen Mann eingebildet und arrogant werden zu lassen. Er war der bestaussehendste Mann im Umkreis von Meilen; seine Gesundheit war perfekt; und obendrein war er reich, tanzte, ritt, spielte Bridge und Polo mit gleicher Fertigkeit und war mit Charlotte Dix verlobt. Und ein Blick auf Charlotte Dix hätte genügt, um zu erkennen, daß allein der Umstand, mit ihr verlobt zu sein, für jeden Mann schon genug Glück bedeutet hätte.

Aber Wallace war, wie gesagt, trotz aller seiner Vorzüge ein durch und durch netter, bescheidener junger Bursche. Und das schreibe ich der Tatsache zu, daß er zwar einer der eifrigsten Golfer des Clubs war, aber auch einer der schlechtesten Spieler. In der Tat pflegte Charlotte Dix mir in seiner Gegenwart zu sagen, daß sie nicht verstünde, warum Leute Geld ausgaben, um in den Zirkus zu gehen, wenn sie lediglich zur Spitze des Hügels spazieren mußten, um zuschauen zu können, wie Wallace Chesney versuchte, aus dem Bunker am elften Grün zu kommen. Und Wallace nahm die Sticheleien mit bestem Humor auf, denn zwischen den beiden bestand eine herrliche Kameradschaft, die solche Worte jeglichen

Stachels beraubte. Oft überhörte ich beim Mittagessen im Clubhaus, wie er und Charlotte die Details der Handicapverteilung für ein geplantes Match zwischen Wallace und einem nicht existierenden Krüppel besprachen, den Charlotte im Dorf entdeckt zu haben behauptete; wobei man sich schließlich darauf einigte, daß er sieben Schläge Vorgabe von dem Krüppel erhalten sollte – falls aber jener seine Arme irgendwann wieder bewegen können würde, bekäme Wallace einen Schlag pro Loch. Kurzum, ein völlig glücklich vereintes junges Paar. Zwei Herzen, wenn ich den Ausdruck gebrauchen darf, die füreinander schlugen.

Ich möchte nicht, daß Sie Wallace Chesney falsch einschätzen. Ich habe bei Ihnen vielleicht den Eindruck erweckt, daß seine Einstellung zu Golf leichtherzig und frivol war, aber das war nicht der Fall. Wie ich schon sagte, war er eines der eifrigsten Mitglieder des Clubs. Die Liebe ließ ihn die Spötteleien seiner Verlobten in jener spielerischen Weise aufnehmen, in der sie auch gemeint waren, aber ansonsten war er so ernst, wie man nur sein konnte. Er übte von früh bis spät; er kaufte Golfbücher; und der bloße Anblick irgendeines neuen Patent-Schlägers wirkte auf ihn, wie der eines Steaks auf einen ausgehungerten Hund. Ich erinnere mich noch gut an jenen Tag, als ich ihm Vorwürfe machte, diesen Driving-Mashie mit hölzerner Schlagfläche gekauft zu haben, der etwa zwei Pfund wog und alles in allem wohl das scheußlichste Instrument war, das je die Werkstatt eines Schlägermachers verließ, der als Säugling von der Amme auf den Kopf fallen gelassen worden war.

»Ich weiß, ich weiß«, sagte er, nachdem ich ihm die offensichtlicheren Mängel seiner Waffe aufgezeigt hatte. »Aber der springende Punkt ist der, daß ich an diesen Schläger glaube. Er gibt mir Selbstvertrauen. Ich glaube nicht, daß man mit so einem Ding einen Ball slicen könnte, selbst wenn man es versucht.«

Selbstvertrauen! Das war es, was Wallace Chesney fehlte, und das war seiner Ansicht nach das wichtigste, große Golfgeheimnis. Wie ein Alchimist auf der Suche nach dem Stein der Weisen suchte er unablässig nach etwas, das ihm wirkliches Selbstvertrauen geben würde. Ich erinnere mich daran, daß er es sogar damit versuchte, jeden Morgen fünfzigmal die Worte zu wiederholen: »Jeden Tag werde ich in jeder Hinsicht besser und besser.« Dies stellte sich allerdings als eine derart unverschämte Lüge heraus, daß er es aufgab. Tatsache ist: der Mann war ein Visionär; und ich führe den außergewöhnlichen Wandel, der am Beginn seiner dritten Saison über ihn kam, auf eine Art Selbsthypnose zurück.

Sie haben auf Ihren Wanderungen durch die Stadt vielleicht ein Geschäft bemerkt, über dessen Tür und auf dessen Fenstern sich die Aufschrift befindet:

GEBRÜDER COHEN
KLEIDUNG AUS ZWEITER HAND

eine Behauptung, die bestätigt wird von der durch die Tür sichtbaren endlosen Vielfalt dessen, was man landläufig als Herrenbekleidung bezeichnet. Aber obwohl ihr prinzipieller Warenbestand aus Kleidungsstücken besteht, die aus diesem oder jenem Grund von ihren jeweiligen Besitzern ausgemustert wurden, beschränken die Gebrüder Cohen ihre Geschäfte nicht allein auf Textilien. Der Laden ist ein Museum für herrenlose Objekte jeder Art. Sie können dort einen gebrauchten Revolver bekommen, ein Schwert aus zweiter Hand oder einen Regenschirm. Sie können ein gutes Geschäft machen in Feldstechern, Truhen, Hundehalsbändern, Spazierstöcken, Bilderrahmen, Aktenkoffern und Goldfischgläsern. Und an jenem strahlenden Frühlingsmorgen, als Wallace Chesney zufällig dort vorbeikam, war im Schaufenster ein Putter von so hervorstechend aberwitzigem Design ausgestellt, daß er mit einem Ruck stehenblieb, als wäre er gegen eine unsichtbare Wand gelaufen, und dann mit hechelnder Zunge zur Tür hineinstürmte.

Der Laden war voller Mitglieder der Cohen-Familie – Männer ohne Lächeln, mit melancholischen Augen und geschäftstüchtiger Miene; und zwei von ihnen fielen augenblicklich wie Leoparden über Wallace Chesney her und begannen schweigend, ihn mit raschen Bewegungen in einen Anzug aus gelbem Tweed zu stecken. Nachdem sie ihm die Jacke mit einem Schuhlöffel über die Schultern gestülpt hatten, traten sie zurück, um die Wirkung zu begutachten.

»Sitzt hervorragend«, verkündete Isidore Cohen.

»Ein wenig eng unter den Armen«, sagte sein Bruder Irving. »Aber das trägt sich ein.«

»Die Körperwärme wird es nachgeben lassen«, sagte Isidore.

»Oder vielleicht werden Sie im Sommer ein wenig abnehmen«, sagte Irving.

Nachdem er sich aus der Jacke herausgezwängt hatte und wieder atmen konnte, sagte Wallace, daß er gekommen war, um einen Putter zu kaufen.

Isidore verkaufte ihm also den Putter, ein Hundehalsband und einen Satz Manschettenknöpfe, und Irving verkaufte ihm einen Feuerwehrhelm; und er war im Begriff den Laden zu verlassen, als ihr älterer Bruder Lou, der gerade damit fertig geworden war, einen anderen Kunden, der einen Hut kaufen wollte, mit zwei Paar Hosen und einem kleinen Aquarium auszustatten, sah, daß Geschäfte im Anmarsch waren, und herbeieilte.

Sein unergründlicher Blick musterte Wallace, der zaghaft mit dem Putter herumspielte.

»Sie spielen Golf?« fragte Lou. »Dann schauen 'se mal hier!«

Er sprang in eine Seitengasse voller alter Klamotten, wühlte einen Moment und tauchte mit etwas wieder auf, bei dessen Anblick Wallace Chesney, der doch ein hartgesottener Golfer war, zurückschreckte und abwehrend einen Arm hob.

»Nein, nein!« rief er.

Das Objekt, das Lou Cohen schmeichlerisch vor seinen Augen schwenkte, war ein Paar jener Golfhosen, die unter dem Begriff Plus-fours bekannt sind.

Als einem Spieler mit zweijähriger Erfahrung waren Wallace Chesney Plus-fours nicht ganz unbekannt – alle Spitzenspieler des Clubs trugen welche – aber er hatte niemals Plus-fours wie diese gesehen.

Was man vielleicht als das *Hauptmotiv* des Stoffes bezeichnen konnte, war ein merkwürdiges, lebhaftes Rosa, und auf dieser Basis hatte der Designer seiner Phantasie freien Lauf gelassen und eine derartige Auswahl an Schachbrettkaros in weiß, gelb, violett und grün produziert, daß einem bei ihrem Anblick schwindlig wurde.

»Diese Hosen waren eine Maßanfertigung für Sandy McHoots, den
Open Champion«, sagte Lou und streichelte das linke Bein liebevoll. »Aber
er hat 'se aus irgendeinem Grund zurückgehen lassen.«
»Vielleicht haben sie seine Kinder erschreckt«, sagte Wallace, der sich
erinnerte, gehört zu haben, daß Mr. McHoots ein verheirateter Mann sei.
»Sie werden Ihnen gut passen«, sagte Lou.
»Sicher werden sie ihm gut passen«, sagte Isidore herzlich.
»Nun, werfen Sie doch einfach einen Blick in den Spiegel«, sagte Irving, »und schauen Sie selbst, ob sie Ihnen nicht gut passen.«
Und wie jemand, der aus einer Trance erwacht, entdeckte Wallace,
daß seine Beine mittlerweile in das regenbogenartige Kleidungsstück
eingehüllt waren. An welchem Punkt des Verfahrens die Brüder es ihm
übergestülpt hatten, konnte er nicht mit Sicherheit sagen. Aber jetzt steckte er unbestreitbar drin.
Wallace sah in den Spiegel. Als er sein Abbild betrachtete, ergriff ihn
für einen Moment nacktes Entsetzen. Dann plötzlich, während er sich
anstarrte, fühlte er, daß sich seine Gefühle veränderten. Der erste Schock
war vorbei, und er wurde ruhiger. Er schüttelte mit einer gewissen Kaltblütigkeit sein rechtes Bein.
In den Werken des Dichters Pope befindet sich eine bestimmte Passa-
ge, mit der Sie vielleicht vertraut sind. Sie lautet folgendermaßen:

»Das Laster ist ein Wundertier, so scheußlich, daß, um es zu hassen,
Es uns sich nur darf sehen lassen.
Inzwischen, sieht man es zu oft; so macht sichs mit uns so gemein,
Zuerst wird es geduldet, dann beklagt, zuletzt umarmet sein.«

Genau so war es mit Wallace Chesney und jenen Plus-fours. Zuerst
war er vor ihnen zurückgeschreckt, wie es jeder anständige Mann getan
hätte. Dann nach einer Weile wurde er beinahe abrupt von einem neuen
Gefühl erfaßt. Nach einem mißlungenen Versuch, es zu analysieren, begriff er plötzlich. So erstaunlich es auch sein mochte – es war Wohlbe-
finden, das er verspürte. Er betrachtete sich im Spiegel und sah, daß er
schmunzelte. Bei Hutchinson, jetzt, wo er die Dinger tatsächlich anhatte,

sahen sie gar nicht so übel aus. Bei Braid, sie sahen wirklich nicht schlecht aus! Irgendetwas war an ihnen. Wenn man sich dieses Stück nacktes Bein mit dem unansehlichen Sockenhalter wegdachte, und es durch wollene Kniestrümpfe ersetzte, hatte man eindeutig die untere Hälfte eines Golfers vor Augen. Zum ersten Mal in seinem Leben, dachte er, sah er aus wie jemand, der Golf spielen konnte.

Ein eigenartiges Gefühl von Überlegenheit überkam ihn. Er hielt noch immer den Putter in der Hand und jetzt schwang er ihn über seine Schulter. Ein feiner Schwung, voller Geschmeidigkeit und behender Grazie und mit keinem Schwung zu vergleichen, den er je zuvor gemacht hatte.

Wallace Chesney schnappte nach Luft. Er wußte, daß er endlich jenes wichtigste, große Golfgeheimnis entdeckt hatte, nach dem er so lange gesucht hatte. Es war die Kleidung, auf die es ankam. Man brauchte bloß Plus-fours zu tragen. Bis dato hatte er immer in grauen Flanellhosen gespielt. Kein Wunder, daß er nicht in der Lage gewesen war, sich gerecht zu werden. Golf erforderte einen lockeren Schlag, und wie sollte man in ziehharmonikaförmigen Hosen mit einem Flicken auf dem Knie lockere Schläge machen?

Er begriff jetzt, was er nie zuvor begriffen hatte: daß Spitzenspieler nicht Plus-fours trugen, weil sie Spitzenspieler waren, sondern, daß sie Spitzenspieler waren, weil sie Plus-fours trugen. Und diese Plus-fours hatten einem Open Champion gehört. Stolz schwoll Wallace Chesneys Brust, und er wurde wie durch ein seltsames Gas gefüllt – mit Freude, mit Aufregung, mit Selbstvertrauen. Ja, zum ersten Mal in seinem Golferleben fühlte er sich wirklich selbstsicher.

Gut, die Dinger hätten vielleicht einen Ton weniger grell sein können, sie hätten die Augen vielleicht ein kleines Bißchen weniger beleidigen sollen; aber was machte das schon? Richtig, er konnte kaum hoffen, der Mißbilligung seiner Clubfreunde zu entkommen, wenn er in diesem Aufzug auf dem Platz erschien; aber was machte *das* schon? Seine Clubfreunde mußten eben die Zähne zusammenbeißen und lernen, diese Plus-fours wie Männer zu ertragen. So sah Wallace Chesney die Sache. Wenn sie seine Plus-fours nicht mochten, konnten sie ja woanders Golf spielen gehen.

»Wieviel?« murmelte er dumpf. Und die Cohen-Brüder umringten ihn grimmig mit ihren Notizblöcken und Bleistiften.

In der Voraussage, daß seine neuen Hosen stürmische Reaktionen hervorrufen würden, war Wallace Chesney nicht übertrieben pessimistisch gewesen. Ab dem Moment, in dem er das Clubhaus betrat, wehte ihm ein eisiger Wind entgegen. Jahrelange Freunde riefen lautstark nach den Platzrichtern, und es gab eine kleine, aber vehemente Partei des linken Flügels, angeführt von Raymond Gandle, der von Beruf Künstler war und daher ein sensibles Auge hatte, die für ein Zerreißen und öffentliches Beerdigen des abscheulichen Kleidungsstückes eintrat. Obwohl er auf solche Attacken von seiten des gemeinen Pöbels gefaßt gewesen war, hatte sich Wallace von Charlotte Dix, der Frau, die ihn liebte, doch Besseres erhofft. Charlotte, hatte er angenommen, würde ihn verstehen und unterstützen.

Stattdessen stieß sie einen durchdringenden Schrei aus und taumelte auf eine Bank zu, von der aus sie ihm einen Moment später ihr Ultimatum stellte.

»Schnell!« sagte sie. »Bevor ich noch einmal hinsehen muß.«

»Was meinst du?«

»Du läufst jetzt sofort zurück in die Umkleidekabine, solange ich mir die Augen zuhalte, und ziehst das Kostüm aus.«

»Was ist nicht Ordnung damit?«

»Liebling«, sagte Charlotte, »ich finde es süß und patriotisch, daß du stolz auf die Farben deines Radsportklubs bist, oder was sie sonst sind, aber du darfst sie nicht auf dem Platz tragen. Es wird die Caddies durcheinanderbringen.«

»Sie sind ein klein wenig schrill«, gab Wallace zu. »Aber mein Spiel wird dadurch besser. Ich habe gerade ein paar Übungsschläge gemacht, und die haben alle gesessen. Jeder einzelne. Diese Hosen inspirieren mich, wenn du verstehst, was ich meine. Komm, laß uns anfangen.«

Charlotte riß ungläubig die Augen auf.

»Es kann doch nicht dein Ernst sein, tatsächlich in diesen Dingern spielen zu wollen? Das ist gegen die Regeln. Irgendwo im Buch muß es eine Regel geben die verbietet, wie ein Sonnenuntergang auszusehen. Könntest du nicht so nett sein, sie zu verbrennen – mir zuliebe?«

»Aber ich sage dir doch: sie geben mir Selbstvertrauen. Wenn ich den Ball anspreche, werfe ich kurz einen Blick auf sie und dann fühle ich mich wie ein Pro.«

»Dann gibt es nur eins: ich werde mit dir um sie spielen. Komm schon, Wally, sei ein Sportsmann. Ich gebe dir einen halben Schlag pro Loch vor, und wir spielen um den ganzen Dreß – die Hosen, die rote Jacke, das Käppi und den Gürtel mit der Schlange an der Schnalle. Ich bin mir sicher, daß dieser ganze Kram aus dem gleichen Laden stammt wie die Hosen. Ist das ein Angebot?«

Als Raymond Gandle etwa zwei Stunden später über die Terrasse des Clubhauses schlenderte, begegnete er Charlotte und Wallace, die vom achtzehnten Grün herüberkamen.

»Genau das Mädchen, das ich sehen wollte«, sagte Raymond. »Miss Dix, ich repräsentiere einen Sonderausschuß einiger Clubmitglieder und bin gekommen, Sie zu bitten, den guten Einfluß einer Frau geltend zu machen, um Wally zu veranlassen, diese Plus-fours zu zerstören, die wir alle bestenfalls für bolschewistische Propaganda und eine Bedrohung des Allgemeinwohls halten. Kann ich mich auf Sie verlassen?«

»Das können Sie nicht«, entgegnete Charlotte scharf. »Diese Dinger sind das Maskottchen des armen Jungen. Sie haben keine Ahnung, wie sehr sie sein Spiel verbessert haben. Er hat mich gerade vernichtend geschlagen. Ich werde versuchen zu lernen, sie zu ertragen, und das müssen Sie auch. Wirklich, Sie können gar nicht glauben, welche Fortschritte er gemacht hat. Mein Krüppel wird ihm kaum mehr als ein oder zwei Vorteile geben können, wenn er diese Form hält.«

»Irgendetwas ist an den Dingern«, sagte Wallace. »Sie geben mir Selbstvertrauen.«

»Mir machen sie Kopfschmerzen«, sagte Raymond Gandle.

Für einen denkenden Menschen ist nichts in diesem Leben erstaunlicher als die Art und Weise, in der sich die menschliche Natur an Bedingungen anpaßt, die anfangs unerträglich zu sein schienen. Eine große Katastrophe bricht aus, ein Sturm oder ein Erdbeben, das die Gemeinde bis auf die Grundmauern erschüttert; und nach der ersten, entschuldbaren Bestürzung sieht man, wie die Leidtragenden ihre üblichen Beschäftigungen wieder aufnehmen, als wäre nichts geschehen. Es hat wenige überzeugendere Beispiele dieser Anpassungsfähigkeit gegeben als das Verhalten unserer Clubmitglieder unter der Einwirkung von Wallace Chesneys Plus-fours. Was die ersten paar Tage betrifft, ist es nicht übertrieben zu behaupten, daß alle wie betäubt waren. Nervöse Spieler schickten an blinden Löchern ihre Caddies voraus, um rechtzeitig vor Wallace' Gegenwart gewarnt zu werden und seinen Anblick nicht allzu plötzlich ertragen zu müssen. Und selbst der Pro blieb nicht ungerührt. Obwohl er in Schottland in einer Atmosphäre von Tartankilts aufgewachsen war, zuckte er trotzdem zusammen, und ein verblüfftes»Huch!«entfuhr seinen Lippen, als Wallace Chesney just in dem Moment auftauchte, als er seinen Abschlag vom fünften Tee machen wollte.

Aber etwa eine Woche später hatte sich die Situation wieder weitgehend normalisiert. Innerhalb von zehn Tagen wurden die Plus-fours zu einem bekannten Bestandteil der Landschaft und als solcher ohne weiteren Kommentar akzeptiert. Sie wurden Ortsfremden zusammen mit dem Wasserfall, der Ecke für Liebespaare und der Aussicht vom achten Grün als Dinge vorgeführt, die man nicht verpassen sollte, wenn man den Platz besuchte; aber ansonsten konnte man beinahe sagen, daß sie ignoriert wurden. Und in der Zwischenzeit machte Wallace Chesney weiterhin jeden Tag höchst erstaunliche Fortschritte in seinem Spiel.

Wie ich bereits gesagt habe – und ich glaube, daß Sie mir zustimmen werden, wenn ich Ihnen erzähle, was anschließend geschah – handelte es sich wahrscheinlich um einen Fall von Selbsthypnose. Es gibt kein Betätigungsfeld, in dem ein Glaube an die eigenen Kräfte einen so unmittelbaren Effekt hat wie beim Golf. Mit seinem neugewonnenen Selbstvertrauen wurde Wallace immer stärker und stärker. In weniger als einer Woche hatte er sich durch die Klasse der Unglücklichen durchgepflügt – von denen Peter Willard das beste Beispiel war – und attackierte die Burschen, die drei von fünf Schlägen auf dem Fairway halten konnten. Ei-

nen Monat später behauptete er sich gegen Leute mit Zehner- Handicap.
Und gegen Mitte des Sommers war er so weit fortgeschritten, daß sein
Name gelegentlich in spekulativen Gesprächen über das Juli-Turnier zu-
tage trat. Man konnte also durchaus annehmen, daß für Wallace Chesney
alles zum Besten stand in der besten aller möglichen Welten.

Und doch –

Die erste Andeutung, die ich erhielt, daß etwas nicht stimmte, kam
von Raymond Gandle, der auf seinem Rückweg vom Platz zufällig an
meinem Tor vorbeispazierte, als ich gerade in einem Taxi vorfuhr; denn
ich war aufgrund einer langwierigen Geschäftsreise viele Wochen nicht
zu Hause gewesen. Raymonds Nahen war mir willkommen, und ich lud
ihn auf ein Pfeifchen ein, um mich über den neuesten Klatsch zu infor-
mieren. Er willigte nur allzugern ein – und schien in der Tat etwas auf
dem Herzen zu haben und froh über die Gelegenheit zu sein, es einem
mitfühlenden Zuhörer zu offenbaren.

»Und wie«, fragte ich ihn, als wir es uns bequem gemacht hatten, »war
Ihr Spiel heute nachmittag?«

»Oh, er hat mich geschlagen«, sagte Gandle, und es schien mir, als hätte
ein bitterer Ton in seiner Stimme gelegen.

»Dann muß Er, wer immer es auch war, ein extrem fähiger Spieler gewesen sein«, erwiderte ich höflich, da Gandle einer der besten Spieler
des Clubs war. »Es sei denn, Sie hätten ihm ein unmögliches Handicap
gegeben.«

»Nein, wir haben ohne Vorgabe gespielt.«

»Tatsächlich! Wer war Ihr Gegner?«

»Chesney.«

»Wallace Chesney! Und er hat Sie ohne Vorgabe geschlagen! Das ist
das Verblüffendste, was ich je gehört habe.«

»Er hat sich so sehr verbessert, daß man es kaum glauben kann.«

»Das muß er wohl. Glauben Sie, daß er Sie noch einmal schlagen
könnte?«

»Nein. Weil er keine Gelegenheit dazu haben wird.«

»Sie meinen damit doch sicher nicht, daß Sie nicht gegen ihn spielen
werden, weil Sie Angst haben, geschlagen zu werden?«

»Ich habe nichts dagegen, geschlagen zu werden – «

Wenn ich den Rest seiner Rede weglasse, geschieht dies nicht allein, weil sie Ausdrücke enthielt, mit denen ich meine Lippen nur widerwillig beschmutzen möchte, sondern weil das, was er sagte – wenn man von diesen Füllwörtern einmal absieht – fast wortwörtlich das war, was Sie mir gerade über Nathaniel Frisby erzählt haben. Anscheinend war es Wallace Chesneys Verhalten gewesen, seine Arroganz, seine Haltung, als gehöre er einer höheren Art an, das Raymond Gandle so verletzt hatte. Wallace Chesney hatte, wie ich erfuhr, Raymond Gandles Mashie-Spiel auf nicht sehr freundliche Weise kritisiert; am vierzehnten Tee hatte er das Spiel aufgehalten, um ihm zu zeigen, wie er seine Füße plazieren solle; und auf dem Weg zum Clubhaus hatte er gesagt, das Schönste am Golf sei die Tatsache, daß ein hervorragender Spieler selbst eine Runde mit einem Stümper genießen konnte, da er sich – wenn das Match nicht besonders interessant war – stets damit vergnügen konnte, für sein Handicap zu spielen.

Ich war zutiefst erschüttert.

»Wallace Chesney!« rief ich aus. »War es wirklich Wallace Chesney, der sich so benommen hat, wie Sie es beschreiben?«

»Wenn er nicht einen Zwillingsbruder gleichen Namens hat, dann war er es.«

»Wallace Chesney Opfer eines geschwollenen Kopfes! Das kann ich kaum glauben.«

»Nun, Sie müssen es mir nicht glauben, wenn Sie nicht wollen. Fragen Sie irgendjemand. Es ist nicht oft, daß er jetzt noch jemand dazu bringen kann, eine Runde mit ihm zu spielen.«

»Sie machen mir Angst!«

Raymond Gandle rauchte eine Zeitlang in brütendem Schweigen.

»Haben Sie von seiner Verlobung gehört?« sagte er schließlich.

»Ich habe nichts gehört, überhaupt nichts. Was ist mit seiner Verlobung?«

»Charlotte Dix hat sie gelöst.«

»Nein!«

»Ja. Konnte ihn nicht länger ertragen.«

Ich wurde Gandle los, so schnell ich konnte. Dann machte ich mich so rasch wie möglich zu dem Haus auf, wo Charlotte mit ihrer Tante lebte. Ich war entschlossen, dieser Sache auf den Grund zu gehen, und alles zu tun, was in meiner Macht stand, um den Bruch zwischen zwei jungen Menschen, für die ich große Sympathie empfand, zu heilen.

»Ich habe gerade davon erfahren«, sagte ich, nachdem sich die Tante in irgendeinen geheimen Bau zurückgezogen hatte, wie es Tanten so an sich haben, und Charlotte und ich allein waren.

»Wovon?« sagte Charlotte dumpf. Sie sah blaß und krank aus, dachte ich, und sie hatte eindeutig abgenommen.

»Von Ihrer Verlobung mit Wallace Chesney. Sagen Sie mir: warum haben Sie das getan? Gibt es keine Hoffnung auf eine Versöhnung?«

»Nicht bevor Wally wieder so wird wie früher.«

»Aber ich hatte Sie beide immer als füreinander geschaffen angesehen.«

»Wally hat sich in den letzten Wochen völlig verändert. Haben Sie nicht davon gehört?«

»Nur in groben Zügen, von Raymond Gandle.«

»Ich weigere mich«, sagte Charlotte stolz, und die ganze Frau in ihr blitzte in ihren Augen, »einen Mann zu heiraten, der mich behandelt, als wäre ich eine Peseta zum gegenwärtigen Wechselkurs, nur weil ich gelegentlich einen Abschlag slice. An dem Nachmittag, als ich die Verlobung gelöst habe« – ihre Stimme zitterte, und ich konnte sehen, daß ihre Gleichgültigkeit nur eine Maske war – »an dem Nachmittag, an dem ich die Ver-ver-verlobung gelöst habe, sagte er, ich sollte am Tee ein Eisen benutzen anstatt eines Da-da-Drivers.« Und das leidgeprüfte Mädchen brach in ein unkontrolliertes Schluchzen aus. Da ich erkannte, daß es beim gegenwärtigen Stand der Dinge kaum etwas für mich zu tun gab, drückte ich schweigend ihre Hand und verließ sie.

Aber obwohl es hoffnungslos schien, entschied ich mich, die Angelegenheit weiter zu verfolgen. Ich lenkte meine Schritte zu Wallace Chesneys Bungalow, entschlossen, an die besseren Seiten des Mannes zu appellieren. Er saß in seinem Wohnzimmer und war damit beschäftigt,

einen Putter zu polieren, als ich eintraf; und selbst in diesem angespannten Moment fiel es mir angenehm auf, daß dieser Putter ein ziemlich gewöhnlicher war, wie ihn jeder fähige Spieler benutzen würde. In den guten alten Tagen seiner Stümperzeit waren die einzigen Putter, die man je
in Gesellschaft von Wallace Chesney antraf, selbstjustierende Patentdin-
ger, die wie Krockethölzer aussahen, die in ihrer Kindheit in die falsche
Richtung gewachsen waren.

»Nun, Wallace, mein Junge«, sagte ich.

»Hallo!« sagte Wallace Chesney. »Sie sind also zurück?«

Wir begannen, uns zu unterhalten, und ich hatte mich noch keine zwei
Minuten im Zimmer befunden, als ich erkannte, daß das, was man mir
über die Veränderung in seinem Wesen erzählt hatte, nichts als die Wahrheit war. Das Verhalten des Mannes und jede seiner Bemerkungen waren
unerträglich blasiert. Er sprach über seine Aussichten im Juli das Zähl-
spielturnier zu gewinnen, als wäre die Sache bereits erledigt. Er verspot-
tete seine Rivalen.

Ich hatte einige Schwierigkeiten, das Gespräch auf die Angelegenheit
zu lenken, die zu diskutieren ich gekommen war.

»Mein Junge«, sagte ich schließlich, »Ich habe gerade die traurigen
Neuigkeiten gehört.«

»Welche traurigen Neuigkeiten?«

»Ich habe mit Charlotte gesprochen – «

»Ach so!« sagte Wallace Chesney.

»Sie hat mir gesagt – «

»Vielleicht ist es besser so.«

»Besser so? Was soll das heißen?«

»Nun«, sagte Wallace, »man möchte natürlich nicht ungalant sein,
aber schließlich liegt das Handicap der armen Charlotte ja bei vierzehn,
und es sieht nicht danach aus, als bestünde eine Chance, daß es jemals
niedriger wird. Ich meine, ein Mann kann sich auch unter Preis verkaufen.«

War ich schockiert bei diesen gefühllosen Worten? Für einen Moment
– ja. Dann fiel mir auf, daß er sie zwar mit einem leichten Lachen geäußert

hatte, daß dieses Lachen aber mehr als nur ein wenig gezwungen geklungen hatte. Ich sah ihn scharf an. Ein gelangweilter, unzufriedener Ausdruck lag in seinen Augen, und seine Lippen waren zusammengekniffen. »Mein Junge«, sagte ich bedächtig, »Sie sind nicht glücklich.« Einen Augenblick dachte ich, er würde die Unterstellung abstreiten. Aber mein Besuch war während einer jener zwielichtigen Stimmungen erfolgt, in denen ein Mann Mitgefühl mehr als alles andere braucht. Er stieß einen müden Seufzer aus.

»Ich habe es satt«, gab er zu. »Es ist schon komisch. Als ich ein Stümper war, dachte ich immer, wie toll es wäre, ein Scratchspieler zu sein. Ich schaute zu, wie die Cracks um den Kurs summten, und beneidete sie. Das Ganze ist ein einziger Schwindel. Wirkliche Freude am Golf hat man, wenn ein gelegentlicher anständiger Schlag ausreicht, um einen für den Rest des Tages glücklich zu machen. Ich habe ein Handicap von plus zwei und langweile mich zu Tode. Ich bin zu gut. Und was ist das Resultat? Jeder ist neidisch auf mich. Jeder hat was gegen mich. Keiner liebt mich.«

Seine Stimme überschlug sich, worauf der Terrier, der auf dem Teppich geschlafen hatte, vorwärts kroch und seine Hand leckte.

»Der Hund liebt Sie«, sagte ich sanft, denn ich war von diesem Anblick gerührt.

»Ja, aber ich liebe den Hund nicht«, sagte Wallace Chesney.

»Kommen Sie, Wallace«, sagte ich. »Seien Sie vernünftig, mein Junge. Es ist nur Ihr unglückliches Verhalten auf dem Platz, das Sie zur Zeit vielleicht ein wenig unpopulär gemacht hat. Warum reißen Sie sich nicht zusammen? Warum ruinieren Sie Ihr ganzes Leben mit dieser Arroganz? Das Einzige, was Ihnen fehlt, ist ein wenig Taktgefühl, ein wenig Nachsicht. Ich bin mir sicher, daß Charlotte Sie immer noch so gern hat wie früher, aber Sie haben ihren Stolz verletzt. Warum müssen Sie sie wegen ihrer Tee-Schläge zurechtweisen?«

Wallace Chesney schüttelte mutlos den Kopf.

»Ich kann nichts dagegen tun«, sagte er. »Es geht mir einfach auf die Nerven, wenn jemand seine Schläge vermasselt, und das sage ich auch.«

»Dann gibt es nichts, was man tun könnte«, sagte ich traurig.

Wie Sie wissen, sind alle Zählspielturniere in unserem Club wichtige Ereignisse; aber wie Sie ebenfalls wissen, wird keines so gespannt erwartet und so heiß umkämpft wie das im Juli. Zu Beginn des Jahres, von dem ich spreche, war Raymond Gandle als wahrscheinlicher Gewinner des Wettbewerbs angesehen worden; aber als sich im Verlauf der Saison Wallace Chesneys Spielstärke derart entwickelte, waren die meisten von uns widerwillig geneigt, ihr Geld auf letzteren zu setzen. Widerwillig, weil Wallace' Unbeliebtheit mittlerweile so allgemein verbreitet war, daß der Gedanke an seinen Sieg allen unangenehm war. Es betrübte mich zu sehen, wie kalt die übrigen Mitglieder ihm gegenüber waren. Er schlug vom ersten Tee ab ohne ein einziges Händeklatschen; und obwohl der Drive von bewundernswerter Qualität war und beinahe das Grün erreichte, jubelte niemand. Ich bemerkte Charlotte Dix unter den Zuschauern. Das arme Mädchen sah traurig und blaß aus.

Bei der Auslosung der Partner war Wallace Peter Willard zugeteilt worden; und er murmelte mir deutlich hörbar zu, ihn mit einem solch hoffnungslosen Mann spielen zu lassen, sei gleichbedeutend damit, ihm ein halbes Dutzend Schläge mehr anzurechnen. Ich glaube nicht, daß Peter dies gehört hatte; aber es hätte auch kaum einen großen Unterschied gemacht, denn ich bezweifle stark, daß überhaupt irgendetwas sein Spiel verschlechtern könnte.

Peter Willard nahm immer an den Zählspielturnieren teil, weil er sich sagte, Wettkampfspiele seien gut für die Nerven.

Er begann seinen Auftritt mit einem böse getoppten Ball, und Wallace zündete sich in der übertrieben geduldigen Art eines irritierten Mannes seine Pfeife an. Als Peter seinen zweiten ebenfalls toppte, konnte Wallace seine Zunge nicht länger im Zaum halten.

»Verflixt nochmal«, platzte er heraus, »warum spielen Sie überhaupt, wenn Sie darauf bestehen, Ihren Kopf hochzuheben? Lassen Sie ihn unten, Mann, lassen Sie ihn unten. Sie brauchen nicht nachzuschauen, wohin der Ball fliegt. Er wird sowieso nicht so weit fliegen. Machen Sie es sich zur Regel, bis drei zu zählen, bevor sie aufschauen.«

»Danke«, sagte Peter unterwürfig. Es gab keinen Stolz in ihm, den man hätte verletzen können. Peter wußte, welche Sorte Spieler er war.

Die Paare traten nunmehr mit gleichmäßiger Schnelligkeit an, und der Kurs war mit den Figuren der Spieler und der sie begleitenden Zuschauer übersäht. Ein beachtlicher Teil der letzteren hatte sich entschieden, die Geschicke Raymond Gandles zu verfolgen, aber die weitaus größte Zahl hielt sich an Wallace Chesney, der von Anfang an zeigte, daß Gandle oder jeder andere ein sehr gutes Spiel hinlegen mußte, um ihn zu schlagen. Er schaffte die ersten neun in siebenunddreißig, also zwei über Par, und erzielte mit Hilfe eines superben zweiten Schlages, der den Ball einen Fußbreit neben die Stange plazierte, eine Drei auf der zehnten Bahn, wo eine Vier als gut angesehen wird. Ich erwähne dies, um zu zeigen, daß Wallace Chesney auf der Höhe seiner Form war, als er das kurze Loch am See erreichte. Nicht einmal die Tatsache, daß er gezwungen gewesen war, das nachfolgende Paar durchspielen zu lassen, weil Peter Willard seinen Ball verloren hatte, war genug gewesen, ihn aus der Fassung zu bringen.

Der Kurs wurde mittlerweile umgestaltet, aber damals war das Loch am See, das jetzt das zweite ist, das elfte, und es wurde in Zählspielrunden generell als das entscheidende angesehen. Wallace war sich dessen ohne Zweifel bewußt, aber dieses Wissen schien ihn nicht zu beunruhigen. Er zündete seine Pfeife mit äußerster Kaltblütigkeit an; und nachdem er die Streichholzschachtel in seine Hosentasche zurückgesteckt hatte, stand er da und rauchte gelassen, während er darauf wartete, daß das Paar vor ihm das Grün verließ.

Schließlich lochten sie ein, und Wallace ging zum Tee. Als er dies tat, wurde er plötzlich von einem schallenden Klaps auf sein Hinterteil überrascht.

»Verzeihung«, sagte Peter Willard rechtfertigend. »Ich hoffe, ich habe Ihnen nicht weh getan. Eine Wespe.«

Und er zeigte auf die am Boden liegenden Überreste.

»Ich hatte befürchtet, daß sie Sie stechen würde«, sagte Peter.

»Oh, danke«, sagte Wallace.

Er sprach ein wenig steif, denn Peter Willard besaß eine große, harte, flache Hand, deren Aufprall ihn doch beachtlich erschüttert hatte. Außerdem hatte sie für Gelächter in der Menge gesorgt. Vor Wut rauchend beugte er sich, um den Ball anzusprechen, und seine Verärgerung wurde akut, als Peter Willard just in dem Moment, als er den höchsten Punkt seines Schwungs erreicht hatte, plötzlich sprach.

»Eine Sekunde, alter Freund«, sagte Peter. Wallace wirbelte herum. Er war außer sich.

»Was ist denn? Ich wünschte doch sehr, daß Sie warten würden, bis ich meinen Schlag gemacht habe.«

»Wie Sie meinen«, sagte Peter demütig.

»Es gibt kein größeres Verbrechen, das man auf einem Golfplatz machen kann, als jemand anzusprechen, während er seinen Schlag macht.«

»Natürlich, natürlich«, murmelte Peter kleinlaut.

Wallace wandte sich zum zweiten Mal seinem Ball zu. Er war sich vage eines Unwohlseins bewußt, das er momentan noch nicht benennen konnte. Zuerst dachte er an einen Anfall von Hexenschuß, was ihn überraschte, da nie in seinem Leben auch nur der Verdacht auf diese Krankheit bestanden hatte. Einen Augenblick später erkannte er, daß seine Diagnose falsch gewesen war.

»Gütiger Himmel!« schrie er und machte einen Satz in die Luft. »Ich brenne!«

»Ja«, sagte Peter, erfreut über sein schnelles Erfassen der Situation. »Das war es, was ich Ihnen gerade mitteilen wollte.«

Wallace schlug heftig auf den Hosenboden seiner Plus-fours ein.

»Es muß passiert sein, als ich diese Wespe getötet habe« sagte Peter, der begonnen hatte, die Angelegenheit zu durchschauen. »Sie hatten eine Streichholzschachtel in Ihrer Hosentasche.«

Wallace war nicht in der Stimmung, die Einzelheiten der Ursachen zu diskutieren. Er hüpfte auf seinem Scheiterhaufen hin und her und schlug nach den Flammen.

»Wissen Sie, was ich tun würde, wenn ich Sie wäre?« sagte Peter Willard. »Ich würde in den See springen.«

Eine der Grundregeln beim Golf lautet, daß ein Spieler keine Ratschläge von irgendjemandem außer seinem eigenen Caddie annehmen soll; aber die Wärme an seinen unteren Körperteilen war mittlerweile so aufdringlich geworden, daß Wallace bereit war, ein Auge zuzudrücken. In drei raschen Sätzen war er am Wasser und hüpfte hinein.

Der See ist zwar schlammig, aber nicht tief, und so konnte man kurz darauf einen Wallace beobachten, der wenige Meter vom Ufer entfernt bis zu den Hüften im Wasser stand.

»Das wird es wohl gelöscht haben«, sagte Peter Willard. »Ein Glück, daß es an diesem Loch passiert ist.« Er streckte eine Hand nach dem Badenden aus. »Halten Sie sich fest, alter Freund, ich werde Sie herausziehen.«

»Nein!« sagte Wallace Chesney.

»Wieso nicht?«

»Kümmern Sie sich nicht darum!« sagte Wallace finster. Er beugte sich so nahe an Peter heran, wie er konnte.

»Schicken Sie einen Caddie zum Clubhaus, um meine grauen Flanellhosen aus meinem Spind zu holen«, flüsterte er angespannt.

»Oh, ah!« sagte Peter.

Es dauerte eine Weile, bis Wallace, umgeben von einem Kreis männlicher Zuschauer, in der Lage war, sein Kostüm zu wechseln; und bis dahin blieb er bis zu den Hüften im Wasser stehen – zum Leidwesen einiger Paare, die im Verlauf ihrer Runde zum Tee kamen und sich mit nicht geringer Verbitterung darüber beklagten, daß seine Gegenwart dort einem ohnehin schwierigen Loch ein weiteres, mentales Hindernis hinzufüge. Schließlich fand er sich an Land wieder – vor ihm sein Ball und den Mashie in der Hand.

»Machen Sie weiter«, sagte Peter Willard, als das Paar vor ihnen das Grün verließ. »Alles frei jetzt.«

Wallace Chesney sprach seinen Ball an. Und noch während er dies tat, war er sich plötzlich eines psychologischen Wandels bewußt, der sich in ihm abgespielt hatte. Er spürte eine seltsame Schwäche. Die verkohlten Überreste seiner Plus-fours lagen unter einem angrenzenden Busch; und bekleidet mit den alten grauen Flanellhosen seiner frühen Golfertage fühlte sich Wallace Chesney schüchtern, schwach, unsicher. Es war, als hätte ihn alle Tugend verlassen, als wäre ein unverzichtbares Zubehör für gutes Spiel entfernt worden. Sein faltenschlagendes Hosenbein sprang ihm ins Auge, als er wackelte, und auf einen Schlag wurde er sich der Tatsache bewußt, daß ihn viele Augen beobachteten. Das Publikum schien wie eine Decke auf ihm zu liegen. Er fühlte sich, wie er es damals gewohnt war, sich zu fühlen, wenn er vor einer Terrasse voller spöttischer Kritiker vom ersten Tee abschlagen mußte.

Im nächsten Moment war sein Ball schlapp über das dazwischenliegende Gras gehüpft und im Wasser verschwunden.

»Pech!« sagte Peter Willard, immer ein großzügiger Gegner. Und seine Worte schienen eine fast verkümmerte Saite in Wallace' Herz anzuschlagen. Eine plötzliche Liebe für seine Spezies durchströmte ihn. Verflixt nett von Peter, sein Mitgefühl zu zeigen. Peter war ein guter Kerl. Auch die Zuschauer waren gute Kerle. Überhaupt jeder, sogar sein Caddie.

Als schien er entschlossen zu sein, sein Mitgefühl in die Praxis umzusetzen, rollte Peter Willard seinen Ball ebenfalls in den See.

»Pech!« sagte Wallace Chesney und wunderte sich dabei; denn es war viele Wochen her, daß er Mitleid mit einem Gegner gezeigt hatte. Er fühlte sich wie ein veränderter Mann. Ein besserer, netterer, gütigerer Mann. Es war, als wäre ein Fluch von ihm abgefallen.

Er teete einen anderen Ball auf und holte aus.

»Pech!« sagte Peter.

»Pech!« sagte Wallace einen Moment später.

»Pech!« sagte Peter einen Moment danach.

Wallace Chesney stand am Tee und schaute auf den Fleck im Wasser, wo sein dritter Ball gelandet war. Die Menge war jetzt sichtlich amüsiert, und als er ihrem fröhlichen Gelächter lauschte, fühlte auch er sich vergnügt und glücklich. Eine merkwürdige, fast überschäumende Heiterkeit erfüllte ihn. Er drehte sich um und strahlte die Zuschauer an. Fröhlich winkte er ihnen mit seinem Mashie. Das, fühlte er, war so etwas wie Golf. Das war Golf, wie es sein sollte – nicht diese dumpfe, mechanische Angelegenheit, die ihn während all der letzten Wochen seines perfekten Spiels gelangweilt hatte, sondern ein fröhliches und ausgelassenes Abenteuer. Das war die Seele des Golfs, die Sache, die es zu der wunderbaren Beschäftigung machte, die es war. Dieses Spekulative – nicht zu wissen, wo zum Teufel der Ball hinging, wenn man ihn traf, dieses ewige Hoffen auf das Beste, diese nie zu Ende gehende Zufälligkeit. Es ist besser, voller Hoffnungen zu reisen, als tatsächlich anzukommen, und endlich war diese große Wahrheit auch Wallace Chesney bewußt geworden. Jetzt erkannte er, warum alle Pros ernste, schweigsame Männer waren, die den Eindruck machten, als würden sie mannhaft gegen irgendeine geheime Sorge ankämpfen. Es lag daran, daß sie einfach zu gut waren. Golf hielt keine Überraschungen mehr für sie bereit, keinen Hauch von Abenteuer.

»Ich werde einen Ball herüber bekommen und wenn ich die ganze Nacht hier bleiben muß«, rief Wallace Chesney vergnügt, und die Menge erwiderte seine Fröhlichkeit. Auf Charlotte Dix' Gesicht lag der Ausdruck einer Mutter, deren verlorener Sohn wieder einmal ins traute Heim eingekehrt ist. Ihre Augen trafen Wallace', und sie gestikulierte vergnügt.

»Der Krüppel sagt, er gibt dir einen Schlag pro Loch, Wally!« rief sie.

»Ich warte auf ihn!« bellte Wallace.

»Pech!« sagte Peter Willard.

Unter ihrem Busch, verkohlt und tropfnaß, lauerten unbemerkt die Plusfours. Aber Wallace Chesney sah sie. Sie fielen ihm in die Augen, als er seinen elften Ball in den Sumpf zur Rechten slicete. Es schien ihm, als sähen sie verdrossen aus. Enttäuscht. Betrogen.

Wallace Chesney war wieder er selbst.

DIE HENNE: »DAS IST MEINS, MEIN HERR.«

GOLFER–LATEIN

Von A wie »Ansprechen« bis Z wie »Zählspiel«

ANSPRECHEN Ein stummer Dialog, den der Spieler mit seinem Ball führt, bevor er seinen Schlag beginnt. Um die Wichtigkeit dieser Prozedur zu unterstreichen, herrscht in diesem Moment absolutes Sprechverbot.

BAFFY Eine der von P.G. Wodehouse favorisierten, traditionellen schottischen Golfschlägerbezeichnungen. Der Baffy ist ein kurzes Holz mit kleinem Schlägerkopf und schmaler, stark angewinkelter Schlagfläche, das heute prosaisch Holz 4 genannt wird.

BIRDIE Bedeutet, daß der Ball wie ein »Vögelchen« geflogen ist und zum Einlochen ein Schlag weniger als Par benötigt wurde.

BRAID, JAMES. Fünfmaliger Gewinner der British Open zwischen 1901 und 1910.

BRASSIE Ein Holz, dessen Namen daher rührt, daß der Schlägerkopf an der Unterseite mit einer Messingplatte beschlagen war. Entspricht dem heutigen Holz 2.

BUNKER Künstlich angelegte, sandgefüllte Gruben auf den Fairways und in der Umgebung der Grüns, die wohl der ursprünglichen Spielsituation in der schottischen Dünenlandschaft nachempfunden sind, wo derartige Löcher Schafen als Wetterschutz dienten.

CHIP Flach verlaufender kurzer Schlag auf das Grün.

CLEEK Bedeutet eigentlich Haken. Beim Golf verstand man darunter ein langes Eisen mit einem Loft von ca. 20° für weite, flache Schläge vom Tee oder aus Lagen, die für Hölzer ungeeignet sind. Entspricht dem heutigen Eisen 1, einem schwer zu handhabenden Schläger, der nur noch selten Verwendung findet.

DIVOT Entsteht, wenn man zuerst den Rasen und dann den Ball trifft. Sollte gemäß Etikette wieder an seine ursprüngliche Stelle zurückgelegt und festgetreten werden.

DOGLEG Oder »Hundebein« nennt man jene Spielbahnen, die in der zweiten Hälfte der Strecke einen mehr oder weniger scharfen Knick nach links oder rechts aufweisen.

DRIVE Der Abschlag vom Tee mit dem Driver (= Holz 1).

DUNCAN, GEORGE. Gewinner der British Open 1920.

EAGLE Diesen Vergleich mit dem König der Lüfte zieht der Golfer, wenn er ein Loch zwei Schläge unter Par gespielt hat. Der äußerst seltene Fall eines Doppel-Eagles, d.h. drei Schläge unter Par, wird auch »Albatross« genannt.

EHRE Sie zu haben bedeutet für einen Spieler, daß er als erster abschlagen darf, bzw. muß.

EISEN Golfschläger mit flachem Schlägerkopf aus Metall in unterschiedlichen Neigungswinkeln für längere oder kürzere Schläge.

FAIRWAY Von Rough, Bunkern, Wasserhindernissen etc. umzingelter gepflegter Rasen zwischen Abschlag und Grün.

FORE! Internationaler Warnruf vor tieffliegenden Golfbällen.

GOWF (Auch GOWFF, GOUF, GOFF) Mystische Gottheit unbekannten Ursprungs. In Schottland bereits im 15. Jahrhundert nachweisbar, breitete sich die GOWF-Verehrung seit dem 17. Jahrhundert auf den Britischen Inseln aus. Unter der heute noch geläufigen Bezeichnung GOLF trat der Kult in der zweiten Hälfte des 19. Jahrhunderts von Großbritannien aus seinen Siegeszug an. Er verfügt mittlerweile über mehrere Millionen aktiver Anhänger auf der gesamten Welt.

GRÜN Der »heilige Rasen« des Golfsports. Einige Quadratmeter manikürten »Teppichs« rund um ein winziges Loch, in welches es den Ball zu spielen gilt. Meist ausgestattet mit unerwarteten Gefällen und sonstigen Hindernissen, die selbst die todsichersten Putts noch verhindern können.

HALBIEREN Beim Lochspiel verwendeter Begriff, wenn ein Loch von beiden Spielern mit der gleichen Schlagzahl, also unentschieden gespielt wurde.

HANDICAP Es zu verringern ist die Lebensaufgabe eines jeden (Amateur-) Golfers. Das Handicap, eine der individuellen Spielstärke angepasste Vorgabe von bis zu 36 Schlägen, die nach einer Runde von der tatsächlich benötigten Schlagzahl abgezogen wird, ermöglicht Golfern unterschiedlichster Niveaus, gegeneinander spielen zu können.

HOLZ Golfschläger mit einem dickem Schlägerkopf, der früher stets aus Holz hergestellt wurde, heutzutage auch aus diversen anderen Materialien wie bspw. Graphite. Wird am Abschlag oder auf dem Fairway eingesetzt, um eine möglichst große Distanz zu erreichen.

HOOK Ein Schlag, der von seiner idealen Flugbahn dahingehend abweicht, daß er einen mehr oder weniger drastischen Linksbogen beschreibt, der in der Regel dazu führt, daß der Ball entweder im Aus oder im Rough am linken Rand des Fairways landet.

INTERLOCK-GRIFF Griff, bei dem der kleine Finger der rechten und der Zeigefinger der linken Hand miteinander verschränkt sind.

JONES, BOBBY. Taucht zwar nicht in P.G. Wodehouse' Geschichten auf, soll aber trotzdem Erwähnung finden, da ihm im Jahre 1930 genau das gelang, was sich Chester Meredith in der Geschichte »Chester vergißt sich« nach seinem abgelehnten Heiratsantrag vorgenommen hatte: Bobby Jones schaffte als erster und bis heute einziger den »Grand Slam« des Golfsports, d.h. er gewann jeweils die vier bedeutendsten Turniere von Großbritannien und den USA.

LINKS Dieser schottische Terminus bezeichnete ursprünglich den frei zugänglichen Bereich der Dünen, wo »Gowf« gespielt werden konnte. Zu den ersten bekanntgewordenen Golfplätzen dieser Art gehörten die im Vorwort erwähnten »Links von Leith« bei Edinburgh, wo Karl I. von England 1642 während einer Partie »Gouf« von der Nachricht über die Irische Revolution überrascht wurde. Im Hinblick auf diese Tradition wird der Begriff heutzutage in der Regel nur auf am Meer gelegene, meist baumlose Plätze angewendet.

LOCHSPIEL (Matchplay) Wettkampf, bei dem um jedes Loch einzeln gespielt wird. Sieger ist, wer die meisten Löcher für sich entscheiden kann.

LOFT Neigung der Schlagfläche des Schlägerkopfes.

MASHIE Traditionelle schottische Bezeichnung für den heute als Eisen 5 bekannten Schläger.

MASHIE-NIBLICK Wie der Name schon sagt, handelt es sich um eine Kreuzung aus Mashie und Niblick, die dem heutigen Eisen 7 entspricht. Der Notwendigkeit der Synthese dieser beiden äußerst wichtigen Schläger stellte die moderne Golfindustrie zwei weitere Geräte zur Seite, den »Spade Mashie« (Eisen 6) und den »Pitching Niblick« (Eisen 8).

MORRIS JUNIOR, TOM Sohn des berühmten »Old Tom« Morris. Gewann 1868 im Alter von siebzehn Jahren die British Open in Prestwick, wo sich sein Vater bereits 1861, 1862, 1864 und 1867 den Titel gesichert hatte. Da er in den darauffolgenden Jahren zwei weitere Siege verbuchen konnte, durfte Tom Morris Junior gemäß Reglement den 1860 vom Earl of Eglington anläßlich der ersten Open gestifteten Meisterschafts-Gürtel behalten, worauf der Wettbewerb im folgenden Jahr mangels Trophäe ausfiel. Schließlich konnte gemeinsam mit dem »Royal and Ancient Golf Club of St. Andrews« und der »Honourable Company of Edinburgh Golfers« 1872 als neuer Preis der heute noch verwendete Silberpokal angeschafft werden, den Tom dann auch prompt als erster gewann. Dieser von P. G. Wodehouse eingangs erwähnte, viermalige Sieg in Reihe ist bis heute einzigartig geblieben.

NIBLICK Dieser wohlklingende Name bezeichnete einst den von vielen Spielern meistbenutzten Schläger, der sowohl im Rough als auch im Bunker eingesetzt werden konnte. Heute haben Sand Wedge und Pitching Wedge diese Aufgaben übernommen.

NICKLAUS, JACK. Wahrscheinlich der erfolgreichste Golfer aller Zeiten, dessen Profi-Karriere mit dem Gewinn der US Open 1962 in Oakmont, Pennsylvania, begann und ihm im Verlauf der folgenden 19 Jahre allein 17 Titel in den sog. Major- Championships einbrachte. Der »Mächtige Bär«, wie er genannt wurde, gewann dreimal die British und viermal die US Open, sowie je fünfmal das Masters-Turnier und die US PGA-Championship.

OUIMET, FRANCIS War der erste Amateur, dem es gelang, die US Open zu gewinnen. Erst zwanzigjährig setzte sich der frühere Caddie 1913 in Brookline, Massachusetts, mit einer brillanten 72 im Stechen gegen Harry Vardon (77) und Ted Ray (78) durch und sorgte damit für eine Sensation im amerikanischen Golfsport.

PAR Die gemäß der Länge der Spielbahn angesetzte »Mindestanzahl« von Schlägen, die zum Einlochen benötigt wird. Bei Par-3-Löchern beträgt die Entfernung vom Tee zum Loch max. 250 Yards (237m). Par-4-Löcher sind 251 bis 475 Yards (238-435m) lang, Par-5-Löcher 476 Yards und länger.

PLUS-FOURS Modische Kniebundhose der zwanziger Jahre, die vorzugsweise bei sportlichen Aktivitäten im Freien, insbesondere Golf getragen wurde. Der Name rührt daher, daß der für eine normale Kniebundhose erforderlichen Stofflänge vier Zoll (ca. 10 cm) hinzugefügt wurden, um den charakteristischen weiten Überhang zu erzielen.

PULL Ball, der in geradlinig verlaufender Flugbahn links vom Ziel landet.

PUSH Ball, der in geradlinig verlaufender Flugbahn rechts vom Ziel landet.

PUTT Der wichtigste Schlag beim Golf, der dem Einlochen des Balles auf dem Grün dient und zu dessen Ausführung spezielle Schläger (Putter) unterschiedlichster Bauart angeboten werden.

RAY, TED British Open Champion von 1912, der 1920 in Inverness, Ohio, als dritter Brite (nach Harry Vardon und Laurie Auchterlonie) die US Open gewinnen konnte. Danach dauerte es ein halbes Jahrhundert, bis Tony Jacklin im Jahre 1970 ein ebensolcher Erfolg gelang.

RECOVERY Ein geglückter Schlag aus einer schwierigen Lage, der einen vorangegangenen mißlungenen Schlag kompensiert.

ROUGH Bezeichnet das ungepflegte, meist hohe Gras an den Seiten des Fairways. Ein bevorzugter Landeplatz für gehookte oder geslicete Abschläge.

SCRATCH Nennt man die bewundernswerte Spezies Golfer, die einen Platz regelmäßig par oder besser spielt.

SLICE Ein Schlag, der von seiner idealen Flugbahn dahingehend abweicht, daß er einen mehr oder weniger drastischen Rechtsbogen beschreibt, der in der Regel dazu führt, daß der Ball entweder im Aus oder im Rough am rechten Rand des Fairways landet. Wahrscheinlich der beliebteste Fehlschlag.

SPOON Der »Löffel«(= Holz 3) wird gebraucht, wenn der Ball zu ungünstig liegt, um Driver oder Brassie einsetzen zu können, oder wenn die Distanz zum Grün zu kurz für einen dieser beiden Schläger ist. Ein typisches Fairway-Holz.

STANCE Stellung des Spielers beim Ansprechen des Balles.

STYMIE Bezeichnet eine bestimmte Situation auf dem Grün, die durch eine inzwischen abgeschaffte Regel entsteht, wenn ein Spieler seinen Ball in die Puttlinie des Gegners legt. War der Ball mehr als 6 Zoll von dem des Gegners entfernt (in den USA mußte er außerdem mindestens 6 Zoll vom Loch entfernt sein), so war der Gegner gezwungen, seinen Putt um den Ball des anderen herum zu spielen, bspw. in einer Kreisbahn. Es handelte sich also um eine dem »Snooker« vergleichbare Lage, die oft von entscheidender Bedeutung für den Gewinn eines Loches war und so manchen zur Verzweiflung brachte.

TAYLOR, JOHN HENRY. Gewann zwischen 1894 und 1913 fünfmal die British Open.

TEE Nennt man sowohl den abgesteckten Bereich, aus dem der Abschlag erfolgen muß, als auch das in den Boden zu steckende Holz- oder Kunststoffstäbchen mit konkaver Spitze, auf das der Ball beim Abschlag gelegt wird. Früher befanden sich an den Abschlägen mit Sand gefüllte Behälter, sog. »Tee-Boxes«, aus denen der Spieler ein wenig Sand entnahm, um daraus ein Häufchen zu formen, auf das der Ball zum Abschlag gelegt wurde.

TOP Darunter versteht man nicht etwa einen guten Schlag, sondern die peinliche Situation, wenn der Ball in der oberen Hälfte getroffen wird und daher entweder zu flach fliegt oder sogar nur wenige Meter rollt.

TOT Sollte der Ball sein, wenn er nach einem Annäherungsschlag in unmittelbarer Nähe der Fahne liegenbleibt. Die Erfahrung lehrt jedoch, daß viele solcher Bälle noch über genügend Leben verfügen, um beim folgenden Puttversuch dem Loch geschickt auszuweichen.

VARDON, HARRY Einer der größten Golfer aller Zeiten. Zwischen 1896 und 1914 wurde er sechsmal British Open Champion, und 1900 siegte er in Chicago als erster Brite in den US Open. Der noch heute meistverwendete, überlappende Griff, bei dem der kleine Finger der rechten Hand auf dem Zeigefinger der linken liegt, geht auf ihn zurück. (sog. »Vardon-Griff«)

WEDGE Bedeutet eigentlich Keil und bezeichnet im Golf einen Schläger mit einem Loft von mehr als 50°, der den früher gebräuchlichen »Niblick« ersetzt hat. Es gibt zwei Arten von Wedges, jene, die im Bunker eingesetzt werden (Sand Wedge), und jene, die zur Ausführung kurzer Annäherungsschläge mit steiler Flugbahn dienen (Pitching Wedge).

ZÄHLSPIEL (Medal Play oder Stroke Play) Gängigste Form des Wettkampfs, bei dem der Sieger durch die Gesamtschlagzahl einer oder mehrerer Runden ermittelt wird.